# PRODUCTIONS VÉGÉTALES, PRATIQUES AGRICOLES ET FAUNE SAUVAGE

## Pour une agriculture performante et durable

# PRODUCTIONS VÉGÉTALES, PRATIQUES AGRICOLES ET FAUNE SAUVAGE

## Pour une agriculture performante et durable

**Jean-Louis BERNARD**

**Paul HAVET**

**Michel FORT**

Union des industries de la protection des plantes
2 rue Denfert-Rochereau
92660 Boulogne Cedex

Office national de la chasse et de la faune sauvage
85*bis* avenue de Wagram
75017 Paris

Association de coordination technique agricole
149 rue de Bercy
75595 Paris Cedex 12

# Remerciements

Cet ouvrage est l'aboutissement de 3 années de travail. Il n'aurait pas vu le jour sans l'aide et les encouragements d'un grand nombre de personnes auxquelles nous souhaitons exprimer notre gratitude.

**Nos remerciements s'adressent particulièrement :**

Aux membres du Comité de coordination de l'ouvrage qui ont participé à sa construction

- Jean-Charles BOCQUET (UIPP)
- Jean-François COLOMER (Académie d'Agriculture)
- Christian FERTÉ (ONCFS)
- Alain MOUCHART (ACTA)
- Michel REFFAY (ONCFS)

Aux personnes qui ont travaillé à rassembler la masse des données bibliographiques et à compiler les contributions des uns et des autres

- Sophie CLUZEAU-MOULAY (ACTA)
- Marie-Solange LANDRY (ONCFS)
- Virginie RAMEIL (ACTA)

Aux experts du Comité de lecture qui ont accepté de relire ce document et de nous faire part de leurs suggestions

- Jean-Pierre ARNAUDUC (FNC)
- Elisabeth BRO (ONCFS)
- Michel CARIOLLE (ITB)
- André FOUGEROUX (SYNGENTA)
- Gérald GUÉDON (FREDON Pays-de la-Loire)
- François HERVIEU (MAP-DGAL)
- Philippe JAUZEIN (INA-PG)
- Constance LACAU (FNC)
- François OMNÈS (ONCFS)
- Jean-Louis PASQUEREAU (COLUMA)
- Gérard PASQUET (ANPG)
- Étienne PELARD (Agriculteur)
- Hervé POMMEREAU (FARRE)
- François REITZ (ONCFS)
- René RIEUX (INRA)
- Jean THIAULT (Académie d'Agriculture)
- Philippe VIAUX (ARVALIS-Institut du végétal)

Aux agriculteurs qui nous ont reçus et qui ont accepté de témoigner

- Dominique GUILLERMIN
- Jacques HICTER
- Jacques MERCIER
- Damien VENOT

Aux personnes qui ont fourni des illustrations et de nombreuses données, en particulier :

- Jacky AUBINEAU (ONCFS)
- Joël BROYER (ONCFS)
- Nathalie CHEVALLIER (ONCFS)
- Nicole CORNEC
- Philippe ÉVEILLARD (UNIFA)
- Daniel SERRE (ONCFS)
- Frédéric THOMAS (TCS)

Et toutes les personnes que nous aurions omis de citer.

*Cet ouvrage a bénéficié en partie du concours financier du compte d'affectation spéciale pour le développement agricole et rural, géré par le ministère de l'Agriculture et de la Pêche.*

ISBN ACTA 2-85794-239-7
ISBN ONCFS 978-2-85692-000-8


Conception graphique mise en page intérieure : ICI DESIGN (icidesign@wanadoo.fr).
Conception graphique de la couverture : Dominique CLAVIÈRE.

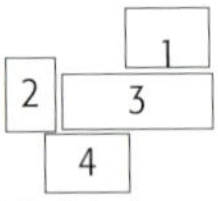


Photos de couverture :
2 Thierry FAURE, 3 IFIP, 1 et 4 et pages 21-22, 85-86, 153-154 Dominique GEST (www.dgestim.com)

# Préface

En ce début du XXI^e^ siècle, la société française reste préoccupée par son développement économique, le maintien de l'emploi et du pouvoir d'achat. Si elle oublie parfois le rôle qu'a joué l'augmentation des capacités de production de l'agro-alimentaire dans son développement, elle souhaite cependant que notre agriculture reste compétitive tout en préservant notre patrimoine naturel pour l'avenir.

Si la gestion de l'eau et des déchets est bien au cœur des préoccupations concrètes de chacun, l'avenir de la biodiversité interpelle surtout les usagers de nos espaces ruraux. Chasseurs et naturalistes, par exemple, savent bien que faune sauvage et milieu cultivé sont étroitement associés.

Cet ouvrage aborde toutes les composantes de la biodiversité et décrit le rôle des organismes vivants dans le fonctionnement des agrosystèmes. Les espèces animales sauvages, classées gibiers ou protégées, ont toujours été un excellent indicateur du bon état écologique du système d'exploitation, d'où l'importance qui leur est accordée. Outre les oiseaux et les mammifères, le terme de *faune sauvage* recouvre ici bien d'autres animaux dont l'importance est rappelée pour décrire des chaînes alimentaires et des relations interspécifiques.

Il n'est pas facile pour les promoteurs de la biodiversité d'agir sur les déterminants socio-économiques de la production végétale. La demande du consommateur, les contraintes liées aux approvisionnements et à l'orientation des industries de transformation tendent à homogénéiser les choix qui sont faits par les exploitants d'une même région, avec l'uniformisation des paysages et la baisse de biodiversité qui en résulte. Sauf à inventer de nouveaux modèles et des filières innovantes, on ne voit guère comment inverser la tendance.

L'exploitation par la chasse de certaines des espèces gibiers présentes sur la ferme tend à susciter chez l'agriculteur une réflexion nouvelle sur la manière d'aborder la biodiversité. Quelle que soit la taille des exploitations, c'est à ce niveau que sont prises les décisions d'aménagement et de gestion. C'est donc là qu'il faut intervenir pour éclairer le choix des techniques de culture, objet de cet ouvrage.

Bien des orientations données dans les pages suivantes répondent aux exigences environnementales requises pour bénéficier des aides européennes ou faire l'objet d'aides publiques. Pour obtenir de tels soutiens, il est et sera de plus en plus indispensable de s'engager dans des actions en faveur de la biodiversité, au même titre que la qualité de l'eau, des paysages ou des sols. Il est déjà prouvé que ce qui est favorable au gibier l'est le plus souvent pour nombre d'espèces protégées.

Des agriculteurs novateurs, des personnels d'instituts techniques, des firmes dotées d'importants services de recherche et d'expérimentation, des agents de développement d'organisations agricoles ou cynégétiques, des naturalistes… ont contribué à l'acquisition de ces nouveaux savoir-faire. Que tous ceux qui ont permis la constitution de ce recueil de référence soient ici remerciés.

Bernard BAUDIN
*Président de l'ONCFS*

Eugène SCHAEFFER
*Président de l'ACTA*

Denis TARDIT
*Président de l'UIPP*

## Note des auteurs

*Les techniciens et les conseillers des agriculteurs qui font partie de la distribution, des instituts techniques, des chambres d'agriculture, des SAFER, des fédérations de chasseurs ou de l'Office national de la chasse et de la faune sauvage, du CNASEA et des ADASEA, et enfin ceux des sociétés privées qui commercialisent engrais, produits phytopharmaceutiques, matériel agricole ou semences, ont tous besoin d'être informés sur la nature des enjeux entre biodiversité et agriculture. Les recommandations pour la préservation de la faune que nous proposons ici s'adressent aussi bien à eux-mêmes qu'aux agriculteurs dont ils accompagnent l'activité.*

*Cet ouvrage vise à expliciter les relations complexes qui existent entre agriculture et faune sauvage et, plus précisément, entre les productions végétales et certains éléments représentatifs de cette faune. Il ne prétend pas à l'exhaustivité en matière de pratiques agricoles, pas plus qu'à embrasser la biodiversité dans son ensemble. Ce n'est pas un travail purement scientifique, pas plus qu'un recueil de recettes techniques.*

*Son ambition est d'éclairer tous ceux qui s'intéressent à ces sujets que l'enseignement agronomique classique n'abordait jusqu'alors que très partiellement. Il s'efforce de faire comprendre, de décrire ou plus simplement de rappeler, la nature et le rôle de l'Agriculture au regard de ce révélateur puissant que sont les espèces animales constitutives de la faune sauvage.*

*Depuis l'origine de l'agriculture, la logique productive et les méthodes de culture sont focalisées sur les attentes alimentaires des sociétés humaines qui en dépendent. Cette orientation fait que l'activité agricole représente tout à la fois un élément majeur et positif de diversification du milieu, mais aussi, lorsque son emprise et ses mécanismes sont portés à leurs extrêmes, une menace qui peut contribuer à l'appauvrir. Il n'est donc pas surprenant qu'un débat sur ce sujet existe aujourd'hui en Europe où une majorité de citoyens, bien éloignés du monde agricole et oublieux du passé, s'imagine que la gestion des surplus est un exercice ancien et ordinaire. Dans ce contexte et à la lumière des connaissances acquises, les auteurs s'efforcent de mettre en avant des corrections de trajectoires destinées à minimiser certains impacts négatifs et de proposer des évolutions réalistes capables de favoriser l'indispensable équilibre entre une agriculture viable et une vie sauvage abondante et diversifiée.*

*Nous souhaitons que cette analyse panoramique, bien que modeste, puisse apporter quelques éléments constructifs et venir en concordance avec la prise de conscience qui s'est faite jour dans le monde agricole. Les praticiens et cadres agricoles intéressés par ces questions trouveront ici quelques éléments concrets capables de fortifier les pratiques et de nourrir le conseil. Par ailleurs, le grand nombre des questions à résoudre devrait motiver chercheurs et expérimentateurs soucieux de clarifier des interrelations mal connues et de proposer des améliorations effectives.*

*Nous espérons enfin que ce travail permettra de jeter un pont entre cultivateurs, chasseurs et naturalistes. Utilisateurs de l'espace agricole, ou mieux, partenaires dans cet espace, il leur sera de plus en plus nécessaire d'avoir une approche commune et systémique des problèmes, tenant compte des besoins spécifiques de chacun et des fortes réalités que représentent les modes de fonctionnement du milieu vivant dans lequel ils évoluent.*

*Comme le titre l'indique, cet ouvrage ne traitera pas des techniques d'élevage, mais il abordera les questions relatives aux productions végétales et aux pratiques de valorisation de celles-ci.*

• *Indique les termes définis dans le glossaire en fin d'ouvrage.*

# Les grands chapitres

# TABLE DES MATIÈRES

# Introduction

Aujourd'hui, le débat sociétal nous incite de plus en plus à interroger l'Histoire pour retracer les étapes qui ont façonné progressivement nos attitudes, nos comportements et nos modes de pensée. Force est alors de remarquer que nombre de constats présents trouvent leur racine dans un passé parfois lointain. Et comme le dit Michel de Jaeghere à propos de la peinture de Klimt, « *tout ce qui est novateur, tout ce qui paraît moderne est tiré du fond de l'histoire de l'humanité* »[1].

## L'apprentissage de la complexité

Dès les origines, les rapports que cette humanité entretient avec la nature sont complexes. Le fonctionnement du milieu naturel et des espèces vivantes qui le peuplent se retrouve au cœur des préoccupations de nos ancêtres et conditionne la naissance de nos sociétés. En ces temps de chasse et de cueillette, l'homme est tout à la fois bénéficiaire des généreuses ressources de son environnement mais aussi, la victime fréquente des espèces avec lesquelles il est en concurrence et dont il peut devenir la proie.

Assurément, la structuration des premières communautés doit énormément à la chasse. Dans la marche du temps, cette activité précède de beaucoup l'apparition de l'élevage et la domestication des végétaux. Elle constitue une initiation première au rythme du temps, à la mise en correspondance de la croissance végétale et des comportements animaux, à la prise de conscience de l'interrelation entre espèces vivantes et cycles du climat. Son succès est alors fondamental pour la survie d'un groupe aux exigences alimentaires omnivores. Et il est permis de penser que la recherche d'une nourriture carnée s'accompagnait déjà du plaisir de la poursuite et de la stimulation que représente la mise en commun des intelligences au service de la traque.

Avec le néolithique et l'émergence de l'agriculture, la chasse ne disparaît pas. Elle complète les moyens nouveaux dont se sont dotés les hommes pour satisfaire leurs besoins. Relations à la diversité biologique et relations sociales étroitement imbriquées forment ainsi un réseau dont la complexité tend à s'accroître avec l'augmentation du nombre et de l'intensité des interventions humaines sur le milieu.

De nos jours, l'écologie est, par excellence, la discipline des relations complexes entre les organismes et leurs milieux. Et notre propos est au cœur de cette discipline.

Dans les agrosystèmes comme dans les autres écosystèmes, tout se tient. Un sol qui recèle des espèces vivantes nombreuses et actives, parfois microscopiques, porte une flore diversifiée, flore qui sert de support à une microfaune variée, microfaune qui, elle-même, conditionne l'existence d'espèces prédatrices et de la macrofaune dont tous les observateurs peuvent constater la présence. Cette chaîne alimentaire est assez largement caractérisée

Marc THIBAULT

*La faune sauvage est partie intégrante du système d'exploitation. Ici, un cheval camarguais avec son escorte de hérons garde-bœufs.*

1 Figaro « Vienne 1900 », Hors série, 23 septembre 2005, 116 p.

par une succession d'actes de prédation où la survie du prédateur dépend de l'abondance de ses proies. La bécasse s'alimente majoritairement de vers de terre et la mésange de pucerons. La bécasse est donc dépendante de la présence de prairies, notamment permanentes, et sera influencée par le travail du sol ; la mésange sera favorisée ou défavorisée par la nature de la flore spontanée et des cultures, porteuses ou non de pucerons, par l'emploi d'insecticides et d'herbicides.

Plus qu'à un individu particulier, les biologistes s'intéressent d'abord aux populations. Une **population**, c'est un ensemble d'individus dont la répartition dans les différentes classes de sexe et d'âge permet un bon fonctionnement démographique et social. L'étude de la dynamique des populations animales nous renseigne sur ce qui affecte la reproduction et la mortalité. Une pratique agricole sera donc jugée par ses effets sur l'abondance des ressources alimentaires disponibles, le maintien des abris ou des zones de reproduction qui conditionnent la survie des adultes, des reproducteurs, des œufs, des poussins ou des jeunes… Et ces effets pourront être soit directs, soit indirects, soit positifs, soit négatifs.

Pour les espèces supérieures, il est rare qu'une exploitation agricole abrite une « population ». En général, elle n'accueille que quelques-uns de ses membres. Pour satisfaire à ses besoins vitaux, chaque population occupe un territoire dont la surface varie avec les exigences de l'espèce, souvent de l'ordre de plusieurs centaines à plusieurs milliers d'hectares. Le plus souvent, le domaine vital d'une population correspond donc à un ensemble d'exploitations voisines les unes des autres.

## L'homme, au cœur de la biodiversité

L'ensemble des êtres vivants constitue ce que l'on appelle « biodiversité » ou « diversité biologique ». L'homme fait partie de cet ensemble.

Dès l'origine, l'humanité a exploité cette diversité du vivant, plus particulièrement certaines espèces végétales ou animales utilisées comme source de nourriture mais aussi pour l'habillement, l'outillage, la construction des abris… Voici 10 000 à 12 000 ans, la domestication successive d'espèces végétales et animales est apparue en différents endroits de la planète pour s'étendre à la quasi-totalité des zones habitées au cours des millénaires suivants. Dans ce processus, le Moyen-Orient a joué un rôle important pour les céréales à paille, la vigne, les ovins, les bovins… D'Amérique du Sud et de Méso-Amérique proviennent le maïs, la pomme de terre, la tomate… D'Asie le riz, le soja…
L'introduction au cours des siècles sur notre territoire de ces plantes et animaux domestiqués ailleurs constitue aujourd'hui l'agriculture française.

Daniel MAILLARD (ONCFS)

*Chasse avec chiens courants. Il y a plus de 2 000 ans, César s'étonnait déjà de constater le plaisir qu'éprouvaient les Gaulois à entendre les aboiements de leurs chiens en action.*

En facilitant l'approvisionnement en protéines, la domestication animale a rendu moins indispensable le recours à la chasse. Mais elle a aussi rapidement séparé les populations humaines de chasseurs-cueilleurs, souvent nomades, des éleveurs-cultivateurs plus sédentaires. Et dans certains pays en développement, cette dichotomie ancienne génère toujours des relations conflictuelles lorsque s'opposent les intérêts d'ethnies nomades et d'ethnies sédentaires.

Avec la domestication du chien, le lien entre populations humaines et milieu naturel se complexifie encore. Le chien aurait été domestiqué à partir du loup, animal familier de l'homme autour des campements, qui l'aurait d'abord utilisé comme une aide dans la capture du gibier. Le processus a commencé il y a au moins 12 000 ans en Iran ; pour la France, il était assurément parachevé voici 9 000 à 10 000 ans, à en juger par la présence d'ossements de canidés sur quelques gisements comme Pont d'Ambon en Dordogne ou Saint-Thibaud-de-Couz en Savoie[2]. Cette alliance homme-animal va bien au delà de la chasse lorsque le chien est devenu auxiliaire pour la défense des habitations, des réserves de nourriture et des troupeaux sur pied. Elle étend la capacité des cultivateurs et des pasteurs à maîtriser leur environnement, à le plier à la satisfaction de leurs besoins immédiats.

Avec l'élevage et l'agriculture apparaissent les notions d'**espèces utiles et nuisibles** tant décriées de nos jours, notions qui dépassent la division entre domestique et sauvage. L'élevage se conçoit comme l'exploitation d'un groupe d'animaux asservis à des fins alimentaires (lait, viande...), pour des besoins de portage ou de traction et/ou la production de matières premières nécessaires à l'artisanat (laine, cuir, phanères...). La production végétale n'est plus une cueillette mais la multiplication, la conduite et la récolte planifiées de plantes sélectionnées pour leurs vertus nutritives ou textiles, organisées sur un sol propice, délimité et généralement fortement aménagé. La valeur des ressources produites augmente avec leur rôle dans des opérations de troc puis de commerce véritable. Capacité à produire et valeur d'échange des biens issus de l'action directe de l'homme sur son environnement naturel immédiat deviennent garants de la puissance et de la pérennité des communautés qui les génèrent.

Certaines des espèces animales ou végétales non domestiquées vont conserver pour longtemps des caractéristiques dites « utiles ». C'est le cas du gibier, ressource alimentaire complémentaire, ou des arbustes à baies, objet de cueillette, des glands, des faines ou des racines sauvages, nourriture précieuse pour le bétail voire pour les hommes en période de famine. D'autres espèces sont perçues comme « nuisibles » comme les carnivores qui menacent les troupeaux et réduisent l'abondance du gibier ; des insectes comme les criquets ou les chenilles qui dévorent les cultures et la végétation indispensable au bétail ; des végétaux non comestibles (chardons, chiendent...) qui envahissent les cultures gagnant ainsi leur statut de « mauvaises herbes »... Certains animaux domestiques arrivent même à acquérir un statut ambivalent. Ainsi la chèvre, louée pour sa rusticité, son lait et sa chair, est tenue pour un ennemi redoutable des plantations fruitières, capable en sus de détruire les régénérations forestières en abroutissant les repousses et en écorçant les arbres. Dès lors, le rapport entre l'homme et l'animal se complique.

Aujourd'hui la notion de nuisible, coulée dans le droit, est fortement remise en question. Toute espèce, même néfaste à certaines activités humaines, exerce un rôle propre dans le milieu naturel et participe de la biodiversité. Pour le sujet de cet ouvrage, on préférera au terme de « nuisible » celui « d'espèce occasionnant des dégâts », l'atteinte économique pouvant toujours être démontrée.

2 VERDEL E., 1992. Chasse, chasseurs, chassés : archéologie et histoire d'une controverse. Brochure de l'exposition du musée des Trois vals, 40 p. Épuisée.

## De la subsistance à la productivité agricole

La première exigence de tout être vivant est la subsistance. Avant l'émergence de l'agriculture, au temps des chasseurs-cueilleurs, il semble qu'il suffisait au responsable d'une famille de quatre personnes de s'occuper pour la recherche de ses ressources l'équivalent de deux jours sur sept ; le reste du temps était disponible, mais cela au prix d'une très faible densité humaine dans l'espace, de migrations régulières obligatoires et de fortes incertitudes quant à la pérennité du groupe, conscient d'être dominé par un environnement naturel perçu comme maternel mais aussi mystérieux et menaçant.

Si l'émergence de l'agriculture et de l'élevage donne à l'humanité plus de capacité à maîtriser son destin, elle transforme aussi une économie de subsistance en une économie basée sur le travail : il faut préparer les terres, stocker les récoltes, défendre les troupeaux et les réserves... d'où l'apparition d'activités nouvelles, exigeantes en main-d'œuvre, le plus souvent très fatigantes, ou même dangereuses. L'essentiel du temps fut alors consacré au « travail », à l'élaboration d'un système complexe de mieux en mieux maîtrisé pour minimiser les nombreuses causes naturelles d'irrégularité des productions : sécheresse, gelée, érosion, fertilité, parasitisme, épizootie*... Cet inconvénient, ô combien important, n'a pas empêché le succès mondial du modèle agriculture-élevage. Il a permis le maintien de populations plus denses sur les espaces fertiles, élevant progressivement la qualité de vie et réduisant, voire éliminant parfois le risque de famine qui fragilisait le système à ses débuts. Ainsi, en France, le XXe siècle est le premier où, depuis le Moyen Âge, la population n'a pas souffert au moins une fois de famine (tab. 1). Et si dans notre pays, les préoccupations sur la qualité de la nourriture semblent primer aujourd'hui par rapport à sa disponibilité, n'oublions pas que des pénuries régulières rappellent que la sécurité des approvisionnements n'est pas encore acquise à l'échelle de la planète et que ce souci ancien reste malheureusement d'une totale actualité.

**Tableau 1 :**
**Nombre de famines en France par siècle selon Bonjean et Leblond[3]**

| Siècle | Nombre de famines |
|---|---|
| XIIIe | 10 |
| XIVe | 10 |
| XVe | 13 |
| XVIe | 13 |
| XVIIe | 11 |
| XVIIIe | 16 |
| XIXe | 10 |
| XXe | 0 |

Le développement de l'agriculture européenne moderne a commencé au XVIIIe siècle avec la révolution des fourrages, l'expansion de l'élevage, la mise en place de rotations nouvelles qui s'affranchissaient de la jachère traditionnelle, l'apparition du machinisme... Une des conséquences les plus significatives de ces innovations a été le décollage de la production céréalière à partir de 1850, mais surtout de 1890. Cette transformation totale du système de production a placé pour un temps l'économie agricole au centre du champ de vision de la société - des décideurs politiques en particulier - ne laissant, au nom de l'efficacité, que peu de place aux éléments non productifs et donc, à la faune sauvage prise au sens large. Aujourd'hui, les agriculteurs en France métropolitaine doivent faire face à une baisse du revenu moyen

3 BONJEAN A. et LEBLOND R., 2000. Les trésors du blé. Les Presses du Management, Paris, 115 p.

par actif non salarié de 15 % sur 6 ans qui explique la priorité qu'ils accordent à la production de biens alimentaires ou destinés à l'industrie.

Éric MIDOUX (ONCFS)

*Grand objectif des siècles passés, le développement de la productivité agricole s'accompagne souvent d'une simplification des paysages.*

## La biodiversité, un concept pluriel

La biodiversité ou diversité biologique, c'est la diversité du monde vivant. Elle ne se résume pas seulement à une somme d'espèces, mais résulte plutôt de «*la dynamique des interactions entre organismes vivants dans des milieux en changement*»[4].

L'état actuel de la diversité biologique dans les espaces agricoles est bien :

• le résultat de l'adaptation des organismes vivants aux perturbations naturelles (notamment le feu et le pâturage par les herbivores sauvages),

• la conséquence de décisions et pratiques quotidiennes de l'exploitant.

Au plan scientifique[5], on distingue aujourd'hui quatre niveaux dans la diversité biologique :

• la diversité des gènes ou « **diversité génétique** ». Elle correspond pour l'agriculteur à la variabilité des espèces et variétés. L'homme intervient sur la diversité génétique en sélectionnant, croisant, multipliant les variétés ou les races, voire en modifiant directement le génome. L'agriculteur choisit les races ou variétés qu'il utilise en fonction des objectifs de production et des caractéristiques écologiques de l'exploitation. Au sein des espèces de faune sauvage, on identifie des écotypes, chacun étant adapté à un écosystème donné ; la perdrix grise des Pyrénées, par exemple, n'étant pas identique à la perdrix grise du Bassin parisien ;

• la diversité des espèces ou « **diversité spécifique** ». C'est un critère essentiel et fréquemment pris en compte. Cette diversité étant évaluée en nombre d'espèces sauvages présentes sur un espace donné, on commence donc souvent par mesurer sur une exploitation le nombre d'espèces d'oiseaux communs nicheurs ;

• la diversité des écosystèmes ou la « **diversité écosystémique** ». Sur une exploitation, plus il y a d'habitats différents (haies, bandes herbeuses, prairies, parcours semi-naturels…), plus la diversité des espèces est grande ;

• la « **diversité des processus** ». La qualité écologique dépend des processus naturels, fluctuation du débit des cours d'eau par exemple, du climat et donc des pratiques de l'exploitant.

Typer la biodiversité n'est pas qu'un exercice de style de scientifique. Parce que, d'une part, l'agriculteur doit veiller à protéger des espèces remarquables : c'est une recommandation légale. Parce que d'autre part, il a tout intérêt à conserver sur son exploitation les espèces sauvages qui jouent un rôle important dans le processus de production.

4 Jacques WEBER, Directeur de l'Institut français de la biodiversité (IFB).

5 FROCHOT B., 2000. La biodiversité, fondement scientifique. Actes du 3e Forum agriculture durable. Bergerie nationale de Rambouillet. Educagri éditions, Dijon.

Que recouvre la diversité sur une exploitation ? Il y a d'abord, et on l'oublie souvent, une diversité végétale qui est fondamentale pour envisager le possible établissement d'une faune quelconque. Il y a ensuite des espèces de mammifères, d'oiseaux, mais aussi des insectes, éventuellement des amphibiens et des reptiles, et toute la faune du sol, puis l'ensemble des micro-organismes. Parmi ces espèces, il y a celles qui sont bien connues des protecteurs de la nature, et que l'on va qualifier de remarquables, parce qu'elles sont rares ou en déclin. Certaines, juridiquement protégées, sont inscrites sur les « listes rouges ». Regroupées sous le vocable de « **diversité patrimoniale** », elles sont importantes à considérer pour l'agriculteur car ces espèces-phares font souvent l'objet d'aides publiques[6] et symbolisent sa capacité à préserver l'environnement.

Et puis il y a toutes les autres espèces sauvages, qui constituent ce que l'on appelle la « **diversité fonctionnelle** ou banale[7] ». Ainsi, des composantes de la faune et de la flore du sol telles que vers de terre, collemboles•, mycorhizes•, champignons et bactéries jouent un rôle considérable dans la perméabilité et l'aération du sol, le recyclage de la matière organique, la fixation de l'azote et du phosphore... De très nombreux arthropodes•: pollinisateurs (bourdons...), phytophages• (hannetons, pucerons...), des prédateurs de ces phytophages• (arachnides•...) que l'agriculteur considère comme des auxiliaires. Certaines espèces sont parfois nuisibles aux cultures (taupins, pathogènes du sol...), d'autres contribuent à leur régulation (staphylins•, champignons entomopathogènes•...) ou favorisent le déroulement du cycle de l'eau, du carbone, de l'azote... Sur une exploitation agricole, il y a enfin des animaux supérieurs dont des espèces-gibier. Elles peuvent parfois occasionner des dommages aux cultures, nécessitant de trouver un équilibre impliquant une contribution financière. En fait, le maintien de cette diversité ordinaire reste indispensable et conditionne le bon fonctionnement du système tout entier.

André CHABERT (ACTA)

*L'écosystème abrite une myriade d'organismes vivants dont un certain nombre a une fonction identifiée. C'est le cas des vers de terre, indicateurs de sols sains et aérés.*

La prise en compte de la biodiversité n'est pas seulement une réponse à l'obligation de notre pays de respecter ses engagements européens de protection des espèces et des habitats. Elle ne saurait être qu'une charge et l'agriculture peut et doit en tirer profit.

La recherche d'un équilibre entre activités humaines et diversité biologique aux bénéfices de l'agriculteur et de l'ensemble de la société passe par la mise en œuvre de principes nouveaux. Ce sont ceux du développement durable appliqués à la gestion intégrée des « agrosystèmes ». Ils représentent aujourd'hui un objectif partagé, mais les moyens d'y arriver sont encore à développer.

6 Certaines des espèces signalées focalisent largement l'action du mouvement associatif de protection de la nature. Par exemple : l'outarde canepetière, le vison d'Europe, le grand hamster, le râle des genêts, les orchidées des coteaux calcaires, la flore carnivore des tourbières...

7 ALTIERI M., 1999. The ecological role of biodiversity in agroecosystems. *Agric. Ecosys. Environ.*, 74, 19-31.

## Historique rapide des mesures en faveur de l'environnement dans le contexte agricole[8]

*Les premières mesures soutenues par l'Europe furent les actions communautaires pour l'environnement (ACE) et les actions communautaires pour la nature (ACNAT). Elles visaient des espèces et des milieux remarquables, ce qui fut confirmé par le dispositif dit de l'article 19 qui avait aidé, dès 1989, à nouer de nouveaux partenariats entre monde agricole et monde de l'environnement.*

*Les mesures agri-environnementales (MAE) sont nées en 1992 avec la réforme de la PAC. Les opérations locales agri-environnementales (OLAE) ont permis de définir des cahiers des charges adaptés à chaque zone retenue pour aider les agriculteurs à protéger des espaces d'importance particulière du point de vue de la faune, de la flore, de l'eau, des sols, des paysages ou pour favoriser une agriculture plus en phase avec la nature.*

*En parallèle, les expérimentations des plans de développement durable (PDD) mettaient en évidence l'intérêt des approches de type système d'exploitation pour améliorer les réponses économiques, environnementales et sociales des agriculteurs. Schématiquement, un agriculteur qui obtient des MAE pour laisser en herbe ses terres de marais doit être cohérent et ne pas augmenter ses intrants sur ses autres terres de culture. Du point de vue social, la désintensification par agrandissement peut améliorer l'environnement mais vide les campagnes et c'est donc plutôt vers la valorisation de la qualité des produits et des espaces que les solutions sont recherchées.*

*Les contrats territoriaux d'exploitation (CTE) ont été conçus à partir du bilan de ces deux types de programmes. Ils concernent les projets d'évolution de systèmes d'exploitation agricole pour les aider à mieux répondre aux enjeux du territoire et résoudre les problèmes propres à chaque agriculteur. Ils nécessitent la réalisation de diagnostics de territoire et de diagnostics d'exploitation. On a ainsi dépassé les seuls objectifs de prise en compte de l'environnement, pour aller vers une agriculture plus durable. C'est ce que confirme, en 2002, la nouvelle génération, les contrats d'agriculture durable (CAD), bâtis sur la même logique, avec un resserrement des critères et des objectifs pour mettre en adéquation le nombre de projets et les disponibilités financières.*

*Si on analyse l'ensemble des mesures proposées par les régions et retenues par la Commission européenne, on peut regrouper les MAE en trois grands types de mesures :*

- *celles favorisant la diversité des productions ;*
- *celles favorisant une organisation de l'espace propice à une agriculture multifonctionnelle ; elles incluent les mesures en faveur du maintien, de la restauration et de l'entretien des éléments fixes du paysage, mesures-clés pour la biodiversité ;*
- *et celles correspondant aux évolutions des pratiques agricoles annuelles pour rendre les systèmes de production moins agressifs par rapport à l'environnement.*

*Aujourd'hui, l'expérience collective s'améliorant, le ministère de l'Agriculture et de la Pêche a demandé que des bilans soient réalisés à mi-parcours de la seconde réforme de la politique agricole commune (PAC) pour simplifier et faciliter la mise en œuvre de systèmes de production agricoles multifonctionnels, plus économes, plus autonomes par rapport aux énergies et aux matières non renouvelables, et moins polluants. L'enjeu est d'arriver à ce qu'un environnement de qualité ne puisse pas constituer un surcoût ou un manque à gagner pour les agriculteurs mais qu'il devienne réellement un atout économique.*

8 HUBIN-DESDENIS S., 2002. Synthèse des modalités d'application des mesures agri-environnementales concernant les éléments fixes du paysage. Colloque « Journées d'études européennes sur les bocages, Cerizay (79), 16-17 octobre 2002, 99-102.

Partie I

# Agriculture et faune sauvage : des relations étroites et complexes

Partie I

# Agriculture et faune sauvage : des relations étroites et complexes

Forte de son vaste espace cultivable, la France occupe le premier rang européen pour les productions agricoles. En valeur, elles représentent 21,5 % du total de l'Union européenne, soit 64 milliards d'euros en 2005. Notre pays importe cependant une partie des produits agricoles et alimentaires qui lui sont nécessaires pour une valeur de 28,6 milliards de dollars, importation largement compensée par les 36,1 milliards de dollars d'exportation (2e rang européen parmi les pays exportateurs).

ACTA

L'agriculture française est une agriculture performante qui joue sur la productivité du travail, sur la traçabilité et dont la taille des unités de production s'accroît dans un processus d'industrialisation et de relation à l'aval. Malgré ses performances, le secteur agricole et agroalimentaire ne représente au plan national que 4,5 % du produit intérieur brut[9].

Comme dans la quasi-totalité des pays d'Europe de l'Ouest (fig. 1), le nombre des exploitations ne cesse de régresser en France. Il n'en subsiste guère que 600 000 en 2006 et un tiers d'entre elles n'a pas de repreneur. L'augmentation de la taille moyenne des exploitations françaises est aussi un facteur important à observer. Elle est passée de 18,8 ha en 1970, à 28 ha en 1988 puis à 42 ha en 2000. Dans ce mouvement, les exploitations de taille moyenne sont celles qui connaissent le taux de disparition le plus élevé.

Dans l'ensemble des pays européens, on constate depuis plus d'un siècle une diminution continue de la main-d'œuvre agricole totale. La France rurale comptait 8,7 millions d'actifs agricoles en 1892, près de 4 millions en 1970, et seulement 1,3 million en 2000[11]. En vingt ans, le nombre des exploitants a baissé de 50 % et celui des personnes occupées par l'agriculture est passé de 27 % de la population active en 1955 à 4 % en 2004. Les formes d'exploitation collectives (EARL, GAEC, sociétés civiles, coopératives) se multiplient et 46 % de la surface agricole utile (SAU) sont occupés par des fermes de plus de 100 ha.

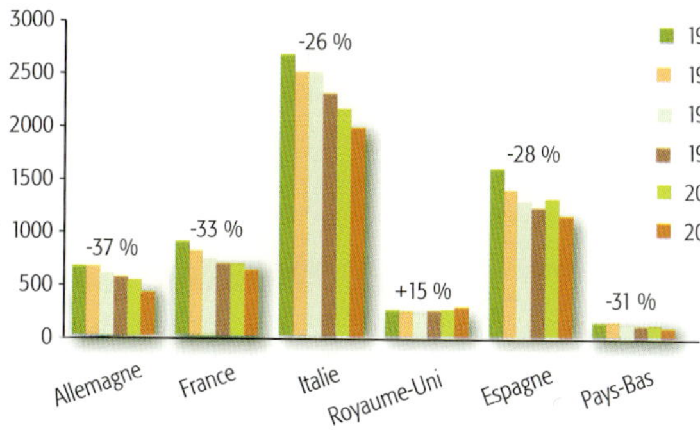


**Figure 1 :**
**Évolution en milliers du nombre des exploitations agricoles dans six pays d'Europe de 1990 à 2003**[10]

9 D'après source INSEE 2004.
10 Annuaire Eurostat 2005. L'Europe en chiffres, 310 p.
11 BICHAT H.-H., 2007. Développement des agro ressources et PAC, Compte rendu de la réunion du 15 mars 2007 de la commission Prospective PAC, Société des agriculteurs de France

# A• L'ÉTAT DES LIEUX

## A1• Le recul des sols agricoles en France

Si la surface du territoire national n'a pas évolué depuis 1950, la façon dont le sol est employé a beaucoup changé (tab. 2). D'une manière générale, on constate que l'espace agricole cultivé ou non se contracte alors que les espaces artificialisés et les forêts progressent. Ces phénomènes sont assez généraux en Europe de l'Ouest où, à l'inverse de ce qui se passe dans d'autres régions du monde, la couverture forestière augmente régulièrement avec un taux moyen de 0,3 % par an[12]. La très forte augmentation des surfaces artificialisées résulte du grignotage de l'espace par l'urbanisation et les infrastructures de transport. Pour la France, l'emprise de ces dernières s'est accrue de 12 % au cours des dix dernières années[13] et très souvent, aux dépens d'excellentes terres cultivées.

Tableau 2 :
Évolution de la répartition de la surface du territoire français (milliers d'ha) (Ministère de l'Agriculture et de la Pêche)[14]

| Répartition du territoire français | Surfaces en 1950 | Surfaces en 1998 | % de variation de 1950 à 1998 |
|---|---|---|---|
| Territoire non agricole | 4 431 | 6 919 | + 56,1 |
| Forêts, bois, peupleraies | 11 301 | 15 100 | + 33,6 |
| Territoire agricole non cultivé | 4 780 | 2 940 | - 38,4 |
| Surface agricole utile (SAU) dont : | 34 407 | 29 960 | - 12,9 |
| - terres arables | 19 137 | 18 370 | - 4 |
| - surfaces toujours en herbe | 13 221 | 10 440 | - 21 |
| - vignes, vergers, autres | 2 050 | 1 150 | - 43,9 |
| **Total territoire** | **54 919** | **54 919** | **0** |

Dans une SAU qui régresse, les cultures pérennes (vigne, vergers) sont proportionnellement les plus affectées, devant les surfaces toujours en herbe. En cinquante ans, un transfert de près de 6 300 000 ha d'espaces agricoles vers 3 800 000 ha de surfaces forestières et 2 500 000 ha de surfaces artificialisées s'est donc produit. Au cours des dernières années, l'érosion de l'espace prairial, l'anthropisation croissante des milieux cultivés et l'avancée des forêts se sont poursuivis (fig. 2).

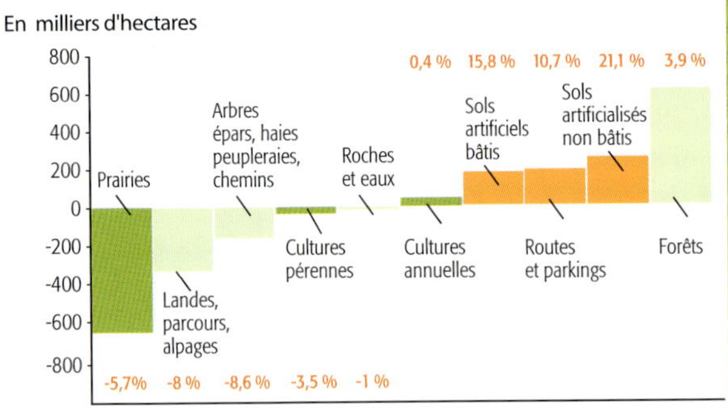


Figure 2 :
Évolution de l'occupation des sols entre 1993 et 2003 en France métropolitaine (Teruti, SCEES, ministère de l'Agriculture et de la Pêche)[15]

Cette transformation du territoire a vraisemblablement des effets sur la biodiversité. Mais ils ne sont pas quantifiés, faute d'indicateurs pertinents.

De leur côté, les terres arables qui occupent de 18 à 19 millions d'hectares, ont connu de fortes mutations, résumées dans le tableau 3.

12 Annuaire Eurostat 2005. Opus cité (cf. réf. 10).
13 D'après BIMA-Agreste, 2005.
14 Ministère de l'Agriculture et de la Pêche, Programme de développement rural national, septembre 2000.
15 IFEN, 2006. L'environnement en France - Les synthèses, 26 p.

**Tableau 3 :**
**Répartition des terres arables en France (milliers d'ha)**[16]

| | 1950 | 1980 | 1990 | 2005* |
|---|---|---|---|---|
| Céréales | 8724 | 9892 | 9031 | 9164 |
| Oléagineux | 152 | 506 | 1 916 | 1912 |
| Protéagineux | 178 | 99 | 713 | 426 |
| Cultures fourragères | 6435 | 5292 | 4759 | 4575 |
| Cultures légumières | 1251 | 567 | 444 | 413 |
| Jachères | 1405 | 221 | 233 | 1294 |
| Autres | 992 | 895 | 854 | 676 |
| Terres arables | 19137 | 17472 | 17 950 | 18460 |
| Vignes | | 1 157 | 952 | 894 |
| Vergers | | 243 | 234 | 208 |

* estimation

Cette vision chiffrée rapide ne fait pas ressortir des évolutions que les références temporelles et les rubriques choisies ne permettent pas toujours de discerner. Parmi les principaux changements dans l'occupation des sols connus comme ayant une influence sur la faune sauvage, il faut insister sur certains qui méritent un commentaire particulier.

## Diminution des surfaces de prairies et de cultures fourragères

Un des éléments marquants de la période 1950-2005 est la baisse des surfaces de prairies permanentes. Elles représentaient 13 221 000 ha en 1950 mais n'occupent plus que 10 074 000 ha en 2004. Les prairies humides sont particulièrement touchées.

Les cultures fourragères sont aussi en forte diminution[17]. Après avoir occupé 6 435 000 ha en 1950, elles ne représentent plus que 4 576 000 ha. La surface en luzerne a été divisée par cinq entre 1960 et 2003[18], la culture tendant même à disparaître dans certaines régions du Centre-Ouest.

Le mouvement a été particulièrement net dans les années quatre-vingt. Entre 1982 et 1998, la surface en prairie permanente s'est réduite de 20 % au bénéfice des terres labourées. Dans le même temps, les prairies temporaires ont perdu 16 % des surfaces et les prairies artificielles 42 %[19].

## Augmentation des terres labourables et modification des assolements

Les terres labourables ont connu des changements considérables :

• la croissance des oléagineux métropolitains (colza, tournesol) destinés à se substituer aux graines oléagineuses importées (ex. arachide) à partir des années soixante ;

• la progression considérable du maïs : cultivé pour le grain dans le sud, il est développé comme fourrage dans la moitié nord et surtout dans l'ouest où il a supplanté beaucoup de cultures fourragères traditionnelles ;

• la régression des céréales à paille de printemps (orge, avoine) : en grande partie liée au remplacement du cheptel de trait (bœufs et chevaux) par des tracteurs, elle profite au maïs, au tournesol et renforce la position des céréales d'hiver (blé, escourgeon) ;

16 Agreste, 2006. *Bimagri* Hors série *18*, 52 p.

17 D'après IFEN et BIMA-Agreste.

18 THIEBEAU P., PARNAUDEAU V. et GUY P., 2003. Quel avenir pour la luzerne en France et en Europe ? *Courrier de l'Environnement de l'INRA*, 49, 29-46.

19 Agreste, 1999. Enquête prairies 1998 - La fertilisation des prairies s'étend à doses modérées. *Agreste Primeur*, 64, 4 p.

Élisabeth BRO (ONCFS)

*L'époque récente a connu une forte augmentation des cultures céréalières au détriment des surfaces en herbe.*

• c'est la surface en céréales-oléagineux-protéagineux (SCOP) qui progresse le plus, atteignant 11,5 millions d'hectares contre moins de 9 millions en 1960.

Sur la fin de la période, le système des aides accordées par l'Union européenne et l'État favorise toujours les céréales d'hiver, puisque l'on passe de 6 494 000 ha semés en moyenne en 2000 à 6 746 000 ha en 2004. Les oléagineux, qui sont restés relativement stables, offrent d'importantes perspectives de hausse avec l'essor des biocarburants, de même que les productions nouvelles, qui pourraient être développées pour la biomasse• (ex. miscanthus…). Beaucoup de spéculations majeures se sont intensifiées, certaines ayant tendance à se regrouper par bassin de production et à se rapprocher des industries de transformation (ex. cultures légumières de plein champ).

### Fluctuation des surfaces en jachères

Les terres « mises en repos » pour des raisons agronomiques, qui représentaient encore plus de 3 millions d'hectares[20] en 1900, ont presque disparu avant 1950 avec les rotations modernes faisant intervenir des plantes « sarclées », l'emploi généralisé des amendements et des engrais contribuant au maintien de la fertilité des sols. Au début des années quatre-vingt-dix, un concept de non production a été réactivé sous le vocable de « gel », « retrait des terres », ou plus couramment « jachères », et ce, pour des raisons économiques d'ajustement de la production au marché. De quelques dizaines de milliers d'hectares dans les années soixante, les surfaces provisoirement non cultivées ont bondi à partir de 1992. Dépendantes des évolutions annuelles de la réglementation, elles représentaient 15 % de la SCOP de 1992 à 1995, 10 % en 1996, 5 % en 1997 et 1998, 10 % de 1999 à la campagne 2003-2004, 5 % en 2004-2005, puis 10 % de nouveau en 2005 et 2006. Elles sont suspendues pour 2008.

Après avoir atteint 2 millions d'hectares en 1993 et 1994, les surfaces gelées sont revenues en 1998 à 945 000 ha dont 226 000 ha de jachère industrielle, avant d'augmenter en 2004-2005 pour atteindre 1 626 000 ha dont 401 000 ha en jachère industrielle[21]. En moyenne par exploitation, la surface en jachère était de 3,9 ha en 2003 contre 2,1 ha en 1998.

Hors jachère industrielle, les terres gelées sont des surfaces sur lesquelles il n'y a pas d'enjeu de production. Il est donc possible d'y développer des itinéraires favorables aux autres fonctions de l'espace agricole, notamment la faune sauvage.

### Régression des zones humides

Espace de transition entre la terre et l'eau, une zone humide est caractérisée par sa capacité à conserver l'eau en excédent dans le sol. Cette propriété donne naissance à des terrains bien particuliers, supports de communautés végétales et animales spécifiques. Les entrées et sorties d'eau, la direction et la vitesse

20 BICHAT H.-H., 2007. Opus cité (cf. réf. 11).
21 D'après ONIGC.

des écoulements, le contexte géologique et géomorphologique, la localisation de la zone au sein des bassins hydrographiques et les activités humaines qui s'y exercent, conditionnent les états de la zone humide. Il est délicat d'en définir une typologie car de nombreux facteurs interviennent : emplacement (côtier ou intérieur), salinité (eau douce ou salée), type de végétation (marais, marécage ou tourbière)... mais encore pH de l'eau, espèces végétales dominantes, fréquence et durée des inondations, composition minérale et organique des sols...

La plupart des zones humides, qui subsistent aujourd'hui en France, ne sont pas des espaces naturels au sens strict du terme. Elles sont le résultat de transformations du milieu originel entreprises par l'homme au fil des siècles dans un objectif précis (agriculture, pisciculture, saliculture...). Certaines résultent aussi d'un remblayage ou d'un envasement lié à des phénomènes érosifs. Leur maintien nécessite une gestion permanente car ce sont des milieux en constante évolution, qui, sans entretien, sont rapidement envahis par une végétation évoluant à plus ou moins long terme vers un type de boisement humide.

On peut cependant distinguer deux principaux types de zones humides en France :
• les **zones littorales** : estuaires, marais et lagunes naturels ou aménagés, mangroves ;
• les **zones humides intérieures** : zones ou plaines humides liées aux cours d'eau, marais agricoles aménagés, bordures de lacs, marais et landes humides de plaine, tourbières.

Parmi les caractéristiques généralement méconnues de ces milieux, rappelons qu'ils constituent :
• un espace d'expansion des crues, protection naturelle contre les inondations,
• des zones d'infiltration qui aident au remplissage des nappes phréatiques,
• une réserve d'eau qui contribue au soutien des étiages (basses eaux) en période de sécheresse,
• un domaine biologiquement actif qui participe à l'autoépuration naturelle des eaux et au maintien de leur qualité,
• des espaces qui génèrent une biomasse• importante, indispensable à l'alimentation de nombreux constituants de la faune sauvage,
• moins fréquentés par l'homme que le reste de l'espace, ils servent d'abri, de site de reproduction et de repos pour de nombreuses espèces,
• la biodiversité y est très élevée : en France, on y trouve 30 % des espèces végétales remarquables et près de 50 % des espèces d'oiseaux en dépendent.

Par ailleurs, ces zones sont souvent chargées de valeurs culturelles et possèdent un réel attrait touristique. Elles participent au patrimoine historique, paysager ou culturel de nombreuses régions (Mont Saint-Michel, Camargue, région de Guérande...).

Dominique GEST (www.dgestim.com)

*Les zones humides, des milieux d'importance majeure pour la biodiversité.*

Sur une ferme, l'exploitant a le plus souvent à gérer des ruisseaux (voire des berges de rivières et de fleuves), des prairies humides (souvent des prairies alluviales), des mares, des étangs, des marais voire des tourbières. Tous sont considérés comme des zones humides.

L'importance de leur rôle n'a été reconnue que récemment et elles continuent d'être très menacées. Longtemps perçues comme des espaces insalubres qu'il fallait résorber faute d'utilité économique directe, elles ont été réduites des deux tiers de leur surface au siècle dernier et leur disparition s'est accélérée entre les années 1960 et 1990. En l'absence de recensement national précis, leur surface est estimée à 3 millions d'hectares environ.

## Transformation considérable des éléments fixes du paysage

À partir de 1945, la volonté politique de moderniser l'agriculture française et de satisfaire à la demande alimentaire s'est traduite – entre autres – par un remembrement vigoureux destiné à rationnaliser le parcellaire et à favoriser la mécanisation des tâches. Ces opérations ont touché près de 15 millions d'hectares sur la seconde moitié du XXe siècle, conduisant à un recul massif des haies, des prés-vergers, à l'élimination d'un très grand nombre de bordures, de bosquets, d'arbres épars isolés... Le mouvement, bien que de moindre ampleur, s'est poursuivi jusqu'aux années quatre-vingt-dix. L'enquête TERUTI (enquête périodique du ministère de l'Agriculture sur l'occupation de l'espace) estime qu'entre 1975 et 1987, le linéaire de haies est passé en France de 1 244 110 km à 707 605 km. Entre 1982 et 1990, les haies ont encore diminué de 5 %.

Éric MIDOUX (ONCFS)

*Les anciens prés-vergers font progressivement place à des plantations en ligne, parfois palissées, la prairie régresse, les vieux arbres disparaissent...*

En revanche, depuis les années quatre-vingt-dix, on assiste à de nombreuses replantations de haies dans des régions où elles avaient tendance à se raréfier, voire dans des zones où elles avaient presque disparu. Ce renouveau ne correspond pas à un arrêt complet de leur destruction. Alors même que l'évolution du nombre de kilomètres de haies tend à se stabiliser, voire à s'inverser, il faut garder à l'esprit qu'en regard de la faune sauvage, la gestion des linéaires existants laisse encore souvent à désirer : épaisseur amoindrie, entretien souvent réalisé sans tenir compte des fonctions biologiques de la haie, ourlet rogné par le labour... La fin du rognage continu des bordures, du « réalignement » des bosquets est loin d'être acquise. Et il apparaît clairement qu'aujourd'hui, les arbres épars sont encore plus menacés que les haies[22].

La régression du bocage ne fait pas que perturber l'agrosystème dans son ensemble[23, 24] ; elle bouleverse aussi toute une culture locale pour une population attachée aux modes de vie spécifiques de ces régions.

22 POINTEREAU P., 2001. Évolution du linéaire de haies en France durant ces 40 dernières années : l'apport et les limites des données statistiques, Colloque « Hedgerows of the world, their ecological functions in different landscapes », International Association for Landscape Ecology, Birmingham, UK, 5-8th sept. 2001, 117-122.

23 TOURNEUR J.-C. et MARCHANDEAU S., 1996. Milieux bocagers et biodiversité : les vertébrés typiques du grand-Ouest, enjeux de la préservation de cet agro-écosystème-1re partie : faune et bocage. *Bulletin mensuel de l'ONC*, 207, 22-35.

24 TOURNEUR J.-C. et MARCHANDEAU S., 1996. Milieux bocagers et biodiversité : les vertébrés typiques du grand-Ouest, enjeux de la préservation de cet agro-écosystème - 2e partie : statut, répartition des espèces bocagères et enjeux de la préservation des bocages. *Bulletin mensuel de l'ONC*, 208, 24-41.

### Poursuite du mouvement de déprise agricole

La plupart des régions françaises, pour des raisons diverses, sont plus ou moins affectées par la déprise agricole. Elle résulte, soit d'une difficulté de continuer à exploiter dans des conditions naturelles difficiles de sols, relief, climat, soit d'un contexte économique défavorable, soit d'une emprise urbaine croissante qui grignote l'espace rural… On estimait en 2000 que 100 000 ha étaient perdus chaque année pour l'activité agricole. De 1992 à 1999, les espaces artificialisés se sont accrus de 451 000 ha et les espaces dits naturels de 269 ha.

Cette déprise peut être totale, avec abandon complet de l'activité d'une exploitation non reprise, ou partielle, avec abandon seulement des parcelles les moins intéressantes (faibles rendements, conditions de travail les plus difficiles). Outre son influence sur la biodiversité, une telle évolution génère des coûts économiques et sociaux élevés résultant du développement des risques d'incendie nés de l'embroussaillement ou de l'extension de la désertification.

Une déprise totale conduit à une modification complète des associations végétales et des peuplements animaux. Derrière la culture abandonnée vient une friche, souvent plus riche au plan botanique, puis les prés-bois, les taillis s'installent, évoluant progressivement vers une végétation moins diversifiée, généralement une forêt ou une lande. Le Professeur Philippe Lebreton, qui a étudié ce phénomène dans la Drôme[25], a montré que les peuplements d'oiseaux, après une première phase d'accroissement spécifique, régressaient jusqu'au stade de diversité des peuplements forestiers. Sous nos climats, la déprise agricole conduit à l'extension de la couverture forestière, et donc à la régression, voire à la disparition des espèces inféodées aux milieux ouverts, avec en corollaire, une désertification économiquement et socialement coûteuse et le développement des risques d'incendie.

Une déprise partielle peut cependant avoir un effet bénéfique sur la diversité, à condition que la surface des taches de déprise ne s'étende pas trop et qu'un entretien soit assuré pour maîtriser la croissance végétale. Cela rappelle les remarques sur la friche : n'ont vraiment d'intérêt que les espaces ouverts par endroits, accessibles, périodiquement broyés.

## A2• L'évolution contrastée de la faune sauvage

L'Union mondiale pour la nature (UICN)[26] estime que 5 435 espèces animales connues sont aujourd'hui menacées[27] d'extinction de par le monde. La régression[28] affecte tous les groupes taxonomiques mais ils sont toutefois inégalement concernés : une espèce d'oiseau sur 8, une espèce d'amphibien sur 5, une espèce de mammifère et de reptile sur 4, une espèce de poisson d'eau douce sur 3. La France (hexagone et outre-mer), avec un total de 231 espèces menacées sur 983[29], apparaît au cinquième rang des pays pour le nombre d'espèces animales menacées.

25 LEBRETON P. et CHOISY J.-P., 2000. Déprise rurale et évolution avifaunistique. *Le Bièvre*, 17, 25-34.
26 L'UICN regroupe plus de 900 membres gouvernementaux et non gouvernementaux de 139 pays.
27 Une espèce menacée nécessite la mise en place d'un programme de protection pour éviter que la menace ne se transforme en disparition irréversible.
28 Comité français de l'UICN. Séminaire sur la Stratégie nationale pour la biodiversité. Paris, 6 novembre 2003.
29 IFEN, 1998. Les chiffres-clés de l'environnement, 9.

En pratique, les sources d'information précises sur la faune sauvage ne sont pas si nombreuses. Les plus complètes d'entre elles concernent la macrofaune, en particulier le gibier pour lequel des suivis précis existent depuis des décennies. L'évolution des principales espèces provient des enquêtes nationales sur les tableaux de chasse à tir réalisées par l'ONCFS, grâce au concours de la Fédération nationale des chasseurs, mais aussi d'autres enquêtes et suivis de populations, organisés annuellement (pour le grand gibier, par exemple) ou périodiquement, dans le cadre des programmes nationaux de monitoring de la faune sauvage. La variabilité des méthodes d'enquête d'un exercice sur l'autre biaise les comparaisons, ne fournissant ainsi que des tendances probables. Des données très riches sur les oiseaux communs existent aussi, bien que plus récentes. Par ailleurs, des études très documentées sont produites pour nombre d'espèces rares ou menacées. En 2000, le ministère de l'Écologie, du Développement et de l'Aménagement durable (MEDD) estimait que sur le territoire métropolitain, et hors l'outre-mer, 120 espèces de vertébrés sur 890 sont considérées comme strictement menacées[30].

Les fluctuations d'abondance sur des cycles plus ou moins longs sont des phénomènes naturels. Il faut donc assurer des suivis sur de longues périodes pour déterminer des tendances incontestables.

Pour les insectes, comme pour la faune du sol, il n'existe pas de suivis patrimoniaux, faute d'observateurs capables de les faire. Les relevés de présence et d'abondance ne sont que ponctuels et localisés, soit dans le cadre de programmes de recherche, soit dans le cadre de programmes de conservation, notamment en vue du classement d'un territoire.

À propos de la diversité botanique, qui conditionne la diversité animale, on sait que la variété et l'étendue du territoire français lui permettent d'héberger 40 % des plantes supérieures européennes. La flore nationale comptabilise environ 6 000 espèces ; près de 4 900 sont indigènes et 750 ne subsistent que sur un périmètre limité, soit 15 % de la flore spontanée. Sur 1 200 espèces de végétaux supérieurs recensées dans les cultures, on estime que 300 espèces sont en régression et peuvent être menacées à long terme[31], une centaine l'étant à court ou moyen terme, les plantes dites messicoles• (habitant les moissons) en particulier. Il est prévisible que l'appauvrissement de la flore spontanée en zone agricole pourrait s'accompagner d'un enrichissement en espèces allochtones• (venues de l'extérieur) dont le désherbage est souvent préoccupant pour l'agriculteur. Une telle évolution constatée au niveau français est commune à la quasi-totalité des pays européens. Ainsi en Allemagne, 400 espèces de plantes sont en déclin pour des raisons attribuées à l'intensification de l'agriculture ; 30 % des plantes, 40 % des oiseaux et 50 % des mammifères seraient sur la liste rouge nationale du fait de modifications récentes des pratiques agricoles dans ce pays[32].

30 MEDD, 2000. Schéma de services collectifs des espaces naturels et ruraux.

31 JAUZEIN P., 2001. L'appauvrissement floristique des champs cultivés. *Dossier de l'environnement de l'INRA*, 21, 65-78.

32 POTTER C., 1997. Europe's changing farmed landscape. In, Farming and birds in Europe: the Common Agricultural Policy and its implications for bird conservation (Pienkowski M.W. and Pain D., eds), Academic Press, San Diego, 25-42. In: BRETAGNOLLE V. - Opus cité (cf. réf. 35).

## Plans d'action, de gestion ou de restauration de certaines espèces[33]

*L'Union européenne, certaines conventions internationales, et la réglementation nationale, ont prôné l'élaboration de plans d'action ou de restauration pour des espèces rares ou menacées, des espèces migratrices exploitées par la chasse. Dès 1995, l'UE a mis en place des plans pour des espèces de l'annexe 1 de la directive 79/409[34], dont notamment le râle des genêts et l'érismature à tête blanche. Un gros travail a été réalisé par l'ONCFS sur les « galliformes• de montagne ». Sont proposés des modes de gestion des alpages respectueux de ces espèces.*

*Les **plans d'actions ou de restauration** engagés au plan national depuis 1995 ou actuellement en projet sont :*

- *oiseaux : aigle de Bonelli, autour des palombes (sous-espèces de Corse), balbuzard pêcheur, chouette chevêche, faucon crécerelette, goéland d'Audouin, gypaëte barbu, milan royal, outarde canepetière, râle des genêts, sittelle corse, vautour percnoptère ;*
- *mammifères : bouquetin des Alpes et des Pyrénées, chiroptères, grand hamster, loup, loutre, lynx d'Europe (plan interrompu en 2002), ours brun, vison d'Europe ;*
- *reptiles : vipère d'Orsini, tortue d'Hermann ;*
- *espèces marines : esturgeon d'Europe, tortues marines ;*
- *flore : liparis de Loesel, plantes messicoles•.*

*Des **plans de gestion** pour les oiseaux migrateurs chassables ont été élaborés à la demande de l'UE en 1997. L'ONCFS a rédigé les plans suivants : bécasse des bois, bécassine et bécassine sourde, tourterelle des bois, alouette des champs, caille des blés, sarcelle d'été, nette rousse, fuligule milouin, vanneau. Ceux-ci n'ont pas fait l'objet d'approbation définitive par la Commission européenne.*

*D'autres plans sont élaborés et proposés par d'autres institutions, NERI au Danemark par exemple, pour le canard pilet, la nette rousse notamment. Avec l'entrée de nouveaux pays dans l'Union, ces plans sont en cours de révision et une liste complémentaire est ajoutée : on y remarque, entre autres, barge à queue noire, bécassine sourde, courlis cendré, macreuse brune, pluvier doré et plusieurs autres espèces de limicoles•...*

*Ces divers plans traitent du maintien ou non de ces espèces sur la liste des espèces chassables mais abordent aussi la gestion des habitats des espèces concernées et sont à prendre en considération dans tout projet local d'évolution des pratiques et des systèmes agricoles. Ils seront très utiles pour bâtir des cahiers des charges dans les documents d'objectifs (DOCOB).*

### Les oiseaux communs

En Europe, les agro-écosystèmes abritent environ la moitié des 500 espèces d'oiseaux se reproduisant sur le continent, soit 250 espèces différentes. Si les milieux cultivés sont à cet égard les plus riches, c'est aussi parmi leurs communautés aviaires que l'on trouve la proportion d'espèces menacées la plus importante (environ 125 espèces, soit près de 50 %), loin devant, par exemple, les zones humides[35]. L'étude

33 BOUTIN J;-M., 2001. Plans de gestion pour les oiseaux migrateurs européens à statut de conservation défavorable, *Game and Wildlife Science*, 18(1), 3-4. En mars 2001 (vol 18-1-), en 2002 (vol 19-2-). - DEFOS RU RAU P., 2002. Éléments pour un plan de gestion de la nette rousse *(Netta rufina). Game and Wildlife Science*, 19(2), 84-141. - SCHRICKE V., 2002. Éléments pour un plan de gestion concernant le fuligule milouin *(Aythya ferina). Game and Wildlife Science*, 19(2), 143-178.

34 Directive du Conseil 79/409/CEE du 2 avril 1979 concernant la conservation des oiseaux sauvages publiée au *Journal officiel des Communautés européennes* L103 du 25 avril 1979.

35 BRETAGNOLLE V., 2004. Prairie et cultures fourragères : quels enjeux pour les oiseaux dans les milieux céréaliers intensifs ? *Fourrages*, 178, 171-178.

Dominique GEST (www.dgestim.com)

*L'alouette, passereau nichant au sol, est l'un des meilleurs indicateurs de la qualité des milieux en grandes cultures.*

écologique de ces milieux est encore très incomplète et les efforts de conservation très limités. La raison principale vient du fait que le territoire agricole est d'abord un outil de production soumis au régime de la propriété individuelle, ce qui le rend difficile à dédier à une mise en réserve naturelle, stratégie de conservation classique, sinon exclusive.

Pour la France, les observations synthétisées entre 1988 et 2004 par le Muséum national d'histoire naturelle montrent que la régression de l'indice d'abondance des populations d'oiseaux communs est la plus forte dans les systèmes agricoles (- 27 %), supérieure à ce qu'on observe en forêt (- 18 %) et en milieu urbain (- 4 %).

En milieu bâti, comme pour les espèces généralistes, on observe une évolution en deux phases, l'une décroissante, comme pour les autres groupes, et une seconde qui est plutôt à la croissance. La politique « espaces verts » en milieux urbains y est probablement pour quelque chose. Notons par ailleurs que l'évolution de nos paysages, qui tendent à la banalisation, favoriserait probablement les espèces généralistes au détriment des spécialistes.

L'indicateur est construit sur les observations d'espèces spécialisées dans les différents milieux étudiés (les espèces généralistes servant de témoins). Cet indicateur donne une information sur la dynamique des populations d'oiseaux dans chacun de ces milieux.

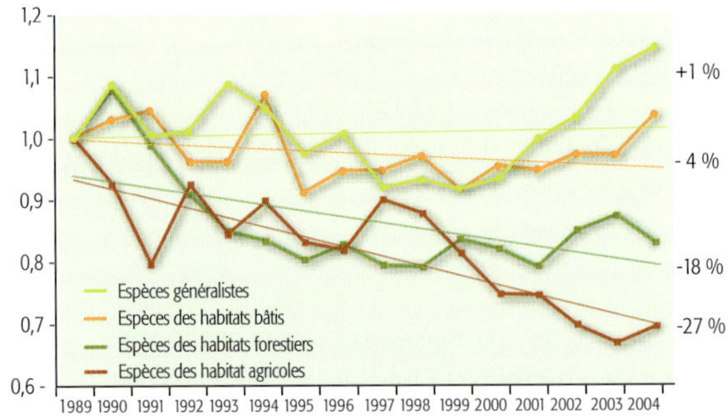


**Figure 3 : Évolution de l'indice d'abondance des populations d'oiseaux communs du programme STOC en fonction du type d'habitat : agricole – forestier – bâti (base 1 en 1989) (MNHN (CRBPO), 2005)**

**Espèces généralistes :** accenteur mouchet, corneille noire, coucou gris, fauvette à tête noire, geai des chênes, hypolaïs polyglotte, loriot d'Europe, merle noir, mésange bleue, mésange charbonnière, pic vert, pigeon ramier, pinson des arbres, rossignol philomèle.

**Espèces des habitats bâtis :** chardonneret élégant, choucas des tours, hirondelle de fenêtre, hirondelle rustique, martinet noir, moineau domestique, moineau friquet, pie bavarde, pigeon biset, rougequeue à front blanc, rougequeue noir, serin cini, tourterelle turque, verdier d'Europe.

**Espèces des habitats forestiers :** bouvreuil pivoine, fauvette mélanocéphale, grive musicienne, grimpereau des bois, gros-bec casse-noyaux, mésange ater, mésange huppée, mésange nonnette, pic épeiche, pouillot de Bonelli, pouillot fitis, pouillot siffleur, pouillot véloce, roitelet à triple bandeau, roitelet huppé, rougegorge familier, sittelle torchepot.

**Espèces des habitats agricoles :** alouette des champs, alouette lulu, bergeronnette printanière, bruant jaune, bruant proyer, bruant zizi, buse variable, caille des blés, corbeau freux, faisan de colchide, faucon crécerelle, fauvette grisette, huppe fasciée, linotte mélodieuse, perdrix grise, perdrix rouge, pie-grièche écorcheur, pipit farlouse, tarier des prés, tarier pâtre.

## Le petit gibier sédentaire

Quand on compare les abondances actuelles à celles de l'après-guerre, la situation du petit gibier est plutôt mauvaise. La régression est souvent forte, particulièrement sur les perdrix et le lapin. Pour le lièvre, la situation se rétablit aujourd'hui dans de nombreuses régions françaises même sans lâchers de repeuplement. Globalement, les efforts de gestion cynégétique et la maîtrise de la prédation ne sont actuellement plus suffisants pour restaurer les populations : il faut intervenir sur les habitats.

Dominique GEST (www.dgestim.com)

*Autrefois très abondant, le lapin de garenne a souffert de la myxomatose et de la maladie hémorragique virale. Sa restauration exige de s'intéresser à ses habitats.*

Le tableau 4 présente les tableaux de chasse pour cinq espèces de petit gibier sédentaire obtenus lors des deux enquêtes nationales menées à quinze ans d'intervalle[36], et mentionne les estimations de gibier d'élevage lâché. La comparaison entre les deux enquêtes n'est formellement pas possible en raison des éléments méthodologiques. Elle n'est qu'indicatrice.

**Tableau 4 :**
**Tableaux de chasse en petit gibier sédentaire (ONCFS[37], ITAVI[38], SNPGC)**

| Espèce | Prélèvement national par la chasse estimé (en milliers) | | Pourcentage de chasseurs ayant prélevé (%) | | Production actuelle estimée de gibier d'élevage (en milliers)(1) |
|---|---|---|---|---|---|
| Saison de chasse | 1983-1984 | 1998-1999 | 1983-1984 | 1998-1999 | |
| Lièvre | 1 565,0 | 918,1 | 34,7 | 30,0 | environ 120 |
| Perdrix grise | 2 181,0 | 1 453,8 | 23,3 | 23,0 | environ 2 000 |
| Perdrix rouge | 1 166,0 | 1 732,0 | 18,6 | 28,0 | 2 500 à 3 000 |
| Faisan | 6 100,0 | 5 061,1 | 55,0 | 52,0 | 12 000 à 15 000 |
| Lapin de garenne | 6 432,0 | 3 209,1 | 47,0 | 35,0 | environ 30 |

(1) selon les estimations ITAVI et SNPGC

Il en ressort que la situation des populations naturelles de ces espèces est globalement très préoccupante. C'est dans les régions à dominante herbagère que la situation est la plus critique. Cette observation découle de la comparaison entre départements de l'importance des tableaux et des systèmes de production. L'importance relative des lâchers dans le tableau de chasse est forte et croissante pour la perdrix rouge, très forte sur le faisan, en régression mais encore conséquente sur la perdrix grise, réduite sur le lièvre et le lapin.

La régression des populations naturelles a été très nette par rapport aux années cinquante. Si elle se poursuit de façon encore assez générale, il est important de nuancer cette conclusion car le constat ne se vérifie ni pour toutes les espèces, ni dans toutes les régions. Si on note une diminution très nette pour le lapin, forte pour la perdrix rouge en l'absence de plans de gestion appropriés, elle est moins nette sur la

36 ONC, 1986. Enquête nationale sur les tableaux de chasse à tir - saison 1983-1984. *Bulletin mensuel de l'ONC*, 108, 1-88.– ONCFS, 2000. Cahier technique : Enquête nationale sur les tableaux de chasse à tir - saison 1998-1999. *Bulletin technique et juridique de l'ONCFS*, 251, 1-216.

37 ONCFS, 2000. Opus cité (cf. réf. 36).

38 ITAVI, 1992. La filière française du gibier de chasse. Dossier économique SNGPC/ITAVI, 22 p.

Dominique GEST (www.dgestim.com)

Espèce de canard la plus chassée, le colvert a une aire de répartition très étendue et s'adapte à de nombreux milieux humides.

perdrix grise qui garde de bons bastions là où elle a été correctement gérée. Il y a de plus en plus de populations naturelles de faisans communs, et les populations de lièvres se maintiennent voire augmentent sensiblement là où sont entrepris de réels efforts de gestion.

La régression du lapin due en particulier à la pression de la myxomatose et de la maladie hémorragique virale a de très fortes répercussions sur ses prédateurs, dont certains sont prestigieux comme le fameux aigle de Bonelli ; la restauration de ce dernier ne peut être envisagée si les densités de petit gibier, et notamment du lapin, ne se redressent pas.

Il faut noter que certains lâchers d'oiseaux issus d'élevage présentent des risques génétiques pour les populations naturelles ; c'est le cas du croisement entre perdrix rouge et chukar. Pour éviter de tels inconvénients, la France a mis au point une méthode destinée à détecter une trace d'hybridation et effectuer ainsi une sélection en élevage. Ce type de gibier, basé sur une charte de qualité, permet de maintenir une activité de chasse dans certaines régions où le gibier a très fortement régressé par suite de la dégradation des milieux.

## Le gibier migrateur

Le tableau 5 présente les résultats de deux enquêtes nationales. Réalisées par deux méthodes différentes, elles ne peuvent être considérées comme conclusives, mais ce sont les seules données disponibles. Elles sont cependant peu différentes des constats faits par les chercheurs sur la base des dénombrements effectués au niveau international.

La situation des espèces inféodées aux prairies humides (ex. vanneau huppé) est la plus grave, ce qui indique bien la priorité à accorder à la gestion des zones humides ou de leur périphérie immédiate (bordures d'étangs). La bécassine, qui est étroitement dépendante des prairies humides et marais, tant en matière de niveau d'eau que d'entretien agricole du milieu, est également un bon indicateur.

Dominique GEST (www.dgestim.com)

*Si ses voies migratoires et ses comportements changent, le pigeon ramier reste très attiré par les semis et les résidus de récolte.*

Tableau 5 :
**Évolution des prélèvements par la chasse et des populations d'oiseaux migrateurs en France (ONCFS)[39]**

| Espèces | Évolution entre les deux enquêtes (en %) | Remarques |
|---|---|---|
| Pigeon ramier | - 10 % | Bon état de conservation à l'exception de populations de longs migrants, en chute constante depuis 20 ans. |
| Tourterelle des bois | Inconnu | En France, le réseau ONCFS-FDC «oiseaux de passage » enregistre une augmentation continue de l'abondance de cette espèce depuis 1993. |
| Ensemble des grives | - 58,1 % | Statut favorable au niveau européen.<br>Forte baisse des prélèvements imputable à la régression du nombre des chasseurs, à une modification éventuelle des habitudes migratoires, des conditions climatiques, des habitats, et à une influence de la chasse sur les paramètres démographiques. |
| Merle noir | Inconnu | Statut favorable en Europe ; augmentation des effectifs. |
| Bécasse des bois | - 11,6 % | Espèce relativement stable. |
| Caille des blés | - 50 % | Statut défavorable en Europe. |
| Alouette des Champs | Inconnu | Espèce considérée comme en régression en Europe. |
| Oies | + 15,8 % | Les prélèvements s'effectuent essentiellement sur les oies cendrées. |
| Canard colvert | + 13,5 % | Le tableau de chasse est fortement influencé par les lâchers d'oiseaux d'élevage (1,4 million) au regard du tableau total : 1 561 150 ± 2,4 %. |
| Sarcelle d'hiver | Inconnu | Légère augmentation des effectifs dans le nord-ouest de l'Europe ; diminution dans l'ouest de la Méditerranée. |
| Autres espèces de canards de surface | Stable | - |
| Fuligule milouin et autres espèces canards plongeurs | Inconnu | Le total des prélèvements effectués sur les canards plongeurs aurait légèrement baissé entre les deux enquêtes de (- 0,04 %), mais il est impossible de faire des distinctions entre espèces. |
| Ralidés* | Inconnu | Râle d'eau sans doute en déclin en Europe, foulque et poule d'eau sans doute en expansion. |
| Bécassines | - 50 % | La bécassine sourde représente 15,4 % des prélèvements. |
| Vanneau huppé | Globalement divisé par trois | Très forte régression. |
| Limicoles* | - 25 % | – |

## Les grands mammifères

Ce domaine est bien documenté pour différentes raisons :

• d'une part, grâce aux suivis et monitorings réguliers réalisés par le monde de la chasse,

• d'autre part, et *a contrario*, par les dégâts aux cultures agricoles ou aux régénérations forestières que ces espèces sont susceptibles de causer ; même si l'on sait qu'à population égale, ces dégâts varient selon les conditions de milieu, les déclarations de dommages aux cultures constituent un outil de mesure intéressant à considérer.

39 ONCFS, 2000. Opus cité (cf. réf.36).

L'évolution des attributions et des réalisations au plan de chasse est un bon indicateur de l'évolution des populations. Le tableau 6 indique quels sont les coefficients multiplicateurs des tableaux de chasse des ongulés• en France sur quinze ans[40] et rappelle quels sont les milieux récemment colonisés par les espèces dans les trente dernières années. Il fait ressortir un très important accroissement des populations favorisé par :

• la réussite du plan de chasse et des réintroductions, accompagnées par l'évolution significative des comportements et des pratiques de gestion des chasseurs ;

• une forte capacité d'adaptation des espèces à de nouveaux milieux ; c'est particulièrement vrai pour le chevreuil, qui s'est développé tant dans les plaines cultivées, que dans les écosystèmes méditerranéens et montagnards. C'est généralement vrai pour toutes les espèces d'ongulés• chassés en France ;

• l'extension des zones de friches, reboisées naturellement ou par plantation.

Jean-Charles BOCQUET

*Bien que les tableaux de chasse aient été multipliés par un facteur 5,4 en 20 ans, le sanglier demeure responsable de plus de 75 % des dégâts aux cultures.*

Dans notre pays, déprise agricole et boisement des terres ont favorisé la croissance du grand gibier, dont certaines espèces en plein dynamisme démographique, conquièrent de nouveaux habitats.

L'accroissement général des populations d'ongulés• est à tempérer, puisque les populations d'isards ont eu récemment tendance à régresser, tout comme les populations de mouflons. Le chamois, dans les Alpes, le Jura et les Vosges, continue sa progression.

**Tableau 6 :**
**Coefficient d'accroissement des tableaux de chasse des ongulés• en France et colonisation de nouveaux milieux**

| Espèce | Coefficient d'accroissement des tableaux de chasse sur 20 ans de 1983-1984 à 2003-2004 | Coefficient d'accroissement des tableaux de chasse sur 10 ans de 1993-1994 à 2003-2004 | Nouveaux milieux occupés sur une période de 30 ans |
|---|---|---|---|
| **Cerf** | x 4,1 sur 20 ans (+ 5,4 % sur la dernière année) | – | Milieux d'altitude et méditerranéens |
| **Chevreuil** | x 4,9 sur 20 ans (+ 4,7 % sur la dernière année) | – | Plaines cultivées, écosystèmes montagnards et écosystèmes méditerranéens |
| **Sanglier** | x 5,4 sur 20 ans (+ 8,6 % sur la dernière année) | – | – |
| **Chamois** | – | x 1,9 sur 10 ans (+ 4,1 % sur la dernière année) | Basse et moyenne montagne |
| **Isard** | – | x 0,97 sur 10 ans (+ 2,7 % sur la dernière année) | Moyenne montagne |
| **Mouflon** | – | x 1,4 sur 10 ans (- 5,6 % sur la dernière année) | Espèce introduite en France continentale |

40 D'après Faune Sauvage, 2006. « Tableaux de chasse : le cerf, le chevreuil, le sanglier, saison 2004-2005 », et « Tableaux de chasse des ongulés de montagnes : chamois - isard - mouflon, saison 2004-2005 ». *Bulletin technique et juridique de l'ONCFS*, 271, avril 2006 (encart).

Parmi ces espèces, le cerf, et parfois le mouflon (sur vigne ou arbres fruitiers), mais surtout le sanglier sont responsables de dégâts sur des productions agricoles. Ces dégâts sont indemnisés par les fédérations départementales de chasseurs.

Pour les mammifères carnivores, le suivi des dégâts aux animaux domestiques complète les données d'observations (traces, comptages,...). Nous n'aborderons pas ici la situation du renard, du blaireau, des mustélidés... Pour les grands carnivores emblématiques, il faut cependant noter que si la survie de l'ours dépend aujourd'hui de relâchers périodiques contestés, le loup et le lynx étendent naturellement leur domaine et accroissent leurs effectifs.

ONCFS DR Normandie

*Le maïs est la culture la plus touchée par le sanglier.*

## Diverses autres espèces protégées emblématiques

### Les rapaces

En raison de leur valeur patrimoniale, et pour certains, de leur rareté, les rapaces diurnes font l'objet d'attentions spécifiques. Comme ils sont au sommet des chaînes alimentaires, l'évolution de leur abondance a une signification particulière. Sans faire l'inventaire de toutes les espèces, citons la stabilité de la bondrée apivore malgré la régression du bocage, des prairies, l'enfrichement des landes, ce qui laisse à penser qu'il lui reste des milieux favorables... ; du milan royal malgré les dommages enregistrés dans l'Est suite à la lutte contre les campagnols avec des anticoagulants ; des rapaces nécrophages qui sont affectés par l'évolution des pratiques pastorales et dépendent de plus en plus des nourrissages artificiels (charniers) ; du circaète Jean-le-Blanc ou de l'aigle de Bonelli qui sont touchés par la baisse de leurs proies en raison de l'accroissement de la déprise... On considère que l'intensification de la céréaliculture nuit au busard cendré.

Parmi les rapaces nocturnes, le plus important est le hibou grand duc. Après une très forte régression au siècle dernier en raison du piégeage, du tir et des électrocutions, il se maintient, voire augmente dans ses bastions du quart sud-est de la France. En 1990, on estimait sa population à 1 000 couples. C'est un grand prédateur d'espèces forestières, et même d'autres prédateurs inférieurs comme le faucon pèlerin. Il fréquente occasionnellement les milieux ouverts et la déprise agricole ne lui est pas favorable. Le hibou moyen duc, assez commun dans quasiment toute la France, fréquente les bois, bosquets, haies et parcs, même urbains, se nourrissant de campagnols des champs, de souris, de mulots et campagnols roussâtres. Il y a peu de données sur l'évolution de ses effectifs. Réparti de façon assez éclatée, le hibou petit duc niche dans les vieux nids de corvidés et de rapaces diurnes. La chouette chevêche, largement répandue aux altitudes inférieures à 800 m, parfois présente au-dessus, a pâti des destructions de prés-vergers. Inféodée au campagnol des champs, elle peuple aussi les milieux bocagers, les lisières de bois et les zones périurbaines. En 1998, on l'estimait en forte régression avec des populations comprises dans une fourchette de 11 000 à 30 000 couples. La chouette effraie, encore abondante (20 000 à 50 000 couples) est bien répartie mais souffre de difficultés croissantes à trouver des sites de nidification ; les clochers s'obstruent de grillage, et les granges se font plus rares. Mais elle paye aussi, comme la chouette hulotte, un lourd tribut à la circulation, notamment sur les autoroutes. Dépendante du campagnol des champs qui abonde sur les bas côtés des voies de circulation, elle est en nette régression. La chouette hulotte niche dans toute la France, sauf en Corse, et fréquente un peu les mêmes habitats que la chevêche, mais son régime est moins inféodé aux rongeurs agricoles et davantage aux espèces forestières, type mulot, campagnol roussâtre, et aussi à la taupe et aux batraciens, ce qui lui permet d'être en meilleure situation. Plus anecdotiques sont la chouette de Tengmalm, qui ne vit qu'en montagne et se nourrit d'espèces forestières, ou le hibou des marais, qui se trouve en France au sud de son aire de répartition, avec un effectif très réduit sur le littoral de la Manche et un petit noyau en Poitou Charentes (environ 100 couples au total), lui aussi inféodé aux fortes variations des populations du campagnol des champs.

### Le râle des genêts

En un siècle, sa population est passée de plusieurs dizaines de milliers à 1 300 mâles chanteurs en 1998 et 600 en 2003. En France, comme dans l'Union européenne, cette espèce est au bord de l'extinction. Ce migrateur hiverne en Afrique australe mais vient dans nos régions, d'avril à août, pour se reproduire. Il séjourne presque exclusivement dans les prairies de fauche des vallées inondables. Le morcellement des populations, la régression des prairies, le développement du maïs et de la populiculture • sont identifiés comme étant les principaux facteurs de régression. Les espaces protégés n'hébergeant que 10 % de la population, c'est dire l'importance des programmes agri-environnementaux pour redresser la situation en territoire qualifié de banal, c'est-à-dire hors espaces protégés[41].

### L'outarde canepetière

Cette espèce emblématique des paysages agricoles[42] a vu ses effectifs diminuer en France de 82 % en vingt ans, de 1982 à 2002[43]. Les causes du déclin des populations d'outarde des plaines céréalières ont été identifiées grâce à un vaste programme de recherche mené depuis 1997. Il s'agit d'un déficit de productivité des femelles, qui est environ moitié moindre par rapport à la productivité théorique attendue pour une population stable. Nous savons également à quels facteurs est dû ce déficit de productivité. En premier lieu, environ 40 % des pontes n'arrivent pas au terme de l'éclosion, suite à une destruction engendrée par les travaux agricoles (essentiellement la fauche des fourrages et en particulier, des luzernes). Par la suite, près de trois quarts des poussins éclos meurent de faim, leur nourriture exclusive à cet âge étant constituée de criquets et autres gros insectes : les poussins d'outardes consomment en moyenne 200 criquets par jour.

Maurice BENMERGUI

*L'outarde canepetière est en très forte régression en France. Elle a vu ses effectifs chuter de 82 % en 20 ans, ce qui justifie la mise en place de nombreux programmes agri-environnementaux.*

41 Selon données diverses LPO et ONCFS.

42 BOUTIN J.-M. et METAIS M., 1995. L'outarde canepetière. Éveil éditeur, 72 p.

43 JOLIVET C. et BRETAGNOLLE V., 2002. L'outarde canepetière en France : évolution récente des populations, bilan des mesures de sauvegarde et perspectives d'avenir. *Alanda*, 70(1), 93-96.

## Les amphibiens et les reptiles

Amphibiens et Reptiles sont des classes bien souvent décrites comme *menacées par l'agriculture moderne*. Le cycle vital des Amphibiens (crapauds, rainettes, grenouilles, tritons, salamandres) implique des migrations annuelles entre gîtes terrestres d'estivation et gîtes aquatiques de reproduction, de développement des larves et des têtards, ce qui peut les fragiliser fortement. Par ailleurs, une majorité d'espèces est fragmentée en petites populations locales dont le bon fonctionnement démographique exige des échanges génétiques réguliers. D'ou l'importance d'un réseau fonctionnel de mares de reproduction proches les unes des autres et une bonne connexion entre les mares dans l'espace, connexion capable d'assurer un abri contre les nombreux prédateurs. De telles exigences font qu'un environnement agricole diversifié ou un écosystème bocager est moins hostile aux amphibiens que des zones cultivées étendues et uniformes.

Certaines espèces semblent particulièrement concernées par le maintien du bocage comme le triton alpestre, le triton vulgaire, le triton palmé, la salamandre tachetée, le crapaud commun, la rainette arboricole, les grenouilles vertes autochtones et les grenouilles brunes. D'après Didier Montort[44], la France a même une responsabilité particulière pour le triton marbré, espèce dont l'aire de répartition mondiale s'étend sur la moitié ouest de la France et une bonne partie de la péninsule ibérique.

La classe des Reptiles est tout aussi sensible aux activités humaines. Comme l'orvet qui se plaît dans les zones pierreuses non cultivées à légèrement humides à proximité de haies servant de couvert, les couleuvres ou les vipères qui trouvent dans les linéaires les petits rongeurs dont elles se nourrissent, les lézards qui profitent des murets et des tas de pierres autrefois si nombreux dans le Sud et l'Est de la France. Aucune de ces espèces ne se maintient longtemps dans un espace étendu et largement ouvert soumis à une succession de cultures arables.

Jacky AUBINEAU (ONCFS)

*Bourdon sur trèfle. Parmi les causes de régression figure le recul de la diversité floristique sur les exploitations.*

## Le cas des insectes pollinisateurs

Au delà de cette macrofaune, le vaste monde des insectes constitue un univers très diversifié qui représenterait à lui seul 70 % de la biodiversité connue du règne animal. En France métropolitaine, plus de 35 200 espèces sont répertoriées et quelques milliers restent probablement à découvrir[45].

Des observations récentes[46] montrent que les papillons des prairies semblent avoir régressé de 50 % en quinze ans. Le déclin d'un groupe particulier, celui des insectes pollinisateurs, fait l'objet d'une étude spécifique dans le cadre du programme européen ALARM[47]. Certains des mécanismes cités pour la macrofaune sont encore ici montrés du doigt:

44 MONFORT D., 2002. Sauvegarde des bocages et du patrimoine batrachologique de l'Ouest atlantique : urgences et convergences. Actes du Colloque de Cerisay, 16-17 oct. 2002, CD-Rom.

45 D'après IFEN : www.ifen.fr/dee2003/fauneflore/fauneflore8.htm

46 SEGHIER C., 2007. Le Muséum d'Histoire Naturelle présente le premier bilan de l'observatoire des papillons des jardins. http://www.actu-environnement.com/ae/news/mnhn_papillon_observatoire_biodiversite_2363.php4

47 Projet intégré européen ALARM : www.alarmproject.net

anthropisation de l'espace, uniformisation des assolements avec une minorité d'espèces riches en pollen ou en nectar, recul de la diversité floristique[48,49], destruction d'habitats (ex. colonies de bourdons établies dans le sol)…

# B• Les interactions entre agriculture et faune sauvage

La littérature scientifique abonde de références sur la relation entre agriculture et faune sauvage. Sous tous ses aspects, ce lien apparaît extrêmement étroit et d'une grande complexité. D'une part, on doit considérer le rôle «positif» sur la biodiversité et les espèces de milieux ouverts qu'a eu l'agriculture lorsqu'elle a été introduite dans des paysages naturels relativement uniformes. D'autre part, il faut envisager l'agriculture dans ses évolutions extrêmes; celles qui, en situation d'intensification absolue, vont tendre à marginaliser, voire à exclure le cortège des espèces vivantes qui l'accompagnent sur de vastes bassins de production; ou celles encore qui, lors de l'abandon d'entretien des parcelles à fortes contraintes, conduisent à une forte régression de la qualité des habitats pour de nombreuses espèces favorisées par le système de culture antérieur.

## B1• L'agriculture, facteur positif et négatif de diversité

Les agroécosystèmes occupent, et de loin, la majeure partie du territoire de l'Europe (environ 60 %)[50]. Comprendre le rôle à la fois positif et négatif qu'a pu avoir l'agriculture sur la faune sauvage dans le contexte des profondes mutations sociales et agricoles du siècle dernier est un exercice incontournable si l'on veut prétendre avancer quelques pistes de progrès pour le futur.

### L'agriculture ouvre les paysages, et accroît ainsi la biodiversité

Dominique GEST (www.dgestim.com)

*Le bocage participe de l'identité régionale. La continuité du maillage est un gage de sa qualité. Haies et talus ont un rôle essentiel pour éviter érosion et ruissellement.*

Dans nos régions d'Europe de l'Ouest, à la Préhistoire, l'espace était essentiellement couvert de forêts, de landes et de quelques steppes sèches ou humides. Le développement de l'agriculture est intrinsèquement relié à une action de défrichement, à la création (la clairière) puis à l'extension de milieux dits ouverts (les champs) au détriment de milieux antérieurs simplifiés. Cette extension de l'agriculture vers l'Ouest s'est faite à partir du fameux «croissant fertile» du Moyen-Orient, lieu d'émergence de

48 JAUZEIN P., 2001. Biodiversité des champs cultivés : l'enrichissement floristique. *Dossier de l'environnement de l'INRA*, 21, 43-64.

49 DECOURTYE A., 2006. Jachères à couvert floral diversifié en zone de grandes cultures : évaluation des intérêts apicoles et paysagers - Rapport final du réseau thématique jachères florales ACTA, 76 p.

50 BRETAGNOLLE V., 2004. Opus cité (cf. réf. 35).

la culture des céréales. Tout au long de la progression des défricheurs, la création de cultures et de pâtures a entraîné de façon quasi automatique l'expansion d'espèces végétales nouvelles, cultivées ou adventices des cultures, ainsi que l'arrivée d'espèces animales originaires des steppes asiatiques. Le cas de la perdrix grise est exemplaire. Absent des milieux forestiers, cet oiseau inféodé à la steppe de graminées d'Asie centrale s'est adapté naturellement et particulièrement bien à la céréaliculture et aux riches prairies permanentes très diversifiées au plan botanique, suivant au fil du temps la progression des défricheurs vers l'Ouest et le Nord. En ouvrant les milieux, l'agriculture a ainsi augmenté la diversité biologique des régions colonisées.

Actuellement, un milieu agricole où la faune sauvage est présente et abondante n'est donc pas une pure création de la nature. C'est le résultat d'un équilibre établi de façon involontaire au fil des siècles entre un certain type d'activité agricole et l'ensemble des espèces vivantes qui peuvent effectuer dans l'espace ainsi transformé tout ou partie de leur cycle biologique. D'où la forte dépendance qui existe entre eux et leurs capacités à interagir.

## La biodiversité en milieu agricole : une composante totalement orientée par le travail humain

L'agriculture repose sur l'identification au sein de la flore et de la faune sauvages de végétaux et d'animaux retenus pour leur adéquation à des besoins humains. Les espèces identifiées font par la suite, toujours et partout, l'objet d'une démarche de sélection des races ou des variétés qui, tout en améliorant les caractéristiques les plus recherchées, peuvent aussi faire perdre aux plantes ou aux animaux domestiqués certaines aptitudes à résister à des bioagresseurs ou à des contraintes climatiques. Sélection et lutte contre la concurrence constituent une démarche courante pour le cultivateur ou l'éleveur, ce qui explique en partie la difficulté à faire prendre en compte la biodiversité dans la gestion agricole actuelle. Pour surmonter la méfiance née de ce que l'agriculteur considère comme un antagonisme automatique, il convient de chercher à mieux connaître les mécanismes biologiques, à préciser la place des espèces dans les processus écologiques afin de pouvoir utiliser au mieux les interactions les plus bénéfiques à la production.

Dominique GEST (www.dgestim.com)

*La perdrix rouge est un bon indicateur des plaines et coteaux cultivés du Sud de la France.*

Les éléments domestiqués par l'homme et répandus par ses soins peuvent à leur tour s'hybrider avec des espèces sauvages et contribuer à l'évolution du milieu. Dans le monde végétal, c'est le cas par exemple, de nombreuses cultures fourragères comme les fétuques ou les trèfles. D'autres espèces sont aussi abandonnées au fil du temps par les cultivateurs et, redevenues « mauvaises herbes », sont à ce titre combattues par l'agriculteur : c'est le cas de certaines vesces ou d'anciens « millets ».

L'abandon de l'agriculture dans des territoires où agriculture, élevage et gestion des boisements se conjuguaient, conduit à la fermeture des milieux et à l'homogénéisation du couvert forestier sur de vastes superficies. La biodiversité n'y est alors plus que diversité d'espèces forestières, et le nombre total d'espèces va régresser. Dans le Massif Central par exemple, la colonisation par les perdrix est récente ; elle y accompagna le développement de l'agriculture. Mais dès l'amorce de la déprise, la chute du pourcentage de terres labourées qui s'accompagne d'une tendance au « tout herbe » voit régresser le petit gibier à plume, les herbages n'ayant pas la diversité floristique requise pour compenser cette homogénéisation de la SAU.

L'élevage participe, de son côté, à l'entretien des milieux ouverts par défrichement. Dans nombre de régions herbagères, pour des raisons pédoclimatiques, de relief, d'accessibilité, les systèmes d'élevage valorisent par le pâturage des surfaces considérables non seulement d'herbages, mais aussi d'espaces boisés, de landes. Les systèmes d'élevage ont évolué pour prendre en compte les nouvelles attentes des territoires : entretien de milieux ouverts (ex. cas des îles de la Loire pour faciliter l'écoulement des eaux en période de crue, ou entretien des alpages), prévention des risques naturels (risques d'incendie, risques d'avalanche), fourniture de produits de qualité, développement des services et de l'emploi en milieu rural. Ce sont des formes d'agriculture multifonctionnelle.

Dans l'enrichissement de la biodiversité par l'homme, on ne doit pas oublier les espèces qui furent introduites pour la fourrure et la pelleterie (ragondin, rat musqué…). Lorsque de telles activités spécialisées ont commencé à décliner, les portes des élevages se sont souvent ouvertes… Et c'est comme cela que le vison d'Amérique menace aujourd'hui le vison d'Europe.

D'autres espèces qui apparaissaient utiles comme consommatrices de la végétation prolifique des étangs ont bien vite révélé leur dangerosité pour les berges (c'est notamment le cas du ragondin). On porte donc aujourd'hui une grande attention aux espèces que l'on qualifie d'« invasives », comme l'écrevisse à pattes rouges, l'ibis sacré, la grenouille taureau, la tortue de Floride, le raton laveur… D'autant qu'avec chacune de ces espèces relâchées par intérêt économique ou à la suite d'une négligence, il y a le risque d'introduire simultanément des organismes parasites ou pathogènes qui peuvent se révéler désastreux. Cela étant, l'occupation des niches écologiques d'espèces locales constitue déjà en elle-même un fléau.

## L'agriculture de la seconde moitié du XXe siècle, spécialisation et mécanisation

L'emprise de l'agriculture sur le sol de France a été maximum à la veille de la Révolution Française[51]. La très faible productivité des terres avait alors nécessité la mise en culture de zones très marginales (marécages, landes, petites terres et surtout vallées et zones de moyenne montagne). Par contre, le morcellement excessif du parcellaire, la faiblesse des moyens de transport et la mauvaise conservation des denrées stockées conduisaient de fait à réaliser sur des superficies considérables une forme de polyculture ordinaire. Les rendements étaient souvent faibles mais élevage et cultures se côtoyaient.

La recherche d'une moindre pénibilité du travail et la volonté de mieux maîtriser la productivité pour faire face à la concurrence internationale ont favorisé des évolutions majeures comme la **mécanisation** des tâches et la **fertilisation**. La mécanisation a conduit à constituer des parcelles plus grandes afin de travailler avec rapidité et de faire manœuvrer facilement des outils et des tracteurs plus gros. D'où les vagues de remembrement et leur incidence négative sur les linéaires non cultivés et les éléments fixes du paysage. La découverte des bases de l'alimentation végétale et la mise au point de fertilisants minéraux ont rendu moins incontournable l'équation fumier = humus = rendement. Dans des régions comme la Lorraine, à une époque où la main-d'œuvre agricole était aspirée vers la sidérurgie, l'abandon de l'élevage a sans doute paru d'autant plus envisageable que les fertilisants de synthèse semblaient pouvoir compenser les matières organiques antérieurement fournies par le bétail. Dans bien des situations, sauf en Bretagne où l'absence d'industrie a conduit les élus à favoriser des activités exigeant beaucoup de main-d'œuvre comme l'élevage, on a assisté à un découplage croissant entre agriculture et élevage et à une spécialisation accrue des productions.

51 BOULAINE J., 1996. Histoire de l'Agronomie en France, Tec. & Doc./Lavoisier éd., 400 p.

Cette spécialisation s'est accompagnée d'une simplification des systèmes de production inspirée des méthodes industrielles afin d'optimiser la valorisation des facteurs de production (surface-capital-bâtiments-cheptel-outillage). On parle souvent à ce sujet d'intensification ou d'industrialisation des systèmes de production. Aux campagnes très variées d'autrefois ont succédé des paysages ruraux ouverts et peu diversifiés. Peu à peu, les terroirs tendent à perdre leur spécificité et à se ressembler.

Jérôme LETTY (ONCFS)

*Après les récoltes, en fin d'automne et en hiver, l'espace agricole n'offre souvent que très peu d'abris pour la faune et peu de nourriture. D'où l'importance des mortalités.*

## B2• Évolution de l'agriculture et de la faune sauvage

Dans la plupart des régions du globe fortement anthropisées et en particulier les pays industrialisés, la diversité biologique est fortement menacée. C'est le cas de la France métropolitaine et de l'Outre-Mer. Au delà de la toujours possible surexploitation des ressources vivantes, c'est la baisse de qualité des habitats qui est considérée par les scientifiques comme la cause principale de régression des espèces animales sauvages.

### B2.1. *La complexité des relations avec la nature au sein des agrosystèmes*

Dans l'écosystème agricole comme dans tout écosystème, le jeu des relations entre espèces reste d'une grande complexité : tout y est lié. Et tout n'est pas forcément limpide pour un professionnel, même averti. Moins d'insectes dans le sol, c'est peut-être un gain par diminution des dégâts aux semis… Mais n'oublions pas qu'il y a aussi dans le sol bon nombre de prédateurs et que la régression de leur nombre peut accroître le risque de voir se développer plus d'insectes ravageurs des parties foliaires ou des fruits à venir. Moins de vers de terre, c'est moins de bécasses dans les prairies en bordure de haies, bois ou bosquets, c'est moins de vanneaux huppés et moins de pluviers dorés dans les plaines.

Quelques exemples méritent d'être cités. Dans l'histoire des productions végétales, beaucoup de passereaux ont d'abord été perçus comme des ravageurs qui picorent les semences récemment dispersées en surface du sol ou prélèvent des grains sur les épis mûrs avant la récolte. L'oiseau était alors vécu comme concurrent et traité en adversaire, depuis l'épouvantail jusqu'au fusil… Par contre, l'action discrète des passereaux insectivores qui se nourrissent des chenilles de lépidoptères ravageurs ou de pucerons était largement méconnue. Et que dire encore du rôle des rapaces souvent présentés comme prédateurs de la volaille mais ignorés dans la chasse assidue qu'ils mènent aux rongeurs. La mise au clair des interrelations entre espèces animales peut inviter l'agriculteur à considérer plus équitablement les avantages et les inconvénients de la biodiversité dans son système de production.

Un certain nombre de pratiques empiriques témoigne pourtant du fait que cette réflexion – bien que non théorisée – est parfois bien avancée. Ainsi, le développement du pastoralisme, puis de l'élevage s'est fait au travers d'une analyse des potentialités des écosystèmes d'origine. De même qu'il ne viendrait à l'idée d'aucun cultivateur de planter de la vigne dans un marais du nord, l'éleveur installait rarement ses pâtures les plus précieuses au voisinage immédiat de la bordure des bois, là où la concurrence des herbivores sauvages est la plus régulière. La distribution du parcellaire ayant été pensée comme une combinaison des avantages et des risques au regard de la biodiversité afin de rationaliser la production, l'éleveur établit depuis longtemps ses pâtures au plus près des bâtiments d'exploitation, les prés de fauche beaucoup plus loin.

La prise en compte d'éléments de la faune sauvage ayant un lien connu avec la production est donc réelle, ancienne mais extrêmement incomplète. Si cette approche fait une part relative à la macrofaune, elle prend assez peu en considération la microfaune, et en particulier la vie souterraine, alors que la racine *ager* du mot agriculture illustre bien l'importance du sol, support de la vie végétale et symbole de la fécondité du système productif. Ce qui se passe sous terre, la vie des organismes du sol reste un mystère pour nombre de personnes, et il y a peu de temps que l'on s'en préoccupe. Sans connaître cette complexité souterraine, les anciens agriculteurs avaient noté l'existence des graines des mauvaises herbes, la présence des vers de terre, des insectes ravageurs et des pourritures qui s'attaquent aux racines, la survenue rapide d'un épuisement apparent des sols auquel on remédiait par un temps de repos, la jachère, l'apport de fumier ou de marne, l'introduction de légumineuses dans la rotation…

Au cours des deux siècles écoulés, un grand nombre d'innovations techniques a été introduit en agriculture. D'une portée souvent considérable et largement orientées vers l'acte productif, elles ont permis à l'agriculture européenne de subsister en s'adaptant au contexte socio-économique d'alors mais n'ont fait aucune place aux équilibres relatifs qui préexistaient avec la faune sauvage. Outre la mécanisation et la fertilisation évoquées précédemment, voici trois exemples qui illustrent cette transformation.

Dominique GEST (www.dgestim.com)

*Le labour bouleverse la structure superficielle du sol et peut nuire à certaines espèces utiles comme les lombriciens. Semelle de labour et perte de porosité conduisent à des engorgements superficiels.*

## Le travail du sol

Le labour est l'un des actes symboliques de l'agriculture auquel le cultivateur assigne traditionnellement plusieurs objectifs :

• désherber avant le semis : ce point est tellement important que les anciennes jachères elles-mêmes étaient désherbées mécaniquement à raison de un à trois passages annuels de charrue ou d'araire ;

• affiner et ameublir la surface du sol : pour améliorer le contact entre les graines semées et la terre, faciliter la pénétration des eaux de pluie de l'automne, et, estimait-on, celle des racines à venir.

Dans les siècles passés, ce travail fondateur était régulièrement accompagné de façons culturales qui complétaient le labour lui-même : le hersage par exemple. Souvent réalisé après un semis à la volée, il visait alors à enfouir au plus vite les semences pour les soustraire au prélèvement des oiseaux réputés comme suivant le semeur.

La mise au point de charrues plus sophistiquées, la traction mécanique et l'emploi des engrais minéraux ont par la suite porté à croire que la nutrition végétale était entièrement contrôlable de l'extérieur, sans prendre en compte la dynamique biologique et chimique des sols. Dès la fin du XIXe siècle, on commence à labourer plus profond, à utiliser les engrais de fond pour améliorer le rendement de terres auparavant rétives (ex. sols de craie). Le découplage agriculture/élevage apparaît. La mécanisation progresse dans les régions de grandes cultures mais il n'y a que 30 000 tracteurs en 1938. Après 1945, le mouvement s'accélère et le parc est multiplié par 15, libérant pour d'autres cultures les trois millions d'hectares antérieurement consacrés à la nourriture des animaux de trait. La mécanisation ira croissant par la suite, dopée encore par le premier choc pétrolier de 1973.

Aux préoccupations économiques anciennes de l'agriculture européenne se sont ajoutés par la suite des soucis tels que la lutte contre la battance, la perte de perméabilité (semelle de labour), l'érosion, la diminution des taux de matière organique... ramenant dans l'actualité le thème de la conservation de la faune et des micro-organismes du sol. Aujourd'hui, on repense différemment les systèmes de culture en prenant en considération ces éléments vivants temporairement écartés de la réflexion, offrant à cette microfaune et à la macrofaune qui en dépend de nouvelles opportunités d'avenir.

### La sélection variétale

Pour une espèce végétale donnée, la sélection par le cultivateur des lignées les mieux adaptées au milieu local est aussi vieille que l'agriculture elle-même. Pour le blé par exemple, ce travail réalisé grâce aux qualités d'observation de certains agriculteurs, a donné naissance aux « blés de pays », populations plus ou moins homogènes adaptées aux conditions locales, dont la propagation lente a été longtemps réalisée par les seuls négociants voyageurs. À partir du XIXe siècle, le développement des transports a permis de comparer ces variétés de provenances diverses dont quarante ont été décrites par Henri de Vilmorin en 1880. Leur hybridation systématique a permis d'améliorer la performance individuelle de chacune des nouvelles variétés obtenues mais diminué aussi la variabilité génétique de la sole de blé tendre. Ainsi, la variété Bon Fermier forme, avec Vilmorin 23, 27 et 29, le groupe des quatre variétés dominantes en 1950[52] !

Ce phénomène ne se vérifie pas partout mais les succès de la création variétale présentent le risque potentiel d'uniformiser génétiquement de vastes étendues, uniformité qui peut affecter aussi le cortège des insectes inféodés à une espèce cultivée, influençant ainsi les espèces animales qui s'en nourrissent. Cette homogénéisation variétale tend à accroître la sensibilité de la sole aux attaques parasitaires et peut nécessiter le recours à des traitements ou à des interventions mécaniques spécifiques à raisonner pour éviter des perturbations ou des effets négatifs.

### Les introductions d'ennemis des cultures

Les échanges commerciaux d'animaux et de végétaux représentent un risque important d'introduction d'espèces indésirables pour l'agriculture. C'est très largement le cas de nouvelles plantes adventices des cultures, d'organismes pathogènes ou de ravageurs. Si les exemples de calamités historiques sont nombreux, chaque année encore, plusieurs de ces fléaux arrivent sur le territoire national en dépit des contrôles dont ils sont l'objet. Citons pour mémoire :

• la plupart des champignons parasites de la vigne : oïdium, mildiou, black-rot, excoriose ainsi qu'un puceron, le phylloxéra. Plus récemment, la cicadelle de la flavescence dorée,

52 THIAULT J., 2003. Les étapes de l'intégration des agrofournitures et leur évolution en productions végétales. *Compte rendu des séances de l'Académie d'Agriculture de France*, 89 (2), 12.

• le mildiou de la pomme de terre et le doryphore,
• le virus de la sharka, la tordeuse orientale, le thrips *Frankliniella* sur le pêcher,
• la chrysomèle *Diabrotica virgifera* sur le maïs...

De manière très simpliste, on pourrait considérer que ces nouvelles espèces antagonistes des cultures enrichissent la biodiversité, mais il faut reconnaître qu'elles sont le plus souvent à l'origine de perturbations nouvelles qui contribuent à accroître l'action de l'homme dans les zones cultivées : modification des techniques culturales, recours à une protection phytopharmaceutique spécifique, changements variétaux...

Deux exemples concrets :
• en viticulture, plus de 80 % des produits phytopharmaceutiques utilisés le sont pour protéger le vignoble de l'attaque de maladies importées entre 1850 et nos jours ;
• sur les céréales, l'apparition dans les années soixante-dix de la jaunisse nanifiante de l'orge, le BYDV (barley yellow dwarf virus), une grave maladie à virus, oblige depuis lors les céréaliculteurs à une veille constante à l'automne ; lorsque la présence importante des pucerons vecteurs de la maladie est signalée, un traitement insecticide est alors réalisé. Cette contrainte peut s'exercer sur des dizaines de milliers d'hectares au sein d'une même région.

Dans les paysages ruraux, agriculture et faune sauvage sont intimement liées. Leur équilibre relatif s'est bâti au fil des siècles, conditionné en premier chef par l'évolution du système de culture né de la convergence de moyens techniques mis en œuvre par le cultivateur au service de ses attentes économiques. Quel qu'il soit, un agrosystème est donc le fruit d'une coévolution très longue où les besoins de la faune sauvage ont rarement été pris en compte *a priori*. L'équilibre précaire qui en résulte peut basculer – le plus souvent au détriment de la faune – si celle-ci ne peut satisfaire sur le territoire considéré aux besoins élémentaires (alimentation, abri, site de reproduction...) propres à chaque espèce. La précarité de l'équilibre en question risque d'être mise à mal par deux types d'évolution opposés. D'une part, il est clair qu'une industrialisation du système productif poussé à son maximum ne permet plus, dans l'espace et dans le temps, la couverture de ces besoins élémentaires. D'autre part, il est tout aussi sûr qu'une déprise totale, quelle qu'en soit la raison, provoque une évolution du milieu qui exclut de nombreuses espèces dont l'existence en ces lieux n'était possible que grâce à l'existence de l'agrosystème antérieur.

Si l'adaptation à l'agriculture de méthodes industrielles peut lui faire perdre sa diversité biologique et territoriale, l'absence d'innovations dans les systèmes traditionnels risque de son côté d'aggraver la déprise. Dans tous les cas, pour assurer la pérennité de l'agriculture et préserver la faune sauvage, le cultivateur sera contraint d'inventer et de mettre en œuvre de nouvelles pratiques qui laissent sa place à la diversité faunistique tout en se révélant conformes à ses aspirations légitimes en termes de niveau de vie, de moindre pénibilité au travail et de valorisation sociale.

### B2.2. *Les ruptures de la coévolution*

Si la coévolution entre système de production et faune sauvage est un processus qui intervient sur un pas de temps ordinairement long, des ruptures de plus en plus fréquentes sont survenues au cours des dernières décennies. Pour n'en citer que deux : le retour du loup dans le domaine de l'élevage et l'effondrement des populations de perdrix grise dans les plaines de grandes cultures.
La domestication du mouton est ancienne. Très longtemps, son élevage a cohabité en France avec la présence du loup. Cette cohabitation existe encore en Italie dans les Abruzzes, donc tout près de chez nous.

L'arrêt momentané de la cohabitation depuis plusieurs dizaines d'années à la suite de l'éradication du loup, a fait oublier pendant plus de quatre générations les règles qui rendaient « supportable » sa présence. Les techniques de pastoralisme ont fortement évolué, comme partout ailleurs : moins de main-d'œuvre, donc agrandissement des troupeaux, difficulté pour parquer les animaux régulièrement la nuit, moins de surveillance, évolution du mode de vie des éleveurs… Ce cas illustre le fait qu'il y avait autrefois une familiarité de l'agriculteur-éleveur avec la biodiversité, et que celle-ci a tendance à se perdre avec la pression sociale et économique.

La perdrix grise a longtemps été ordinaire pendant des siècles dans les espaces céréaliers du nord de l'Europe. Depuis la fin de la seconde guerre mondiale, la volonté politique d'assurer dans un premier temps l'approvisionnement d'une population humaine croissante, puis ensuite, la recherche de compétitivité par rapport à une baisse des cours mondiaux née de la concurrence de nouveaux pays producteurs, a poussé à optimiser fortement la manière de cultiver. Les grandes opérations de remembrement traduites par l'agrandissement des parcelles, la suppression des haies et des talus, l'augmentation des interventions de l'agriculteur sur ses cultures… ont conduit à un affaissement des populations de perdrix dans des espaces totalement transformés. Amplifié dans de nombreux pays en quelques dizaines d'années, ce phénomène fait considérer la présence de populations naturelles abondantes de cet oiseau comme un des indicateurs de l'état de santé écologique des territoires.

Le graphe ci-contre a le mérite de poser un problème : il met en parallèle une augmentation des rendements et la baisse des populations de perdrix. Il est cependant clair qu'il existe des

ONCFS Bretagne-Pays-de-Loire

*La conduite hors-sol des productions animales, ici en Bretagne, implique des méthodes mécanisées de récolte des aliments qui ne sont pas sans effet sur la faune, sur place (ensilage…) ou à distance (déshydratation).*

Joël APPOLINAIRE (ONCFS)

*Troupeau de moutons dans la vallée d'Ossau. Le pâturage ovin en montagne entretient le milieu. Sans contrôle, il peut avoir une influence sur la faune nichant au sol.*

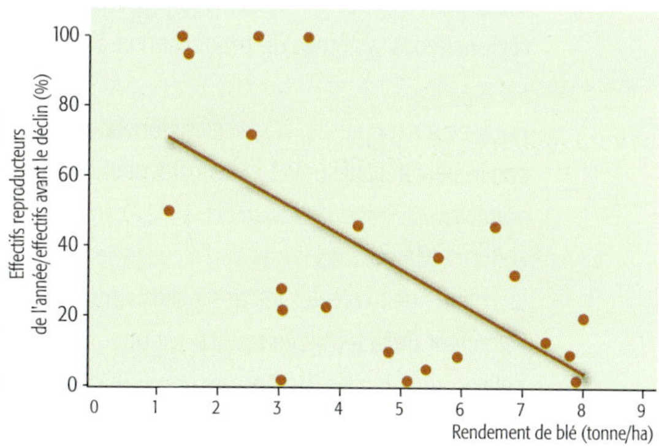


**Figure 4 :**
**Évolution des populations de perdrix grise en Angleterre en relation avec le niveau d'intensification de la culture du blé d'hiver (D. POTTS)[53]**

53 POTTS D. Communication personnelle.

populations fortes de perdrix dans des exploitations performantes, grâce à quelques aménagements et parce que les conditions naturelles permettent par exemple de garantir un minimum de production d'entomofaune.

## B3• Incidence des activités agricoles sur la faune sauvage

Avant d'examiner plus en détail dans la troisième partie de cet ouvrage les moyens envisageables pour minimiser l'incidence de certaines pratiques agricoles, on peut s'interroger sur les connaissances relatives à la hiérarchisation de leurs impacts. Les études dans ce domaine sont peu nombreuses.

Dans tous les cas, il convient de distinguer les impacts directs des impacts indirects. Bien souvent, seuls les premiers sont pris en considération alors qu'en réalité, c'est l'effet indirect de certaines pratiques qui semble le plus important pour le devenir de la faune sauvage. Deux exemples :

- le « nettoyage » répété de la flore spontanée en bordure des parcelles, des chemins ou des fossés est rarement signalé comme ayant un effet destructeur sur les grands lépidoptères et les pollinisateurs. Pourtant, il est certain que le passage précoce et fréquent des outils mécaniques empêche la croissance, voire élimine des plantes dont la présence est indispensable à ces insectes. Ainsi, le fenouil sauvage du midi accueille les pontes du machaon dont les chenilles s'alimentent à partir du feuillage. Ou des légumineuses sauvages propices aux bourdons qui y trouvent une ressource alimentaire appréciable et quelquefois vitale pour le maintien de leurs populations ;
- l'abattage et le brûlage des vieux arbres creux qui existent dans les haies et les lisières répondent souvent à un souci esthétique mais se révèlent préjudiciable à la fois aux rapaces nocturnes, aux pics et aux chauves-souris qui y trouvent abri, au pigeon ramier et à l'abeille domestique qui tirent parti du lierre qui colonise souvent leurs troncs[54].

En règle générale, et pour synthétiser à grands traits l'influence de l'agriculture sur la faune sauvage, on peut considérer qu'en cultivant, en labourant, en fertilisant la terre, en luttant contre le parasitisme..., les agriculteurs modifient l'écosystème naturel, ce qui profite à certaines espèces et en perturbe d'autres. Si à une époque l'agriculture devait répondre à des critères de productivité pour nourrir la population, certains excès ont abouti à une « intensification » des pratiques. D'où simplification des assolements et des rotations, réduction de la palette des espèces et des variétés cultivées, remembrement, agrandissement des parcelles et mécanisation généralisée... Tous ces éléments concourent à une uniformisation régionale des systèmes de production et à une simplification de l'espace rural.

Poussée à haut niveau, la spécialisation des systèmes d'exploitation par région naturelle ou agricole, outre son impact négatif sur la biodiversité, peut conduire à des problèmes aigus pour la gestion des déjections animales en zone d'élevage et à des carences de restitution organique dans les régions de grandes cultures. Même dans le cas où l'élevage se tourne vers un système strictement herbager, qui abandonne la culture des céréales et des plantes fourragères pour acquérir des aliments concentrés produits à l'extérieur de la ferme, le résultat est une perte d'autonomie du système, l'homogénéisation du paysage devenu uniquement herbacé et une réduction de la diversité spécifique globale.

En ce qui concerne la macrofaune et les espèces-gibier en particulier, une des études les plus récentes a été réalisée en 2001 par l'ONCFS. Portant sur un ensemble de pratiques courantes évaluées à dire

54 AUBINEAU J. et BOUTIN J.-M., 1998. L'impact des modalités de gestion du maillage bocager sur les colombidés nicheurs dans l'Ouest de la France. *Gibier Faune Sauvage - Game Wildlife*, 15 (Hors série tome 1), 55-63.

d'expert, elle donne une vision bien différente de celle qui est communément admise. Certains de ces constats seront rediscutés plus loin lors de l'examen des conséquences de différentes pratiques.

**Tableau 7 :**
**Impact de différentes pratiques agricoles sur le gibier (ONCFS)**[55]

| Pratiques considérées | Degré de risque | Mise en œuvre dans les parcelles agricoles | Mise en œuvre en dehors des parcelles agricoles |
|---|---|---|---|
| Broyage (jachères, pailles, abords...) | ++++++ | | |
| Drainage pour assèchement des zones humides | ++++++ | | |
| Ensilage (luzerne, ray-grass et autres fourrages) | ++++++ | | |
| Fauche (pois) | +++++ | | |
| Fauche (céréales à paille) | ++++ | | |
| Pressage (foin, pailles) | ++++ | | |
| Destruction des talus et des haies | ++++ | | |
| Irrigation des céréales à paille, maïs, pois, luzerne... | +++ | | |
| Brûlage des pailles | +++ | | |
| Retournement des prairies | ++/+++ | | |
| Traitements phytopharmaceutiques | ++ | | |
| Travail du sol (labour et travail superficiel) | ++ | | |
| Tout passage de tracteur | + | | |
| Pâturage | + | | |

Nous examinerons successivement quelques-unes des principales actions qui, en agriculture, sont tenues pour responsables d'un impact conséquent sur la faune sauvage.

## B3.1. *La gestion de l'eau*

La gestion de l'eau en agriculture vise généralement à éliminer les excédents (drainage) ou à éviter la pénurie qui menace la vie même des plantes cultivées (irrigation). Ces pratiques ont été fortement subventionnées.

L'assèchement des zones humides en vue d'une mise en culture ultérieure mérite d'être considéré à part. En un siècle, deux tiers des zones humides françaises ont été transformés et, selon Patrick Dugan[56], les opérations d'assèchement à des fins agricoles sont la principale cause de leur disparition. En favorisant une productivité élevée, la politique agricole a longtemps accordé aux productions végétales un appui très supérieur à celui apporté à l'élevage extensif, primes agri-environnementales comprises. Ce faisant, c'est l'ensemble des aides publiques européennes, nationales et régionales, qui a accéléré les assèchements pour mise en culture. Aujourd'hui, alors que les zones humides sont perçues comme un enjeu primordial de protection de la nature, l'opinion publique aspire à leur conservation. Pour cela, l'élevage extensif fait consensus pour exploiter et maintenir prairies humides et marais. De plus en plus d'opérations en partenariat sont montées pour encourager ces formes d'élevage, faisant souvent appel à des races rustiques.

55 HAVET P., 1998. Faune sauvage - Fiche technique N°93, supplément au *Bulletin mensuel de l'ONC*, 233.
HAVET P., 2000. Gestion de l'espace, pratiques phytosanitaires et faune sauvage. Eléments d'analyse et conseils de base. *Phytoma-La défense des végétaux*, 531, 18-22.
56 DUGAN P., 1992. Cité dans BERNARD P., 1994 (cf. réf. 57).

Généralement conduit au moyen de fossés délimitant le parcellaire, l'assèchement favorise la faune des milieux agricoles ouverts et le gibier de plaine mais défavorise lourdement les oiseaux d'eau, y compris les espèces du patrimoine international (migrateurs), qui y trouvaient une végétation propice pour nidifier, des ressources alimentaires (cas de la bécassine des marais, de la bécasse des bois…) ou un couvert. On observe alors une baisse des effectifs d'espèces rares et une augmentation des effectifs d'espèces banales. La productivité de biomasse• du milieu est très affectée, de même que la productivité en espèces chassables.

Il n'est pas facile de trouver des données nationales sur ce sujet épineux. On estimait dans les années 1950 à environ trois millions d'hectares les surfaces des prairies humides qui n'occuperaient plus aujourd'hui que deux millions d'hectares, surfaces en eau comprises. Si les données nationales sont imprécises, c'est parce que ces espaces n'avaient pas une finalité unique, restant de ce fait mal définis et mal répertoriés. C'est ce qui ressort des données de Geneviève Barnaud dans le rapport d'évaluation sur les zones humides du Comité interministériel de l'évaluation des politiques publiques de 1994[57]. C'est par des exemples précis que l'on peut illustrer au mieux le phénomène et ses tendances.

Entre 1973 et 1990, les prairies du Marais poitevin ont diminué au rythme moyen de plus de 1 600 ha par an. Cette régression se ralentit depuis lors, mais contrairement aux grandes déclarations publiques, elle ne s'arrête pas : on a assisté à des pertes de 1 300 ha par an entre 1992 et 1995, de 500 ha entre 1995 et 1997[58]. La même source indique dans la vallée de la Seine, en aval de Montereau (région de La Bassée), une perte de 300 ha par an avant 1980, de 160 ha par an dans les années 1980-1990, de 100 ha par an dans les années 1990-2000.

Luc BARBIER (ONCFS)

*Anatidés sur un plan d'eau. Les zones humides ont une productivité biologique très supérieure à celles des zones plus sèches.*

Dans une zone asséchée, la réduction de la teneur en eau du sol ne permet plus aux oiseaux qui le forent d'y trouver de la nourriture. Une prairie asséchée est abandonnée par les oiseaux d'eau, et la végétation qui se modifie n'offre plus aux limicoles• les sites de nidification qu'ils recherchent. L'absence d'inondations hivernales temporaires nuit au nourrissage des anatidés•, qui utilisent comme refuge les grands plans d'eau protégés mais vont se nourrir sur les étendues d'eau de faible profondeur. Si les anciennes prairies humides une fois asséchées sont retournées, l'impact final d'une telle opération sur la biodiversité est très important car la production de biomasse• d'un espace en eau est d'environ 7 à 10 fois celle d'un espace exondé•.

Par ailleurs, la rectification des cours d'eau ou la réduction des zones d'expansion des crues sont connues pour produire des effets du même type. L'inondation temporaire des berges plates a des effets positifs

57 BERNARD P., 1994. Les zones humides. Rapport d'évaluation. Comité interministériel de l'évaluation des politiques publiques. Premier ministère - Commissariat au plan. La documentation française, 392 p.

58 D'après Olivier CIZEL, IFEN.

sur la richesse floristique et sa rapidité de croissance. Elle accueille ainsi de nombreux nicheurs et une grande diversité d'espèces (râle, traquet, courlis, bruant…).

Le principe de l'indemnité spéciale est admis en zones humides comme cela le fut pour la montagne soumise à d'autres contraintes (relief…). La loi sur le Développement des territoires ruraux et celle d'Orientation de l'agriculture doivent aider au maintien de zones humides de qualité et permettre leur entretien par l'élevage extensif en combinant des incitations fiscales et des aides agri-environnementales.

Traditionnellement, les travaux de **drainage** et d'**assainissement** ont pour objet d'éviter l'engorgement d'une zone cultivée bien délimitée.

D. GAUTHIER (CEMAGREF)

Le drainage évite l'engorgement temporaire des parcelles et favorise les espèces animales terrestres qui vivent et se reproduisent au sol.

On définit le drainage agricole comme l'ensemble des opérations nécessaires à la suppression de l'excès d'eau temporaire ou quasi permanent dans les champs cultivés ou les pâtures trop humides : il est généralement envisagé à l'échelon d'une parcelle. L'assainissement agricole est l'ensemble des moyens assurant le transport des eaux, regroupées naturellement ou à la suite du drainage : il trouve sa cohérence au niveau du bassin versant. Leurs effets sont très variables selon la nature et l'importance des opérations.

Un drainage peut être envisagé pour des raisons très différentes :
• comme amélioration ponctuelle afin de supprimer une mouillère, détourner une source…
• il peut être entrepris pour rabattre le niveau haut d'une nappe capable d'asphyxier les racines du verger que l'on souhaite installer…
• ce peut être aussi un préalable indispensable pour l'irrigation afin d'éviter qu'un engorgement du sol n'annule ses effets positifs sur les cultures.

Son emprise territoriale est donc très variable. Il peut simplement éliminer un site remarquable de faible surface (ex. mare à faune et flore patrimoniales). Par ailleurs, des opérations d'assainissement à grande échelle peuvent transformer totalement des zones humides sur des centaines d'hectares.

Philippe QUILLAY (ONCFS)

L'assèchement transforme les zones humides et éloigne les espèces qui sont particulièrement adaptées à ces milieux.

L'impact du drainage et de l'assainissement est proportionnel à l'étendue des travaux et à la nature écologique des sites. La petite faune de plaine s'en trouve assez souvent favorisée, alors que l'impact est généralement négatif pour les batraciens, les libellules, certains lépidoptères (ex. le papillon cuivré des marais)… Quelle que soit leur échelle, la modification des caractéristiques du sol transforme la nature et l'équilibre des espèces vivantes qui y trouvaient précédemment leur biotope. Cette modification ne va pas forcément dans le sens d'un appauvrissement. C'est même le contraire lorsqu'un sol passe d'une situation anaérobie de longue durée à un état aérobie dominant. De telles opérations ont des effets à long terme, les modifications induites l'étant aussi longtemps que le système de drainage ou d'assainissement reste efficient.

Avant de recourir au drainage toujours coûteux, les agriculteurs réalisaient autrefois des labours en planches pour permettre l'écoulement des eaux hivernales en excédent. Cette pratique était complétée par un entretien rigoureux du réseau de fossés garantissant une exondation (retrait de l'eau) propice à la croissance des jeunes plants. Très récemment, le développement du travail simplifié représente une forme d'alternative au drainage. Les façons culturales réduites à l'horizon superficiel sont de nature à moins perturber la vie souterraine et, à moyen et long terme, à améliorer la percolation de l'eau.

Signalons enfin que l'irrigation estivale des cultures spéciales, du maïs ou de la betterave, ne pose pas de problème à la faune sauvage. En revanche, le développement de l'irrigation des céréales à paille au printemps affecte sérieusement la productivité des espèces nichant au sol[59]. Un apport d'eau brutal et massif peut provoquer la noyade des nids, la fuite des nicheurs, et lorsque les poussins sont nés, leur mort rapide par hypothermie ou noyade dans les passages de roues. Les bordures de parcelles étant très utilisées par la perdrix et le faisan pour la nidification, leur irrigation systématique présente donc un risque majeur.

## B3.2. Organisation du paysage (remembrement, parcellaire, assolement)

L'évolution agricole s'est traduite au cours des soixante dernières années par une profonde transformation du paysage.

SD 14 (ONCFS)

*L'arrachage de haies supprime des éléments de grande qualité écologique. Il banalise les paysages et conduit à une diminution de la biodiversité, dans les espaces cultivés.*

Les aménagements collectifs ou les remembrements agricoles, conduits à grande échelle et parfois répétitifs, se traduisent par la destruction des haies, l'arasement des talus, le réalignement de ruisseaux, la suppression de mares... Thomas Schmutz estimait en 1995 à 15,3 millions d'ha les surfaces remembrées pour l'agriculture. En Bourgogne par exemple, ces surfaces ont augmenté de 60 % entre 1975 et 1997[60]. Mais, en sus de travaux proprement agricoles, il ne faut pas oublier les transformations considérables qui résultent des infrastructures de communication et de l'urbanisation qui, d'une part, détruisent directement des éléments fixes, d'autre part obligent à

59 BIRKAN M., SERRE D., PELARD S. and SKIBNIEWSKI S., 1990. Effects of irrigation on adult mortality and reproduction of grey partridge in a wheat farming system. In Perdix V: grey partridge and ring-necked pheasant workshop. Church K.E., Warner R.E., Brady F.J. Eds, 257-271.

60 FOUTEL C. et GUILBAUD S.-P., 2005. Promouvoir l'arbre et la haie dans le paysage et l'économie rurale de la région Bourgogne. Rapport d'étude CRPF et FRC de Bourgogne. CD-Rom.

des réorganisations foncières qui amplifient encore les impacts. Ainsi, la circulation de l'eau est souvent profondément transformée par ces infrastructures et les écoulements dirigés vers des exutoires nouveaux court-circuitent les chenaux naturels précédemment utilisés par la faune sauvage. Le compartimentage constitué par les autoroutes, les canaux, les levées de terre… fragmente le territoire au détriment d'espèces terrestres dont la migration et la reproduction peuvent être perturbées. Enfin, pour bien juger de l'évolution des éléments fixes, il faut rappeler que la SAU régresse chaque année de 100 000 ha, diminuant d'autant la fréquence des habitats propices à la faune et conduisant à une régression globale des capacités d'accueil pour la vie sauvage dans les territoires ruraux.

Si l'on s'attache au cas de la haie, on constate que la France en comptait environ 730 000 km en 2003, occupant 2 % de la SAU. Leur simple sauvegarde rencontre une problématique d'entretien qui n'est pas facile à résoudre car très coûteuse en main-d'œuvre. Cet aspect financier est l'un des facteurs explicatifs importants de la régression des haies : soit elles ne sont plus assez entretenues, soit on les arrache ! Et lorsqu'un entretien est fait, les modalités en sont souvent discutables. Beaucoup de haies ont ainsi tendance à mincir sous l'effet de tailles mutilantes, perdant progressivement leur valeur biologique.

L'orientation technico-économique des exploitations explique aussi les différences de densité de présence et de maillage des éléments fixes : la densité des haies était en 1970 jusqu'à 6 fois supérieure dans les systèmes d'élevage à ce qu'elle est dans les systèmes dominés par la SCOP[61]. Il existe une relation nette entre le nombre de bovins et la densité de haies (de 92 bovins pour 100 ha en bocage dense à 32 en quasi-absence de haies). Les systèmes mixtes, où la densité de haies est encore forte, sont biologiquement les plus intéressants pour la biodiversité, car c'est dans ces exploitations que la conjonction éléments fixes-cultures-herbages est la plus diversifiée, donc la plus riche en espèces.

Bien que de récentes études d'impact ont eu pour effet de tenter de compenser une destruction par une recréation, il s'avère que les modèles simples de plantation (une ou peu d'espèces végétales) ne génèrent pas la même biodiversité que les haies anciennes, ce qui pousse actuellement, sur la base d'expériences allemandes, à transplanter des haies plutôt qu'à en recréer.

L'évolution du paysage rural a été aussi fortement marquée par l'augmentation de la taille du parcellaire. En regroupant des champs, le remembrement des exploitations optimise certes le travail des machines mais il diminue le plus souvent la longueur des « lisières » ou écotones. C'est l'un des facteurs explicatifs principaux de l'affaiblissement des capacités de nidification d'espèces comme la perdrix grise. Il serait facile de compenser l'agrandissement en choisissant de créer des parcelles culturales allongées en bandes, plutôt que rectangulaires ou carrées.

Les assolements sont aussi un élément-clé de la transformation des paysages. Le choix des cultures et leur localisation influent sur la faune sauvage en termes d'abris et de ressources alimentaires ; leur juxtaposition dans l'espace, l'existence, la durée et la gestion de leurs intercultures aussi. La régression relative des cultures de printemps (non irriguées en particulier), la diminution des intercultures longues, la régression des légumineuses propices à de nombreuses espèces… s'ajoutent aux facteurs précédemment évoqués pour conduire à des paysages ouverts très simplifiés et profondément anthropisés.

61 FOUTEL C. et GUILBAUD S.-P., 2006. Opus cité (cf. réf. 60).

## B3.3. *Passage des machines agricoles*

La faune est plus particulièrement vulnérable au passage des machines ou des outils agricoles[62] lors des périodes de reproduction (couvaison et élevage des jeunes...). Mais en sus des risques d'écrasement, de destruction directe des nids, des cas de mutilation ou de destruction des reproducteurs (5 % selon l'enquête ONCFS-FDC-FNC sur la perdrix) et des jeunes..., le passage des machines est parfois à l'origine de l'abandon des nids ou des petits et donc source de mortalités indirectes.

La France s'est dotée d'un réseau d'observation dénommé SAGIR (voir partie III, E.2) pour diagnostiquer les causes de mortalités dans la faune sauvage. Il mesure assez mal les blessures consécutives à l'emploi de machines car lorsque la cause de la mort est certaine (mutilation, écrasement...), le découvreur n'a pas besoin d'analyse complémentaire, toujours onéreuse, et le cadavre retrouvé n'entre pas dans la base de données. À titre d'information, rappelons que dans le Jura, département très herbager, la Fédération départementale des chasseurs a assuré en 2004 un suivi particulier de la mortalité « extra-cynégétique ». Près de 13 % des cas seraient imputables au machinisme, dont 20 % de la mortalité du chevreuil (faons principalement).

Philippe GRANVAL (ONCFS)

*Chevreuil tué par une machine agricole. Des solutions techniques existent, mais aucune n'est à ce jour largement utilisée.*

Les risques dépendent de :
- l'époque d'utilisation des machines au regard du cycle biologique des animaux,
- la répétition de leur passage dans l'année,
- le type de machine employé,
- la méthode d'intervention au champ : le sens de travail des parcelles importe, qu'il s'agisse de broyage, de fauchage, de récolte ou de travail du sol.

Les facteurs aggravant ces risques sont les suivants :
- la vitesse d'avancement des machines,
- l'importance des « trains » de matériel,
- l'emprise de la partie travaillante,
- la hauteur de la coupe,
- la situation de la partie travaillante par rapport à l'axe d'avancement du tracteur,

et bien sûr, la nature du paysage dans laquelle le travail est effectué (existence de zones refuges).

Le machinisme apparaît comme une source croissante de risque de destruction accidentelle d'animaux sauvages. Force est de constater que les constructeurs et les utilisateurs de machines agricoles n'ont pas pris en compte la faune sauvage, malgré les destructions parfois spectaculaires constatées sur des espèces-gibier.

62 HAVET P., 1996. Machinisme agricole et faune sauvage. *Bulletin mensuel de l'ONC*, 209, 10-15.

## B3.4. *Fertilisation et produits phytopharmaceutiques*

En agriculture, tous les systèmes de production font appel à des matières fertilisantes pour renouveler la capacité des sols à assurer une productivité régulière et économiquement satisfaisante. Qu'elle soit conduite en s'appuyant sur la gestion des résidus de culture (ex. pailles, composts…), d'engrais verts, de matières organiques animales (ex. fumier, lisier…), d'engrais minéraux ou d'une association de ces différentes sources, la fertilisation a pour objet d'apporter aux cultures les éléments minéraux (principalement de l'azote, du phosphore et du potassium) nécessaires à l'obtention du développement souhaité.

L'incidence des pratiques de fertilisation sur la faune sauvage est complexe, souvent relativement faible et comporte principalement des effets indirects. Quelques exemples :

• la fertilisation est généralement étudiée pour stimuler le développement de peuplements végétaux homogènes. Bien adaptée à des cultures traditionnelles semées pures, cette approche peut entraîner dans les prairies composites une homogénéisation du couvert, la perte de sa diversité floristique (notamment en légumineuses), mais aussi une densification qui diminue considérablement sa capacité d'accueil pour la faune, notamment pour les oiseaux nicheurs au sol[63] ;

• s'il est connu de longue date que l'apport de matières fertilisantes organiques stimule l'activité biologique du sol – notamment les micro-organismes et vers de terre qui sont à la base des chaînes alimentaires – on constate que des résultats du même type peuvent être obtenus dans des systèmes qui privilégient les fumures minérales, à condition que les forts résidus organiques issus de plantes dont la récolte est exportée soient incorporés au sol et bien gérés dans la durée ;

• le passage des engins agricoles destinés à l'épandage des matières fertilisantes est souvent donné comme dérangeant pour de nombreux constituants de la macrofaune, en particulier à cause des méthodes de fractionnement des engrais azotés, de plus en plus recommandées en culture céréalière notamment. Si le dérangement lié au nombre des passages est hautement vraisemblable, il ne semble pas avoir d'influence réelle sur la démographie.

Un des aspects particuliers de la fertilisation rejoint le problème des métaux lourds (plomb, mercure, sélénium, cadmium…) dont la présence dans l'environnement, d'origine naturelle ou découlant de l'activité humaine, est une préoccupation publique depuis plus de trente ans. Réduire la présence du plomb responsable du saturnisme dans l'essence, les peintures, les canalisations d'eau… et dépolluer les sites industriels abandonnés furent les premières pistes d'action. Pour les fertilisants, cette politique se traduit par la recherche d'une faible teneur en cadmium dans les engrais phosphatés ou le contrôle des boues d'épuration urbaines destinées à l'épandage. Le monde agricole est cependant assez réticent à l'emploi de ces dernières. Cela étant, il n'y a que peu de travaux sur l'impact des métaux lourds sur la macrofaune, que ce soit sur les effets secondaires d'une contamination ou sur la survie des espèces.

Les données sont plus abondantes sur les produits phytopharmaceutiques utilisés pour la protection des cultures. Leurs effets biologiques sont mieux connus car évalués au cours d'une procédure d'autorisation de mise sur le marché (AMM) longue et complexe. Certains, bien qu'utilisés de longue date comme les sels de cuivre, sont connus pour avoir un effet dépressif durable sur la faune du sol[64]. L'impact direct éventuel des produits phytopharmaceutiques sur des espèces-gibier ou leurs grands prédateurs est suivi

63 BROYER J. et CURTET L., 2005. Conditions nécessaires à l'équilibre démographique des oiseaux nicheurs dans les prairies de fauche d'altitude. Rapport ONCFS/DIREN Rhône-Alpes/PNR Bauges/PN Écrins et Vanoise/Chambre d'agriculture de Savoie, 57 p.

64 VALAT W. et ALEXANDRE H., 2006. Le cuivre en viticulture et en œnologie : état des lieux. *Revue des Œnologues*, 118, 17-21.

par les organismes coopérant au réseau SAGIR. Au cours des dernières années, les cas de mortalité de gibier par intoxication immédiate ou chronique ont été réduits mais des problèmes importants demeurent avec certains insecticides, les molluscicides et les rodenticides anticoagulants. Un insecticide du groupe des carbamates, le furathiocarbe, employé pour le traitement des semences de pois, a été interdit en 2002. L'accroissement du nombre d'intoxications volontaires de la faune, notamment à l'aide du chloralose, est inquiétant. Ce constat justifie les craintes de voir se substituer aux méthodes de lutte traditionnelles contre les vertébrés ravageurs, rendues plus difficiles par le classement juridique des espèces et la réglementation renforcée du piégeage, des méthodes illégales avec l'emploi détourné de toxiques agricoles. De surcroît, on ne parvient à identifier la cause précise de mortalité par intoxication que dans un cas sur deux. Ce pourcentage pourrait être largement amélioré en fournissant des éléments de présomption. Il subsiste par ailleurs des interrogations sur les effets secondaires de certains produits phytopharmaceutiques (reproduction, comportement...).

Un des principaux reproches fait aux produits phytopharmaceutiques est leur contribution à la régression des sources alimentaires disponibles pour la faune sauvage. Il s'agit là d'effets indirects avérés associés avec des usages classiques dans certains systèmes de production, sans relation avec une éventuelle propriété toxique. Deux exemples :

- l'emploi des herbicides sélectifs des céréales sur de très grandes parcelles réduit considérablement la diversité de la flore en dégageant l'espace du champ pour la seule culture ; ce qui a pour effet d'appauvrir les chaînes alimentaires en supprimant pour une saison celles qui pourraient s'établir à partir d'adventices que l'agriculteur cherche à éliminer comme mauvaises herbes ;
- les traitements insecticides de printemps en grande culture sont réputés négatifs pour la faune aviaire, en particulier lorsqu'ils interviennent dans le cadre d'openfields[65] où la bordure elle-même est traitée. Cet emploi intempestif (ex. application directe) ou non maîtrisé (ex. dérive de pulvérisation) détruit des insectes (carabes, chenilles, pucerons...) non nuisibles à la culture ce qui, entre mai et juin, a pour effet de raréfier la ressource en protéines animales de nombreux oiseaux. Jean-Noël Reboulet[66] signalait que, bien que les pucerons soient considérablement plus nombreux dans la bordure herbacée des champs de blé, plus de 92 % des individus présents étaient indifférents à la culture et, à ce titre, ne devraient pas être la cible de l'application.

Un certain nombre d'aménagements sont actuellement recommandés pour parer aux effets indésirables des fertilisants ou des produits phytopharmaceutiques : cultures intercalaires pièges à nitrates (CIPAN) pour absorber les excédents d'azote du sol après la récolte, bandes enherbées pour lutter contre les contaminations par ruissellement, zones non traitées pour réduire les conséquences de la dérive... Leur mise en œuvre effective recèle d'immenses bénéfices potentiels pour la faune sauvage.

## B4• Incidence de la faune sauvage sur les activités agricoles

Parmi les activités productives et les aménagements agricoles susceptibles de souffrir de l'activité des animaux sauvages, on peut citer :

- les élevages : qu'ils soient conduits en plein air ou dans des locaux spécifiques,
- certaines productions végétales annuelles,

65 SERRE D., 1985. Incidence des traitements insecticides sur les ressources alimentaires des poussins de perdrix grise dans un agrosystème de Beauce. *Gibier Faune Sauvage*, 4, 21-61.
66 REBOULET J.-N., 1999. Les auxiliaires entomophages (reconnaissance, méthodes d'observation, intérêt agronomique). ACTA Éditions, 136 p.

• les cultures pérennes ou les plantations de ligneux d'alignement,
• des aménagements hydrauliques tels que berges des rivières, digues, talus…

Nous aborderons rapidement pour mémoire deux autres secteurs d'activité qui peuvent prendre place sur des exploitations agricoles : l'apiculture et la pisciculture.

SYNGENTA

*Adulte de doryphore. Introduit en Europe depuis l'Amérique du Nord, ce ravageur des pommes de terre n'est régulé efficacement par aucun auxiliaire naturel.*

La recherche des équilibres entre agriculture et faune sauvage exige le respect de plusieurs postulats. Une atteinte n'est pas forcément un dommage économique à l'activité puisqu'il existe des mécanismes naturels de compensation. Il est donc nécessaire de caractériser le préjudice.

Pour éviter les dommages issus de la macrofaune, la première démarche consiste à les prévenir : par l'adaptation aux situations locales des prélèvements (la chasse, le piégeage) ; par la défense des troupeaux ou la protection des cultures (pose de clôtures électriques). Ainsi la régulation du cormoran a été progressivement autorisée : d'abord des tirs d'effarouchement, puis des tirs réels.

Il est parfois possible de dissuader les animaux de commettre des déprédations en mettant à leur disposition ce dont ils ont besoin pour couvrir leurs besoins (ex. des colzas d'hiver précoces spécialement consacrés aux cervidés, l'agrainage dissuasif pour le sanglier).

Guy VAN LAERE (ONCFS)

*La belette, chasseur de rongeurs, en particulier de campagnols, peut être capturée dans des boîtes-pièges, alors que l'hermine ne figure pas sur la liste des espèces dites nuisibles.*

Les dégâts aux récoltes agricoles sont indemnisés par les chasseurs de grand gibier. Dans sa stratégie de restauration de la biodiversité, l'État a été conduit à mettre en place une indemnisation des dégâts pour certaines espèces ; c'est le cas pour les grands prédateurs.

Pour les espèces sauvages pouvant être classées comme « nuisibles » (tableau 8) et donc possibles objets de régulation par le tir ou le piégeage, un arrêté ministériel en fixe la liste maximale. Dans chaque département, il est établi une liste départementale souvent plus restreinte, consultable en mairie.

La régulation par lutte chimique tend progressivement à disparaître. Une seule substance, l'alphachloralose, est autorisée pour lutter contre le corbeau freux et la corneille noire. Le nouvel arrêté interministériel du 6 avril 2007[67] instaurant les conditions de lutte contre le ragondin et le rat musqué prolonge jusqu'au 31 mai 2009 la possibilité de recours à la bromadiolone et à la chlorophacinone dans des conditions précises d'utilisation. Il est rappelé la nécessité d'intervenir sur le milieu : restauration d'un pourcentage

67 Arrêté du 6 avril 2007 relatif au contrôle des populations de ragondins et de rats musqués, publié au *Journal officiel de la République française* du 17 mai 2007.

Tableau 8 :
Liste des animaux susceptibles d'être classés « nuisibles » (ONCFS)

| Niveau national<br>Arrêté ministériel du 30 septembre 1988<br>(18 espèces) | Niveau départemental : exemple des Yvelines<br>Arrêté préfectoral n° B 2005-0053<br>du 20 décembre 2005, pour l'année 2006<br>(9 espèces) |
|---|---|
| **Mammifères** | **Mammifères** |
| Belette *(Mustela nivalis)* | |
| Chien viverrin *(Nyctereutes procyonoides)* | |
| Fouine *(Martes foina)* | Fouine *(Martes foina)* |
| Lapin de garenne *(Oryctolagus cuniculus)* | |
| Martre *(Martes martes)* | |
| Putois *(Putorius putorius)* | |
| Ragondin *(Myocastor coypus)* | Ragondin *(Myocastor coypus)* |
| Rat musqué *(Ondaira zibethica)* | Rat musqué *(Ondaira zibethica)* |
| Raton laveur *(Procyon lotor)* | |
| Renard *(Vulpes vulpes)* | Renard *(Vulpes vulpes)* |
| Sanglier *(Sus scrofa)* | Sanglier *(Sus scrofa)* |
| Vison d'Amérique *(Mustela vison)* | |
| **Oiseaux** | **Oiseaux** |
| Corbeau freux *(Corvus frigilegus)* | |
| Corneille noire *(Corvus corone corone)* | Corneille noire *(Corvus corone corone)* |
| Étourneau sansonnet *(Sturnus vulgaris)* | Étourneau sansonnet *(Sturnus vulgaris)* |
| Geai des chênes *(Garrulus glandarius)* | |
| Pie bavarde *(Pica pica)* | Pie bavarde *(Pica pica)* |
| Pigeon ramier *(Colomba palumbus)* | Pigeon ramier *(Colomba palumbus)* |

de terres labourées (destruction mécanique) et recréation d'un réseau de linéaires pour augmenter la prédation naturelle par les mustélidés*.

En dehors de la période de chasse, la régulation s'effectue par piégeage, tir au fusil ou déterrage. La tendance est à l'autorisation de pièges qui tuent sans faire souffrir (le piège à palette est interdit depuis les années 1990). Sont encouragés les pièges qui capturent les animaux vivants, permettant le relâcher d'individus ne correspondant pas aux espèces autorisées. Le tir peut être autorisé au fusil ou à l'arc (fréquemment utilisé par exemple, pour le ragondin). De nouvelles règles sur le piégeage des animaux nuisibles sont récemment apparues avec l'arrêté du 29 janvier 2007 qui fixe les dispositions d'application de l'article L. 427-8 du code de l'environnement : catégories de pièges autorisés, homologation de certains pièges, agrément des piégeurs, déclaration des opérations de piégeage, prescriptions générales pour le piégeage. Cet arrêté entrant en vigueur le 1er juillet 2007, entraîne l'abrogation de l'arrêté du 23 mai 1984 fixant les dispositions relatives au piégeage des populations animales. Pour toute forme de piégeage, le piégeur devra être agréé. Jusqu'à présent, ce ne n'était pas obligatoire pour les piégeurs utilisant les cages-pièges et les boîtes capturant des animaux vivants.

## B4.1. *Incidence de la faune sauvage sur les activités d'élevage*

Dans l'espace rural, animaux sauvages et domestiques partagent souvent le même espace et se rencontrent à la lisière entre zones anthropisées et « naturelles ». D'où des conflits millénaires qui opposent parfois ces espèces entre lesquelles l'éleveur arbitre le plus souvent en fonction de sa seule activité.

## Croisements entre espèces sauvages et domestiques

Les élevages en plein air peuvent être à l'origine de problèmes nouveaux par rapport aux élevages en bâtiments ou hors-sol, avec notamment des risques de pollution génétique réciproque. Il est facile en élevage d'éliminer les produits d'hybridation ; c'est difficile dans la nature. C'est donc la faune sauvage qui en paye le tribut majeur.

IFIP

*La volonté de rompre avec des techniques intensives de production porcine pour favoriser la qualité et réduire les impacts environnementaux expose à des croisements avec le sanglier.*

Un exemple : jusqu'à présent, l'élevage de porcs en plein air n'était pas bien protégé contre les intrusions de sangliers car les clôtures électriques de protection étaient facilement franchissables par des sangliers mâles attirés par une truie en chaleur, donnant naissance à des produits croisés appelés « sanglochons » ou « cochongliers ». Une telle production a même été quelquefois favorisée par des éleveurs peu scrupuleux désireux d'accroître la prolificité de sangliers en captivité. Désormais, pour des raisons sanitaires, les élevages de porcs en plein air sont soumis à une réglementation plus stricte et ont obligation de s'équiper en clôtures anti-sanglier.

Des croisements entre mouflons et moutons ont été opérés, notamment en Europe centrale, souvent en enclos, pour modifier les trophées de mouflons et augmenter les enroulements des cornes.

## Prédation

La prédation est un mécanisme de base en écologie qui joue un rôle fondamental dans la régulation des effectifs de la faune sauvage. Cette régulation s'exerce aussi bien en ce qui concerne les proies que les prédateurs eux-mêmes. On distingue deux types de prédateurs : des prédateurs spécialisés qui sont dépendants de quelques espèces-proies (ex. hermine) et des généralistes qui exploitent les espèces localement « disponibles » (ex. renard). L'évolution des effectifs de prédateurs sauvages va dépendre des proies. Les populations de certaines proies peuvent être durablement affectées si leurs prédateurs ont un régime qui leur permet d'exploiter une autre ressource abondante qui vient à régresser : c'est le phénomène de report de prédation. Les proies utilisent des stratégies de défense contre leur prédateur, en utilisant au mieux les ressources du milieu, milieu dont la conduite peut donc influer sur la prédation.

Si, dans l'espace agricole, la manière de travailler de l'agriculteur peut se révéler comme favorable ou défavorable à une population de proies donnée, elle influence automatiquement les carnivores qui en dépendent à des degrés divers. L'incidence humaine est multiple et complexe, allant bien au delà de considérations relatives aux productions végétales. On peut noter par exemple qu'aux alentours des villages, certains animaux domestiques jouent un rôle prédateur vis-à-vis de la faune sauvage. C'est tout particulièrement le cas des chats harets• ou même des chats domestiques dont l'action destructrice est souvent considérable autour de l'habitation de leur propriétaire.

### Grands prédateurs

Le cas de l'**ours brun** dans les Pyrénées est emblématique des difficultés de la cohabitation entre les grands carnivores et les troupeaux, spécialement ceux de moutons, d'autant plus qu'un plan de restauration 2006-2009 est en place. Il est reconnu par tous les biologistes qu'une population dont les effectifs sont en dessous d'un certain seuil est condamnée à disparaître naturellement.

La population relictuelle d'ours brun dans les Pyrénées, à la suite de la première réintroduction de 1993 à 1996 dans les Pyrénées centrales (trois individus) est estimée à environ 14-18 individus. Le renforcement de la population ursine a été décidé par le gouvernement qui a relâché en 2006 cinq animaux capturés en Slovénie. Le fort débat instauré autour des dégâts et de la réintroduction de ces cinq ours pose un redoutable problème de choix économique et social, d'autant que le pastoralisme traditionnel de cette zone peut aussi se targuer de jouer un rôle environnemental important en assurant l'entretien des paysages montagnards qui font leur place à des écosystèmes biologiquement diversifiés, préservant en sus de l'incendie des territoires menacés.

Dans les Pyrénées aujourd'hui, le cheptel ovin s'élève à 573 000 têtes. À l'ouest du massif, prédomine l'élevage laitier, alors qu'à l'est, c'est l'élevage à viande qui est implanté avec des troupeaux plus importants. L'ours occupe successivement plusieurs zones, dans chacune desquelles il reste plusieurs jours. Pour un éleveur, sa présence est donc « aléatoire » ; elle peut arriver à tout moment. Toute atteinte au troupeau est donc plus difficilement acceptable. Les troupeaux laitiers sont traditionnellement plus gardés que les troupeaux à viande. Les seconds sont donc plus vulnérables sans mesure de protection.

Le plan de restauration et de conservation de l'ours brun dans les Pyrénées françaises adopté pour 2006-2009, est doublé d'un programme de soutien de l'activité sylvo-pastorale par le ministère de l'Agriculture et de la Pêche.

Il faut noter enfin que l'ours peut occasionner des dégâts à l'apiculture. L'animal se nourrit volontiers aux dépens des ruchers à la sortie de l'hibernation lorsque peu d'aliments sont disponibles. La pose de clôtures électriques fixes ou mobiles est actuellement recommandée.

**Exemples d'actions faites au profit des éleveurs dans les zones à ours**

*10 millions d'euros par an sont consacrés par l'État au soutien et au développement de l'économie pastorale.*

- *Soutien destiné à renforcer le gardiennage permanent.*
- *Mise en place de systèmes de protection tels que les chiens patous et les parcs électrifiés mobiles pour le regroupement nocturne des troupeaux.*
- *Protection des ruchers par financement de l'achat de clôtures électriques fixes ou mobiles et de leur installation.*
- *Indemnisation des dommages aux troupeaux.*
- *Soutien au transport de matériel et de produits.*

Protégé en France par la convention de Berne de 1979 et la directive « Habitats » de 1992[68], le **loup** est un mammifère carnivore de la famille des Canidés (renard, chacal, coyote...). Il se nourrit de la plupart des animaux chassés par l'homme (mouflons, chamois, sangliers...), ce qui a permis sa réinstallation, mais le rend peu apprécié des chasseurs. Notons cependant que le retour du loup n'a pas, globalement,

68 Directive 92/43/CEE du Conseil du 21 mai 1992 concernat la conservation des habitats naturels ainsi que de la faune et de la flore sauvages publiée au *Journal officiel des Communautés européennes* L206 du 22 juillet 1992.

affecté lourdement les populations de gibier, et ce en raison de la dynamique des populations d'ongulés• sauvages et de leur capacité d'adaptation (démontrée dans le parc de Yellowstone). Les ongulés• domestiques sont des proies faciles pour le loup et son retour dans les Alpes cause des dégâts aux troupeaux de nombreux éleveurs.

Les chiffres du tableau 9 mettent en avant l'augmentation de l'impact du loup sur les élevages à relier avec l'expansion de la population : 47 % d'attaques et 26 % de victimes supplémentaires en 2005 par rapport à 2004. Le nombre de victimes par attaque a diminué : 3,96 victimes par attaque en 2005 contre 4,63 en moyenne en 2004, ce qui laisse à penser que les mesures de protection sont efficaces. En revanche, les indemnisations ont considérablement augmenté, passant de 494 255 € en 2004 à 1 015 650 € en 2005.

Alain ROOBROUCK (ONCFS)

*Le retour naturel du loup est l'occasion de réfléchir au rôle des superprédateurs dans les écosystèmes. Pour que sa présence ne remette pas en cause certains usages de la montagne, comme le pastoralisme, une gestion de sa population est donc nécessaire.*

**Tableau 9 :**
**Bilan des attaques de loups en 2004 et 2005 (Préfecture de la région Rhône-Alpes)**

| | Nombre d'attaques | Nombre de victimes |
|---|---|---|
| 2004 | 690 | 3 188 |
| 2005 | 1 013 | 4 019<br>dont 3 858 ovins,<br>111 caprins, 42 bovins,<br>6 équins, 2 canins |

Son retour a provoqué le mécontentement des éleveurs qui voient la présence du loup comme incompatible avec le pastoralisme. Si cet animal représente une contrainte nouvelle qui aggrave les conditions de travail des éleveurs en montagne, il n'est cependant pas la seule cause de mortalité chez les ovins (attaques de chiens errants, brucellose, foudre, chutes…). À l'opposé de ce point de vue, les associations écologistes défendent l'espèce car elle participe à la régulation des populations de ses proies sauvages et contribue donc à l'équilibre écologique des zones dans lesquelles le loup est sédentarisé.

Le débat à ce sujet est loin d'être clos. Il pose tout le problème de la cohabitation entre les grands prédateurs et le pastoralisme sous sa forme actuelle.

### Exemples d'actions faites au profit des éleveurs dans les zones à loup

*Pour limiter les dégâts sur les troupeaux ovins, les solutions suivantes sont préconisées :*

- *aide pastorale pour renforcer la surveillance des troupeaux ;*
- *aide à la présence de chiens de protection dans les troupeaux (aide financière attribuée pour l'achat d'un chien). L'utilisation de tels chiens ne constitue pas une garantie totale contre les agressions, mais elle permet de diminuer de façon très significative le nombre d'attaques et surtout le nombre de brebis tuées par attaque ;*
- *indemnisation des dommages pour chaque bête tuée et après expertise, remboursement au berger de 1,5 fois le prix de l'animal tué ;*
- *mise en place de parcs de rassemblement fixes ou mobiles qui permettent de faciliter la surveillance et qui peuvent jouer un rôle dissuasif ;*
- *autorisation de tirs d'effarouchement (en 2006) ;*
- *autorisations de tirer un nombre limité de loups, compatible avec l'obligation d'assurer le soutien, voire la poursuite du développement de la population.*

Le **lynx** a été réintroduit en France (dans les Vosges) et en Suisse. La population française, selon les estimations du réseau « Lynx-Grands Carnivores » animé par l'ONCFS et auquel participent les fédérations des chasseurs est aujourd'hui constituée d'un noyau principal dans le Jura, et de noyaux secondaires dans les Vosges et les Alpes, qui étendent leur répartition. La zone de présence régulière est de l'ordre de 10 000 km², et la zone totale de présence de près de 25 000 km². L'ordre de grandeur supposée des effectifs est de 30 à 40 individus dans les Vosges, 85 à 100 dans le Jura et 20 à 40 dans les Alpes. Le lynx est un prédateur du chevreuil et du chamois, mais il attaque également des moutons. En 2005, 58 constats d'attaque ont été retenus en vue d'indemnisation. La courbe d'évolution interannuelle du nombre d'attaques montre une forte régression des attaques depuis 2000, et l'on peut considérer que les dégâts sont contenus. Dans le passé, l'État a autorisé le tir de quelques individus spécialisés sur les ovins domestiques.

### Renards et petits carnivores

L'augmentation des dégâts sur les petits animaux domestiques (agneaux, volailles...) rend indispensable le contrôle des populations de ces espèces. Les élevages d'espèces sensibles doivent cependant se protéger au mieux. Un piégeage intensif en périphérie des élevages est souhaitable.

ITAVI

*La concentration des élevages en plein air expose les animaux à la prédation ; les méthodes de prévention et de protection font donc partie de la panoplie technique de l'éleveur.*

Un exemple : à Rambervillers, dans les Vosges, les renards posent des problèmes importants. Sur de nombreuses exploitations en bordure de massif forestier, chaque année, les éleveurs retrouvent sur leur exploitation entre 50 et 100 cadavres d'agneaux dans les terriers alentour. De tels problèmes doivent être étudiés et traités au plan local dans le cadre de l'arrêté préfectoral listant les animaux « nuisibles ».

Suite à l'enquête réalisée par l'ITAVI pour l'aviculture, le classement par ordre d'importance des dégâts montre que le renard arrive en première position des prédateurs. Lors d'une étude récente en Pays-de la-Loire[69] sur l'impact de certains prédateurs, les éleveurs avicoles demandaient en priorité un assouplissement du piégeage et du tir sur renards et sur corbeaux.

**Recommandations pratiques**

- **L'agriculteur (et son ou ses ouvriers) peut devenir piégeur agréé ;**
- **Déclarer les dégâts de nuisibles en mairie (la démarche ne permet pas d'être indemnisé, mais concourt au maintien des animaux sauvages prédateurs en cause dans la catégorie des nuisibles).**

69 FORT M., 2000. Étude sur l'impact de certains prédateurs en production avicole et porcine en Pays-de-Loire. ACTA/Conseil régional Pays-de-Loire, 30 p.

### Rapaces

Dans la même enquête sur les dégâts en aviculture, la buse variable arrive en deuxième position juste après le renard et l'épervier en cinquième position.

Sur les territoires où leurs populations sont conséquentes, la protection dont bénéficient les rapaces plonge cependant beaucoup d'éleveurs dans le désarroi, ce qui conduit parfois à l'emploi de moyens de régulation non conformes à la législation en vigueur.

Dominique GEST (www.dgestim.com)

*Le busard Saint-Martin est l'un des prédateurs importants de la perdrix grise. Il adapte ses techniques de chasse aux linéaires créés pour servir d'abris aux oiseaux.*

**RECOMMANDATIONS PRATIQUES**

- **Il existe des dispositifs d'effarouchement ;**
- **Les filets de volière évitent les intrusions mais n'empêchent pas les cas de panique ;**
- **En plein air, l'aménagement d'abris (petites cabanes) a une efficacité certaine.**

### Cormorans

Du fait des menaces d'extinction qui pesaient sur lui, le grand cormoran a figuré pendant très longtemps à l'annexe 1 de la directive communautaire « oiseaux » du 2 avril 1979[70]. À la fin des années 1970, on estimait sa population à 30 000 unités sur le plan européen.

ITAVI

*L'importance des pertes occasionnées par le cormoran sur la production piscicole a entraîné une modification de son statut juridique.*

Ce classement, en mettant fin aux pratiques de régulation de cette espèce, qui n'a pas de prédateur, a favorisé une croissance exponentielle de la population européenne de cormorans puisque de 30 000 unités en 1979, cette dernière était estimée à 680 000 en 1995-1996 et à 2 millions en 2000. Mais ce sont les populations hivernantes qui intéressent les pisciculteurs d'étangs : le nombre d'hivernants, de 4 000 en 1972, est passé à 66 000 en 1991-1992 pour atteindre 133 000 individus au cours de l'hiver 1996-1997.

La pisciculture d'étang est une activité qui touche une partie du territoire français non négligeable avec 68 000 hectares environ. Par ailleurs, 43 000 hectares sont exploités plutôt pour le loisir « pêche » et sont à la fois producteurs et utilisateurs de poissons. Ce sont ainsi près de 112 000 ha, soit 37 % de la surface en eau cadastrée, qui sont concernés par la pisciculture d'étang[71]. Productrice de quelques 12 000 tonnes de poissons d'étangs (carpes, poissons blancs, carnassiers…), elle engendre un chiffre d'affaire voisin de 42 millions d'euros et concerne près de 10 000 propriétaires ou exploitants issus de milieux sociaux les

70 Opus cité (cf. réf. 34).
71 MARCEL J., 1999. La pisciculture d'étang française. Document ITAVI/UNSAAEB/OFIVAL/MAPAR, 80 p.

plus divers. Sa production sert à la mise en charge des étangs de loisir « pêche », à l'alimentation et au repeuplement des rivières.

Outre un fort prélèvement et une perte de recettes, l'impact des cormorans a pour conséquence, un report des dates d'alevinage (avril-mai au lieu de février-mars), autre source de perte de revenus. Le changement de statut biologique du cormoran a conduit à réviser son statut juridique européen. Il n'est plus aujourd'hui dans la même annexe, et le gouvernement français, après avoir favorisé l'effarouchement, organise une régulation par le tir. Les conditions pratiques (quotas, méthodes, autorisations) de régulation sont arrêtées et révisées annuellement.

### Corvidés

Les élevages porcins, situés en bordure de boisement, peuvent subir des attaques de grands corbeaux et de corneilles noires, voire exceptionnellement de corbeaux freux. Attirés, dans un premier temps, par la nourriture destinée aux truies, ils s'en prennent rapidement aux porcelets en leur crevant les yeux, entraînant des pertes importantes[72]. Par ailleurs, des attaques sur les agneaux lors de la mise bas des brebis ont également été constatées[73].

Si le prédateur le plus souvent mentionné est le renard, les corvidés arrivent en troisième position de l'enquête ITAVI sur les impacts en aviculture. C'est principalement au printemps que les attaques ont lieu, bien que certains prédateurs soient présents toute l'année[74].

## Transfert de pathologies

Plusieurs parasitoses et maladies bactériennes ou virales sont communes aux animaux sauvages et domestiques. Les transmissions de pathogènes peuvent se faire dans un sens comme dans l'autre, l'homme pouvant parfois y être sensible (cas des zoonoses).

Les pratiques cynégétiques (recherche d'une plus forte densité, agrainage massif permanent) notamment dans la gestion du sanglier peuvent exposer les populations sauvages et domestiques aux maladies infectieuses et parasitaires.

### La peste porcine

La peste porcine classique est une maladie virale très contagieuse qui fut un vrai fléau en France jusqu'à la fin des années 1960. Caractérisée par une morbidité et une mortalité élevée, elle réapparut ensuite en épizooties• localisées, mais d'une façon d'autant plus spectaculaire qu'elle pouvait toucher des effectifs de plusieurs milliers d'animaux.

L'apparition d'un foyer en élevage constitue une catastrophe économique. Elle impose une déclaration réglementaire et l'application de mesures de police sanitaire drastiques, destinées à éradiquer au plus vite l'épizootie•. Ces mesures entraînent l'élimination et la destruction de tous les porcs des exploitations infectées, voire l'abattage préventif de porcs des exploitations ayant eu un contact à risque avec un foyer. En plus des pertes directes, son apparition pénalise toute la filière en fermant des marchés à l'exportation et parfois bien au delà du recouvrement de son statut indemne. D'autre part, la vaccination des porcs

72 FORT M., 2000. Opus cité (cf. réf. 69).
73 MAUZ I. et REMY J., 2004. Biodiversités et Agriculteurs des Alpes du Nord. *Fourrages*, 179, 295-306.
74 FORT M., 2000. Opus cité (cf. réf.69).

est interdite en France et dans toute l'Union européenne depuis 1980.

La confirmation officielle de la maladie chez les sangliers sauvages entraîne la mise en place d'un plan d'urgence qui prévoit la définition d'une zone infectée limitée dans la mesure du possible par des barrières naturelles (voies d'eau) ou artificielles (autoroutes). Fautes d'être totalement étanches, celles-ci cantonnent assez bien les populations de sangliers et font obstacle à la propagation du virus. Dans les zones infectées, les battues sont interdites pendant environ six mois pour éviter une dispersion des sangliers, laisser le virus tuer les sujets les plus faibles et immuniser les plus résistants. En revanche, le tir à l'affût est encouragé, en préservant les laies reproductrices afin de ne pas déstructurer les compagnies. Les carcasses des animaux tirés sont analysées ou détruites en cas de contrôle vétérinaire positif.

### La rage

La rage est une maladie légalement contagieuse, soumise à une déclaration obligatoire à la mairie et aux services vétérinaires. C'est une maladie mortelle : d'après l'Organisation mondiale de la santé, entre 35 000 et 50 000 personnes meurent chaque année de la rage dans le monde[75].

Jean-Charles BOCQUET

*Le renard est une espèce de prédateur généraliste qui adapte son régime alimentaire aux fluctuations d'abondance de ses différentes proies potentielles.*

En raison de son voisinage avec l'homme et le chien, le renard se trouve être un redoutable vecteur. Outre la rage qui est transmissible à tous les animaux à sang chaud, l'échinococcose alvéolaire, la leishmaniose ou la trichinose peuvent être portées par les renards et transmises directement à l'homme. Seule la rage revêt une importance démographique pour le renard. Les autres maladies n'affectent guère son état de santé et n'influent pas sur la dynamique de ses populations. Leur importance est donc médicale : rage et échinococcose sont des affections mortelles pour l'être humain si on les laisse évoluer ; trichinose et leishmaniose peuvent occasionner des troubles graves, nécessitant une hospitalisation.

Suite au retour de la rage en France, de grandes campagnes destinées à limiter l'effectif des renards ont été entreprises à partir de 1968. Outre les pièges et le fusil, leur destruction faisait alors appel à des zones d'appâtage environnées de « gobes », morceaux de viandes contenant de la strychnine. Ces gobes ont tué de nombreux autres animaux : rapaces, blaireaux, putois, chats sauvages, fouines, belettes, martres et hermines... On a aussi gazé le renard avec la chloropicrine ou l'acide cyanhydrique mais beaucoup de blaireaux ont fait les frais de ces opérations. La campagne de vaccination par voie orale menée par la suite en Europe de l'Ouest a été plus efficace amenant à l'extinction de la maladie.

En France, alors que l'on dénombrait 4 212 cas de rage en 1969, ce nombre est tombé à 2 165 en 1991, 99 en 1997, 17 en 1996. Le dernier cas a été signalé en 1998. Depuis le 10 mai 2001, le territoire français est de nouveau considéré comme indemne de la rage. Si l'épizootie • vulpine a disparu, elle laisse cependant place à la rage des chauves-souris insectivores et même des chauves-souris

75 ONC, 1986. Fiche technique « Le renard ». ONC, 1988. Fiche technique « La rage ».

FDGDON Vendée

*Le ragondin, espèce introduite en France, creuse des terriers qui menacent les digues et son impact sur la roselière est très important, au point de peser sur la diversité biologique des espaces qu'il occupe.*

frugivores, espèces par ailleurs essentielles pour la biodiversité.

**La leptospirose**

La leptospirose est une maladie bactérienne transmissible de l'animal à l'homme et réciproquement. Les rongeurs et certaines espèces animales ne sont pas sensibles à cette bactérie. Chez eux, l'infection n'entraîne pas de maladie mais ils peuvent la transmettre : ce sont des porteurs sains. En revanche, la maladie se développe chez d'autres espèces comme l'homme, le chien, les ruminants, le porc, le cheval… Chez les animaux domestiques, l'infection peut évoluer vers des formes aiguës graves ou des troubles plus discrets sur le plan clinique mais lourds sur le plan économique (par exemple, trouble de la reproduction chez les bovins et les porcins). Pour toutes les raisons évoquées, la leptospirose fait partie des zoonoses dont la surveillance est définie comme prioritaire par l'Institut de veille sanitaire (InVS).

Pour les bovins et les porcs, on estime que la présence de ragondins dans leur environnement (par exemple sur les pâtures près des cours d'eau) est un facteur de risque aggravant de contamination par les leptospires, au même titre que celui induit par d'autres rongeurs. La pullulation des ragondins peut majorer la pression infectieuse naturelle à laquelle sont soumis les animaux[76].

**La trichinellose**

La trichinellose est une zoonose de répartition mondiale. Il s'agit d'une helminthose due au développement de trichines, petits vers filiformes nématodes comprenant diverses espèces du genre *Trichinella*. Son principal réservoir est constitué par les rongeurs, le sanglier et le renard. La transmission à l'homme se fait par ingestion de chair contaminée insuffisamment cuite.

**La brucellose**

La brucellose est due aux bactéries du genre *Brucella*, responsables de maladies humaines et animales. Selon l'InVS, elle se transmet par contact direct avec des animaux atteints, des carcasses, des produits d'avortements…, par l'ingestion d'aliments contaminés (lait non pasteurisé, fromage issus d'animaux malades, plus rarement crudités contaminées par du fumier…) voire l'inhalation de poussière de litière, d'aérosols dans les laboratoires ou les abattoirs.

Les résultats du programme national de surveillance du sanglier sauvage[77] révèlent un taux important de

76 JOUVENTIN P., MICOL T., VERHEYDEN C. et GUÉDON G., 1996. Le Ragondin : biologie et méthodes de limitation des populations. ACTA Éditions, 155 p.

77 BOUE F., HARS J., LE POTIER M.-F., GARIN-BASTUJI B., BOIREAU P., TOMA B. et PACHOLEK X., 2001. Bilan du programme national 2000/2001 de surveillance sérologique des sangliers sauvages. Peste porcine classique, Maladie d'Aujeszky, Brucellose, Trichinellose. Rapport ONCFS/DGAl, 83 p.– BOUE F., HARS J., LE POTIER M.-F., MESPLEDE A., GARIN-BASTUJI B., BOIREAU P., TOMA B. et PACHOLEK X., 2002. Bilan du programme national 2001/2002 de surveillance sérologique des sangliers sauvages. Peste Porcine Classique, Maladie d'Aujeszky, Brucellose, Trichinellose. Rapport ONCFS/DGAl, 40 p.–BOUE F., HARS J., TERRIER M.E., KUNTZ-SIMON G., LE POTIER M.-F., MESPLEDE A., GARIN-BASTUJI B., BOIREAU P., TOMA B. et PACHOLEK X., 2003. Bilan du programme national 2002/2003 de surveillance sérologique des sangliers sauvages. Peste Porcine Classique, Maladie d'Aujeszky, Brucellose, Trichinellose. Rapport ONCFS/DGAl, 40 p.

réactions sérologiques anti-brucella dans la plupart des départements enquêtés. Possédant peu de conséquences apparentes sur les populations de sanglier, la bactérie a en revanche de graves conséquences sanitaires, en particulier pour les élevages de porcs en plein air. La brucellose porcine est inscrite depuis 2002 sur la liste des maladies réputées contagieuses et la réglementation impose aux éleveurs de porcs en plein air des normes efficaces contre l'intrusion des animaux sauvages. Le lièvre peut lui aussi être porteur de la bactérie.

Dominique GEST (www.dgestim.com)

*La fréquentation des mêmes parcelles par les animaux sauvages et domestiques peut être propice au transfert de maladies.*

### La maladie de Newcastle

Cette maladie virale spécifique aux volailles ne présente aucun risque pour la santé humaine. Elle se traduit chez les oiseaux par l'apparition de troubles digestifs, respiratoires et nerveux, et une élévation de la mortalité dans les élevages atteints. La majeure partie des espèces aviaires domestiques ou sauvages, y est sensible mais les gallinacés (en particulier les poules, pintades, perdrix, faisans et cailles) sont les plus fréquemment touchés.

### L'influenza aviaire

L'agent de l'influenza aviaire est un virus de la famille des *orthomyxoviridae* du genre influenzavirus A. Au plan pratique, on connaît des souches hautement pathogènes à l'origine d'épizooties• très meurtrières chez les espèces d'oiseaux les plus sensibles (dindes, poulets, poules pondeuses…). D'autres souches moyennement à peu virulentes causent des troubles respiratoires ou nerveux. Le pouvoir pathogène est spécifique de la souche, d'une espèce d'oiseau ou d'un tissu particulier.

Dans l'état actuel des recherches, les principaux oiseaux constituant le réservoir seraient les ansériformes• (canards…), les passériformes• (moineaux…) et les charadriiformes• (goélands…), mais le virus a été isolé chez une grande diversité d'espèces sauvages.

## B4.2. *Incidence de la faune sauvage sur les productions végétales*

### Les dégâts aux cultures, aux plantations et aux installations agricoles

Les principaux éléments de concurrence entre la faune sauvage et les activités de l'agriculteur concernent les dégâts sur cultures en place mais aussi ceux infligés aux stockages, aux installations de production et aux plantations forestières.

### Les arthropodes• (insectes, acariens…), les mollusques et les nématodes

Si l'essentiel de notre propos concerne la macrofaune, il est évident qu'arthropodes•, mollusques et nématodes représentent de très loin la principale cause de dégâts occasionnés aux cultures par la gent animale. Leur pression régulière sur la plupart des productions végétales justifie l'emploi d'une partie de la pharmacopée phytopharmaceutique (insecticides, acaricides, molluscicides, traitement des semences…), dicte un certain nombre de pratiques culturales (rotations, date et profondeur des semis…) et constitue un élément du choix des espèces cultivées et de l'évolution variétale (variétés tolérantes ou résistantes…).

### Les oiseaux

Le monde des oiseaux comporte un certain nombre d'espèces reconnues comme pouvant générer des dégâts aux productions végétales. On peut citer :

- le prélèvement des graines semées et les dégâts aux jeunes levées : c'est l'un des éléments fondamentaux de la protection des plantes ; depuis les débuts de l'agriculture, l'homme utilise en effet différents moyens pour se prémunir, les plus anciens étant le terrage des graines, l'effarouchement (gardiennage des cultures, emploi des épouvantails…), la capture… De nombreuses espèces y participent, principalement des corvidés, certains passereaux, les différents types de pigeons, plus occasionnellement des espèces-gibier telles que les perdrix et faisans ;
- les attaques sur les récoltes à l'approche de la maturité : merles sur les cerises, étourneaux sur les raisins, parfois moineaux sur les céréales… ;
- les dégâts considérables occasionnés à l'automne et durant l'hiver par les nuées de l'**étourneau sansonnet** ont mobilisé à plusieurs reprises des groupes de travail nationaux ; le rassemblement de ces oiseaux peut être très préjudiciable aux vignes, aux vergers, aux emblavements de céréales mais, dans l'Ouest de la France, c'est bien souvent le pillage des ensilages et des stockages de nourriture destinée aux élevages qui est à l'origine des mesures les plus drastiques pouvant aller jusqu'à la destruction de certains vols sur les sites où ils installent leurs dortoirs[78]… Pour limiter les populations hivernantes ordinaires, le tir et les mesures d'effarouchement demeurent cependant la règle.

Dominique GEST (www.dgestim.com)

*La corneille noire peut causer des dégâts au semis, mais consomme aussi des larves ou des adultes d'insectes nuisibles, des œufs de passereaux ou d'espèces-gibier. Elle s'attaque souvent aux jeunes mammifères sauvages ou domestiques.*

Les corbeaux, et plus particulièrement le **corbeau freux**, sont sans doute les déprédateurs les plus constants. En 2004, ils ont occasionné des dégâts sur quelques 35 000 à 40 000 ha de maïs, et ce, dans de nombreuses régions[79]. Les attaques, qui peuvent entraîner la disparition de 10 à 100 % des pieds, sont plus importantes sur les parcelles à proximité de grands arbres qui servent de dortoirs aux corbeaux. La présence d'oisillons dans le nid oblige les adultes à rechercher une grande quantité de nourriture. Les semis précoces, voire les ressemis, sont les plus souvent attaqués. Pour les protéger, il est commun d'employer des répulsifs chimiques (anthraquinone ou thirame) en enrobage des semences. Un effarouchement acoustique, des protections pyro-optiques ou des leurres pour empêcher les nidifications peuvent également être envisagés. Par ailleurs, il faut rappeler que le corbeau freux peut être chassé pendant les périodes d'ouverture, voire détruit par tir jusqu'au 10 juin et piégé toute l'année, lorsqu'il est classé nuisible par arrêté préfectoral.

78 GUÉDON G., 1994. La gestion des populations d'étourneaux : orientations du groupe de travail. *Phytoma-La défense des végétaux*, 465, 15-16.

79 SPV-Arvalis-Institut du végétal, 2005. Note nationale « Dégâts de corbeaux sur maïs ». http://ddaf44.maapar1.agriculture.gouv.fr/Documents/ProtVeget/NotesTech/NoteNationaleCorbeaux-2005.pdf

### Le blaireau

Le blaireau, le plus grand des mustélidés*, est répandu dans toute l'Europe à une altitude inférieure à 2 000 m. Il creuse des terriers en forêt, dans les chemins creux, les haies, les talus et les friches à proximité de ses sources de nourriture. Omnivore, il a un très large spectre alimentaire, se nourrit principalement d'insectes et de vers de terre et peut occasionner des dégâts sur maïs, blé, avoine, vigne, mais ceux-ci restent généralement modestes. Il contribue à fragiliser les digues et les talus.

### Les rongeurs

Les principaux rongeurs nuisibles aux cultures sont issus de milieux humides comme le ragondin ou le rat musqué ou champêtres à l'exemple des différentes espèces de campagnols.

Les galeries de nombre d'animaux fouisseurs – rongeurs ou non – sont à l'origine d'accidents ou de dommages graves constatés sur des aménagements agricoles tels que digues (rats musqués, ragondins) ou talus (blaireaux, lapins, renards) et sur des sols cultivés (taupes, campagnols).

L'habitude qu'a le **ragondin** de creuser des terriers communiquant avec l'eau a souvent des conséquences négatives entraînant des fuites au niveau des digues, la dégradation des berges, voire l'envasement. L'inondation des rizières ou des champs en Camargue au cours de l'automne 1993 lui est en partie attribuable. Le terrier de cette espèce occupe en effet un volume de l'ordre de 0,3 à 1,5 m$^3$ en moyenne avec une densité pouvant atteindre une galerie tous les 50 à 60 mètres de berge. Ses habitudes alimentaires herbivores sont conséquentes, peu sélectives, et sa taille importante lui impose des besoins nutritionnels élevés atteignant en moyenne 40 % du poids de l'animal, soit une consommation de 1,2 à 2,5 kg de végétaux frais par jour pour un ragondin adulte[80]. Le maïs est de loin la plante cultivée la plus fréquemment attaquée devant le blé. Les autres céréales, les graminées fourragères, la luzerne, la betterave, les plantations fruitières et forestières sont aussi l'objet de sa convoitise.

Les fortes populations ont un impact très fort sur le développement des plantes d'eau ou de berge, notamment les roselières, affectant un milieu naturel fragile habité par de nombreuses espèces animales sauvages aquatiques de grand intérêt[81].

FDGDON Loire-Atlantique

*Le ragondin est une véritable plaie pour les pisciculteurs et les gestionnaires de digues.*

Les volumes de terre importants, rejetés par le fouissage des ragondins ou des rats musqués vers les voies d'eau sont un facteur d'envasement qui contribue à freiner voire à annuler le courant. Leur effet s'additionne avec les conséquences de l'arrachage des haies et de l'élargissement des parcelles qui favorisent le ruissellement et l'érosion.

Une enquête menée en 1985 auprès de personnes vivant en milieu rural dans cinq départements

80 JOUVENTIN P., MICOL T., VERHEYDEN C. et GUÉDON G., 1996. Opus cité (cf. réf. 76).
81 CURTET L., 2006. L'impact du ragondin sur les roselières : proposition d'un outil de contrôle de l'efficacité du piégeage. CNERA Avifaune migratrice - Montfort - 01330 BIRIEUX (à paraître).

de l'Ouest de la France (Charente-Maritime, Deux-Sèvres, Loire-Atlantique, Maine-et-Loire et Vendée) a permis de préciser la nature et le coût des dégâts imputables au ragondin[82] :

• 77 % : dégâts aux cultures, dont 41 % sur maïs, 20 % sur céréales (blé, orge, avoine), 19 % sur les prairies naturelles (graminées fourragères) ;

• 12 % : dégâts dans le domaine hydraulique : dont 70 % aux voies d'eau (berges, canaux, fossés, marais salants...) et 30 % aux ouvrages (digues, remblais...) ;

• 7 % : dégâts aux plantations (peupliers, pommiers, jeunes plants...) ;

• 4 % : préjudices à l'élevage (pertes de bovins ou de chevaux) par noyade ou suite à des fractures occasionnées par des chutes dans des terriers de ragondins effondrés ou non.

De très nombreux petits rongeurs sont responsables de dégâts en agriculture, tant sur des cultures au champ que dans les denrées stockées à la ferme. La plupart sont des muridés*, couramment appelées campagnols (genres *Arvicola, Pitymys, Microtus*...) ou mulots (*Apodemus sp.*) sans oublier la souris et les rats qui sont aussi des muridés*. Dans le milieu naturel, leur régulation est le fait de nombreuses espèces de rapaces diurnes et nocturnes (ex. buse variable, faucon crécerelle, hibou moyen duc...), mais aussi de mammifères carnivores comme le renard ou les mustélidés*, de reptiles ou de hérons...

Parmi les campagnols, trois espèces sont plus particulièrement préoccupantes pour l'agriculture :

• le campagnol terrestre est présent sur une grande partie de l'hexagone et affecte de nombreuses productions telles que les prairies, certains vergers (Alsace, Savoie)... ;

• le campagnol des champs est le plus répandu : il affecte les prairies, les cultures porte-graines (semences), les luzernières, les céréales en cas de très fortes pullulations ; il peut ronger le collet des arbres fruitiers quand ils sont plantés sous film plastique, les légumes (melon, carotte...) ;

• le campagnol provençal est plus fréquent en milieu méditerranéen : il est connu comme capable de décortiquer les racines des arbres fruitiers qu'il attaque sous le collet et responsable de dégâts fréquents sur des aspergeraies, des melonnières...

FDGDON Cantal

*La lutte chimique contre les campagnols terrestres occasionne de nombreux cas de mortalité en chaîne. Le raisonnement de la lutte doit s'accompagner d'une restructuration du paysage.*

82 BOURGUEMESTRE F., 1985. Contribution à l'étude des dégâts de ragondin (*Myocastor coypus* Molina 1782) dans l'Ouest de la France. In : JOUVENTIN P., MICOL T., VERHEYDEN C. et GUÉDON G., 1996. Opus cité (cf. réf. 78).

Dans les régions de moyenne montagne comme la Franche-Comté et le Massif Central, sur les secteurs de plateaux entre 400 et 1 200 mètres d'altitude, deux espèces, liées essentiellement aux milieux prairiaux sont susceptibles de proliférer : le campagnol terrestre et le campagnol des champs. On estime de 75 000 à 120 000 ha la superficie des terres agricoles régulièrement affectées par leurs pullulations[83, 84]. Elles affectent le rendement fourrager (pertes à la récolte pouvant atteindre jusqu'à 6 tonnes de foin sec par ha) ainsi que leur qualité (pertes des légumineuses), entraînant un important surcoût pour l'éleveur qui doit compenser ces pertes par l'achat de fourrages et de concentrés. Par ailleurs, la pullulation des rongeurs peut entraîner des contaminations bactériennes (listéria) ou fongiques (spores butyriques) du fourrage, susceptibles d'altérer la qualité du lait et des fromages[85].

### Un insectivore : la taupe

Bien connue en région d'élevage, la taupe est grande consommatrice de vers de terre et de larves d'insectes. Elle bouleverse les semis et les prairies, mais se révèle surtout nuisible aux cultures fourragères, en particulier en raison de l'entraînement de la terre des taupinières par les machines à l'intérieur des ensilages ou des foins enrubannés. Les fermentations butyriques que ces souillures occasionnent dans les récoltes diminuent leur appétence et altèrent leur qualité sanitaire.

Ses régulateurs naturels sont le renard, le blaireau, le sanglier, les petits mustélidés•. Elle peut être aussi capturée par des rapaces comme la chouette hulotte ou la buse variable, plus rarement par des vipères, cigognes, hérons, goélands argentés[86]. La disparition des taupiers rend aujourd'hui la lutte aléatoire.

### Le gibier

Le petit gibier (lapin de garenne…) mais surtout le gros gibier (chevreuils, cerfs, sangliers) peuvent occasionner des dégâts aux plantations, cultures… En 2000, l'ONCFS a réparti ces dégâts en fonction des espèces et des cultures (fig. 5 et 6).

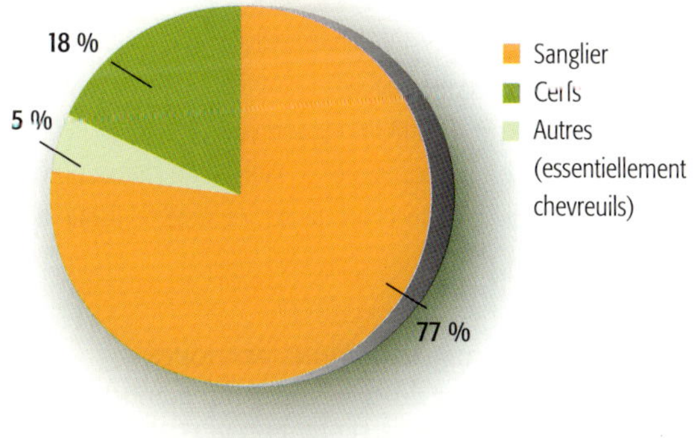


**Figure 5 :**
**Répartition des dégâts de grand gibier selon les espèces de gibier (ONCFS)**

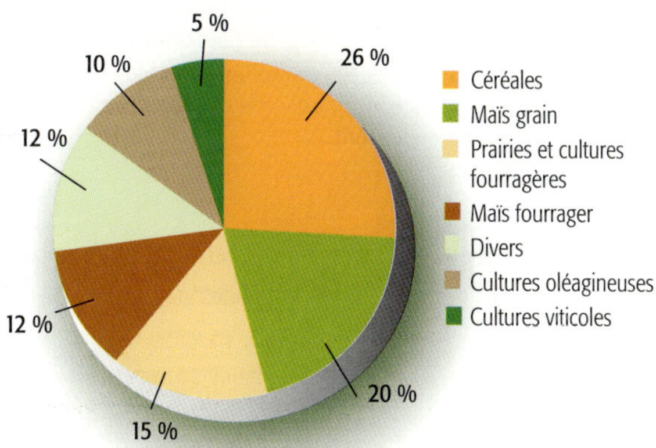


**Figure 6 :**
**Répartition des dégâts dus au grand gibier en fonction des cultures (ONCFS)**

83 TRUCHETET D., RUANT J., BEDEKOVIC P., PERREAL D., DEFAUT R. et DELATTRE P., 2005. Lutte contre le campagnol terrestre - Bilan et perspectives : Luttes obligatoires. *Phytoma-La défense des végétaux*, 580, 24-28.

84 GUÉDON G., 2005. Organiser une lutte collective contre les rongeurs aquatiques nuisibles : luttes obligatoires. *Phytoma-La défense des végétaux*, 580, 29-33.

85 Source : SUAD (Service d'utilité agricole de développement) de la Chambre d'agriculture du Doubs.

86 MIGOT P., ONCFS. Communication orale.

Les chasseurs débourseraient 21,5 millions d'euros par an pour indemniser les dégâts commis par le grand gibier sur les récoltes[87], qui proviennent, selon les dernières estimations, à 80 % des sangliers et à 20 % des cervidés. Ces chiffres ne prennent en compte que ce qui est versé aux agriculteurs comme indemnités. Ils ne tiennent pas compte des frais de secrétariat, des coûts de rémunération des estimateurs, des dépenses de prévention supportées par les fédérations départementales de chasseurs. La facture totale pour la chasse aujourd'hui serait proche de 40 millions d'euros.

## Que faire en présence de dégâts dus au grand gibier ?

- *Identifier avec certitude l'auteur des dégâts, en fonction des traces et des laissées.*
- *Estimer la surface totale détruite.*
- *Prévenir la Fédération départementale des chasseurs qui enverra un expert.*

Le montant des indemnités par type de culture est fixé selon un barème arrêté au plan national par la Commission nationale d'indemnisation des dégâts de gibier. Les mesures d'indemnisation sont financées par la vente de timbres « grand gibier » national et départementaux, et la vente de bracelets/boutons dont le coût est proportionnel au tableau de chasse prévisionnel. Faute de contenir les populations de grand gibier pour maîtriser les dégâts, ce système risque de se trouver en difficulté.

**Recommandations pratiques**

- Éviter de cultiver de trop grandes parcelles d'un seul tenant ; les grands animaux se sentant en plus grande sécurité dans les grandes parcelles peuvent y demeurer pendant la période sensible en causant de très importants dégâts.
- Si, en raison de sa situation au regard des boisements, une parcelle est connue comme très sensible aux dégâts de grand gibier, implanter de préférence des céréales barbues, moins appétentes pour les animaux.
- Ne pas se fier aux répulsifs olfactifs ou auditifs, qui n'ont qu'une efficacité réduite en raison de l'accoutumance rapide des animaux.
- Protéger les parcelles sensibles avec des clôtures électriques, seule protection efficace, sous réserve de positionner le premier fil à 25 cm, et de désherber efficacement.

### Les dégâts aux plantations ligneuses dans l'espace agricole

En sus des nombreux arthropodes* ravageurs (insectes, acariens…), les plantations de haies, les pépinières, les jeunes peupleraies, les vergers ou les vignobles font l'objet d'attaques ordinaires de la part d'éléments constitutifs de la faune sauvage.

L'essence donnant lieu au plus grand nombre de plaintes (80 %) est le peuplier, en raison de dégâts de castor, de ragondin, parfois de chevreuil.

Les lapins sont cités en viticulture pour la pression exercée sur les jeunes plantiers. En arboriculture, ils rongent parfois les jeunes greffes ou les écorces alors que les pullulations de petits rongeurs attaquent le collet des scions, en particulier lorsque les plantations sont réalisées sur film plastique. Moins fréquents

87 JOUSSET G., 2002. Le fragile système d'indemnisation des dégâts. *Le Monde*, 13 octobre 2002.

sont les dommages (frottis, écorçage ou abroutissement) infligés aux plantations ligneuses par le chevreuil. Les lièvres, le castor et d'autres espèces de rongeurs s'attaquent également aux jeunes arbustes et aux jeunes arbres.

Dans les secteurs où de tels risques sont connus, la base des jeunes arbres ou arbustes doit être garnie de manchons permettant de dissuader les animaux déprédateurs. Les dégâts de castor peuvent être contenus par des dispositifs anti-remontée sur les canaux reliés à la rivière.

## La faune au service de l'agriculture

Dans l'esprit de nombreux professionnels agricoles, la notion d'**auxiliaire des cultures** désigne avant tout des insectes dont le plus emblématique est la populaire coccinelle à sept points, grande consommatrice de pucerons largement répandue. Beaucoup d'autres espèces animales peuvent revendiquer ce statut : de très nombreux arthropodes• mais aussi des amphibiens, des oiseaux, des mammifères… Les oiseaux sont peu cités et rarement pris en compte en raison des dégâts que certaines espèces commettent sur les productions. Pourtant moins de 10 des 273 espèces d'oiseaux nichant en France posent véritablement des problèmes à l'agriculture[88]. Et que dire d'animaux comme le renard qui présente l'intérêt de prélever un grand nombre de rongeurs alors qu'il reste régulièrement nuisible pour les élevages.

Parmi les principaux groupes constitutifs de la faune sauvage dont l'agriculteur peut attendre un service, il faut prioritairement distinguer :

### Les prédateurs de rongeurs

Un grand nombre d'espèces de rapaces se nourrissent de petits rongeurs nuisibles (campagnols, mulots, souris) qui constituent pour eux une ressource alimentaire abondante, très répandue et rentable sur le plan énergétique. Dans les prairies, des rapaces comme la chouette hulotte, la chouette chevêche, la chouette effraie, le busard, la buse variable, le hibou moyen duc, le faucon crécerelle, contribuent à limiter les pullulations de campagnols.

Le renard et les mustélidés• s'attaquent aux rongeurs. Des spécialistes comme l'hermine et la belette contribuent à réguler les campagnols et à espacer les pullulations. En période de chute des effectifs de campagnols, un report de prédation sur des espèces-gibier comme le lièvre est possible. Les carnivores généralistes adaptent plus facilement leur régime aux disponibilités locales. Il se produit un équilibre instable entre petits rongeurs et mammifères carnivores. Si le renard et les mustélidés• sont considérés comme des espèces bénéfiques aux productions végétales (mais non à l'élevage), ils ne sont pas sans impact sur les espèces-gibier telles que lièvre ou lapin et les oiseaux nichant au sol…

Dominique GEST (www.dgestim.com)

*Les passereaux insectivores (ici le rouge-gorge) sont des auxiliaires pour de nombreuses cultures en consommant larves et adultes de ravageurs. C'est prouvé dans les vergers.*

88 JAY M., 2000, Oiseaux et Mammifères auxiliaires des cultures, CTIFL Éditions, 204 p.

### Les oiseaux insectivores

Les oiseaux sont de grands consommateurs d'insectes. Hormis les insectivores stricts, plusieurs espèces granivores (ex. moineau) consomment presque exclusivement des insectes durant la reproduction, ces arthropodes représentant une source de protéines importante pour l'élevage des jeunes.

Les pics, les mésanges bleues et charbonnières sont friands de la larve du carpocapse qui se trouve dans l'écorce des pommiers et qui est un des principaux ravageurs de la culture. D'autres, comme le faisan, l'étourneau sansonnet ou le pic épeiche consomment les larves de la pyrale, redoutable foreur des tiges du maïs.

Les pics sont extrêmement actifs pour la capture des insectes xylophages. En Lorraine, les pics verts et épeiches se nourrissent des xylébores• présents dans certains mirabelliers. En Italie, le pic épeiche est reconnu comme consommant presque exclusivement des insectes xylophages en dehors de la période de reproduction. Il prélève aussi les larves de cossus, de saperde du peuplier, ainsi que les chenilles de la zeuzère du poirier.

### Les arthropodes• auxiliaires

Ils forment un monde vaste et étonnamment complexe qui n'est pas très facile à gérer pour les agriculteurs. En 1946 et pour le seul Eudémis de la vigne, un ravageur important et banal connu depuis l'Antiquité, l'entomologiste William R. Thomson[89] recensait 92 insectes auxiliaires différents pour la seule catégorie des parasitoïdes ! Un demi-siècle plus tard, cette connaissance n'a toujours pas permis de mettre au point pour la vigne, des méthodes de lutte biologiques efficaces faisant appel à ces insectes. En pratique, les auxiliaires sont très sensibles aux variations du climat et aux conditions de milieu. Leur taux de prédation ou de parasitisme[90] est toujours fluctuant mais souvent trop faible pour contenir de fortes pressions d'insectes ravageurs. En revanche, des résultats régulièrement satisfaisants ont été obtenus depuis dix ans environ sur les acariens phytophages• (ex. *Panonychus ulmi*) en ménageant et en favorisant l'action des typhlodromes, un groupe d'acariens auxiliaires qui s'attaquent aux phytophages•.

André CHABERT (ACTA)

*Les carabes sont les auxiliaires les plus fréquents en grandes cultures, s'attaquant aux œufs de limaces et aux larves de taupins, comme ici sur la photo.*

Pour optimiser l'effet des auxiliaires, il est nécessaire que l'agriculteur puisse conserver aux alentours de ses cultures une palette d'espèces utiles. Un seul exemple : les **carabidés**. Ces insectes coléoptères comptent plus de 1 000 espèces en France et 25 000 dans le monde. Dans les sols agricoles bien pourvus, on trouve plusieurs centaines d'individus au mètre carré et jusqu'à 70 espèces différentes dans une parcelle

89 THOMSON W.R., 1946. A catalogue of the parasites and predators of insects pests - Section I, parasite host, Part 8, Parasites of Lepidoptera, Ottawa, 483-486 cité par REBOULET J.-N., 1999, Les organismes auxiliaires entomophages et entomopathogènes en vignoble. ACTA Point n°7, ACTA Publications, 32 p.

90 Les spécialistes divisent les auxiliaires en deux grandes catégories : ceux qui consomment de nombreuses proies durant leur vie (dits prédateurs, par exemple les carabes) et ceux dont l'action régulatrice se traduit au cours de leur vie par la consommation d'un seul individu (dits parasitoïdes ; c'est le cas de nombreux micro-hyménoptères).

de blé. Ils constituent de ce fait un excellent indicateur de la biodiversité d'un territoire. Actifs de mars à fin octobre, ils ont un rôle déterminant comme prédateurs de limaces, s'attaquant en outre aux pucerons, aux jeunes chenilles, aux larves de doryphores, de taupins, aux nymphes de charançons... Leur importance économique est maximum lors de la levée en conditions humides du maïs, des céréales, du pois, du colza... et ils sont précieux pour limiter les mollusques lorsque le sol est couvert de débris végétaux, ce qui est la règle dans les systèmes de conduite simplifiés. Plus abondants dans les bordures que dans la zone travaillée, les carabidés constituent une partie de la ration alimentaire des poussins de faisan, de perdrix...

Dans tous les cas, l'existence, l'abondance et l'activité des auxiliaires sont étroitement reliées à la diversité botanique de l'environnement des parcelles agricoles[91]. Un nombre croissant d'études démontre qu'il faut les introduire dans la réflexion sur l'organisation du paysage agricole pour espérer tirer parti de leur action.

### Les insectes pollinisateurs

Un nombre majoritaire des cultures mondiales et 35 % de la production agricole globale font appel à l'activité d'insectes pollinisateurs[92]. Sous nos climats, les plus dépendantes sont les arbres fruitiers mais encore le colza, le tournesol, la tomate, le fraisier, le melon... et de très nombreuses cultures porte-graines. Il s'agit là d'un parfait cas de biodiversité fonctionnelle[93] puisque les espèces pollinisatrices sauvages ont un effet positif sur la production.

Les pollinisateurs rassemblent un nombre conséquent d'espèces parmi lesquelles l'abeille domestique occupe une position symbolique. On y range d'autres hyménoptères comme les bourdons, les abeilles solitaires... des diptères comme les syrphes... et de très nombreux lépidoptères. Pour que ces insectes existent, il est patent que le milieu réponde à leurs besoins alimentaires (pollen, nectar...) tout au long de leur phase active et leur permette d'installer des sites de reproduction qui, pour certaines espèces, peuvent être souterrains. Cela n'est pas toujours le cas dans un espace labouré et très anthropisé.

Par ailleurs, il faut garder à l'esprit que la diversité botanique est assez largement conditionnée par le cortège des pollinisateurs. Chez les plantes à fleurs, la pollinisation n'est réalisée par le vent (anémogamie) que chez 10 % des espèces alors que les pollinisateurs assurent ce service pour la majorité (entomogamie). Il existe une véritable interdépendance entre la diversité et l'abondance des pollinisateurs et la diversité des végétaux entomogames[94], un insecte particulier favorisant la multiplication d'une plante spécifique qui, elle-même, influence fortement la vie de cet insecte. Les adaptations morphologiques des plantes favorables aux insectes les visitant sont nombreuses, générant une interdépendance que l'action de l'homme peut rompre. Ainsi, la première cause de déclin des bourdons et des abeilles en Belgique[95]

91 Voir par exemple les travaux de : SOTHERTON N.W., 1985. The distribution and abundance of predatory arthropods overwintering on farmland. *Ann. Appl. Biol*,. 106:17-21, 1998. Land use changes and the decline of farmland wildlife: an appraisal of the set-aside approach. *Biological Conservation*, 83(3): 259-268.

92 KLEIN A.M., VAISSIERE B.E., CANE J.H., STEFFAN-DAWENTER I., CUNNINGHAM S.A., KREMEN C. and TSCHARNTKE T., 2007. Importance of pollinators in changing landscapes for world crops. *Proceedings of the Royal Society B.*, 274: 303-313.

93 ALTIERI M., 1999. Opus cité (cf. réf. 7).

94 FONTAINE C., DAJOZ I., MERIGUET J. and LOREAU M., 2006. Functionnal diversity of plant-pollinator interaction webs enhances the persistence of plant communities. *PLOSBiology* R4(1): e1.

95 RASMONT P., EBMER P.A., BANASZAK J. et VAN DER ZANDEN G., 1995. Hymenoptera Apoidea Gallica. Liste taxonomique des abeilles de France, de Belgique, de Suisse et du Grand-Duché de Luxembourg. *Bull. Soc. Entom. de France*, 100 (hors série), 1-98.

serait la perte de ressources florales touchant essentiellement des plantes à corolles longues (légumineuses, lamiacées, scrophulariacées, boraginacées). Outre la diminution des cultures de légumineuses, des facteurs comme la réduction des prairies ou des pelouses calcaires[96] insérées dans le paysage ont des effets négatifs sur les populations de pollinisateurs. Autre facteur aggravant, le fauchage précoce et trop fréquent des talus, bords de routes et terrains publics, ordinairement riches en lamiacées (*Lamium spp., Ballota nigra, Stachys spp.*) et boraginacées (*Echium vulgare, Symphytum officinale*)[97].

### Les vers de terre

Les vers de terre ou lombriciens représentent la première biomasse* animale terrestre. Il en existe en France près d'une centaine d'espèces[98]. En surface du sol, on trouve le groupe des épigés, animaux de petite taille sensibles à la prédation. Puis des vers de taille moyenne, les endogés, qui creusent des galeries horizontales dans la partie minérale du sol et qui représentent de 20 à 50 % de la biomasse* des sols fertiles d'Europe. Enfin, des vers de grande taille, les anéciques, auteurs de profondes galeries verticales qui leur permettent de gagner la surface pour se nourrir de débris végétaux.

Ils jouent un rôle tout à fait essentiel en agriculture, parfois encore minimisé ou méconnu des praticiens : dégradation et incorporation de la litière ou des reliquats de récolte, entretien de la porosité permettant la circulation de l'air et la dynamique du cycle de l'eau, stimulation de la microflore (champignons, bactéries…) qui intervient dans l'activité biologique des sols… Leur densité et leur nature (anéciques en particulier) influencent très fortement la qualité d'enracinement des cultures, le drainage naturel des terres et réduisent les phénomènes érosifs.

Un hectare de sol agricole bien pourvu contient de 500 à plus de 4 000 kg de lombriciens. Ils constituent une ressource alimentaire de haute valeur nutritionnelle (acides aminés indispensables, acides gras, iode…) pour nombre d'animaux. En fait, un vertébré terrestre sur trois est consommateur occasionnel ou régulier de lombriciens. Dans nos régions, ils sont indispensables à des espèces d'oiseaux dites lombrico-dépendantes comme la bécasse des bois, la bécassine des marais, le vanneau huppé[99], les turdidés* (merles, grives), le petit hibou ou la mouette rieuse. Leur présence sur le territoire de l'exploitation favorise la biodiversité et contribue à l'alimentation de nombreux mammifères bien connus tels que sanglier, renard, hérisson, blaireau… mais aussi un grand nombre de reptiles et d'amphibiens[100].

### La microfaune des sols et les micro-organismes utiles

Les sols renferment de très nombreux êtres vivants dont l'activité est en lien plus ou moins direct avec leur fonctionnement en général et certaines de leurs propriétés agronomiques dont leur capacité à fournir et stocker des éléments nutritifs pour les cultures. On répartit ordinairement cette faune en trois groupes :

- la macrofaune du sol : elle regroupe des espèces d'une taille de 4 à 100 mm telles que vers de terre, mollusques, insectes, arachnides*, myriapodes… ;
- la mésofaune : espèces d'une taille de 0,2 à 4 mm (collemboles*, acariens…) ;

96 STEFFAN-DEWENTER I. and TSCHARNTKE T., 2002. Insects communities and biotic interactions on fragmented calcareous grasslands - a mini review. *Biological Conservation*, 104: 275-284.

97 DECOURTYE A., 2006. Opus cité (cf. réf. 49).

98 BOUCHÉ M.-B., 1972. Lombriciens de France. Écologie et systématique. *Ann. Zool. Écol. Anim.*, INRA, 72 (2), 1-671.

99 GRANVAL P., 1987. Régime alimentaire de la bécasse des bois (*Scolopax rusticola*) en hivernage : approche quantitative. *Gibier Faune Sauvage*, 4, 125-147.

100 GRANVAL P. et MUYS B., 1999. Vers de terre et biodiversité. *Bulletin mensuel de l'ONC*, 248, 18-21.

• la microfaune : espèces de taille inférieure à 0,2 mm, de loin les plus nombreuses et qui comprennent en particulier les nématodes.

Il faut enfin signaler le rôle essentiel de multiples micro-organismes (champignons, bactéries, protozoaires...) qui interviennent dans le cycle de l'azote aux côtés des lombriciens et des microarthropodes•, par fragmentation, décomposition, minéralisation puis nitrification de la matière organique du sol.

# B5• L'importance des soutiens à l'agriculture

## B5.1. *La politique agricole commune : de la sécurité alimentaire à l'environnement*

La naissance de la PAC, en 1957, avait pour objet d'encourager et de protéger la production agro-alimentaire communautaire. L'instrument financier, le FEOGA, institué en 1962, comprend deux sections : une section « garantie » (des prix à la production), pour stabiliser un marché très dépendant des conditions météorologiques ; et une section « orientation », destinée à moderniser les structures. À cette époque, l'environnement n'apparaît pas dans les axes de la PAC.

La dimension sociale du développement agricole est prise en compte en 1975 avec l'apparition des premières politiques sectorielles au profit de régions souffrant de handicaps. C'est notamment le cas de la montagne, en raison du relief et de l'altitude, et des régions mal desservies par le réseau de communication. À cette époque apparaissent les indemnités compensatrices de handicap naturel (ICHN).

Le règlement CEE n° 797/85 du 2 mars 1985 définit des pratiques agricoles à développer ou à éviter dans les zones sensibles du point de vue de l'environnement. Puis l'année 1987 marque un tournant, en incitant à l'extensification, afin de limiter les effets négatifs d'une intensification mal maîtrisée. C'est la même année que naissent les premières mesures en faveur d'espaces identifiés, dont le fameux « article 19 » qui va permettre aux premières actions agri-environnementales de voir le jour.

Les excédents, dont le stockage et le soutien à l'exportation coûtent très cher, poussent alors à l'adoption de politiques de réduction de la production. L'encouragement au retrait des terres, institué pour la première fois en 1988 sous le vocable de « gel ARTA », avait pour but de soustraire des hectares de la production, les entretenir pour une autre vocation. Quelques surfaces ont ainsi été utilisées pour favoriser le gibier. Avec l'institution de la jachère obligatoire, apparaît le souci de conserver en bon état l'outil de production et d'améliorer l'environnement dans toutes ses dimensions : eau, paysage, biodiversité et chasse.

En 1992, dans le cadre de la nouvelle politique agricole commune également soucieuse de gestion de l'environnement (qualité de l'eau...) et de territoires (maintien de surfaces toujours en herbe, notamment), un nouvel ensemble de mesures socio-économiques est mis en œuvre.

Parmi celles-ci, figure un programme agri-environnemental qui comprend diverses mesures relatives à la biodiversité dans la ligne des premières mesures en faveur de l'environnement. Ce programme prévoit l'octroi d'une aide à l'hectare d'herbage pour des élevages qui assureront un entretien minimal de l'espace (entretien des prairies, des haies et des fossés) et des chargements animaux contrôlés. Par ailleurs, le dispositif de soutien maintient, et même développe, les actions en faveur de milieux ou de paysages particuliers tels que les biotopes rares et sensibles, et la lutte contre la déprise. En octobre 2002, l'ensemble des mesures agri-environnementales couvrait 1,9 million d'hectares.

Par ailleurs, pour réguler les surfaces implantées en céréales et oléoprotéagineux, cette réforme de la politique agricole commune introduit également une obligation de retrait de terres arables, dénommé « gel des terres », pour les exploitants dont la production théorique dépasse un certain seuil (92 tonnes d'équivalent céréales). En 1993, près de 6 millions d'hectares ont ainsi été gelés dans les États membres de l'Union Européenne, dont plus de 1,5 million d'hectares en France. Le taux de gel obligatoire, défini chaque année, oscillera selon les années entre 5 et 20 % du total de la SCOP.

Si elles sont retirées de la production, les parcelles gelées peuvent être remises en culture. Des règles définissent donc les possibilités de conduite et de valorisation de ces parcelles. Parmi les modalités de valorisation figurent les jachères « environnement et faune sauvage » (JEFS) implantées de couverts végétaux favorables au gibier. Leur mise en place bénéficie de la prime PAC, à laquelle s'ajoute, suite à la signature d'un contrat avec un promoteur de l'environnement, une somme variant de 30 à 150 euros, exceptionnellement plus.

En 2003, dans le cadre de l'Agenda 2000, l'Europe des quinze a entériné une nouvelle réforme de la politique agricole européenne visant, d'une part, à concilier sa politique avec les négociations en cours en matière de commerce international et, d'autre part, à renforcer la capacité de l'agriculture à répondre aux demandes de la société en matière de préservation de l'environnement, de qualité des produits et de développement durable.

L'accord de Luxembourg intervenu le 26 juin 2003, se traduit notamment par l'instauration d'un découplage progressif des aides à la carte pour les céréales et la viande bovine, avec une augmentation de la marge de manœuvre nationale pour de nombreuses décisions, dont des paiements additionnels. Le soutien financier va être progressivement découplé de la production quantitative pour s'adresser directement aux exploitations sur la base des références des années précédentes.

En outre, il institue le principe de la conditionnalité des aides PAC qui consiste à subordonner le versement de la totalité des aides directes au respect d'exigences en matière d'environnement, de santé et de bien-être des animaux et de protection des végétaux.

SYNGENTA

*L'apport d'engrais favorise certaines plantes et réduit la diversité floristique des prairies. Il n'a pas d'incidence directe sur la faune.*

Les aides publiques constituent aujourd'hui l'un des principaux critères du choix de nombreux agriculteurs. Mais elles ne sont le plus souvent qu'une incitation au changement. Elles ne peuvent être pérennisées sauf pour la compensation de handicaps structurels (ICHN) pour la montagne, autres indemnités spéciales pour tenir compte de l'importance des exigences environnementales (indemnité spéciale zones humides du Marais poitevin par exemple).

Pour faire évoluer pratiques et systèmes, la structure de conseil à l'agriculteur[101] a et aura un rôle déterminant. Que ce conseil soit émis par des organisations professionnelles dont c'est le rôle (instituts, chambres d'agriculture) ou des structures d'amont et d'aval (prescripteurs, coopératives et négoces agricoles, fournisseurs…), la formation à la biodiversité des agents chargés de conseil est donc primordiale.

Dans le cadre communautaire du règlement de développement rural (RDR), la France a préparé un plan de développement rural hexagonal 2007-2013 qui sera accompagné de plans pour la Corse et les DOM. La priorité est donnée aux moyens de faire fonctionner le réseau Natura 2000, et d'appliquer la directive-cadre sur l'eau. Ce dispositif repose sur la contractualisation avec les exploitants pour faire évoluer leurs pratiques. Pour être éligibles, les actions favorables à la biodiversité dans les espaces ordinaires (hors Natura 2000 et autres espaces réglementairement protégés) devront donc être couplées avec des mesures techniques en faveur de la politique de l'eau et/ou des mesures économiques et sociales.

### B5.2. *Les mesures en faveur de l'environnement*

Les mesures agri-environnementales[102] sont destinées à encourager les agriculteurs à la protection et à l'amélioration de l'environnement sur leur ferme, allant ainsi *au delà de l'application des bonnes pratiques agricoles habituelles*.

En 2003, la France n'arrivait qu'en 7e place en Europe pour la proportion des surfaces faisant l'objet de programmes agri-environnementaux (20 %). Ces outils pour la biodiversité étaient plus particulièrement utilisés dans les zones herbagères et de polyculture-élevage. À compter de 2004, la conditionnalité de l'octroi des aides du premier pilier a conduit à rendre obligatoire certaines mesures qui relevaient précédemment de la contractualisation sur la base d'initiatives individuelles ou groupées. En clair, l'agriculteur ne sera plus aidé pour certaines réalisations qui deviennent en revanche **obligatoires** pour percevoir les aides « normales ». En conséquence, des mesures très importantes ont été édictées, mesures dont les conséquences pour la faune sauvage devraient être appréciables dans l'avenir.

Parmi les plus importantes :

• le décret n° 2005-117 du 7 février 2005 relatif à la **prévention de l'érosion**[103] et modifiant le code rural : les zones agricoles susceptibles de connaître des phénomènes érosifs importants doivent être définies et soumises à un plan d'action comprenant des améliorations telles que : des couverts végétaux périodiques ou permanents, le maintien de surfaces en herbe, de haies, de talus ou de murets, la création de fossés d'infiltration et la plantation de haies, des apports de matière organique aux sols, des dispositifs destinés à éviter l'érosion des berges provoquée par l'abreuvement des animaux d'élevage, etc. ;

• l'arrêté du 31 juillet 2006 relatif aux règles de **couverts environnemental et d'assolement**[104]. Ce texte mentionne, entre autres, l'obligation de protection systématique de la bordure des cours d'eau au moyen

101 BERNARD J.-L., CORDONNIER J.-M., CURE B., MESTRES R. et PONS B., 2005. Le conseil dans l'agriculture française. Son évolution historique dans le domaine de la protection des cultures - *Colloque Conseil et Prescription en Protection des Plantes* - AFPP, Paris, APCA, 29 novembre.

102 European Commission, 2005. Agri-environment measures. Overview on general principles, types of measures and applications. *Directorate General for Agriculture and Rural development*, 24 p.

103 Décret n° 2005-117 du 7 février 2005 relatif à la prévention de l'érosion et modifiant le code rural, publié au *Journal officiel de la République française* du 12 février 2005, 2421-2422.

104 Arrêté du 31 juillet 2006 pris pour application des articles D. 615-46 et D. 615-48 du code rural et relatif aux règles de couvert environnemental et d'assolement, paru au *Journal officiel de la République française* du 2 août 2006, 11475-11478.

d'une bande herbeuse de 5 mètres, superficie déduite des surfaces SCOP gelées. Une diversification minimum des cultures devient la règle pour satisfaire à l'article 615-48 du code rural[105]. La SAU devra comporter 3 cultures au minimum ou 2 familles de cultures différentes. En cas de monoculture, le couvert hivernal des sols ou le broyage et l'enfouissement superficiel des résidus de culture (ex. maïs) sont obligatoires.

• l'arrêté du 12 septembre 2006[106] relatif à la mise sur le marché et à l'utilisation des produits visés à l'article L. 253-1 du code rural[107] précise entre autres la notion de « zone non traitée » en bordure des « points d'eau ». La zone non traitée (ZNT), caractérisée par sa largeur en bordure d'un point d'eau, doit être matérialisée par un dispositif végétalisé, recouvert de façon permanente de plantes herbacées, ou comportant, sur au moins une partie de sa largeur, une haie arbustive continue par rapport au point d'eau (dispositifs arbustifs). La notion de point d'eau s'applique aux cours d'eau, plans d'eau, fossés et points d'eau permanents ou intermittents figurant en points, traits continus ou discontinus sur les cartes au 1/25 000e de l'Institut géographique national (IGN). La largeur des dispositifs végétalisés est de 5 m minimum, mais peut être portée à 20, 50, voire 100 m ou plus selon les valeurs définies par la Commission d'étude des produits phytopharmaceutiques, des matières fertilisantes et des supports de culture, valeurs figurant sur l'étiquetage des produits utilisés par l'agriculteur.

L'intérêt de ces mesures pour la faune sauvage est évident mais leur effet positif dépendra très largement des conditions d'entretien de l'espace ainsi ménagé.

Au delà de 2006, la refonte de la politique de développement rural pour 2007-2013 cible les fonds du FEADER au profit des politiques de l'eau et de la biodiversité. La politique en faveur de la biodiversité se contente de répondre à la priorité Natura 2000 et n'envisage pas de soutien des actions en « milieu ordinaire ». C'est donc uniquement en travaillant sur la convergence des mesures eau et biodiversité que l'on peut espérer mobiliser des soutiens publics dans les espaces ordinaires.

Certaines carences dans les dispositifs européens et nationaux peuvent être comblées par les collectivités territoriales, notamment la Région ; les collectivités sont en effet intéressées par les programmes en espaces ordinaires.

Il est dommage que tous les types de handicap liés aux fortes exigences environnementales ne soient pas pris en compte, comme celui de se trouver en zone humide, zone stratégique pour la protection de l'environnement. C'est pourquoi le projet est actuellement remis sur le tapis avec la création d'une indemnité spéciale zone humide.

Cette brève analyse montre qu'un financement en faveur de la prise en compte de l'environnement s'est petit à petit imposé. La part dévolue à l'adaptation des systèmes et des pratiques aux exigences environnementales reste encore modeste, mais la conditionnalité est devenue une donne aujourd'hui incontournable. Les agriculteurs soucieux de mieux respecter l'environnement se plaignent aujourd'hui du

105 Code rural : l'article D. 615-48 concerne la diversité des cultures sur l'exploitation des agriculteurs demandeurs d'une aide.

106 Arrêté du 12 septembre 2006 relatif à la mise sur le marché et à l'utilisation des produits visés à l'article L. 253-1 du code rural, paru au *Journal officiel de la République française* du 21 septembre 2006, n° 219, 13919-13925.

107 Code Rural : l'article L. 253-1 concerne principalement les produits agropharmaceutiques.

## Les règles en matière de couvert environnemental

*L'arrêté du 31 juillet 2006 du ministère de l'Agriculture et de la Pêche[108] relatif aux règles de couvert environnemental et d'assolement a été pris pour l'application des articles D. 615-46 et D. 615-48 du code rural. Il regroupe des éléments ici résumés qui s'imposent aujourd'hui.*

*Dates d'implantation et de maintien en place : en général, le couvert doit être présent du 1er mai au 31 août au minimum. En cas de « circonstances climatiques exceptionnelles », une dérogation est possible, sans pouvoir toutefois dépasser le 15 mai. Pour que le couvert ait un intérêt faunique, notamment pour la nidification, il faudrait qu'il ait été implanté avant la date réglementaire. Il peut aussi n'être détruit que tardivement, après la date du 31 août.*

*Largeur et surface minimales : la largeur ne peut être inférieure à 5 m (ce fut 20 m, il y a quelques années, ce qui était trop pour inciter les agriculteurs à faire des bandes) et la superficie à 5 ares. Lorsque les bordures de cours d'eau sont enfrichées, leur largeur de friche est prise en compte dans le calcul de la largeur de la bande. Cette mesure facilite l'utilisation de l'obligation de gel pour créer des bandes de rupture favorables à la faune.*

*Utilisation de la parcelle gelée : elle ne peut servir à l'entreposage de matériel, de denrées ou sous-produits.*

*Couverts végétaux autorisés : une liste officielle de plantes susceptibles d'être semées figure dans l'arrêté. Elle comprend nombre d'espèces pouvant favoriser la faune sauvage. Le préfet a toute latitude pour ajouter ou retrancher des espèces dans cette liste afin de tenir compte de particularités locales, ce qui offre une certaine souplesse et ouvre la porte à des argumentations construites.*

*Respect des obligations de conditionnalité de versement des aides européennes au revenu : mettre 3 % de la SCOP, en bande enherbée le long des cours d'eau est une obligation. Le ministère de l'Agriculture a considéré obligatoire d'appliquer la mesure sur les cours d'eau qui figurent en bleu sur la dernière carte au 1/25 000e éditée par l'IGN. Sont exclus les cours d'eau busés ou canaux à berges bétonnées. Le préfet peut ajouter d'autres cours d'eau en fonction d'impératifs environnementaux particuliers ; peuvent être alors pris en compte ceux qui figurent en traits pointillés. C'est un plus pour la faune sauvage, à condition de ne pas broyer le couvert en pleine période de nidification.*

*Mesures en faveur de la diversité des cultures : pour contrer la tendance à la monoculture, il est imposé de garder sur la SAU au moins deux cultures de famille différente dont la part doit être supérieure à 5 % chacune. Bien qu'insuffisante pour la faune, la mesure va dans le bon sens pour recréer de la diversité.*

*Garantie de couverture hivernale des sols : l'obligation de couverture hivernale des sols est satisfaite par l'implantation d'une culture d'hiver ou à défaut, d'un couvert intermédiaire présent au minimum du 1er novembre au 1er mars. Cette interculture à base de colza fourrager, phacélie, moutarde, navette, seigle, orge, avoine ou triticale réduit les risques de lessivage des nitrates, l'érosion, tout en présentant des avantages pour la faune et la pratique de la chasse individuelle au chien d'arrêt.*

*Obligation de gestion de résidus de récolte : ils doivent être broyés et superficiellement incorporés dans un délai d'un mois.*

*La majorité des mesures ici rappelées, notamment celles en faveur des couverts environnementaux, vont dans le bon sens pour la faune sauvage. Beaucoup d'entre elles sont de nature à satisfaire les chasseurs, certaines peuvent complexifier le travail de l'agriculteur. D'autres sont ambivalentes, comme la gestion des résidus de récolte. Les uns regrettent que leur intérêt pour les espèces granivores n'ait pas été pris en compte. Les autres estiment nécessaire de maîtriser les risques de ravageurs ou de maladies liés à la persistance hivernale des chaumes. Leur maintien n'est donc pas possible, partout, ni tout le temps.*

108 Opus cité (cf. réf. 104).

changement répété des règles et des systèmes d'assistance. La prise en compte de la faune sauvage dans la gestion agricole exige aujourd'hui des moyens publics conséquents et des systèmes durables de contractualisation. De leur côté, les chasseurs sont de plus en plus invités à traiter directement avec propriétaires et exploitants pour le maintien de territoires de qualité.

## B5.3. Natura 2000

Constitué d'un ensemble de sites désignés en raison de l'intérêt biologique de leurs habitats et des espèces animales ou végétales qu'ils hébergent, le réseau européen Natura 2000 vise à concilier protection des espèces menacées et préoccupations socio-économiques. Sa mise en place résulte de l'adoption de la directive 92/43 du 21 mai 1992, dite directive « Habitats »[109], destinée à préserver la biodiversité en regard du développement des activités humaines. Elle prolonge une directive du 2 avril 1979, dite directive « Oiseaux »[110], qui invitait déjà les États membres à créer des « zones de protection spéciale » (ZPS).

Dans chaque zone Natura 2000, un document précise ses objectifs et la nature des moyens pour obtenir les résultats escomptés. Les opérateurs chargés d'œuvrer à leur élaboration sont pour 32 % des établissements publics et des associations (conservatoires régionaux d'espaces naturels, ADASEA, fédérations de chasse ou de pêche, Ligue de protection des oiseaux…), pour 26 % des collectivités territoriales et établissements publics de coopération intercommunale (parcs naturels régionaux, syndicats mixtes, communes et communautés de communes, conseils généraux…), des bureaux d'études… Les structures animatrices sont principalement des associations (40 %), des collectivités territoriales (35 %) et desétablissements publics (23 %).

Institut de l'Élevage

*Le maintien de prairies diversifiées pâturées constitue un enjeu fort pour la restauration de la biodiversité.*

La France a une responsabilité particulière pour garantir la conservation du patrimoine européen. Son territoire métropolitain comprend 4 des 9 régions biogéographiques européennes : atlantique, alpine, continentale et méditerranéenne. Elle est concernée par 64 % des 191 espèces d'oiseaux visées par l'annexe 1 de la directive « Oiseaux », 70 % des 222 types d'habitats naturels d'intérêt communautaire et 22 % des 632 autres espèces animales et végétales visées par l'annexe 2 de la directive « Habitats ».

L'État a transmis une liste de 1 239 sites au titre de la directive « Habitats », représentant 4 364 748 hectares (soit 7,95 % du territoire national). Au titre de la directive « Oiseaux », 214 zones de protection spéciale ont été notifiées représentant 1 987 192 hectares (soit 3,62 % du territoire national).

Sur les 867 documents d'objectifs (DOCOB) préparés, 100 concernent des sites de la directive « Oiseaux » et 767 relèvent de la directive « Habitats » ; 360 documents d'objectifs sont considérés comme achevés,

109 Opus cité (cf. réf. 68).
110 Opus cité (cf. réf. 34).

leur comité de pilotage les ayant validés et 517 sont en cours d'élaboration. La durée moyenne d'élaboration d'un document d'objectifs est de 2,5 ans.
Plus de 200 « contrats Natura 2000 » ont été signés avec des collectivités (26 %), des propriétaires privés (24 %), des conservatoires régionaux d'espaces naturels (18 %), des associations (14 %) ; et 1 684 CAD ont été signés avec des exploitants depuis 2003 (soit 14 % des CAD signés au plan national).

## B5.4. *Le cas particulier des zones humides*

Une prise de conscience internationale de leur importance a eu lieu au début des années 1970 quand 18 pays ont signé une convention dite « Ramsar » pour leur préservation. Cette convention a incité progressivement les 150 pays actuellement signataires à une véritable prise en compte politique du sujet et de la fonctionnalité des zones humides. « Ramsar » labellise ainsi 133 millions d'hectares de zones humides à travers le monde, sur lesquelles les pays signataires s'efforcent de mener une utilisation durable des ressources.

En Europe, c'est par la directive « Habitats » de 1992 que l'Union a commencé à faire des zones humides un axe essentiel de sa politique de protection. Depuis 1995, le plan d'action national adopté par la France a abouti aux avancées suivantes :
- mise en place d'un programme national de recherche (http://www.ecologie.gouv.fr/-PNRZH-.html), qui a mobilisé sur cinq ans 120 équipes de recherche sur 20 thèmes différents. L'exploitation des résultats est toujours en cours et permettra d'orienter les politiques publiques et les acteurs de terrain ;
- création d'un observatoire national des zones humides (www.ifen.fr/onzh) qui a effectué un état des lieux de la situation en France et tient à jour cartes et bases de données ;
- lancement de cinq pôles relais, dédiés à la mise en œuvre d'actions concrètes sur le terrain. Ils coordonnent et animent des pôles de compétences (connaissance, gestion durable et évaluation) sur cinq grands types de zones humides :
• marais de l'arc atlantique : www.forum-marais-atl.com
• lagunes méditerranéennes : www.pole-lagunes.org
• zones humides intérieures : http://new.zones-humides.parcs-naturels-régionaux. fr/
• tourbières : www.pole-tourbieres.org
• mares et mouillères : www.pole-mares.org

En 2005, la stratégie adoptée par le gouvernement pour la biodiversité comprend un volet zones humides dans les plans « patrimoine naturel » et « agriculture ». En février 2005, l'adoption de la loi sur le Développement des territoires ruraux prévoit d'affiner la définition des zones humides, de les délimiter sur le terrain, et d'allouer une exonération de taxe sur le foncier non bâti pour certains types de zones humides, lorsque le propriétaire s'engage dans une gestion raisonnée de ses parcelles.

Jacky AUBINEAU (ONCFS)

Partie II

# ESPACE AGRICOLE, systèmes d'exploitation et faune sauvage

Partie II

## Espace agricole
# systèmes d'exploitation et faune sauvage

« *La localisation des productions en agriculture fait partie de ces mouvements lents qui colonisent l'espace et dont les conséquences, sans quelques préventions, risquent d'être considérables. Il faut un quart d'heure pour couper un arbre et cent ans pour le refaire* »[111]. Cette valse lente des champs et des forêts, dont parlait en 2002 Michel Cointat, repose sur deux sujets complémentaires : la localisation des productions qui est le résultat du mouvement des cultures, migration aux raisons multiples qui aboutissent à la destination des terres et la régionalisation qui fait intervenir la notion de terroir, avec la qualité des sols et les caractéristiques du climat.

Ces mouvements ont pour cadre un contexte économique en constante évolution. Entre 1970 et 2000, le volume global de la production agricole s'est accru de 62 %, mais dans le même temps, les prix réels baissaient de 57 % (52 % du prix de base). Hors subventions, la valeur de la production française a baissé de 70 % en 30 ans ! Subventions incluses, ce recul bien réel est limité à 20 % du prix de base[112]. L'évolution est sensiblement variable d'un secteur à l'autre et, à l'échelle de la période, les vins AOC et la volaille de qualité s'en sortent sensiblement mieux que les céréales et les gros bovins.

Au cours des cinq dernières décennies, les régions agricoles françaises à la recherche d'un optimum économique pour un contexte sol-climat donné ont eu fortement tendance à se spécialiser. La capacité de l'agriculteur à s'approvisionner et à écouler ses produits, le rôle des filières de transformation et de distribution, l'ouverture progressive des marchés... sont autant d'éléments qui tendent à homogénéiser le mode d'occupation des sols au niveau régional. Il apparaît clairement que les zones de grandes cultures s'étendent, celles consacrées à l'élevage en plein air se maintiennent, alors que régressent les régions utilisant des systèmes mixtes de culture et d'élevage qui garantissaient la meilleure diversité des composantes végétales de l'exploitation, et donc la meilleure diversité biologique. Enfin, les secteurs touchés par la déprise agricole s'étendent en même temps que la forêt, le maquis et les landes, avec des conséquences à deux niveaux :

- au niveau économique et social, la désertification de certaines régions ;
- au niveau environnemental, une perte de biodiversité et un appauvrissement des paysages, notamment dans les zones de grandes cultures ou totalement en herbe.

La politique agricole commune, depuis 1985 et surtout depuis la réforme de 2000, affiche la volonté d'intégrer la protection de l'environnement dans les pratiques agricoles. Les mesures agri-environnementales liées à la conditionnalité des aides et la création du deuxième pilier de la PAC obligent les agriculteurs, à modifier leurs comportements en termes de biodiversité et de développement rural. Le droit de l'environnement européen s'impose désormais à tous. Il met en avant l'intérêt général autour de trois priorités : l'urgence climatique, l'urgence du vivant et les nouvelles attentes sociétales comme le bien-être animal.

111 COINTAT M., 2002. La localisation des productions agricoles. *Compte rendu des séances de l'Académie d'Agriculture de France*, 88 (2), 123-127.

112 BOURGEOIS L. et DESRIERS M, 2002. L'évolution des productions agricoles départementales depuis 1970. Une concentration géographique très limitée. *Compte rendu des séances de l'Académie d'Agriculture de France*, 88 (2), 99-104.

Ces dernières années, l'agronomie a mis la priorité sur ce qui se passe au niveau de la parcelle ou de l'animal. Or, si l'on veut que l'espace agricole joue son rôle fondamental dans la préservation de l'environnement, il est indispensable de considérer le territoire de l'exploitation (troupeau inclus) comme un système global afin de le gérer dans son ensemble et pas seulement à l'échelle du champ cultivé.

Protéger l'environnement exige d'agir au plan local, par exemple au niveau d'un bassin versant ou d'un territoire écologiquement protégé (Natura 2000) mais aussi parfois, au niveau d'un pays. La France a su le faire avec son programme forestier national envié par d'autres nations. De nombreux exemples décrits dans cet ouvrage montrent que les choses bougent sur le terrain et que les cultures agricoles ne sont pas incompatibles avec la « culture de la faune sauvage ». Il est possible de sortir du seul champ de l'exploitation pour aller au territoire, là où la société attend l'agriculture pour tous les enjeux collectifs.

# A• La diversité des productions agricoles

## A1• Les déterminants de la diversité

Le très grand nombre des facteurs économiques, sociaux et techniques qui ont influencé depuis 40 ans l'évolution du paysage français empêche d'en donner ici l'analyse. Nous nous bornerons à présenter quelques-uns d'entre eux.

Nous évoquerons d'abord le **travail** qui reste un des déterminants principaux du choix des agriculteurs. Réduire la pénibilité de certaines tâches par la mécanisation est un mouvement qui s'est amplifié en agriculture à partir du XVIII$^{e}$ siècle et qui s'accompagne d'une volonté d'agir sur la répartition du temps de travail. Réduction de la pénibilité et planification des activités conditionnent donc l'adoption possible de nouvelles pratiques, et pas uniquement l'aspect financier (coût-bénéfice). C'est un point essentiel, à ne jamais oublier. Outre la mécanisation, il existe aussi une recherche constante de simplification, voire de suppression des travaux les plus ingrats et les plus répétitifs. On peut y voir par exemple, une des raisons qui ont fait le succès du désherbage des céréales au moyen d'herbicides sélectifs, en remplacement du binage manuel, ordinaire jusqu'à l'époque du premier conflit mondial. Il faut considérer enfin le problème de disponibilité de la main-d'œuvre agricole, souvent difficile à recruter en dehors de la famille pour des activités harassantes et peu rémunérées (ex. fenaison, moisson à la faux).

Après avoir fortement baissé (-280 % entre 1967 et 1991), le nombre des salariés agricoles se stabilise, voire remonte légèrement, alors que le nombre des exploitants continue à fortement baisser. Certains auteurs (CNASEA) relient ce différentiel au développement de la multifonctionnalité et aux encouragements concrets nés de la contractualisation (CTE, CAD), donc à des préoccupations d'ordre environnemental. Les « groupements d'employeurs », au nombre de 2000 en 1998, sont aujourd'hui 3500, et le nombre de salariés est passé dans le même temps de 7000 à 12000. Ce type d'organisation peut être utilisé pour rémunérer du personnel chargé de gérer la biodiversité, ou tout au moins la faune sauvage, et le gibier en premier lieu.

Venant souvent en support à cette motivation première, on peut citer les innovations scientifiques ou techniques, bien vite adaptées aux règles de l'optimisation économique et au souci de moindre pénibilité, avec des incidences souvent non évaluées sur la faune sauvage. Citons par exemple : la mécanisation de la production fourragère, l'arrivée des maïs hybrides et la vulgarisation de la clôture électrique dans le monde de l'élevage; les outils combinés de travail du sol, l'invention de l'herbicide glyphosate ou les variétés de tournesol à cycle court en grandes cultures.

Depuis 1945, les **orientations politiques des différents pays d'Europe de l'Ouest** ont mis une priorité forte sur la sécurité de l'approvisionnement alimentaire. En France, la recherche d'une autosuffisance dans ce domaine a conduit les pouvoirs publics à gérer la politique agricole en direct avec les syndicats agricoles (ce qu'on appelle la cogestion, qui dure jusqu'à aujourd'hui). Entamée dès la fin du second conflit mondial avec le support d'un encadrement agricole renouvelé[113], la modernisation à marche forcée de l'agriculture comprenait un important programme d'améliorations foncières, avec de lourds investissements d'aménagement à fort impact sur le milieu comme le remembrement des terres, le drainage ou le chaulage. Encouragés par les pouvoirs publics, les agriculteurs ont largement utilisé les possibilités qui leur étaient offertes jusqu'à l'aube de 1993. En ligne avec l'effort de modernisation initial, la politique agricole commune a accéléré le mouvement à partir des années soixante.

Le **remembrement** a été un grand chantier des quarante dernières années sur l'ensemble du territoire. *« Nous travaillons maintenant des parcelles qui ont la taille des exploitations de nos grands-parents »*[114]. Il ne faut pas oublier que de nombreuses opérations récentes de remembrement sont aujourd'hui induites par la création de nouvelles voies de communication, notamment les lignes de chemin de fer à grande vitesse et les autoroutes. Les effets du remembrement sont particulièrement visibles en raison de la suppression de haies et de talus. Pour des zones historiquement plus « mixtes », généralement en bordure de bassins céréaliers, l'abandon de l'élevage et le développement du drainage ont entraîné une disparition extrêmement rapide du bocage traditionnel. Même si l'effet est moins spectaculaire, le remembrement a aussi concerné les bassins céréaliers. Dans ces plaines de grande culture, où les haies, les bosquets et les arbres isolés étaient déjà rares, leur suppression a souvent été systématique, tendant à éliminer tout ce qui pouvait gêner la mécanisation et l'agrandissement des parcelles. La restructuration des exploitations s'est accompagnée partout d'une augmentation de la taille des parcelles (nous ne disposons pas de statistiques sur ce sujet pourtant important).

Dominique GEST (www.dgestim.com)

*Le paysage des plaines remembrées ne comporte plus d'éléments fixes. Il est économiquement acceptable de redessiner des parcelles en lanières d'une superficie de 10-20 ha pour augmenter la longueur de lisières favorables à la biodiversité.*

Parallèlement, les surfaces drainées ont augmenté rapidement jusqu'à la fin des années quatre-vingt, particulièrement dans la moitié nord de la France (fig. 7 et 8). Le **drainage** est responsable de la disparition de prairies permanentes humides et leur mise en culture s'est accompagnée du relèvement du pH grâce au **chaulage**.

113 BERNARD J.-L., CORDONNIER J.-M., CURE B., MESTRES R. et PONS B., 2005. Opus cité (cf. réf. 101).
114 Didier MAUDOUX, agriculteur FARRE de l'Aube.

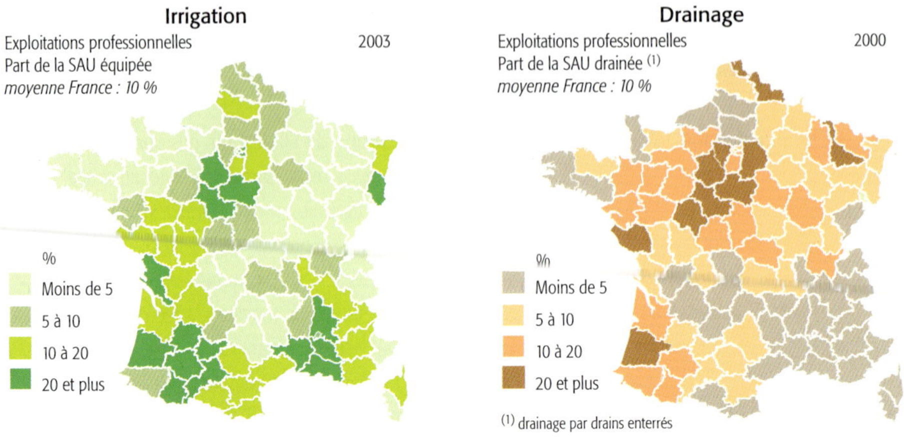


**Figure 7 :**
**Répartition de l'irrigation et du drainage en 2000 (Graph'agri 2006)**[115]

Parmi les déterminants de la diversité à l'œuvre au cours des cinq dernières décennies, il faut s'attarder sur le constat d'une **baisse importante de la SAU**, de 9 % entre 1960 et 1985, puis plus lente sur la période 1985-2000. La SAU est actuellement de l'ordre de 30 millions d'ha. Cette perte de surface agricole est en partie due à l'urbanisation mais aussi à l'abandon de terres peu productives en faveur du développement de la forêt (pour environ les deux tiers). Il existe de rares exceptions comme le département de la Marne (gain de 4 % de SAU entre 1960 et 1985) où la mise en culture s'est poursuivie grâce à quelques opérations de défrichage, mais surtout grâce au retournement de prairies à ovins mises en valeur grâce à l'utilisation d'engrais azotés et phosphatés. Ce double mouvement de réduction qui affecte la SAU amène la production à se concentrer sur les seules surfaces exploitées de manière intensive, *a priori* les moins propices à l'épanouissement de la biodiversité.

On observe ensuite une **forte tendance à la spécialisation** avec la disparition complète de l'élevage de ruminants dans certaines régions. C'est la situation qu'ont connu de grands bassins céréaliers avec la disparition du mouton, mais c'est aussi le cas de leur périphérie où l'on a vu disparaître dans un premier temps les systèmes laitiers au profit des vaches allaitantes, puis dans un deuxième temps, l'abandon des vaches allaitantes. La Lorraine demeure une des rares régions à avoir conservé des systèmes de polyculture-élevage.
Avant le milieu du XX$^{e}$ siècle, la production agricole française reposait depuis longtemps sur une polyculture plus ou moins marquée selon les régions. L'élevage était alors présent partout, mais sa complémentarité séculaire avec l'agriculture s'est réduite pour de nombreuses raisons, dont :
• le développement des engrais minéraux qui rendait l'emploi des déjections animales moins incontournable,
• l'augmentation du nombre des tracteurs, les chevaux et les bovins cessant d'être utilisés pour leur force de traction[116],
• le changement des habitudes alimentaires, avec une sortie rapide de la quasi-autarcie d'antan, l'achat croissant à l'extérieur de denrées transformées, la fin des élevages d'autoconsommation à la ferme…,

115 Agreste-Graph'agri, 2006. L'agriculture, la forêt et les industries agroalimentaires. La documentation française, 171 p.
116 RISSE J., 1994. Histoire de l'élevage français. Paris, L'Harmattan Éditions, 365 p.

• le progrès du transport et des moyens de communication qui, en élargissant le commerce des denrées agricoles, favorisent les régions les plus performantes pour une production donnée au détriment des moins favorisées, ce qui renforce la spécialisation.

Jusqu'en 1950, presque toutes les fermes élevaient un ou deux cochons... Ensuite, les porcs ont été élevés dans des exploitations de plus en plus grandes et spécialisées. Puis, la production porcine (et dans une moindre mesure celle des volailles), s'est développée à proximité de zones portuaires sur la base d'une proportion croissante d'éléments achetés hors de la ferme, voire hors de la région de production, voire même hors de France, ce qui complique l'élimination des déjections qui s'éloignent des terres agricoles capables de bien les valoriser.

Ainsi, on a vu se développer les élevages dans le Grand-Ouest (ruminants et monogastriques). Cette évolution reposait sur des choix politiques et sociaux conduisant la Bretagne à maintenir le maximum d'agriculteurs sur son territoire, orientation qui a limité l'agrandissement des exploitations dans cette région mais augmenté la valeur ajoutée par actif en permettant aux agriculteurs d'avoir un revenu décent. Dans d'autres régions, l'abandon de l'élevage a été favorisé par les bons résultats économiques des systèmes céréaliers, et en raison de conditions de travail trop contraignantes. Il faut rappeler que les raisons agronomiques ne sont pas les seules qui justifient cette spécialisation des régions (sauf pour les zones de montagne et les zones herbagères qui sont souvent des zones humides peu favorables à la culture...).

Ce véritable découplage entre élevage et production de grains entraîne une relative pénurie d'amendements organiques dans certaines zones spécialisées en grandes cultures où le bétail s'est raréfié. À l'opposé, certaines zones d'élevage hors-sol ont été classées comme « vulnérables » pour la qualité de l'eau, en raison de l'abondance des éléments azotés issus des déjections qui doivent être épandues sur des surfaces restreintes. Le transport du lisier vers des secteurs de grandes cultures reste très onéreux, malgré les atouts du compostage.

La teneur en humus des sols cultivés reste un élément fondamental pour la durabilité de l'agriculture. Dans bien des régions de production végétale, l'exploitant doit donc gérer au mieux la matière organique subsistant après la récolte des productions végétales en jouant au mieux sur les rotations, la restitution des pailles. Les techniques de travail du sol simplifiées sont un des éléments qui concourt à une minéralisation plus lente des reliquats végétaux en post-récolte.

Nicole CORNEC

*L'irrigation nuit aux espèces d'oiseaux nichant au sol. Il est nécessaire d'éviter d'arroser les bordures.*

Spécialisation, simplification du paysage, moindre diversité des assolements et augmentation des unités du parcellaire, éléments très favorables à l'efficience des outils mécaniques, sont de nature à entraîner un appauvrissement biologique favorable aux pullulations d'adventices ou de ravageurs, ces derniers étant peu freinés par la faune auxiliaire[117]. D'où la recherche par les producteurs d'une assurance avec l'emploi

117 BAUDRY O., BOURGERY C., GUYOT G. et RIEUX R., 2000. Les haies composites réservoirs d'auxiliaires. CTIFL Éditions, 120 p.

de produits phytopharmaceutiques qui demande à être bien maîtrisé sous peine de déséquilibres accrus et de fuites en avant.

Parmi les facteurs déterminants de la diversité du vivant dans l'espace agricole, il faut parler de l'**irrigation**. Alors qu'elle était, dans les années cinquante, surtout destinée à des cultures à forte valeur ajoutée (maraîchage et arboriculture), on l'a vu se développer ensuite dans les zones de grandes cultures : maïs dans un premier temps, puis sur d'autres espèces comme les protéagineux (ex. pois, soja) ou les oléagineux (ex. tournesol). Dans les zones équipées, elle sert souvent d'appoint en cas de pénurie printanière sur les céréales d'hiver ou de printemps, ou de pénurie estivale sur la betterave... Dans beaucoup de régions, irrigation et drainage évoluent en parallèle car les sols difficiles ne sont bien valorisés par l'irrigation qu'à la condition d'avoir été drainés au préalable. L'un et l'autre sont importants pour obtenir de forts rendements.

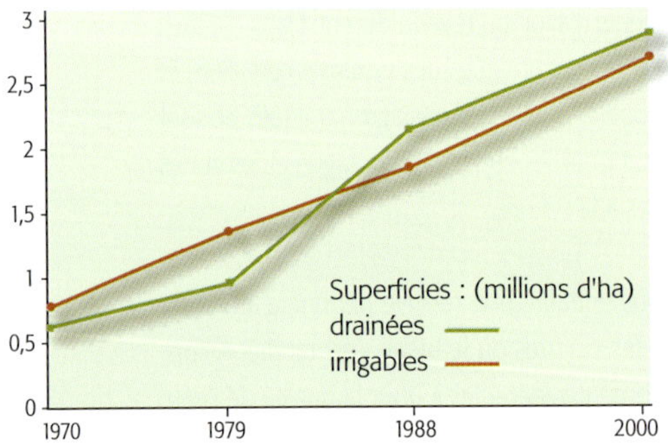


**Figure 8 :**
**Évolution des surfaces drainées et irrigables entre 1970 et 2000 (IFEN)**[118]

Le recensement agricole de 2000 (fig. 8) fait ressortir que les régions qui s'étaient déjà engagées dans l'irrigation et le drainage dans les années quatre-vingt ont continué ces équipements à un rythme soutenu ; de 1988 à 2000, les surfaces irriguées ont augmenté de 50 % ou plus dans plusieurs régions. On voit ces phénomènes d'extension de l'irrigation se développer à la suite d'épisodes de forte sécheresse.

Objectif de productivité, investissements dans l'amélioration du foncier et subventions apportées aux cultures céréalières et fourragères – maïs en particulier – ont été défavorables aux prairies, avec pour conséquence une diminution importante des superficies. Entre 1982 et 1998, on constate[119] une progression de 15 % du maïs mais une régression qui affecte d'abord les prairies artificielles (- 42 %), puis les prairies permanentes (- 20 %) et les prairies temporaires (- 16 %). Certes, les données du Service central d'enquêtes et d'études statistiques du ministère de l'Agriculture (SCEES) montrent que le taux de diminution des surfaces en prairies permanentes a ralenti récemment, passant de -150 000 ha par an sur la période 1980 et 1990, à -110 000 ha par an entre 1990 et 2000, mais les prairies naturelles se maintiennent essentiellement dans les zones de montagne.

On observe aussi le maintien d'un certain degré de diversification des rotations. Cependant une analyse plus fine montre que l'on a des espèces cultivées qui progressent tandis que d'autres régressent (fig. 9). Dans de nombreuses exploitations des régions céréalières, la culture du blé représente plus de 50 % de la sole.

118 IFEN, 2002. Les chiffres-clés 2002 de l'environnement, 22.
119 Agreste, 1999. Opus cité (cf. réf. 19).

Les variations dans la répartition des OTEX (orientations technico-économique des exploitations) montrent qu'il y a eu ces dernières années des changements importants de systèmes et non pas seulement des changements de pratiques agricoles[120]. Un regroupement des exploitations agricoles selon leur orientation technico-économique (tab.10) reflète bien une tendance à l'agrandissement des structures et à la spécialisation.

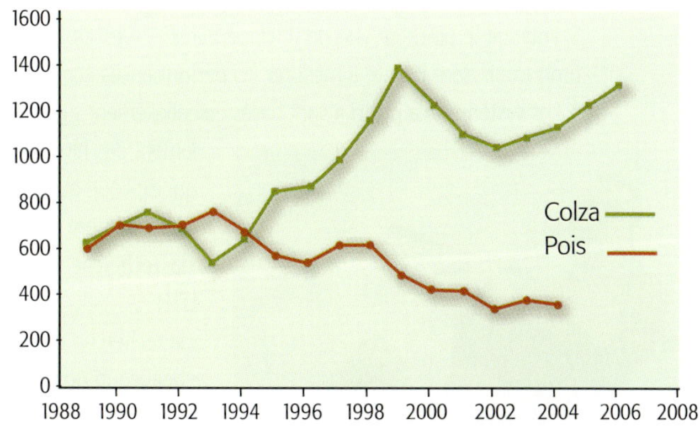


**Figure 9 :**
**Évolution des surfaces en colza et pois (milliers d'hectare) (SCEES)**[121]

Avec l'apparition du découplage des aides et la conditionnalité, la PAC 2003 devrait toutefois conduire à ce qu'il y ait plus de diversité dans l'occupation des sols.

**Tableau 10 :**
**Nombre d'exploitations selon leur orientation pour les campagnes agricoles 1987-1988 et 1999-2000 (Agreste)**

| Orientation des exploitations | 1988 | 2000 |
|---|---|---|
| Céréales et oléoprotéagineux | 72 034 | 102 883 |
| Cultures générales | 111 040 | 31 508 |
| Maraîchage | 19 432 | 8 436 |
| Fleurs et horticulture diverse | 10 310 | 7 348 |
| Viticulture d'appellation | 64 304 | 59 469 |
| Autre viticulture | 53 465 | 32 835 |
| Fruits et autres cultures permanentes | 33 549 | 25 305 |
| Bovins lait | 150 222 | 74 584 |
| Bovins viande | 95 461 | 77 556 |
| Bovins lait-viande | 25 010 | 12 592 |
| Ovins, caprins et autres herbivores | 114 398 | 82 456 |
| Granivores | 15 775 | 13 104 |
| Polyculture | 67 494 | 31 220 |
| Polyélevage à orientation herbivore | 51 660 | 23 469 |
| Polyélevage à orientation granivore | 13 235 | 9 514 |
| Grandes cultures et herbivores | 82 520 | 45 525 |
| Autres combinaisons cultures-élevage | 36 846 | 25 237 |
| Exploitations non classées | 0 | 766 |
| **Total** | **1 016 755** | **663 807** |

120 AGRESTE, 1989. La statistique agricole. Recensement agricole 1988, 154 p. Agreste, 2001. Recensement agricole 2000. *Cahiers Agreste*, 90 p.
121 SCEES. Statistique agricole annuelle. Agreste.

## A2• Les systèmes de production

Si l'on suit le point de vue de Philippe Viaux[122], il est possible de distinguer quatre types de système de production dont il reste à mesurer les performances économiques comparées.

1. Les **systèmes « a priori »** sont basés essentiellement sur des interventions systématiques. Ils ont généralement des niveaux de charges opérationnelles élevés. C'est ce qui explique qu'ils sont plus couramment qualifiés d'intensifs.

Concrètement, ils se traduisent par :

• la recherche du maximum de quintaux par hectare et par UTH[123],

• la recherche d'un rendement voisin du maximum accessible,

• beaucoup de traitements systématiques,

• pas d'approche raisonnée à la parcelle mais éventuellement à « l'îlot » de parcelles,

• un retard à la mise en œuvre des codes de bonnes pratiques pour les fertilisants azotés, les produits phytopharmaceutiques... qui ne devient souvent effective que lorsque la réglementation l'impose.

Alain GOULARD (Réseau Opticoop)

*Calculer ses apports de fertilisants au plus juste doit être couplé au maintien ou à la recréation de bandes d'herbe et d'éléments fixes du paysage afin de maintenir la biodiversité.*

2. Les **systèmes raisonnés** sont basés sur le raisonnement à la parcelle de chaque technique de culture (ex. méthode des bilans pour l'azote, utilisation des seuils d'intervention ou des modèles de prévision de risques pour les ravageurs ou les maladies...) dans un objectif de respect de l'environnement. Évolutifs, ils sont appelés à mieux prendre en compte cet aspect dans l'avenir.

Concrètement, ils se traduisent par :

• le respect systématique des codes de bonnes pratiques pour l'azote, les produits phytopharmaceutiques, etc.,

• des objectifs de rendement accessibles au moins 2 années sur 10,

• des décisions basées sur des observations à la parcelle,

• une bonne technicité de l'exploitant.

En France, « l'agriculture raisonnée » fait l'objet depuis 2002 d'une réglementation qui s'appuie sur le contrôle des exploitations candidates par un organisme certificateur. Sont officiellement qualifiées celles qui respectent un cahier des charges précis. Bien que ce référentiel officiel soit évolutif, il contient à ce jour peu de mesures intéressant la biodiversité et les paysages.

3. Les **systèmes intégrés** sont basés sur une approche globale de l'exploitation et cherchent à remplacer au maximum des intrants extérieurs à l'exploitation par des processus naturels de contrôle ou de régulation. On cherche à minimiser l'utilisation d'intrants en jouant sur le système de production lui-même pour minimiser, entre autre, les risques parasitaires.

Concrètement, ils se traduisent par :

• un raisonnement global à l'échelle de l'exploitation,

• une stratégie globale pour minimiser les risques sanitaires (modification des rotations, de l'ensemble des itinéraires techniques),

122 VIAUX P., 1999. Une troisième voie en grande culture - Environnement, Qualité, Rentabilité. Agridécisions Éditions, 211 p.

123 UTH : Unité de travailleur humain.

• une stratégie globale pour minimiser l'achat ou le gaspillage d'éléments fertilisants (grâce par exemple à la complémentarité entre cultures et élevage),
• des objectifs de rendement accessibles au moins 5 années sur 10,
• le respect des codes de bonnes pratiques pour l'azote, les produits phytopharmaceutiques, etc.,
• des décisions basées sur des observations à la parcelle, mais une intégration à l'échelle de l'exploitation,
• une bonne technicité.

4. Les **systèmes biologiques** souhaitent n'avoir recours à aucun produit chimique de synthèse ce qui impose comme dans le cas précédent d'avoir une approche globale du système d'exploitation (mixité, rotation, etc.).
Concrètement, ils se traduisent par :
• la non-utilisation de produits chimiques de synthèse (sauf dérogation),
• le respect du règlement européen n° 2092/91 [124] ; un nouveau réglement n°834/2007 sera applicable à partir de janvier 2009[125],
• l'acceptation d'un contrôle par un organisme certificateur,
• une valorisation des produits dans un circuit de distribution particulier avec le logo « AB ».

Le concept de « **système conventionnel** » fait référence au fait que celui-ci est le plus couramment pratiqué dans une région. C'est généralement un système intermédiaire entre le 1 et le 2. Ce terme est commode pour la compréhension mais très imprécis quant au contenu technique (donc à éviter). Le concept de «**système extensif** » fait référence au niveau de productivité des trois facteurs de production de l'agriculture : la terre, le travail et le capital. De ce point de vue, les systèmes intégrés et biologiques sont déjà une forme modérée d'extensification du facteur «terre » en raison des rendements plus faibles obtenus dans ces systèmes. Par contre, la productivité du travail reste généralement élevée grâce à la mécanisation ce qui fait que, par exemple, le système biologique actuel n'est pas comparable à ce qui se faisait il y a cinquante ans. Il existe, on l'imagine bien, tous les intermédiaires entre ces quatre systèmes-types. Mais chacun a sa propre logique et n'a, ni les mêmes intrants (en niveau et en qualité), ni les mêmes besoins en main-d'œuvre ou en connaissances techniques, ni le même impact sur l'environnement ou la qualité des produits. Ces systèmes ne sont donc pas équivalents. Tous sont questionnables en matière de bilan énergétique et d'impact sur la faune sauvage. Mais seuls, les exploitants engagés dans les systèmes 2, 3 ou 4 ont entamé une démarche de progrès dans la prise en compte de l'environnement.

## Le choix du système d'exploitation

*Les systèmes d'exploitation ne sont pas immuables. Ils ont souvent évolué au cours de l'histoire et maintenant en fonction des règles mouvantes de l'Organisation mondiale du commerce (OMC), de la PAC,... S'il est clair que l'apport des aides publiques a pris une place très forte dans le revenu des exploitations et pèse sur le choix des cultures, le raisonnement propre à chaque agriculteur et ses goûts personnels conservent une grande importance. Certains exploitants ont opté pour l'agriculture biologique. Le choix fait par d'autres de l'agriculture raisonnée peut amener lui aussi des changements conséquents : nouvelles productions, nouveaux modes de conduite, découpage parcellaire différent, modification de la rotation et des assolements...*

*Suite →*

124 Règlement (CEE) n° 2092/91 du Conseil, du 24 juin 1991, concernant le mode de production biologique de produits agricoles et sa présentation sur les produits agricoles et les denrées alimentaires paru au *Journal officiel des Communautés européenne* L 198 du 22 juillet 1991, 1-15.

125 Règlement (CE) n°834/2007 du Conseil du 28 juin 2007 relatif à la production biologique et à l'étiquetage des produits biologiques et abrogeant le règlement (CEE) n°2092/91 paru au *Journal officiel de l'Union européenne* L189 du 20 juillet 2007, 1-23.

## Le choix du système d'exploitation

*Ce qui était auparavant affaire de tradition, de choix financier mûri, de compétences personnelles ou d'inclinaison selon les goûts tend de plus en plus à être rattrapé, voire cerné par la réglementation. Il en est ainsi de la rotation et de l'assolement qui entrent dans la conditionnalité. Il en sera sans doute de même demain d'une gestion plus « intelligente » de la jachère obligatoire, de la pratique des « intercultures », d'une diversification spécifique et variétale sur une même parcelle, de la chaîne d'élimination des déchets... Beaucoup de ces options présentent des avantages agronomiques. Certaines peuvent même augmenter la performance économique. La plupart s'inscrivent plutôt dans un objectif de durabilité. On peut même espérer minimiser les risques économiques et accroître la stabilité du système en favorisant les synergies entre exploitations voisines alors que la taille des unités de gestion continuera à augmenter[126].*

*La diversité des cultures est lourdement influencée par de grands équilibres planétaires : orientations et coûts énergétiques, présence des cultures OGM acceptées par certaines filières et exclues par d'autres, relations inconnues autrefois entre le prix du soja brésilien et la décision de l'agriculteur français de semer ou non ses pois... Dans un monde élargi où la décision semble échapper de plus en plus souvent au seul homme de terrain, il faut rappeler que le choix de systèmes très spécialisés réduit régulièrement la faune sauvage à un état de fragilité. A l'exemple des espaces de Beauce où dominent à plus de 60 % les céréales à paille d'automne ; après être passés par des densités de printemps record en certains gibiers (perdrix grise), ils s'avèrent de plus en plus fragilisés et voient depuis quelques années leur productivité cynégétique réduite pour des raisons multiples[127]. On estime que la diversification des cultures conduit vers un système cynégétique moins spécialisé où le nombre d'espèces-gibier exploitables serait accru.*

*Dans la même veine, le travail comparant trois systèmes de gestion des sols — conventionnel, travail simplifié, biologique — réalisé sur les oiseaux de plaine au Canada[128] fait ressortir que le poids des surfaces « naturelles », c'est-à-dire non perturbées, est essentiel. La biodiversité est très dépendante de leur quantité, de leur répartition et de leur qualité. Cette étude démontre que si le type d'agriculture a un impact sur les oiseaux, en préservant ou non des sites non perturbés, une meilleure densité de ces sites non perturbés garantit une meilleure diversité. Lorsque la rentabilité économique conduit à ne pas opter pour une pratique totalement respectueuse de la biodiversité, il est possible de s'orienter sur des actions de « compensation écologique ». Ces dernières tendent à compenser les effets négatifs des pratiques mises en œuvre sur la plus grande partie du territoire. Par exemple, une bande d'herbe pour filtrer les ruissellements superficiels est une compensation au traitement chimique des parcelles.*

*Les promoteurs de l'environnement sont souvent favorables aux systèmes d'agriculture biologique. Ceux-ci progressent lentement en France, beaucoup plus vite dans d'autres pays européens. De moins de 4 000 en 1995, le nombre d'exploitations en agriculture biologique serait passé en 2001 à plus de 10 000 pour une surface de 330 000 ha[129]. Cela étant, ce système qui reste encore marginal chez nous ne recouvre pas selon les différents pays le même ensemble de pratiques culturales. Mis en avant pour la protection des zones de captage et des nappes où sont prélevées les « eaux minérales », il pousse à l'adoption de pratiques sans produits phytopharmaceutiques de synthèse et à une forte baisse des apports d'engrais azotés. S'il est probable que l'on trouve sur ces territoires des groupes d'espèces au sein desquels la diversité s'est accrue, il n'a pas encore été mis en*

126 VIAUX P., 1995. Les systèmes intégrés, approche agronomique du développement agricole durable. *Aménagement et Nature*, 177, 31-45.

127 SERRE D., BIRKAN M., PELARD E. et SKIBNIESKI S., 1989. Mortalité, nidification et réussite de la reproduction des perdrix grises (Perdix perdix belesiae) dans le contexte agricole de la Beauce. *Gibier Faune Sauvage*, 6, 97-124.

128 SHUTLER D., MULLIE A. and CLARK R.G., 2000. Birds communities of prairie uplands and wetlands in relation to farming practices in Saskatchewa. *Conservation Biology*, 14: 1441-1451.

129 IFEN, 2006. Opus cité (cf. réf. 15).

*évidence une augmentation forte des populations de gibier. Parmi les raisons expliquant ce problème cynégétique, on remarque :*
*• que la surface des exploitations concernées est souvent inférieure au domaine vital des animaux sauvages ;*
*• que la présence d'herbages sans pratique de récolte spécifique ne peut prévenir les mortalités accidentelles lors de la récolte des fourrages ;*
*• que les fortes populations de campagnols entretiennent des densités élevées de prédateurs carnivores...*

*Il est souvent difficile d'infléchir les pratiques sur les parcelles cultivées, en raison du poids de l'économie dans la prise de décision. Sur la période 1970-1990, faute d'avoir eu la capacité d'influer sur la tendance à simplifier et spécialiser les systèmes, les promoteurs de la faune sauvage ont cherché avant tout à essayer de gérer au profit de la faune une petite partie de la surface de l'exploitation.*

*L'émergence de la conditionnalité a amené à introduire dans l'adaptation à la nouvelle PAC une nouvelle donnée, les Bonnes conditions agricoles et environnementales (les BCAE) concernant un minimum obligatoire de diversité dans la rotation. Les mesures imposées ne permettent pas de dire que l'on en a fini avec la monoculture, mais la réflexion est largement entamée, pour trouver des remèdes au manque de diversité induit par des assolements très simplifiés.*

## A3• La déprise agricole

Nous avons signalé que les difficultés à exploiter en raison de conditions naturelles ou économiques défavorables, de l'expansion de l'emprise urbaine... génèrent dans la plupart des régions françaises une déprise agricole importante qui retire chaque année de la production près de 100 000 ha de terres. Une telle évolution influence la biodiversité, occasionne des coûts économiques et sociaux élevés qui résultent de l'accroissement des risques d'incendie nés de l'embroussaillement ou de l'extension de la désertification.

Ainsi, dans les zones de cultures ou de pâturage, l'arrêt de toute activité agricole se traduit par une modification complète des flores associées. Après abandon d'une zone cultivée, on constate tout d'abord une première phase de diversification végétale, puis des espèces dominantes prennent progressivement le pas avec l'installation de pré-bois, puis dans nos régions, installation d'une végétation climacique souvent de type lande ou forêt. Cette évolution ordinaire de la flore provoque la régression, voire la disparition des espèces animales inféodées aux milieux ouverts.

Sous nos climats, les écosystèmes forestiers ou les couverts arbustifs hauts sont régulièrement plus pauvres en espèces végétales et animales que les couverts herbacés dont ils dérivent. Cette fermeture du paysage est reconnue comme néfaste à des espèces comme l'aigle de Bonelli dans les régions de déprise viticole du Sud-Est, le râle des genêts dans nombre de vallées alluviales qui ne sont plus entretenues, le lapin, le lièvre et la perdrix rouge dans les zones de garrigues... L'attractivité des zones embroussaillées pour le sanglier va augmenter la pression de dégâts sur les parcelles qui restent cultivées à proximité.

Françoise Ponce-Boutin et ses collaborateurs[130] ont montré qu'en zone méditerranéenne le nombre d'espèces de passereaux d'intérêt patrimonial diminuait avec l'importance du couvert arboré ou arbustif,

130 PONCE BOUTIN F., LE BRUN T., MATHON J.-F., MOUTARDE C., CORDA E. et KMIEC L., 2005. Aménagements et biodiversité en région méditerranéenne. Cahier technique à l'usage des gestionnaires. Publication DIREN-PACA. CD-Rom, 50 p.

*L'arrêt de toute activité agricole sur une parcelle ouvre la voie à la friche et au boisement progressif. C'est la fin pour toutes les espèces de milieux ouverts.*

jusqu'à un certain seuil. Par contre, le recouvrement herbacé a un effet nettement positif. Selon ces auteurs, toute intervention sur les garrigues à chênes kermès parmi celles testées (pâturage, broyage, feux dirigés) ne peut être que bénéfique à la biodiversité. Le pâturage en hiver apparaît très favorable, sans doute parce qu'il évite la compétition entre troupeaux et faune sauvage pour l'herbe à la saison de nidification. L'hypothèse d'un dérangement causé par la présence de troupeaux au printemps n'est pas à exclure. Les brûlages dirigés, suffisamment espacés, ont une influence positive. Le brûlage dirigé suivi d'un pâturage intensif d'hiver n'a pu être testé mais serait prometteur. Sur les formations à chênes verts, le brûlage dirigé a toujours le même intérêt. Les faciès herbacés en fond de vallon ou dans les collines sont les plus intéressants. La lutte contre l'enfrichement des terres abandonnées aurait des effets plutôt positifs. Il est préconisé d'intervenir le plus rapidement possible après l'abandon, pour éviter des frais élevés de débroussaillage. Dans le contexte méditerranéen, il est recommandé le mélange ray-grass italien, blé ou orge, vesce, pour un semis annuel ou tous les deux ans ; et pour des semis plus espacés (2 à 3 ans), le mélange fétuque élevée, avoine, luzerne. L'entretien mécanique doit être répété tous les ans.

La déprise partielle peut cependant avoir un effet bénéfique sur la diversité, à condition que la surface des taches de déprise ne s'étende pas trop et qu'un entretien soit assuré pour maîtriser la croissance végétale. N'ont vraiment d'intérêt pour la faune sauvage que les espaces enfrichés rendus accessibles par des moyens mécaniques éventuellement suivis de pâturage avec des races rustiques. Les niches écologiques sont alors artificiellement multipliées.

## B• Les productions végétales

S'intéresser aux caractéristiques des cultures en ce qui concerne les relations avec la faune sauvage conduit d'abord à les subdiviser en fonction de leur mode d'occupation des sols.

### B1• Les cultures annuelles

Les productions végétales annuelles sont caractérisées par leur nature, leur place dans la rotation et les assolements dans lesquels on les trouve, l'existence ou non d'une période d'interculture.

La **nature des cultures annuelles** les rend plus ou moins propices ou attractives pour la faune sauvage. Si leur influence sur le cortège des arthropodes• ravageurs est assez bien cernée, leurs différentes fonctions en regard des mammifères et des oiseaux sont mal connues et peu médiatisées. Bien souvent, le seul élément d'échange à ce sujet repose sur l'évaluation des dégâts de gibier en cas d'incident… Cette approche habituelle mais un peu courte de l'interrelation entre l'homme et le milieu nourrit l'image traditionnelle d'un antagonisme entre la faune et la culture, privant souvent l'agriculteur d'une prise de hauteur de vue sur ces sujets qui lui permettrait à terme de mieux envisager, d'une part, les avantages ou les inconvénients de ses choix de culture pour des constituants particuliers de la faune sauvage, d'autre part, les avantages en matière de productivité et d'image qu'il serait à même d'en retirer.

Prenons pour exemple le colza. Ordinairement placée en tête de la rotation triennale, c'est une plante qui occupe dans l'assolement français une surface oscillant entre 500 000 et 1 000 000 ha. Sa culture débute avec des semis d'août-septembre et s'achève avec une moisson réalisée de mi-juin à fin juillet selon les régions. Elle nécessite un désherbage précoce, réalisé pour plus de 99 % des surfaces au moyen d'un herbicide chimique appliqué à l'époque du semis. La plante se développe jusqu'à l'entrée de l'hiver où les températures la bloquent jusqu'au printemps. La montaison commence en mars et la floraison est centrée sur le mois d'avril. De mai à la récolte, le colza est un couvert épais, haut et dense.

L'étude des interactions entre la faune sauvage et la production de colza d'hiver permet de proposer une méthode de travail. Il faut tenir compte de l'appétence alimentaire de la plante aux divers stades phénologiques• de son développement, ce qui peut conduire à l'évaluation de risques éventuels de dégâts, de la sensibilité aux attaques de ravageurs, de l'offre potentielle d'abri pour telle ou telle espèce, des risques d'accidents engendrés par les interventions mécaniques (tab.11).

**Tableau 11 :**
**Quelques interactions faune sauvage/production pour la culture du colza d'hiver**

| Période de l'année | Stade de la culture | Intérêt pour des espèces caractéristiques de la faune sauvage | Antagonisme théorique entre les intérêts de la faune sauvage et ceux de l'agriculteur |
|---|---|---|---|
| Août - Sept. | Semis | Faible | – |
| Sept. - Oct. | Levée | Extrême attractivité pour les limaces, certains diptères (mouche du chou), hémiptères (pucerons), coléoptères (altises). | Les pullulations d'altises et celles de limaces en conditions humides font l'objet d'un traitement chimique. |
| Oct. - Déc. | Développement végétatif | La culture est souvent seule dans la plaine après arrachage des betteraves. Excellent abri à l'automne pour le lièvre, voire pour la perdrix grise, sauf lorsque la couverture végétale est humide (rosée, précipitation). | Les dégâts d'oiseaux sont exceptionnels (sans ressources alternatives, le pigeon ramier peut attaquer les rosettes lors d'hivers très froids). |
| Déc. - Fév. | Repos hivernal | En période sèche et froide, les feuilles de colza, riches en eau, sont appréciées des cervidés et des lièvres. | Généralement, les prélèvements par le lièvre ne sont pas préjudiciables à la culture en raison du rattrapage naturel de la végétation au printemps. Des dégâts importants liés aux cervidés sont parfois notés autour de massifs forestiers (ex. Côte-d'Or). |
| Fév. - Juil. | De la montaison à la récolte | Excellent abri, ne servant pour la nidification qu'en bordure (faisan essentiellement). La récolte cause ordinairement peu de dégâts directs sur le gibier. Les pollinisateurs dont l'abeille domestique tirent parti de la riche floraison du colza. | |

Il conviendrait sans doute de faire connaître les propriétés originales des principales espèces cultivées en regard des espèces animales non dommageables ou dont les prélèvements ne sont objectivement pas nuisibles aux intérêts de la production.

Dans l'agriculture française, la **rotation** triennale reste toujours une base de raisonnement commode. Traditionnellement, à une tête de rotation betterave, colza, tournesol… succédait un blé d'hiver, suivi d'un escourgeon ou d'une orge de printemps. Cet ordonnancement très classique est aujourd'hui chahuté pour des raisons le plus souvent économiques, parfois aussi pour des raisons techniques ou agronomiques. L'évolution marquée des rotations se traduit par une modification de l'espace rural pouvant induire des perturbations pour la faune.

Ainsi, pour des raisons de cours élevé ou déprimé, de primes plus ou moins attractives…, le choix des espèces mises en culture est devenu plus spéculatif qu'auparavant : le pois, le tournesol, le blé tendre ou le blé dur ont eu tendance à revenir plus souvent sur les mêmes champs. Certaines des dérives les plus manifestes ont localement été sanctionnées par de très forts impacts parasitaires (ex. le cryptogame* *Aphanomyces pisi* sur pois) que les produits phytopharmaceutiques ne peuvent totalement contrôler. La moindre rentabilité des céréales de printemps (orge, avoine) tend aussi à les marginaliser au profit des semis d'automne. Le progrès variétal permet aussi de jouer sur la rotation. Ainsi les variétés récentes de tournesol et de maïs permettent à rendement égal des récoltes plus précoces. Elles libèrent les terres plus tôt à l'automne et permettent d'implanter, dans de bonnes conditions, un blé d'hiver alors que ces mêmes têtes de rotation étaient autrefois suivies d'une culture de printemps, après une période laissant les terres libres de cultures durant trois à cinq mois.

Nicole CORNEC

*Propices à de nombreuses espèces animales inféodées aux milieux ouverts, les céréales sont un biotope qui se rapproche du milieu steppique original.*

Si une majorité des végétaux pâtit de la monoculture, c'est assez peu le cas du maïs, en particulier dans ses berceaux historiques et sur les sables des Landes, de Sologne ou du Val-de-Loire où peu d'autres cultures sont envisageables. La probabilité qu'une culture de maïs se succède à elle-même sur la même parcelle est aujourd'hui de 90 % dans les Landes et les Pyrénées-Atlantiques, de 70 % en Alsace. Dans certaines zones d'élevage, le maïs fourrage revient fréquemment sur lui-même : 70 % des situations dans la Manche, 30 à 40 % en Bretagne[131]. Lorsqu'une telle évolution se produit dans une zone de cultures auparavant variées, les effets sont très dommageables pour la diversité des espèces vivantes et en particulier pour le gibier : c'est le cas dans la plaine d'Alsace, région auparavant réputée au plan cynégétique.

Un autre grand changement survenu dans les rotations est d'une part la proportion croissante des semis d'automne sur les cultures de printemps, d'autre part la spécialisation croissante de régions précises pour une rotation donnée. Ainsi, dans les régions à dominante colza et céréales à paille, il n'est pas rare d'avoir

131 Anonyme, 2006. La monoculture de maïs gagne encore du terrain. *Agra-Presse Hebdo*, 3080, 22.

de vastes étendues de terre nue entre août et octobre. Les cultures de printemps devenues quasi absentes du paysage ne jouent plus vis-à-vis de la faune leur rôle d'abri ou de réserve alimentaire alternative.

Diversifier les cultures sur une même exploitation afin d'allonger les rotations est un objectif qui peut paraître ambitieux dans bien des situations. Il demande une organisation sensiblement différente du travail et des filières au plan local, mais ne semble pas contraire aux objectifs économiques des exploitations agricoles.

L'**assolement**, qui est la répartition des cultures dans l'espace, est un élément trop peu considéré pour son influence sur la faune, petit gibier y compris, alors qu'il a une influence considérable. Plus il y a de cultures, plus grande sera la diversité faunique. Par ailleurs, l'imbrication dans l'espace de cultures différentes offre de multiples possibilités d'interaction entre plantes cultivées mais aussi entre cultures et éléments fixes (haies, bordures, arbres isolés…). C'est particulièrement vrai pour des insectes auxiliaires. Les remembrements successifs, la spécialisation et l'augmentation moyenne de la taille des parcelles estompent largement les effets de lisière si favorables à l'ensemble de la faune. La juxtaposition de très grandes unités de culture monospécifiques, appartenant souvent à des cultivateurs différents, génère des paysages monotones. Elle est de nature à accroître les problèmes agronomiques et parasitaires.

La simple réduction des risques liés à l'érosion ou au parasitisme semble aujourd'hui plaider en faveur d'un nouveau parcellaire. La taille unitaire des parcelles de culture a beaucoup augmenté et des unités supérieures à 25 ha ne sont plus rares. Pour mémoire et à titre d'exemple, Philippe Viaux propose[132] comme repère pour la taille des parcelles des unités de 5 à 15 ha, correspondant au travail d'une demi-journée de labour. En fait, il faudrait considérer la taille maximum à partir de laquelle une parcelle devrait être coupée en deux. En grande culture, si l'on considère la taille optimale autour de 12 ha (8 ha en élevage) cela veut dire qu'au delà de 20 ha, il faudrait songer à couper les parcelles en deux… En fait, plutôt que de diminuer systématiquement la taille unitaire des parcelles de culture, il semblerait souhaitable de se diriger vers des champs disposés en longueur dont l'aspect « lanière », épousant le relief et appuyé sur des éléments fixes, ne peut qu'augmenter l'efficience du matériel de culture, tout en augmentant les capacités d'accueil pour la faune et la qualité des paysages. Une largeur de l'ordre de 120 m paraît être un maximum pour permettre aux auxiliaires de coloniser la parcelle. Certains pays combattent depuis longtemps l'érosion grâce à des orientations de ce type, travaillant le sol dans le sens des courbes de niveaux et s'appuyant sur les éléments fixes du paysage recréés perpendiculairement à la plus grande pente. Dans l'hypothèse d'un tel redécoupage, une gestion optimisée de l'espace jachères et des aménagements environnementaux (bandes enherbées…) offre des possibilités de recours déterminantes. Par ailleurs, le développement d'une agriculture de précision assise sur des unités homogènes bâties sur un tel modèle serait de nature à minimiser encore les impacts des pratiques sur les animaux sauvages.

AGPM

*La monoculture, comme celle du maïs, occasionne une très forte chute de la biodiversité. D'où l'importance de diversifier l'assolement, comme y incitent les aides communautaires.*

132 VIAUX P., 1999. Opus cité (cf. réf. 122).

Conséquence des évolutions précédemment soulignées, on constate aussi une tendance au raccourcissement des **périodes d'interculture**. Au plan strictement faunistique, cette période est essentielle pour certaines espèces qui s'alimentent sur des parcelles en chaume ou superficiellement déchaumées. C'est, en particulier, le cas de nombreux passereaux granivores ou d'une espèce comme le pigeon ramier. Les observations de l'ONCFS dans le Centre-Ouest[133] sur la nourriture du pigeon ramier sont éloquentes à cet égard. L'étude de 3 522 tractus digestifs prélevés au cours d'une période de dix années, durant la période de chasse de septembre à février, a montré que les produits issus de la production agricole sont présents dans plus de 50 % des jabots, avec une forte dominance des graines de maïs et de tournesol provenant des quantités laissées en surface du sol par les machines de récolte (fig. 10). Un examen approfondi de la variation saisonnière montre que l'approvisionnement automnal à partir des reliquats de récolte (voire de graines semées) peut atteindre 80 % de la ration avant de céder progressivement la place au gros de l'hiver à des ressources naturelles (gales de chêne, baies de lierre…). Cette forte dépendance à l'interculture est assurément perturbée lorsqu'un semis rapide de blé suit le maïs ou le tournesol récoltés en octobre, tout particulièrement si ce semis est réalisé sur un labour.

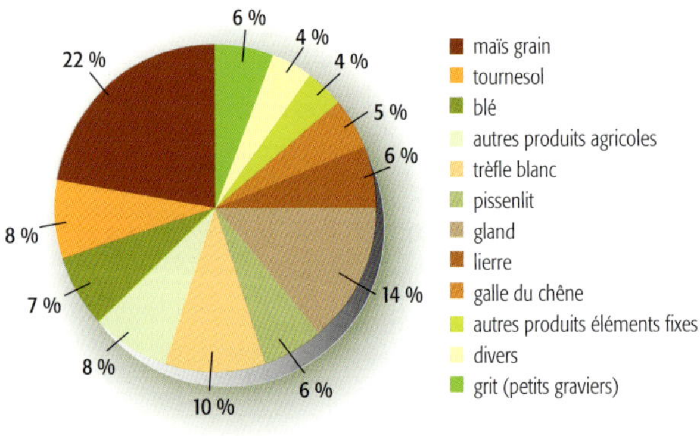


**Figure 10 :**
**Régime alimentaire du pigeon ramier (Aubineau *et al.*, 2001)** [133]

La prise en compte des notions de rotation et d'assolement est donc fondamentale en matière de faune sauvage. Nous verrons dans la troisième partie de cet ouvrage, que de très nombreuses pratiques qui les accompagnent comme le travail du sol, l'irrigation, les différents intrants… peuvent accroître ou réduire leur incidence en fonction de leur niveau de mise en œuvre.

## B2• Les cultures pérennes

Les productions végétales pérennes sont essentiellement représentées par le vignoble et les plantations fruitières. En dehors des particularités propres à chacune de ces plantes ligneuses, la plupart des critères observés sur les cultures annuelles (rotations…) sont ici sans objet. Par contre, la longue phase d'occupation de l'espace par ces productions met en relief l'importance de la gestion des sols. Dans un passé récent, les pratiques de labours multiples ou de désherbage en pleine surface au moyen d'herbicides persistants, les nombreux passages d'ouvriers ou de machines, les traitements phytopharmaceutiques fréquents en saison… en faisaient des milieux relativement peu hospitaliers pour la faune, bien qu'assez régulièrement fréquentés sur des durées limitées.

L'intensité de la présence des hommes sur le terrain et les perturbations engendrées pour les mammifères et les oiseaux sont appelées à durer en raison de la nature même de ces productions. En revanche, un changement majeur est intervenu au cours des quinze dernières années avec la généralisation de

133 AUBINEAU J., BOUTIN J.-M. et GUIOT O., 2001. Le régime alimentaire du pigeon ramier dans l'Ouest de la France. *Faune sauvage*, 253, 54-59.

l'enherbement contrôlé des vergers et son extension en viticulture, en dépit de difficultés de sa gestion dans les régions méridionales soumises à un déficit hydrique précoce. Par ailleurs, les études se multiplient pour mieux appréhender l'intérêt des haies et des bordures enherbées.

André FOUGEROUX (SYNGENTA)

*L'enherbement de la vigne, comme celui des vergers, favorise la biodiversité. Les traitements phytopharmaceutiques fréquents doivent y être surveillés et les auxiliaires encouragés.*

Dans les **vergers** modernes, la maîtrise de l'irrigation est indispensable. Lorsque son déclenchement est nécessaire, elle évite aux plantations un stress hydrique estival très pénalisant, stress que le producteur traditionnel cherchait à réduire par tous les moyens en éliminant le couvert végétal herbacé qui entre en compétition pour l'eau du sol avec les fruitiers. Cette maîtrise de l'eau a donc permis de concevoir des systèmes enherbés devenus la règle dans les vergers à pépins et qui s'étendent pour les espèces à noyau. Le plus souvent, l'enherbement initial de l'interligne est constitué de graminées semées (ex. fétuques, pâturins, ray-grass) dont le couvert devient composite au fil du temps avec sa colonisation par des dicotylédones banales de la flore naturelle, dont beaucoup sont des plantes hémicryptophytes•. Les adventices du rang, les plus gênantes, sont généralement contrôlées en post-levée par l'arboriculteur au moyen d'herbicides foliaires non persistants. Cette orientation de la gestion des sols, qui peut encore progresser134 grâce à une meilleure identification des effets positifs ou néfastes des différentes « adventices », se révèle globalement plus favorable à la vie sauvage en général et à la faune du sol en particulier. La mise en place de haies composites en arboriculture, en particulier pour asseoir des méthodes de protection raisonnée ou intégrée135, accroît la diversité botanique des vergers industriels qui évoluent ainsi vers un système de gestion de l'espace propice à l'interconnexion des milieux.

Le problème de la **viticulture** est sensiblement différent car la réglementation française, à la différence de celle d'autres pays comme les États-Unis, ne permet pas l'alimentation en eau du vignoble durant la période sèche estivale. De ce fait, la couverture herbeuse des sols est vécue très différemment de ce qu'elle est en arboriculture. Disposée le plus souvent dans l'interligne, elle se satisfait de systèmes simples dans des secteurs à pluviométrie importante (partie du Val-de-Loire, vignobles de l'Adour…) mais demande encore des efforts suivis pour déboucher dans les vignobles les plus sensibles à la sécheresse. Elle est appelée à évoluer en faisant appel à des couverts se desséchant naturellement à la fin du printemps et relevant à l'automne, à un usage modéré des herbicides en désherbage sur le rang, voire en plein dans des conditions bien précisées (ex. système ENM = enherbement naturel maîtrisé). L'augmentation attendue de la biomasse• qui résulte de ces couverts est très souhaitable dans les sols souvent fragiles où la vigne est installée. Elle rend ce milieu plus hospitalier pour la faune migratrice où celle qui est sédentaire sur le pourtour des parcelles. Un ressort puissant pour le développement des couverts herbeux est la recherche d'une réduction de l'érosion[136] dans les pentes, objectif parfois obtenu avec une couverture artificielle des sols comme cela est souvent le cas en Champagne (ex. mulch d'écorces…).

134 AUDIBERT J.-L., 2001. L'entretien des sols dans le verger français : vers des approches nouvelles en regard des principes de l'agriculture raisonnée. *Phytoma-La défense des végétaux*, 536, 32-34.

135 GENDRIER *et al.*, 1999. Outils de pilotage. Bonnes pratiques en arboriculture fruitière. Production raisonnée, intégrée. CTIFL-ACTA, 202 p.

136 ROCHARD J., 2005. Traité de viticulture et d'œnologie durables. Chap.8, pp 121-130. *Œnoplurimédia*, 310 p.

# C• Les productions végétales pour l'élevage

Les productions animales dans leur rapport à la faune sauvage sont d'abord à considérer en fonction du **mode d'exploitation de l'espace** qu'elles sous-tendent.

Par exemple, un troupeau de cent bovins n'a pas du tout la même influence sur le milieu et la faune sauvage selon qu'il est élevé dans un système hors-sol en claustration totale, dans un système mixte avec bâtiments et parcours attenant ou dans un élevage en plein air intégral. Autres éléments à considérer : dans le cas du système hors-sol, les choix de l'exploitant en matière de gestion des lisiers peuvent influencer plus ou moins la biodiversité ; dans celui d'un élevage en plein air, la charge de bétail à l'hectare sera un critère déterminant pour juger de l'impact sur la flore puis sur les animaux sauvages…

Dans un classique système de polyculture-élevage, le choix des cultures destinées à l'alimentation du bétail réalisées sur l'exploitation est un élément très important à considérer. Semer en fin d'été une parcelle de ray-grass qui sera fauché au printemps, un chou fourrager qui sera pâturé ou un trèfle qui sera conservé pour une prairie artificielle pérenne n'a pas la même incidence sur la faune sauvage. Il en est de même que produire son colza ou acheter des tourteaux à l'extérieur, utiliser du soja importé, cultiver de la luzerne ou acheter des bouchons de luzerne tout préparés, etc.

## C1• Les différents systèmes pour l'élevage

Les différents systèmes pour l'élevage peuvent être résumés comme suit.

Les systèmes **hors-sol en claustration totale** (ex. poulaillers, porcheries, bovins viande, lapins…) ont peu d'influence directe sur la biodiversité. Leur incidence indirecte s'exerce au travers des cultures réalisées sur la ferme et servant à l'alimentation animale, et au mode de gestion des fumiers et lisiers. La récolte des fourrages est la pratique ayant le plus d'influence pour les espèces se reproduisant au sol. Dans l'élevage en claustration de bovins, le fourrage en vert ou en sec est récolté mécaniquement avec des faucheuses ou des ensileuses et les conséquences sont désastreuses pour la faune si aucune précaution n'est prise. Ce sont aussi ces élevages qui consomment le maximum d'aliments concentrés constitués pour partie de luzerne déshydratée, culture dont le système d'exploitation peut poser des problèmes sur la faune vivant au sol.

D'autres espèces animales peuvent avoir parfois des impacts sur l'élevage : dégâts de fouines, de renards… sur la volaille, maladies transmises au bétail ou aux petits animaux d'élevage par les rongeurs ou les carnivores qui s'introduisent dans les bâtiments.

Les **systèmes mixtes avec bâtiments et parcours attenants** se rencontrent dans la plupart des productions animales. Le territoire des exploitations comportant du bétail combine à la fois les caractéristiques d'une ferme ordinaire (champs dévolus aux productions annuelles) et celles propres à l'élevage (pâtures, prés de fauche). Dans ces systèmes, les contacts entre animaux sauvages et domestiques sont plus nombreux avec des transferts possibles de pathogènes dans les deux sens.

L'aviculture (poulets label rouge) fait largement appel à de tels parcours. Cet espace est recouvert de végétation, soumis à une rotation régulière, à un temps minimum obligatoire pour le repos du sol et repose sur un cahier des charges spécifique au label qui inclut des indications précises pour la densité des animaux élevés par unité de surface. Dans ce contexte, les volailles peuvent être sujettes à la prédation des rapaces, contre laquelle des mesures de protection particulière sont souvent nécessaires. Des sphères réfléchissantes et autres effaroucheurs existent sur le marché pour sécuriser les parcours.

Les **systèmes d'élevage en plein air intégral** concernent principalement chevaux, bovins et ovins, et accessoirement les porcs et la volaille… Le territoire des exploitations peut être strictement herbager mais recouvrir aussi des aspects très divers, comme dans le cas précédent. Une très large fraction des déjections est ici dispersée sans stockage dans le milieu naturel ce qui peut favoriser les insectes coprophages (coléoptères et diptères surtout) qui recyclent ces matières organiques, ainsi que leurs prédateurs. Si le pâturage est moins dommageable pour la faune sauvage que la récolte mécanique des fourrages, il peut y avoir des écrasements, ou dans le cas d'évitement des nids par le bétail, prédation des nids isolés ou cantonnés dans les refus, notamment par des corvidés. Pour favoriser la reproduction d'espèces prestigieuses comme le tétras-lyre, il est parfois préconisé de retarder la montée en estive ; le pâturage tardif de la zone de nidification est néanmoins nécessaire pour éviter le développement des ligneux.

Dominique GEST (www.dgestirr.com)

*La bergeronnette grise, oiseau insectivore, est très abondante dans les surfaces en herbe riches en insectes.*

D'une façon générale, les surfaces en herbe peuvent être exploitées, tant par des animaux sauvages que domestiques, notamment en montagne. Il peut donc y avoir concurrence entre eux, compétition spatiale puis échange de pathogènes. La concurrence alimentaire et spatiale entre ongulés• domestiques et ongulés• sauvages est étudiée globalement aujourd'hui dans un programme de recherche centré sur « l'herbivorie ». Les espèces ne consomment pas les mêmes espèces végétales et s'évitent souvent, chacune exploitant préférentiellement certaines zones.

Subdiviser les différentes spéculations en fonction de la typologie des territoires agricoles qu'elles sous-tendent reste un exercice complexe pour les activités majeures du secteur de l'élevage. Si l'on considère par exemple, les études de l'IFIP-Institut du porc[137], bâties à partir des recensements agricoles, on peut caractériser au moins quatre types d'exploitations pour les fermes françaises possédant des porcs :
- des exploitations céréalières avec des ateliers porcins (28 % des exploitations et 16 % du cheptel) ;
- des exploitations spécialisées en production porcine (18 % des exploitations et 49 % du cheptel) ;
- de petites exploitations détenant des porcs (21 % des exploitations et 10 % du cheptel) ;
- des exploitations en poly-élevage bovin lait et porc (32 % des exploitations et 25 % du cheptel).

Certaines des tendances observées dans les productions végétales, comme l'agrandissement et la spécialisation, se retrouvent parfaitement illustrées dans le monde de l'élevage. Ainsi, la Bretagne regroupe aujourd'hui 73 % des exploitations porcines spécialisées et leurs 8,2 millions de porcs représentent 55 % de la production nationale. Au niveau national, la tendance reste au regroupement des unités spécialisées.

137 ILARI E., 2004. L'élevage de porcs en France : pas de modèle unique mais une diversité de systèmes. *Techni-Porc*, 27 (6), 19-28.

Entre 1988 et 2000, le nombre d'exploitations détenant des porcs a été divisé par deux sauf pour les exploitations spécialisées « porcs » devenues deux fois plus nombreuses. Dans le même temps, le cheptel de ces exploitations a augmenté de 140 %.

Signalons enfin que les **systèmes d'élevage avec transhumance**, autrefois d'une très grande importance pour les ovins du sud de l'Europe tendent à disparaître. Ils étaient très significatifs pour la flore et la faune sauvage pour des raisons multiples : dispersion de graines à longue distance dans les déjections et surtout dans la toison des animaux, broutage des végétaux le long des voies de transhumance, fourniture d'alimentation aux rapaces charognards (ex. : vautour fauve, percnoptère qui se nourrissent sur les carcasses des cadavres laissés sur place, ou à défaut sur des charniers), action prédatrice des grands carnivores sur les troupeaux (ex. : loup) qui a conduit les éleveurs à défendre leur cheptel…

## C2• Les productions végétales liées à l'élevage

Les différents systèmes d'élevage exploitent des territoires beaucoup plus variés que les productions végétales puisqu'ils utilisent non seulement des terres arables, mais aussi des prairies naturelles, des taillis ou les ressources végétales de zones humides. La pression des pratiques agricoles sur les végétaux de ces milieux est excessivement variable, de même que leurs conséquences pour la faune sont extrêmement variées.

Toute réflexion – même rapide – à ce sujet, se doit de considérer le territoire et le paysage lui-même comme cadre de la réflexion et ne pas se limiter à des considérations sur le seul parcellaire[138]. Les parcours semi-naturels sont particulièrement importants pour le maintien de la biodiversité dans l'agriculture européenne. Leur dominante de flore naturelle herbacée parsemée d'éléments fixes représente un atout important pour préserver la diversité botanique[139], entraînant des opportunités pour la faune sauvage. Cette diversité végétale est d'autant plus nette que l'exploitation des pâtures est extensive et le parcellaire destiné à l'élevage intercalé avec des champs cultivés qui multiplient les effets de lisière (fig. 11).

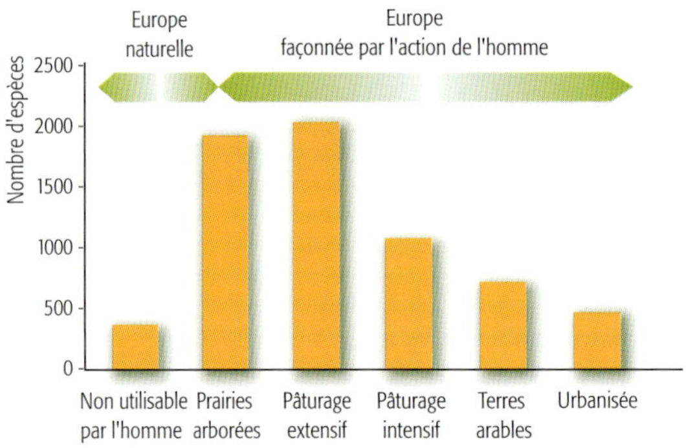


**Figure 11 :**
**Diversité végétale en Europe Centrale en relation avec les différents degrés d'emprise de l'homme (d'après Ozinga)**[139]

Avec l'intensification du pâturage, la diversité végétale tend progressivement à rapprocher son niveau de celui des champs cultivés. Cette orientation correspond à la fois à une proportion croissante de parcelles semées qui simplifie le couvert végétal du territoire, à une incidence plus grande du travail mécanique qui intervient fréquemment à des périodes où la faune y est très sensible et à une augmentation de la charge en bétail. En pareille situation, le déclin de la variété et de l'abondance des arthropodes* a été plusieurs fois clairement décrit (fig. 12), et les relations négatives observées sur

138 BAUDRY J., 2004. Dynamique de la biodiversité prairiale et dynamique des usages au niveau du paysage. *Fourrages*, 178, 207-216.
139 D'après OZINGA W., In SCHRIJVER R., OZINGA W. and DIEMONT H. Payments for pastoral landscapes of Europe. Multifunctional use of Polish peatlands. Ab Grootjans & Leslaw Woljeko Editors. (à paraître)

l'avifaune[140, 141] corrélées avec ces régressions. Des groupes d'insectes sensibles et très observés comme les lépidoptères semblent alors particulièrement exposés[142].

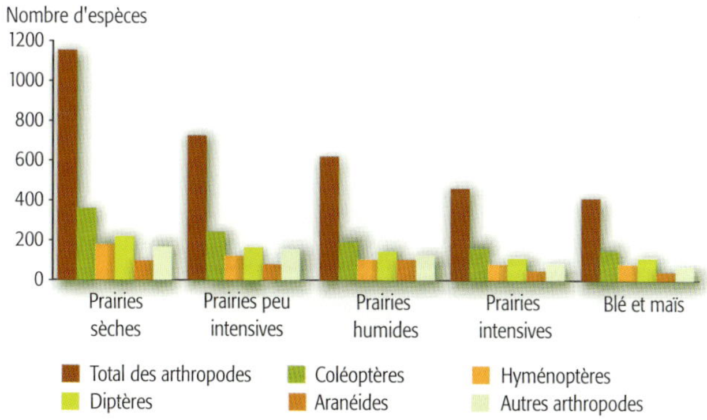


**Figure 12 :**
**Nombre d'espèces d'arthropodes• utilisant les terres agricoles en Suisse (d'après Duelli *et al.*, 1999)**[143]

Parmi les pratiques à interroger se trouve d'abord la précocité de fenaison. Elle est très antagoniste de l'avifaune, des arachnides• et des insectes qui dépendent des feuilles, tiges et inflorescences de la prairie. La fauche du regain qui remplace le pâturage, la fertilisation azotée, l'élevage laitier, sont régulièrement corrélés à des fauches plus précoces et donc indirectement associés à des indices d'avifaune plus faibles. Dans les prairies de plaine, le déprimage (pâturage au printemps) joue sur la dynamique du couvert herbacé et influence négativement l'abondance de l'avifaune.

La structure de l'herbe (hauteur et compacité) oppose les espèces associées à un couvert herbacé relativement court (alouette des champs, pipit farlouse, vanneau huppé, caille des blés, canard siffleur en milieu humide) à celles des herbages élevés et denses (bergeronnette printanière, bruant des roseaux, bruant proyer, courlis cendré, oies en milieu humide)[144].

Enfin, de fortes charges animales par hectare sont antagonistes de la faune sauvage. Selon le type de prairies et le potentiel agronomique des sols, ce seuil est variable, tout comme le seuil minimal de chargement qui peut lui aussi être défavorable à la faune sauvage par l'enfrichement et l'embroussaillement qu'il peut entraîner.

L'élevage est en général considéré comme extensif pour des valeurs inférieures à 1,4 unité de gros bovin (UGB) par hectare. C'était le seuil retenu dans le cadre des politiques agricoles et environnementales, nationales et européennes, d'encouragement à l'extensification (mesures antérieures au découplage de 2006). C'est aussi ce seuil qui est en général retenu dans le cadre des aides du second pilier de la PAC, du type prime à l'herbe et CTE herbager. Le seuil de 1,8 UGB à l'hectare a aussi été utilisé dans le cadre de la PAC, comme celui permettant d'avoir déjà un certain niveau d'aides d'encouragement à

140 ROBINSON R.A., WILSON J.D. and CRICK H.Q.P., 2001. The importance of arable habitat for farmland birds in grassland landscapes. *J. Applied Ecology*, 38, 1059-1069.

141 VICKERY J.A., TALLOWIN J.R., FEBER R.E., ASTERAKI E.J., ATKINSON P.W., FULLER R.J. and BROWN W.K., 2001. The management of lowland neutral grasslands in Britain: effects of agricultural practices on birds and their food resources. *J. Applied Ecology*, 38, 647-664.

142 OUIN A. and BUREL F., 2002. Influence of herbaceous elements on butterfly diversity in hedgerow agricultural landscapes. *Agriculture, Ecosystems and Environment*, 89, 261-266.

143 OCDE, 2001. Indicateurs environnementaux pour l'agriculture, vol.3, Méthodes et résultats. Citant DUELLI P., OBRIST M.K. and SCHMATZ D.R., 1999. Biodiversity evaluation in agricultural landscapes: above-ground insects. *Agriculture, Ecosystems and Environment*, 74, 33-64.

144 ONEPF, 2006. *Bulletin de liaison*, 5, 1-18 - ONCFS ; complété par observation de M. GUILLEMAIN. ONCFS (source : http://www.oncfs.gouv.fr/events/point_faune/habitat/bulletin_onepf_5_avril_2006_p5_18.pdf)

Institut de l'Élevage

La qualité d'une prairie pour la diversité biologique est proportionnelle à la variété des espèces de plantes et à la présence de refus. La charge à l'hectare influe sur les risques de destruction des couvées.

l'extensification. Les seuils de 0,4 à 0,7 UGB selon les potentiels pédo-climatiques sont par ailleurs souvent reconnus comme étant les seuils minima permettant un bon entretien de ces surfaces herbagères.

Les élevages d'herbivores font appel dans une proportion variable et à différentes fins aux trois types de prairies que décrit le SCEES[145]. Qu'elles soient prairies artificielles, temporaires ou naturelles, la biodiversité dans ces espaces prairiaux et leur existence même sont menacées dans deux situations précises et totalement opposées, à l'instar des cultures classiques : l'abandon des usages agricoles conduisant à la déprise, d'une part, et leur intensification, d'autre part.

## C2.1. *Les prairies temporaires et les cultures fourragères*

On considère comme **prairies temporaires** les couverts de graminées pures ou associées à des légumineuses, semés depuis moins de six ans. Elles représentent 20 % des surfaces en herbe productives. En 1998, elles couvraient 2 millions d'hectares localisés principalement en Pays-de-la-Loire, Bretagne, Midi-Pyrénées ainsi qu'en Auvergne, Poitou-Charentes et Limousin. Ces cultures sont de loin les prairies les plus fertilisées, soit en azote minéral, soit au moyen d'épandages organiques. Une large partie de ces surfaces reçoit périodiquement un apport de phosphore ou de potasse. Leur mode d'exploitation (fauche, pâture ou fauche puis pâture) est peu relié à la fertilisation qui leur est fournie[146].

SYNGENTA

La culture de trèfle incarnat est particulièrement bien utilisée par les différentes espèces de bourdons.

Les **prairies artificielles** sont semées en légumineuses pures ou en mélanges (trèfle, luzerne, sainfoin, lotier...). Exploitables sur une période de dix ans, elles le sont le plus souvent sur 3-4 ans. Elles ne représentent que 5 % des surfaces en herbe productives, très inégalement réparties sur le territoire national. On les trouve essentiellement en Champagne-Ardenne où elles sont consacrées à la luzerne déshydratée, et en Midi-Pyrénées, où elles produisent du foin ou de l'ensilage pour alimenter le bétail. Les légumineuses hébergent en général beaucoup plus d'insectes que les graminées. À l'opposé, le ray-grass apparaît comme particulièrement pauvre. Le port élevé de certaines plantes fourragères (luzerne, sainfoin...), leur semis en ligne, expliquent leur attractivité pour les oiseaux nichant au sol.

145 Agreste, 1999. Opus cité (cf. réf. 19).
146 Agreste, 1999. Opus cité (cf. réf. 19).

Prairies artificielles et temporaires rentrent sur l'exploitation dans une rotation longue. La présence de légumineuses dans leur composition en fait un excellent précédent pour le blé d'hiver.

## C2.2. *Les prairies permanentes*

Le SCEES considère comme prairies permanentes, soit des prairies naturelles, soit des prairies semées depuis au moins six ans. Ce sont les plus nombreuses puisqu'elles représentent 8,5 millions d'hectares en 1998, implantées dans l'ensemble du pays à l'exception de l'Île-de-France, des Landes et du pourtour méditerranéen. Leur présence est plus marquée en Normandie, Auvergne, Bourgogne, Rhône-Alpes, Midi-Pyrénées et Limousin.

Lors de leur ensemencement s'il y a lieu, leur composition initiale fait généralement appel à une association de graminées et de légumineuses (ex. ray-grass anglais + trèfle blanc). Les apports de fumure sont généralement limités, mais un désherbage est parfois réalisé à un stade précoce de la culture pour limiter la présence envahissante des rumex ou des fougères.

Une prairie permanente initialement semée peut durer une dizaine d'années si elle est bien gérée.

## C2.3. *Les prairies de montagne*

Cet espace prairial est à la fois exceptionnellement riche d'un point de vue botanique mais aussi particulièrement fragile. Sa flore est d'une grande diversité qui croît avec l'altitude jusqu'à des valeurs jamais atteintes en plaine. Malgré une courte période végétative, décroissante avec l'altitude, la prairie de montagne héberge un très grand nombre d'espèces animales, dont de nombreux lépidoptères, des pollinisateurs variés et une faune aviaire abondante et originale.

Une étude de l'ONCFS[147] montre que les prairies d'altitude sont davantage fertilisées, plus fréquemment ressemées et majoritairement incluses dans des systèmes de production laitière que les prairies de plaine. Leur diversité floristique tend à diminuer avec la pratique de fauches précoces. En revanche, la fertilisation azotée semble ne pas avoir d'influence négative sur cette diversité, contrairement à ce qui est observé pour les prairies de plaine.

## C2.4. *Les prairies humides*

Beaucoup de prairies humides ont été facilement drainées, et asséchées, pour être intensifiées ou le plus souvent cultivées après labour. Elles ont alors perdu une grande partie de leur valeur pour la biodiversité. Les prairies à proximité du siège de l'exploitation étaient autrefois généralement pâturées, les parcelles plus éloignées gérées comme des prés de fauche. Les déjections, surtout de bovins, et le piétinement créent dans les pâtures humides des micro-milieux favorables aux limicoles• qui se nourrissent de vers et de larves. Les prairies de fauche, en zone alluviale, sont altérées par une inondation hivernale qui se prolonge souvent en saison et retarde le développement du foin. Les techniques actuelles de fauche de ces prés humides mettent en danger les espèces aviaires qui nichent au sol (râle des genêts, courlis cendré, chevalier combattant, bruant proyer, caille des blés…). Pour protéger l'avifaune et la biodiversité (flore, insectes de type bousiers ou odonates•, batraciens,…), l'itinéraire de gestion idéal repose sur de l'élevage extensif avec des charges réduites d'animaux rustiques.

147 ONCFS, 2006. Opus cité (cf. réf. 144).

## Un exemple de gestion agro-environnementale des zones humides

### L'utilisation de races rustiques pour la gestion de zones humides dans la Somme

*En 2003, une expérience pilote de pâturage en zone humide avec des bovins était initiée sur les marais de Blangy-Tronville et la Réserve naturelle de Boves gérée par le Conservatoire des sites naturels de Picardie en partenariat avec un éleveur passionné. Étant donné qu'il n'existe plus de race picarde de bovins, il a fallu se tourner vers d'autres régions et le choix s'est finalement porté sur la race nantaise, considérée comme au bord de l'extinction. D'une bonne rusticité, elle sait tirer parti des contraintes des zones humides : faible portance des sols, humidité, pression parasitaire, herbages pauvres. Cette expérience a été poursuivie et développée avec l'exploitation du lycée agricole du Paraclet (80). Elle est en premier lieu motivée par la préservation de la biodiversité et des paysages des marais tourbeux et implique le respect de charges de pâturage et de périodes de mise à l'herbe adaptées à la sensibilité du milieu. Aujourd'hui au nombre de quinze, les animaux sont élevés en plein air intégral sur six marais de la vallée de la Somme à La Chaussée-Tirancourt, Belloy-sur-Somme, Blangy-Tronville et à Boves, dans la vallée de l'Avre. Les acteurs locaux (communes, chasseurs, propriétaires privés) s'impliquent également dans l'action, ce qui est essentiel pour la réussite du projet. Ainsi, en s'appuyant sur la connaissance acquise sur le terrain, les promoteurs de l'opération espèrent développer une reconquête par pâturage des zones humides du département en partenariat avec des éleveurs et leurs représentants. Enfin, cette action s'inscrit dans le cadre du projet d'établissement «en chemin vers l'agriculture durable » du lycée du Paraclet, ce qui oriente résolument cette démarche vers l'avenir.*

# D• Éléments de diversification du paysage agricole

Les zones non cultivées de l'exploitation sont composées d'éléments divers où l'on retrouve :

• les linéaires : haies, talus, coteaux – notamment coteaux calcaires – bandes enherbées, chemins, routes, fossés, cours d'eau, clôtures, murets de pierre… ;

• les éléments isolés : bosquets, arbres isolés, mares ou étangs, points d'eau, carrières d'extraction de pierre ou d'argile, rocher ou amoncellement de roches…

D'une manière générale, il a été souvent montré que, sur un territoire agricole, les zones non cultivées contribuent plus largement à la diversité animale que l'espace cultivé lui-même. Ces éléments sont en effet moins perturbés que les parcelles exploitées : pas de travaux du sol, pas ou peu d'interventions mécaniques, absence d'apports d'intrants sauf dérives.

Dans le Midi, les oiseaux utilisent à part relativement égale pour nicher les vignes et les milieux non cultivés. En Dordogne, 67 % des animaux utilisent les milieux incultes contre 33 % les milieux cultivés. En clair, jachères, haies, bandes enherbées, pelouses sèches, arbres, bosquets et mares ont un rôle prépondérant à jouer dans la sauvegarde et la restauration de la biodiversité dans l'espace agricole. La présence d'arbres, d'arbustes et, d'une manière plus générale, d'espèces pérennes, offre, dans un environnement régulièrement perturbé par le travail du sol et l'enlèvement des récoltes, des ressources nouvelles, des zones de quiétude et de stabilité qui favorisent alimentation, reproduction et gîte de nombreuses espèces, qu'elles vivent dans le sol ou au dessus du sol ; d'où un **intérêt écologique** certain. Le fait de favoriser les auxiliaires, de produire des ressources à exploiter, comme le bois de chauffage ou le bois d'œuvre, de freiner l'écoulement des eaux superficielles et l'érosion, de protéger les troupeaux du soleil, d'abriter contre le vent, de stocker du carbone, d'agencer un paysage souvent spécifique et remarquable, donne à ces éléments fixes un **intérêt agronomique, économique et environnemental**[148, 149].

Les linéaires, aussi bien naturels qu'artificiels, facilitent les déplacements de nombreuses espèces sauvages, contribuant ainsi à la colonisation de l'espace et au brassage génétique dont dépend la survie des espèces. Tous les dispositifs linéaires ont donc un rôle essentiel de « corridor biologique ». La connexion des éléments entre eux et la taille de la « maille bocagère » ont une très grande influence sur la biodiversité en influant notamment sur la diversité spécifique et sur le potentiel d'accueil des espèces[150]. Le rôle de « corridor » des linéaires est important quand on souhaite intensifier la prédation des campagnols par la belette, l'hermine, voire d'autres prédateurs. Pour la chasse, l'effet « corridor » n'est pas toujours favorable, parce qu'il augmente la prédation des petits carnivores sur le petit gibier.

Pour tout agriculteur conscient de l'importance d'une diversification de l'espace, il est très important de préserver les éléments fixes du paysage, de les entretenir, voire de les reconstituer dans les zones qui ont le plus pâti, notamment lors des aménagements fonciers.

## D1• Jachères

Autrefois partie intégrante des pratiques culturales en Europe, la jachère est encore très présente dans de nombreux pays. Du fait de l'évolution de la PAC, elle est redevenue d'actualité sous le vocable de gel des terres comme moyen d'ajustement de la production au marché.

Afin de limiter la production de céréales, oléagineux et protéagineux, la nouvelle PAC impose en effet à tous les agriculteurs qui veulent bénéficier des « aides directes », le gel d'une fraction de la surface cumulée de ces cultures, au delà d'un certain seuil de production (92 tonnes d'équivalent céréales). Le pourcentage de gel obligatoire varie de 5 à 15 % selon les années en fonction du marché. Actuellement, ce gel est conduit, soit pour l'année (rotationnel), soit de façon pluriannuelle et tend alors à être fixe. Cette dernière formule est celle qui présente le plus d'intérêt pour la biodiversité, en recréant dans l'espace agricole des éléments durablement non perturbés.

On distingue plusieurs types de jachères :

• La **jachère « nue »** et travaillée : après avoir été proposée au monde agricole, elle a été déconseillée afin de prévenir l'érosion, les pollutions et encourager la diversité botanique ; son intérêt est de ménager des bandes de terre nue qui permettent au printemps et début d'été aux animaux vivant au sol de se sécher après les pluies, et de se déplacer.

• La **jachère spontanée** : le sol est alors occupé par la flore spontanée et les repousses des cultures précédentes ce qui favorise les espèces granivores ; elle est globalement favorable à la biodiversité, mais les agriculteurs y voient l'inconvénient d'un salissement des parcelles. Leur nettoyage au moyen d'herbicides non persistants à large spectre ou la répétition de faux-semis sont souvent nécessaires avant reprise de la parcelle.

148 VIAUX P., 1999. Opus cité (cf. réf. 122).
149 CONSTANT P., 1976. Écologie des populations de rongeurs de Bretagne intérieure. *Bull. Écol.*, 7 (2), 169-188.
150 BUREL F. and BAUDRY J., 1998. Comparative biodiversity along a gradient of agricultural landscape. *Acta Oecologica*, 19 (1), 47-60.

• La **jachère semée** : généralement occupée par des couverts à base de graminées qui limitent la colonisation des adventices, l'érosion et le lessivage de l'azote. Sous cette forme, elle peut offrir des opportunités pour certains éléments de la macrofaune ou des arthropodes• comme les carabes ou les arachnides•, mais ne présente pas d'intérêt pour les insectes pollinisateurs. Dans les pays d'élevage, il est fréquent d'associer des légumineuses aux graminées en vue d'une pâture ultérieure. À la demande des organisations cynégétiques et sur leur proposition technique validée par Arvalis-Institut du végétal et les Chambres d'agriculture, un dispositif semé spécifique a été créé en faveur de la faune sauvage en 1992 : les **Surfaces gelées environnement et faune sauvage** (SGEFS). Elles peuvent prendre la forme de jachères « classiques » composées de graminées, de légumineuses, de crucifères… à partir de la liste des espèces autorisées pour un gel ordinaire. Implantés purs ou en mélange, ces couverts pérennes permettent au sol de conserver une bonne structure. Il peut s'agir aussi de jachères dites « adaptées », constituées d'une association de céréales, de protéagineux et d'autres espèces, obligatoirement en mélanges non récoltables pour rester conforme à l'esprit de la création du gel des terres : la limitation de la production. La luzerne est également autorisée, mais uniquement sous certaines conditions : les superficies sont plafonnées et elles ne doivent pas être situées à proximité d'une usine de déshydratation. La panoplie s'est enrichie avec les **jachères fleuries** dont l'objectif est d'embellir les abords de villages et les bords de route. Elles ont été très appréciées du public qui n'hésite pas à y pénétrer pour faire des bouquets. On leur a reproché d'être composées de mélanges d'espèces dont certaines étaient exotiques, et de risquer l'introduction de plantes envahissantes. Encore plus récemment, il a été mis au point des mélanges destinés à des **jachères apicoles** afin d'accroître les ressources alimentaires des butineuses pollinisatrices.

Dominique GEST (www.dgestim.com)

*La jachère fleurie, outre son aspect esthétique apprécié, favorise les pollinisateurs. Sa floraison a plus d'intérêt si elle se produit à des périodes où les cultures ne sont pas encore, ou plus, en fleurs.*

Il existe enfin une **jachère « industrielle »** qui correspond à la mise en place d'une culture pour laquelle un contrat doit garantir un usage industriel (colza diester, blé éthanol…). Leur valeur intrinsèque pour la biodiversité n'est pas distincte d'une culture classique de l'espèce donnée. Leur rémunération très supérieure à celle de la SGEFS a limité l'extension de cette dernière.

Le mode de répartition des jachères sur le territoire agricole présente un grand potentiel d'intérêt faunistique. Leur valeur pour la biodiversité est d'abord fonction de l'intérêt intrinsèque du ou des végétaux de couverture, mais aussi de la diversité que ce couvert peut représenter dans l'assolement. Par exemple, le fait d'introduire un certain pourcentage de surfaces en blé-éthanol dans un paysage de prairies et de maïs fourrage peut avoir des effets positifs. Ajouter ce même pourcentage de la SAU dans un secteur déjà dominé par le blé d'hiver panifiable aurait plutôt des inconvénients car contribuant à l'uniformisation botanique. Disposée en bandes de 10 à 20 mètres de large judicieusement implantées au sein de grandes parcelles de monoculture, la jachère offre à la faune des zones de tranquillité et de nourrissage. Elle joue aussi un rôle de bandes de ruptures qui contribuent simultanément à minimiser l'érosion, le ruissellement, à maintenir la qualité de l'eau… Accolée à une haie, un chemin ou une mare, la bande de jachère augmente l'intérêt biologique de cet élément fixe, bien mieux que l'implantation d'une parcelle unique de grande taille (> 2 ha) et de forme plutôt carrée. C'est l'effet de lisière donc des parcelles plutôt longues et étroites que l'on recherchera. Les bandes de jachères disposées de chaque côté d'une haie, constituent un périmètre de protection pour prévenir toute éventuelle dérive lors des traitements phytopharmaceutiques préjudiciables à la survie de l'entomofaune, particulièrement présente au sein de celle-ci. À noter enfin que le bénéfice des jachères, comme celui des autres éléments fixes, est conditionné par leur mode d'entretien. Mal conduite, l'application de la régulation réglementaire des montées à graine peut conduire à des broyages catastrophiques en période de reproduction.

Alain RODRIGUEZ (ACTA

*Si la jachère spontanée offre des opportunités pour diversifier la flore, elle favorise la mutiplication d'espèces telles que chardons,érigérons, chiendents... parfois difficiles à gérer.*

# D2• Linéaires naturels

Dans l'espace agricole, parmi les linéaires dits naturels, la haie et son ourlet ainsi que le bord herbeux des parcelles de culture sont les plus représentés et les mieux étudiés.

## D2.1. *Les haies*

Leur caractère naturel peut être contesté à différents titres et peu de haies peuvent se prévaloir d'être un reliquat de la forêt d'origine. Cependant, certains bocages de l'Ouest sont organisés autour d'un maillage de haies relictuelles de landes anciennes comme le montrent leur composition floristique et la toponymie locale des champs et des prairies. C'est le cas par exemple du bocage du pays yonnais en Vendée ou des plateaux nantais en Loire-Atlantique. La haie a eu aussi pour objectif de séparer les parcelles dans le cadre de successions. Très souvent, elle a été installée comme clôture pour délimiter les parcelles d'élevage et contenir le bétail, intervenant souvent en renfort de talus, de murs de pierre ou de fossés. Avec le temps, les haies épaisses très anciennes possédant des strates arborée, arbustive et herbacée sont devenues des milieux biologiques riches. Plus récentes, les haies brise-vent monospécifiques n'ont pas autant de valeur mais la replantation de plus en plus courante de haies composites reflète l'attrait que représentent leurs différentes fonctions pour des agriculteurs ou des aménageurs.

L'intérêt des différents types de haies a donné lieu à de nombreux travaux, tant en agronomie qu'en écologie, en histoire et même en socio-économie[151]. Leurs constats permettent de proposer des solutions à différents objectifs, qu'ils soient agricoles, cynégétiques ou simplement naturalistes. Au delà de la complexité de communication qui naît de la richesse de ces résultats, un des freins à l'action sur le terrain vient de la difficulté que peut avoir un cultivateur ou un éleveur à hiérarchiser ses attentes en ce qui concerne l'entretien, la restauration ou l'établissement d'une haie en rapport avec ses activités productives. Le statut administratif de la haie pose un vrai problème car l'espace qu'elle occupe est rattaché à la SAU.

151 SOLTNER D., 1991. L'arbre et la haie, pour la production agricole, pour l'équilibre biologique et le cadre de vie - 9e édition. *Coll. Sciences et techniques agricoles*, 207 p.

Éric MIDOUX (ONCFS)

*Pour réduire les effets négatifs de l'ombre sur les cultures, les haies sont régulièrement taillées.*

Un exemple : le territoire du Pays Bressuirais (Deux-Sèvres) représente une superficie de 804 $km^2$ dont 650 $km^2$ de SAU[152]. La longueur du linéaire des haies y est estimée à 8 000 km, soit 126 m par hectare. L'emprise des haies et des banquettes enherbées adjacentes occupe 4 à 6 % de la SAU, situation qui dénote la place importante du maillage bocager dans l'économie de cette région agricole. Or, lorsqu'on sait que l'agriculteur supporte sur cet espace des charges d'exploitation alors qu'il n'y génère aucune production agricole, on identifie là une des principales causes de leur arasement.

La haie a d'abord un intérêt pour la production agricole :

- protection contre le vent des cultures, des élevages et des bâtiments,
- confort des animaux en prairie,
- conservation des sols par réduction de l'érosion pluviale et éolienne,
- diminution des bruits et des odeurs,
- milieux de vie de nombreux auxiliaires des cultures,
- production de bois d'œuvre et de bois de chauffage,
- insertion des bâtiments agricoles dans le paysage.

La haie assure ensuite des fonctions environnementales qui profitent à la collectivité :
- elle qualifie un type de paysage dans le territoire, garant d'usages ludiques et touristiques,
- elle contribue à la lutte contre l'effet de serre avec stockage de carbone,
- elle facilite l'infiltration et le stockage de l'eau,
- elle constitue un puissant facteur de diversification des peuplements végétaux et animaux de l'exploitation et du territoire.

Au sein d'un paysage agricole ouvert, la présence de haies introduit généralement des éléments de diversité botanique caractéristiques. Par nature, ces groupes végétaux stratifiés entretiennent de nombreuses espèces d'arthropodes• originales, donnant naissance à des chaînes alimentaires beaucoup plus complexes que celles qui auraient pu s'établir en leur absence. Intégrées et connectées dans le paysage, les haies jouent en outre le rôle de corridors biologiques qui autorisent le déplacement des espèces animales et les échanges génétiques indispensables à leur maintien.

L'abondance des espèces vivantes est largement accrue par l'existence à la base de la haie d'un ourlet, zone herbeuse de quelques mètres de large située de part et d'autre de l'alignement qui multiplie sa valeur biologique en amplifiant ce que l'on appelle un **effet de lisière**[153]. De nombreuses espèces botaniques ombrophiles s'y installent, accompagnées d'un cortège considérable de petits animaux. Une gestion avisée de cet espace, pourtant réduit, a un intérêt considérable pour la biodiversité.

152 La haie bocagère est incluse dans la surface agricole utile de l'exploitation.
153 BERTRAND J., 2001. Agriculture et biodiversité - Un partenariat à valoriser. ONCFS - Educagri Éditions, 160 p.

Le talus sur lequel sont souvent implantées les haies a une importance considérable pour toutes les espèces qui creusent un terrier et celles qui ont un besoin vital de se réchauffer au soleil.

La multifonctionnalité de la haie a bien du mal à être reconnue et est rarement rémunérée à sa juste valeur pour l'agriculteur français.

Parmi quelques exemples d'intérêt agricole ou cynégétique :

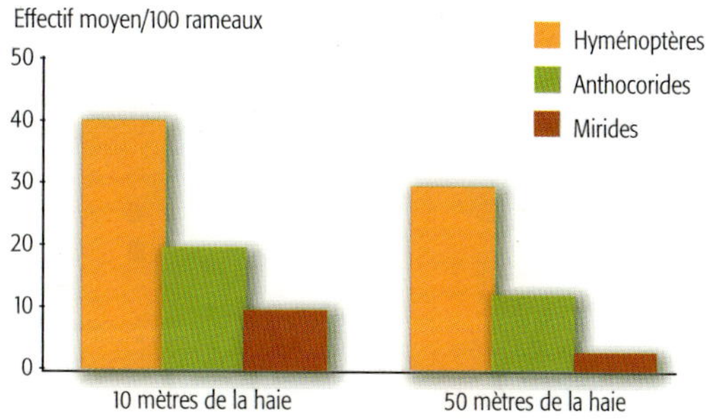


**Figure 13 :**
**Abondance relative de trois groupes d'insectes auxiliaires en verger de poirier par rapport à la distance du verger à la haie (Simon *et al.*, 1998)**[156]

En arboriculture fruitière, de nombreuses études ont été conduites afin d'améliorer grâce aux haies le pilotage des **arthropodes**• **auxiliaires** capables de limiter les phytophages• dans les vergers[154, 155]. L'évolution des populations, tant des ravageurs que des auxiliaires, est largement tributaire des formations végétales qui avoisinent les plantations fruitières et jouent un rôle d'abri naturel. L'optimisation de leur composition végétale permet le maintien et la survie en conditions hivernales des entomophages utiles, offrant aux prédateurs un complément de nourriture lorsque le nombre des proies diminue. Les haies peuvent ainsi contribuer à la pérennité d'un cortège d'auxiliaires possédant une grande diversité. Ces effets ont été bien étudiés en France par l'INRA et l'ACTA en ce qui concerne un ravageur important, le psylle du poirier. Il reste cependant beaucoup à apprendre sur les possibilités d'utilisation des linéaires pour la régulation des ravageurs des cultures.

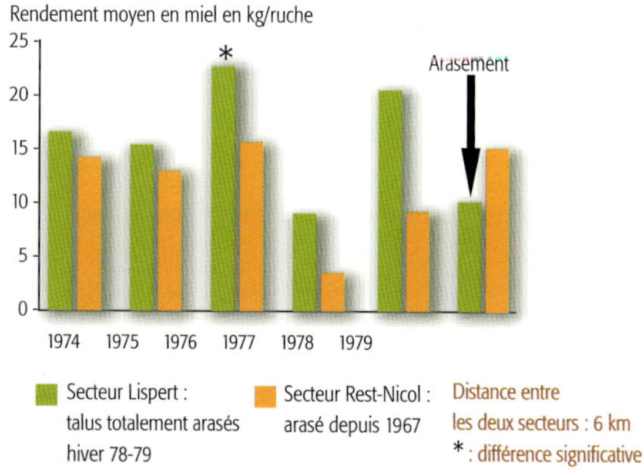


**Figure 14 :**
**Influence des haies sur les arthropodes• pollinisateurs. Cas de modifications du paysage en zone bocagère (Morbihan) sur l'activité de l'abeille domestique (Brunel *et al.*, 1980)**[157]

D'autres arthropodes•, comme les **insectes pollinisateurs** tirent de grands avantages de la haie. La composition botanique de cet espace donne le plus souvent des floraisons échelonnées capables de fournir pollens diversifiés, nectar et miellat sur une période de temps appréciable. Au printemps, les rosacées ligneuses (prunellier, aubépine, merisier…) à floraison précoce sont très visitées par les abeilles, à une époque où les réserves de la ruche sont au plus bas. De même, la floraison du lierre à l'automne constitue une ressource essentielle avant l'hiver. L'équilibre d'un rucher peut donc parfois dépendre des ressources d'une haie dont la suppression a des répercussions directes sur la production de miel[157].

154 BAUDRY O., BOURGERY C., GUYOT G. et RIEUX R., 2000. Opus cité (cf. réf. 117).

155 DEBRAS J.-F., COUSIN M. et RIEUX R., 2000. Choix des espèces pouvant former une haie composite. *Phytoma-La défense des végétaux*, n°529, 34-36.

156 SIMON S., DEFRANCE H., RIEUX R. et REBOULET J.-N., 1998. Les bandes boisées, réservoirs d'arthropodes : incidence sur la protection des cultures. *Gibier Faune Sauvage - Game Wildlife*, 15 (Hors série tome 1), 33-42.

157 BRUNEL E., LEFEUVRE J.-Cl., MISSONNIER J., ROBERT Y. et TREHEN P., 1980. La faune du bocage (6). Incidence de l'arasement des talus boisés. Conséquences agricoles. *Bulletin Technique d'Information*, 353-355.

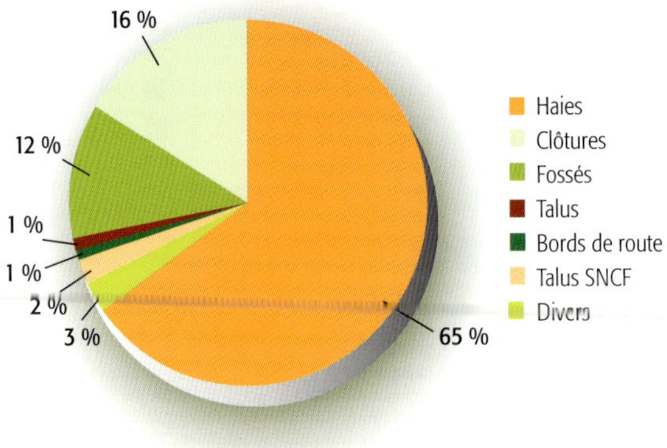


**Figure 15 :**
**Sites de nidification préférentiels choisis par la perdrix rouge - Cas des linéaires de l'Ouest de la France (Aubineau *et al.*, 1998)**[159]

On connaît de mieux en mieux l'incidence remarquable de la haie sur l'avifaune, d'autant qu'elle prend place dans des zones qui en sont peu pourvues[158]. Une espèce gibier aussi observée que la perdrix rouge est très fortement dépendante des linéaires et des haies en particulier. Dans le Centre-Ouest de la France, des études de l'ONCFS montrent que l'espèce implante ses nids à 32 % dans des prairies ou des jachères mais à 56 % dans des linéaires (fig. 15). Les linéaires choisis sont à 65 % des haies, à 16 % des lignes de clôture, à 12 % des fossés…

D'une façon générale, les haies servent d'abri, de site de nourrissage et de nidification à une multitude d'espèces. À l'exemple du lapin, qui exploite la strate herbacée et creuse des terriers dans le talus s'il y en a ; la tourterelle des bois, qui apprécie les arbustes de la famille des rosacées et notamment les épineux comme le prunellier, l'aubépine ; des pigeons ramiers, qui se nourrissent des graines de lierre, des glands et nichent dans les grands arbres à lierre[160] ; des turdidés* (merle, grives), qui apprécient les baies d'aubépine, églantier, prunellier, merisier, alisier… ; des pics, chouettes, chauve-souris, genette, fouine… qui utilisent les arbres et notamment les cavités des arbres têtards ; des corvidés ou des rapaces, qui occupent plus volontiers le sommet des arbres comme zone d'observation ou de nidification[161].

La haie est très riche en diverses espèces d'araignées et en insectes, dont une partie est identique à la guilde (ensemble des espèces) des insectes forestiers. Les arbres têtards, éléments remarquables des bocages du Centre-Ouest, constituent des habitats d'espèces d'intérêt patrimonial. Un travail d'inventaire réalisé[162] en 2006 par l'ONCFS en collaboration avec l'OPIE Poitou-Charentes confirme la haute valeur patrimoniale de l'arbre têtard. Le chêne pédonculé abrite les coléoptères de grande taille (le grand capricorne, *Cerambyx cerdo* et le lucane cerf-volant, *Lucanus cervus*) ; autre coléoptère, *Rosalia alpina* recherche le frêne commun et la survie du célèbre pique prune, *Osmoderma eremita* est liée à la conservation des châtaigniers têtards bien représentés. Parmi ces quatre espèces, trois sont inscrites à l'annexe 1 de la convention de Berne et une à l'annexe 3 ; les quatre sont inscrites à l'annexe 2 de la directive « Habitats » et trois à l'annexe 4 de cette même directive. Cette étude confirme l'intérêt des haies bocagères et de leurs composantes comme éléments remarquables de notre patrimoine.

La **zone bocagère** a fait l'objet d'un nombre considérable d'études spécifiques qui montrent, non pas la grande originalité de sa flore, mais la diversité et l'importance numérique des espèces animales qu'elle

158 SERRE D., HAVET P., REITZ F., FLOQUET M., MANGIN E. et DOUBLET M., 2002. La mesure de l'impact sur les oiseaux - Un exemple en Beauce d'Eure-et-Loir. *Faune sauvage*, n°256, 62-66

159 AUBINEAU J., BOUTIN J.-M. et MARCHANDEAU S., 1998. Gestion coordonnée de la faune sauvage et des bocages. *Gibier Faune Sauvage - Game Wildlife*, 15 (Hors série tome 3), 951-960.

160 AUBINEAU J., BOUTIN J.-M. et GUIOT O., 1998. Le régime alimentaire du pigeon ramier dans l'Ouest de la France. Actes du Colloque de Bordeaux, 17-18 décembre 1998. *Bulletin de l'ONCFS*, 253, 54-59.

161 AUBINEAU J., ERAUD C., BOUTIN J.-M., CHIL J.-L., TESSON I. et GABORIAU C., 1999. Écologie trophique du merle noir (*Turdus merula*) et de la grive musicienne (*Turdus philomelos*) dans les bocages de l'Ouest de la France en automne-hiver. International Union of Game Biologists, XXIVth Congress, Proceedings, 330-331.

162 AUBINEAU M., 2007. Recherche d'indices de présence de coléoptères saproxyliques sur les têtards du bocage deux-sèvrien et de la Gâtine. Rapport Licence Évolution des Organismes et des Communautés, Université de Poitiers, 34 p.

abrite. La structure de la végétation étagée des linéaires, son imbrication avec des cultures, la diversité des microclimats ainsi créés favorisent la richesse des peuplements, bien remarquée de longue date pour les oiseaux par les ornithologues. La connexion des éléments fixes du paysage qu'autorise le bocage est un des éléments-clés pour la faune sauvage. Une haie isolée fonctionne en effet comme une île dont la population s'appauvrit peu à peu et ce, d'autant qu'elle est plus éloignée d'autres zones sources d'espèces[163]. Les études réalisées par l'ONCFS sur le lapin de garenne montrent l'impact de la fragmentation sur l'efficacité de la circulation des virus. La rupture du maillage bocager a pour effet d'isoler des groupes familiaux de lapins, ce qui a pour conséquence de limiter la diffusion des virus et de perturber le statut immunitaire de l'espèce.

Éric MIDOUX (ONCFS)

*La valeur biologique des haies est fonction de leur complexité. Les haies à trois strates, arborée, arbustive, herbacée, sont les plus riches en espèces. La connexion entre haies et boisements conditionne positivement l'abondance des espèces forestières.*

On a vu pourquoi la gestion régulière de la haie est essentielle, au moins aussi importante que sa conservation ou sa restauration. Mais l'agriculteur doit assurer des charges d'entretien et de restauration d'éléments qui ne contribuent que très faiblement au revenu monétaire de l'exploitation. C'est pourquoi, compte tenu des aménités positives pour la société, les pouvoirs publics doivent contribuer financièrement à leur entretien, et ne pas se contenter de programmes spectaculaires de restauration ou de recréation.

Jacky AUBINEAU (ONCFS)

Rosalia alpina, *espèce rare et menacée, justifie le classement de certains sites en Natura 2000.*

Ce sont dans les régions de bocage que les travaux sur la gestion optimale de la haie sont les plus avancés. Dans le seul département des Deux-Sèvres, la création vers 1992 de plans de gestion des haies et des mares (PGHM) a permis de créer au travers de 350 plans, réalisés sur 142 communes soit sur 29 409 hectares, près de 4 500 km de haies contractualisées[164]. Pour le seul pays Bressuirais, depuis 2000, 8,1 % des exploitations ont souscrit un plan de gestion des haies soit 131 contrats (dont 57 financés dans le cadre des CTE et 74 dans le cadre des CAD) et 13,5 % de la SAU du pays pour 1 500 km de haies ayant fait l'objet d'une expertise et pour lesquelles des mesures de gestion prenant en compte les exigences de la faune sauvage ont été engagées. Le coût global de l'élaboration d'un PGHM varie de 50 à 100 euros TTC, diagnostic inclus. L'aide publique accordée pour cela est financée à un taux de 40 %, avec un plafond de 400 euros.

163 BAUDRY O., BOURGERY C., GUYOT G. et RIEUX R., 2000. Opus cité (cf. réf. 117).

164 BESSIERE C., 2002. Synthèse des modalités de gestion des milieux bocagers et amélioration des capacités d'accueil pour la faune sauvage. Colloque « Journées d'études européennes sur les bocages », Cerizay (79), 16-17 octobre 2002, 70-72.

## D2.2. La bordure herbeuse des parcelles cultivées

La bordure des champs cultivés a longtemps été considérée en agriculture comme une « zone grise »[165]. Cet espace de largeur variable qui sépare la zone cultivée perturbée par le labour de la culture voisine ou d'un obstacle constitué est utilisée comme bande séparative entre les exploitations, tournière ou zone de circulation occasionnelle. Vécue dans tous les cas comme un espace non productif ou une source de plantes adventices des cultures (ex. brome, vulpin, chardon…), elle a été largement victime des remembrements et amplement réduite dans son emprise en cinq décennies.

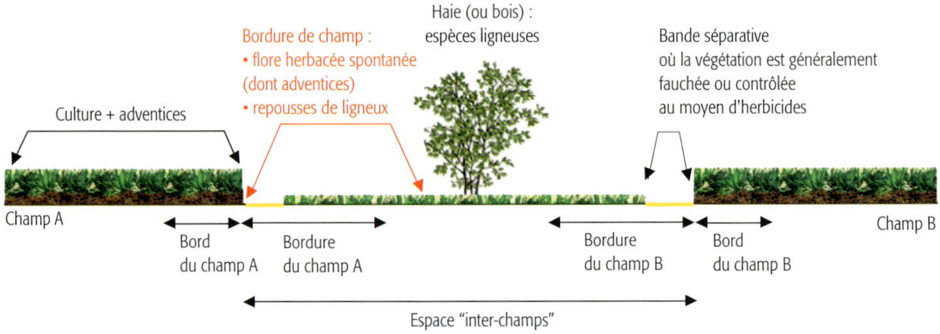


**Figure 16 :**
**Physionomie de l'espace « inter-champs » séparant deux parcelles cultivées adjacentes (d'après Ythier)[166]**

On convient d'appeler « bord de champ », la frange extérieure de la parcelle cultivée, et « bordure du champ », l'espace périphérique d'une largeur variable entourant ladite parcelle cultivée. Bordure et bord de champ constituent l'interface entre la culture et un élément fixe (chemin, haie, fossé,…) ou entre deux champs. En raison de l'effet lisière bien connu en écologie, ces espaces abritent une plus grande diversité biologique que les éléments qu'ils séparent.

Mounir MOULAY

*Créer une bande enherbée de 5 mètres de large le long des cours d'eau et à des emplacements stratégiques pour contrer le ruissellement est une obligation réglementaire de la conditionnalité des aides.*

Les caractéristiques des bordures traditionnelles seront rappelées lorsque nous aborderons les bandes enherbées. Mais il faut insister au passage sur deux avantages très particuliers que possède ce type d'espace. D'abord, ils ont un rôle irremplaçable de **conservatoire botanique**. Confrontées à des parcelles rectifiées, agrandies et régulièrement désherbées, beaucoup de plantes devenues rarissimes et menacées d'extinction dans les zones cultivées comme certaines messicoles• y trouvent un ultime refuge[167]. Ils peuvent

165 BERNARD J.-L., GRANVAL P. et PASQUET G., 1998. Les bords de champs cultivés. Pour une approche cohérente des attentes cynégétiques, agronomiques et environnementales. *Courrier de l'Environnement*, 34, 21-32.

166 YTHIER E., 2002. Conservation des auxiliaires utiles à une lutte raisonnée contre les pucerons de la betterave par la connaissance et la gestion de la flore spontanée des bordures de parcelles. Mémoire DESS Gestion, Contrôle et Conservation des Populations d'Insectes, Université de Tours, 40 p.

167 JAUZEIN P., 2001. Opus cité (cf. réf. 31).

également fonctionner comme **réserve pour certains organismes participant à la vie des sols**, zone à partir de laquelle une reconquête du centre des parcelles est possible si la pression anthropique diminue. Cela a été bien observé pour les coléoptères carabidés ou les vers de terre. À l'exemple du sondage réalisé en 1997 au Domaine des Baillis dans le Loiret[168] où on trouvait 1 728 kg par ha de lombriciens dans la bordure enherbée non travaillée, 1 195 kg par ha dans les cultures pérennes de choux adjacentes, mais 50 kg par ha seulement dans la parcelle voisine régulièrement travaillée.

Éric MIDOUX (ONCFS)

*La phacélie occupe rapidement le sol et contrôle le développement des adventices. Elle attire beaucoup d'abeilles et autres pollinisateurs.*

Une attention particulière doit être accordée aux pointes qui subsistent en limite des champs à géométrie irrégulière. Ces emplacements exigus sont moins perturbés que les terrains adjacents. Convenablement enherbés et respectés, ils peuvent jouer le même rôle que les bordures anciennes.

### D2.3. *Les coteaux calcaires*

Les coteaux calcaires, occupés par des pelouses, menacés par l'enfrichement suite à l'abandon des pratiques d'élevage dans des exploitations quasi uniquement orientées sur des grandes cultures, sont d'une grande richesse pour la biodiversité, tant au plan floristique (nombreuses orchidées…) que faunistique. S'ils peuvent être classés dans la famille des « linéaires », leur surface en fait des milieux à part entière, quasi autonomes, objet fréquent de programmes agri-environnementaux, visant à en garantir la gestion permanente.

## D3• Linéaires artificiels

Dans un paysage de campagne, on range classiquement au rang de linéaires artificiels les chemins, les routes, les clôtures, les fossés… Certaines lignes électriques et l'emprise des pylônes qui les supportent peuvent aussi être englobés dans cette catégorie.

À côté des différents types de bandes enherbées, le dispositif original du beetle-bank• peut aussi figurer. Cette pratique mise au point en Angleterre consiste à établir de façon temporaire des dispositifs enherbés à l'intérieur des parcelles, sous la forme d'un bourrelet de terre réalisé par deux passages inversés de socs de charrue (ou plus). Ce bourrelet est disposé selon une ligne créée au centre d'une parcelle par exemple parallèlement au plus grand côté. Il peut être volontairement enherbé de dactyle, de houlque… ou laissé à la flore naturelle. Ce pli de terre facilite le développement des carabidés qui vivent dans et en surface du sol. Ils sont considérés comme des auxiliaires dans la lutte contre certains ravageurs des cultures, limaces notamment.

168 PASQUET G., GRANVAL P. et BERNARD J.-L., 1997. Gestion agro-environnementale et cynégétique des bords de champ : l'expérience du domaine des Baillis. XXIIIrd Congress International Union of Game Biologists, Lyon. *Gibier et Faune sauvage - Game and wildlife*, 15 (Hors série tome 1), 131-144.

## D3.1. *Voies de circulation*

Les chemins et les routes parcourant la campagne ne sont pas sans influencer la biodiversité. Ils représentent à la fois un risque non négligeable pour la faune (mortalité par collision : lièvres, insectes, batraciens, hérissons,…), des opportunités de nidification ou de ressources alimentaires sur les bordures enherbées, et enfin, une zone par laquelle débute très souvent l'enrichissement botanique des parcelles travaillées.

Il existe des méthodes pour limiter les dégâts de la circulation sur des espèces qui en sont souvent les victimes, comme les batraciens ou les lagomorphes• (lièvres, lapins…). Ce seront soit des aménagements lourds, lorsqu'il y a croisement entre une route et un axe de déplacement migratoire des batraciens pour la reproduction (crapauduc), soit des procédés d'entretien des accotements. Pour ces derniers, il est toujours possible localement de passer des conventions avec les services de l'Équipement ou avec les mairies.

L'entretien du bord des voies est un poste qui requiert beaucoup d'attention, d'autant plus que le milieu est simplifié. Les animaux qui y trouvent refuge le font souvent en l'absence d'un milieu plus favorable. Les modalités d'entretien les plus ordinaires (broyage mécanique) peuvent avoir un fort impact si elles sont réalisées trop tôt, trop fréquemment ou trop complètement. Tout entretien excessif élimine aussi la floraison de beaucoup d'espèces à fleurs qui sont importantes durant l'été pour assurer l'alimentation des pollinisateurs[169]. Le concept de gestion différenciée est tout à fait recommandé sur les bords de voie. L'élaboration de cahiers des charges, à l'intention des entreprises de travaux, peut aider les gestionnaires à mieux prendre en considération la biodiversité.

Par ailleurs, à la ville comme dans les campagnes, l'introduction de plantes nouvelles est chose ordinaire[170]. Fréquentes autour des ports et des zones de stockage, elles sont dispersées par les transports[171] le long des axes routiers et ferroviaires. Ces espèces dites allochtones• concurrencent les plantes spontanées ou cultivées. Peu soumises à la pression d'ennemis naturels dans le milieu nouvellement conquis, certaines deviennent envahissantes. C'est le cas extrême de l'ambroisie que l'on cherche à contenir, voire à éradiquer, en raison des forts risques d'allergie qu'elle occasionne sur la population dans les zones envahies.

## D3.2. *Clôtures*

Dans beaucoup de nos régions, les lignes de clôture constituent un élément ordinaire du paysage. Elles ont parfois remplacé au fil du temps d'anciennes haies végétales mais – malgré leur faible emprise horizontale – elles fixent et hébergent parfois des populations animales. Leur valeur comme zone de diversité botanique ou entomologique est directement conditionnée par leur situation, la largeur de leur emprise et la manière dont elles sont conduites. Cependant, en allégeant l'entretien de ces linéaires on peut obtenir à terme un boisement spontané d'arbustifs, et même d'arbres, consécutif à la diffusion de graines par l'avifaune et certains mammifères.

Les clôtures métalliques de grande longueur et à petite maille peuvent présenter des inconvénients en « canalisant » le déplacement des mammifères. Il arrive aussi que les chevreuils entremêlent leurs bois dans des barbelés distendus dont ils demeurent prisonniers.

169 BERNARD J.-L., GRATADOU P., PINDON G., RODRIGUEZ A., TISSEUR M. et DECOURTYE A., 2006. Jachères et MAE : Pour une gestion favorable à l'entomofaune pollinisatrice. *Phytoma-La défense des végétaux*, 590, 10-16.
170 JOLY P., 2000. Invasions biologiques : état de l'art. *Revue d'Écologie*, suppl. 7, 21-35.
171 JAUZEIN P., 2001. Opus cité (cf. réf. 31).

Le long des pâtures, les clôtures électriques n'ont d'intérêt pour la faune que lorsqu'elles empêchent les troupeaux d'aller brouter l'ourlet ou le pied des haies, refuge de nombreuses espèces. Le pied de la clôture devant être entretenu pour éviter la mise à la masse, il convient donc de l'implanter si possible sur une bande de terre nue, ce qui facilite l'entretien. Un entretien trop fréquent, près de l'ourlet et du pied de haie, en période de couvaison des perdrix rouges, entraîne des destructions ou des abandons de nids.

Dominique GEST (www.dgestim.com)

*Chevreuil se faufilant sous une clôture.*

## D3.3. *Talus et fossés*

Talus et fossés ont en commun de bénéficier d'une flore caractéristique généralement très différente de celle qui occupe les champs cultivés voisins. Ils représentent ainsi des biotopes particuliers au sein de l'espace cultivé avec d'importants effets de lisière.

De par sa surélévation, le **talus** héberge nombre de rongeurs et se révèle particulièrement intéressant pour le lapin de garenne qui peut y installer des terriers en milieu sec. Ce qu'il fait aussi dans les berges du fossé. Cet espace est également propice au faisan.

Dans les terroirs où un assainissement à grande échelle a été conduit au moyen de **fossés** à ciel ouvert, les parcelles voient dans un premier temps se développer une végétation de type steppique qui est favorable à tout un cortège d'espèces dont l'œdicnème criard est l'une des plus visibles et des plus représentatives. Dans ces paysages, les fossés regroupent à terme l'essentiel de la diversité botanique. Collectant les eaux superficielles, ils représentent des niches écologiques pour les batraciens, parfois les reptiles, et constituent fréquemment un itinéraire indispensable à la migration des amphibiens[172].

D'une façon générale, la colonisation progressive des talus ou des berges de fossés par une végétation de buissons et de jeunes arbres, fait qu'ils rejoignent à terme la structure d'une haie. Une telle évolution est propice à des espèces animales variées qui y trouvent à certaines époques des conditions dont l'intérêt croît ou décroît au fil des années (ex. végétation primaire herbacée propice à la nidification de l'alouette, puis végétation buissonnante favorable à la fauvette à tête noire, au rouge-gorge, à l'accenteur mouchet, à la grive…).

## D3.4. *Bandes enherbées*

En France, la notion de « bande enherbée » a pris son essor vers 1988 lorsqu'il s'est agi de proposer une parade à l'évasion des nitrates à partir des zones d'épandage du lisier ou de parcelles dont le reliquat de fumure azotée pouvait contribuer à la contamination des eaux de surface. Depuis lors, de nombreux travaux, en particulier ceux du CORPEN[173], ont clarifié les possibilités et les avantages de ces dispositifs vis-à-vis des fertilisants et des substances phytopharmaceutiques.

172 MONFORT D., 2002. Opus cité (cf. réf. 44).
173 CORPEN = Comité d'orientation pour des pratiques agricoles respectueuses de l'environnement.

Cette conception de la bande enherbée étroitement liée à la maîtrise des contaminations de l'eau n'a pas été propice pendant longtemps à la faune sauvage :
• d'une part, les recommandations classiques pour constituer leur couvert privilégiaient l'ensemencement de graminées, en fait du ray-grass anglais pur pour l'essentiel ;
• d'autre part, leurs modalités de gestion orientaient quasi systématiquement l'agriculteur vers le broyage mécanique avant grenaison, rejoignant ainsi les inconvénients observés sur l'espace jachères ;
• leurs critères de dimensionnement et de distribution dans l'espace, ne prenaient pas vraiment en compte les besoins de la faune sauvage, notamment en termes de connexions.

Des textes réglementaires récents sont de nature à faire évoluer le problème en rendant obligatoire la protection des bords de cours d'eau et en étendant même la largeur protégée pour tenir compte de phénomènes spécifiques de dérive. L'extension d'un tel maillage de bandes herbeuses dans les campagnes pourrait représenter très vite des effets de lisière considérables sur une longueur de linéaires supérieure à 500 000 km !

Ce dispositif peut avoir beaucoup d'effets bénéfiques sous certaines conditions :
• sa pérennité offre des opportunités pour la diversification botanique, diversification issue d'un enrichissement naturel du semis initial ;
• divers groupes d'arthropodes• en tirent parti, évolution que l'agriculteur devrait tenter de piloter à son profit en accordant plus d'attention à la flore initiale. Un simple bord de champ ou une tournière[174] sont potentiellement des sources d'auxiliaires (fig. 17). Bien pilotée, une bande enherbée peut à la fois produire des insectes indifférents aux cultures et héberger des auxiliaires actifs, comme cela a été indiqué pour le contrôle des pucerons les plus nuisibles à la culture de la betterave[175] ;
• en créant des effets lisières, en offrant de nouvelles zones d'abri et d'alimentation, les bandes enherbées favorisent la reproduction de nombreux animaux. Ainsi la perdrix grise tire parti des bandes de fétuque élevée et de dactyle en bordures de parcelles. Avec le temps, les mélanges de ce type où des associations initiales de dactyle et de luzerne se développent en touffes, deviennent plus circulants, riches en insectes et propices à l'installation de nids ;
• pour améliorer les qualités du gagnage• des lagomorphes•, favoriser les déplacements et autres activités sociales, des bandes enherbées peuvent être gérées en pelouse rase. Cet itinéraire très spécifique doit être étudié au cas par cas en fonction des besoins locaux.

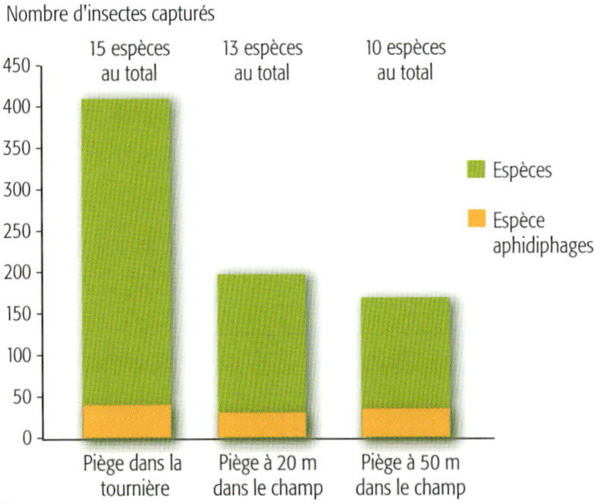


**Figure 17 :**
**Effet des tournières enherbées sur la diversité et l'abondance des *Syrphidae*. État des captures dans la tournière, à 20 m et 50 m à l'intérieur du champ de betteraves adjacent (Francis *et al.*, 2005)[174]**

174 FRANCIS F., FADEUR G. et HAUBRUGE E., 2005. Effet des tournières enherbées sur les populations de syrphes en grandes cultures. *Notes fauniques de Gembloux*, 56, 7-10.
175 YTHIER E. et BERNARD J.-L, 2003. Flore des bordures, pucerons et auxiliaires en culture betteravière. *Phytoma-La défense des végétaux*, n° 556, 12-16.

À noter que les effets combinés de la haie et de la bordure enherbée apparaissent manifestes sitôt qu'il s'agit de vérifier leur incidence positive sur la présence des carabidés dans des milieux ouverts (Beauce)[176].

### D3.5. *Les murets en pierre sèche*

Les siècles ont donné à l'homme l'occasion d'édifier des milliers de kilomètres de murets, pour délimiter les parcelles, contenir les troupeaux ou pour retenir la terre des pentes (terrasses, « restanques » méridionales). Les pierres retirées de la parcelle étaient utilisées pour créer les murets dans sa périphérie, voire pour édifier des constructions comme les bories.

On trouve de tels murets dans de nombreuses régions françaises où la pierre affleure : par exemple, en zone calcaire sur les Causses ou dans le sud-est, sur les terrains primaires en Bretagne, dans les Vosges, les Maures ou le Limousin. Les murets peuvent être appareillés selon des techniques sophistiquées, qui jouent sur les formes de la pierre et sont plus épais à la base qu'au sommet. On dit qu'ils ont du « fruit ». Mais ce sont parfois de simples amoncellements de pierres, sans ordonnancement particulier. C'est le cas dans le Cotentin.
Souvent en ruine aujourd'hui, faute d'entretien, ces constructions offrent aux plantes et aux animaux des supports et des abris. Elles constituent un milieu très riche en biodiversité : lichens et mousses nombreuses, plantes xérophytes*, reptiles comme les couleuvres et les lézards verts, micro-mammifères comme la musaraigne, escargots, hyménoptères comme la guêpe maçonne... La température, l'humidité, la capacité thermique des roches, le type de muret et son exposition par rapport au soleil créent des conditions de vie très précises.

Ce patrimoine fait aujourd'hui l'objet de nombreux programmes de protection.

### D3.6. *L'emprise d'installations électriques*

Les surfaces sous pylônes électriques, si elles ne sont pas travaillées, peuvent offrir des abris et favoriser la biodiversité. La végétation doit y être entretenue tous les deux à trois ans. L'implantation d'une strate arbustive basse diversifiée est souvent profitable à la faune en offrant du couvert et des ressources alimentaires pour l'avifaune et l'entomofaune, les pollinisateurs en particulier.

En milieu agricole, EDF ne demande pas une gestion particulière pour la bande de terrain à l'aplomb des lignes électriques. Par contre, elle est spécialement gérée dans la traversée des espaces forestiers. Les chasseurs contribuent souvent à y entretenir une végétation rase avec des prairies ou des cultures appétentes pour le grand gibier ou le faisan par exemple. La végétation ligneuse arbustive y est parfois maintenue, mais régulièrement recépée.

## D4• Éléments isolés

Les bosquets, les arbres isolés, les mares enclavées dans des zones labourées, les amas de pierres ou les pelouses sèches... sont des éléments isolés particulièrement sensibles aux opérations de restructuration de l'espace rural. En dépit de leur apparente insignifiance ou de la gêne qu'ils représentent pour l'activité productive, ils possèdent des fonctions souvent très importantes au regard de l'écologie, de l'hydraulique, voire de l'économie de l'exploitation.

176 FOURNIER E., LOREAU M. et HAVET P., 1998. Effects of new agricultural management practices on the structure and diversity of ground-beetles communities. *Gibier Faune Sauvage - Game Wildlife*, 15 (Hors série tome 1), 33-42.

Malgré leur apparence, les **bosquets** constituent des espaces très menacés et de valeur très inégale pour la biodiversité. Bien souvent, ils ne sont qu'un élément relictuel résultant des taillis qui ont succédé à la forêt soumise aux grandes opérations d'essartage du XVIe au XVIIIe siècle. Un bosquet isolé dans la plaine, sans connexion avec des fossés ou des bandes d'herbe voit régulièrement sa faune sauvage s'appauvrir. Restaurer un tel réseau est une opération de nature à accroître le nombre d'espèces animales qui le fréquentent. Ils servent d'abri-refuge (ex. lièvre ou chevreuil), de reproduction au sol (faisan) ou dans les arbres (colombidés, corvidés), de dortoir pour les corvidés et les turdidés*, de zone de vie pour le lapin. L'implantation en bordure de bosquets de jachères environnement et faune sauvage et/ou de bandes enherbées peut faire de l'îlot boisé un refuge de biodiversité favorable au développement du gibier, qui augmente la valeur cynégétique du territoire. Si les boisements épars sont reliés par des haies, ou à défaut par des bandes enherbées, leur richesse en espèces sauvages sera accrue.

Les **arbres isolés** jouent un rôle important dans les milieux ouverts, par leur nature botanique et le nombre de chaînes alimentaires auxquelles ils donnent naissance. Beaucoup d'espèces animales les utilisent comme repères pour délimiter leur territoire. Ils servent aussi de relais pour les oiseaux en déplacement, de perchoir, de poste de chant, et de site de nidification pour les rapaces. Ensuite, ils sont à l'origine de ressources alimentaires très particulières par rapport aux champs cultivés alentour ; ainsi, les châtaigniers ou les chênes isolés sont visités à l'automne pour leurs fruits par une faune très variée. Ces ligneux hébergent beaucoup d'arthropodes* et sont eux-mêmes la cible de ravageurs actifs (ex. larves de coléoptères). Des oiseaux insectivores discrets prospectent leurs écorces, comme la sittelle torchepot ou les grimpereaux qui y trouvent leur provende. Même mort, un arbre isolé conserve une grande valeur d'habitat. Les troncs creux abritent souvent des rapaces nocturnes, des pics, des huppes fasciées, des chauves-souris, des mésanges… et un grand nombre d'insectes qui occupent le dessous des écorces, les trous, et vivent souvent sur la matière organique.

Les **amas de pierres** constitués au fil du temps en bordure des parcelles par les agriculteurs ont aussi un intérêt. Généralement hospitaliers pour les rongeurs, ils le sont aussi pour des reptiles comme la couleuvre et le lézard des murailles. Certains insectes comme des coccinelles ou la punaise *Callocoris apterus* y trouvent un abri hivernal parfaitement adapté à leurs besoins.

Au sein des zones cultivées, il existe fréquemment des **espaces isolés**, non labourables et non labourés, qui présentent une biodiversité particulière, voire remarquable. Citons le seul exemple des pelouses sèches que l'on rencontre sur les coteaux calcaires. Elles hébergent une flore et une faune très riches bien distinctes des zones cultivées voisines : à l'exemple des prairies à orchidées sur craie et des insectes très spécifiques qui les pollinisent.

Dans l'exploitation traditionnelle, le **verger** occupait une place importante. Près de l'exploitation, cet espace enherbé était utilisé par les troupeaux d'herbivores surtout, mais aussi par les porcs. Il était planté en différentes espèces fruitières (pommier, poirier, prunier, mirabellier, cerisier, noyer…) qui participaient de l'économie de suffisance ou d'une volonté de faire valoir la qualité de productions du terroir. Lorsqu'ils subsistent, de tels vergers sont très utilisés par des espèces comme la chouette chevêche, les martres ou les fouines. En cas de vague de froid, les grands turdidés* comme le merle noir, la grive litorne, la grive musicienne profitent des fruits abandonnés sous les arbres.

**L'agroforesterie** d'aujourd'hui combine des productions d'arbres pour le bois d'œuvre et des cultures de rente, notamment des céréales, cultivées le plus souvent de façon assez extensive. Les arbres sont plantés en lignes, pour permettre le travail mécanique sur les cultures. L'intérêt des « dehesas » méditerranéens est bien connu pour les espèces-gibier, la culture extensive des céréales et les poches d'espaces non cultivés ayant fortement favorisé la perdrix rouge. C'est un mode de gestion favorisant très nettement la biodiversité.

## D5 • Les petites zones humides de l'exploitation

De nombreuses exploitations agricoles possèdent de petites zones humides qui présentent une très grande valeur pour la biodiversité : mares, prairies humides, sources, étangs et marais. Elles sont essentielles à la vie des batraciens. Appréciées des reptiles (ex. couleuvre à collier, couleuvre vipérine), elles constituent aussi des habitats spécifiques pour des oiseaux d'eau nicheurs ou hivernants : anatidés• (ex. diverses espèces de canards, colverts, souchets, milouins, chipeaux), ralidés• (ex. poules d'eau, foulques), limicoles• (ex. bécassines, barges, courlis…), ardéidés• (ex. hérons cendrés ou pourprés), laridés • (ex. mouette rieuse, guifettes). Elles sont occupées par de nombreuses espèces de mammifères : musaraigne aquatique, putois, rat musqué, ragondin…

Leur valeur est accrue par le fait qu'elles sont de plus en plus rares à l'échelle de la France, et que certaines espèces végétales et animales, qui y sont attachées, sont menacées de disparition. C'est le cas pour les odonates• et de nombreuses espèces de lépidoptères diurnes et nocturnes.

Malgré leur valeur aujourd'hui internationalement reconnue pour l'eau et la diversité, elles sont menacées par le comblement, l'assèchement, la mise en culture et les risques de pollution diffuse occasionnée par la fertilisation et les traitements phytopharmaceutiques. Ces zones souvent temporaires doivent donc être préservées et gérées avec un très grand soin. L'élaboration des schémas d'aménagement et de gestion des eaux (SAGE) permet d'engager des inventaires et de réaliser une typologie de ces zones.

Les **mares** situées en zone agricole représentent de véritables îlots de biodiversité. En dépit d'assèchements temporaires fréquents, elles autorisent le maintien d'une végétation particulière qui représente une source d'habitats diversifiés. Cet assèchement temporaire est parfois souhaitable car il provoque la destruction des poissons introduits involontairement par l'homme et les oiseaux. Les mares sont d'une importance fondamentale pour la classe des Amphibiens[177], faune particulièrement vulnérable qui regroupe

Jean-Louis BERNARD (SYNGENTA)

*Parfois isolées les mares se situent souvent aux franges des parcelles, à proximité des haies ou des boisements.*

177 MONFORT D., 2002. Opus cité (cf. réf. 44).

Dominique GEST (www.dgestim.com)

*Les batraciens sont favorisés par la connectivité des milieux aquatiques mais payent un lourd tribut lors des déplacements nécessaires pour leur reproduction.*

sous nos climats un nombre limité d'espèces : grenouilles, crapauds, rainettes, tritons, salamandres. Toutes sont fortement tributaires de la température extérieure, respirent par des branchies sous forme larvaire et en grande partie par la peau pour les adultes. Leur peau nue est en contact direct avec le milieu et donc avec toutes ses agressions. Pour accueillir des batraciens, une mare doit être ensoleillée, avoir des berges en pente douce, ne pas contenir de poissons qui dévorent les œufs et les larves des amphibiens et receler une eau qui ne soit pas troublée de manière durable par le piétinement du bétail, ses déjections, ou souillée par des produits chimiques. La présence d'un maillage de haies à proximité des mares favorise la phase de développement terrestre des amphibiens. La faible amplitude et la lenteur de ce déplacement posent la question de l'indispensable échange entre populations qui est conditionné par la distance entre mares. La suppression de la plupart d'entre elles et le grand éloignement relatif de celles qui subsistent dans les plaines agricoles remembrées, y a fait disparaître les amphibiens. Par contre, on les a vus réapparaître dans des secteurs où la création de lacs collinaires destinés à l'irrigation a reconstitué un réseau.

Moins visibles que des mares, de simples **points d'eau** peuvent avoir une importance biologique considérable pour l'abreuvement, voire la nidification (ex. hirondelles, guêpes maçonnes….). Cela se vérifie même en zone bocagère fermée et relativement humide. L'ONCFS[178] a trouvé une relation significative entre la densité des colombidés nicheurs et la présence de points d'eau.

Un **étang** a d'autant plus d'intérêt pour la faune sauvage qu'il est grand, qu'il a des berges en pente douce (inférieure à 5 %), qu'il a une profondeur moyenne de l'ordre de 1 à 2 m, qu'il est ceinturé d'une couronne de végétation (phragmites/roseaux, typhas, massettes, scirpes, joncs…) et que la « queue de l'étang » est riche de végétation. La présence de petits îlots améliore sa qualité, puisque l'îlot est partiellement protégé de la prédation des mammifères. La végétation ligneuse ou semi-ligneuse de bordure et dans la queue des étangs doit être maîtrisée pour éviter d'envahir et étouffer le plan d'eau. C'est pourquoi les faucardages sont utiles, à condition de préserver de larges plages de roselières pour les espèces qui leur sont inféodées comme les butors. Les oiseaux utilisent pour nicher différents milieux dans l'étang lui-même, dans la ceinture d'hélophytes• ou sur des radeaux de végétation flottante ; mais nombre de canards, les chipeaux par exemple, nichent dans les prairies qui bordent l'étang. C'est pourquoi la productivité d'un étang en canard va dépendre des pratiques d'exploitation de la végétation dans ces prairies ; l'ensilage est catastrophique, le pâturage beaucoup moins. Faire patûrer la bordure d'étang comportant des roselières est favorable à la nidification de la sarcelle d'été.

178 AUBINEAU J. et BOUTIN J.-M., 1998. Opus cité (cf. réf. 54).

## L'expérience et le témoignage de Damien Venot

### *Agriculteur et chasseur*

*Agé de 44 ans, la chasse a fait de moi un agriculteur. En effet, malgré des diplômes agricoles, j'ai tenté plusieurs expériences professionnelles ailleurs. Mais ma passion pour la nature, initiée par de mémorables chasses aux perdreaux «des années 76» était trop forte, et je suis revenu à l'agriculture.*

*En 1993, mon père arrivant à la retraite, je saisis l'opportunité de reprendre l'exploitation familiale : 120 ha en petite beauce du Loir-et-Cher, au paysage de vastes plaines ouvertes, pour assouvir ma passion de «naturaliste». Mon premier comptage de 1995 démontre l'urgence de réagir ; il faut rapidement mettre les moyens nécessaires et agir sur les points suivants :*

- *agrainage : apporter aux perdrix ce qu'elles ne trouvent plus dans les champs. C'est ainsi que 40, puis 60, bientôt 80 et enfin 120 agrainoirs ont été mis en place et fonctionnent d'octobre à mai ;*
- *piégeage : après avoir passé mon brevet de piégeur, la mise en place de différents types de pièges permet de contenir les effectifs d'espèces nuisibles (liste des espèces autorisées par arrêté préfectoral). Les prises annuelles moyennes sont de 5 renards, 5 fouines et 20 belettes ;*
- *aménagement : la partie la plus complexe. Avec l'accord du propriétaire, grâce aux aides du FGER (fonds de gestion de l'espace rural), des collectivités territoriales, de la Fédération des chasseurs, de l'ONCFS, 4 ha de haies et bosquets ont été plantés ; des garennes artificielles et une mare ont été créées ; 1,5 ha de jachères environnement et faune sauvage mis en place. Sur la partie cultivée, j'ai divisé le parcellaire pour augmenter les effets de lisières, endroits où sont d'ailleurs situés les agrainoirs ;*
- *gestion des populations : les espèces ont été gérées espèce par espèce, en fonction, pour celles qui dépendent de la météo, des résultats des comptages de printemps et des échantillonnages d'été pour estimer la réussite de la reproduction.*

*Les résultats sont prometteurs et ne se font pas attendre.*

**Données sur l'évolution des effectifs reproducteurs**

| Année | 1995 | 1996 | 1997 | 1998 | 1999 | 2000 | 2001 | 2002 | 2003 | 2004 | 2005 | 2006 |
|---|---|---|---|---|---|---|---|---|---|---|---|---|
| Lièvres (nombre total) | 8 | 12 | 19 | 25 | 26 | 30 | 28 | 35 | 40 | 55 | 70 | 90 |
| Perdrix (nombre de couples/100 ha) | 8 | 16 | 20 | 28 | 32 | 40 | 38 | 42 | 42 | 44 | 45 | 60 |

**Données sur l'évolution des tableaux de chasse**

| Année | 1995 | 2000 | 2001 | 2002 | 2003 | 2004 | 2005 |
|---|---|---|---|---|---|---|---|
| Lièvres | 9 | 18 | 40 | 33 | 30 | 34 | 61 |
| Perdrix | 8 | 18 | 28 | 31 | 14 | 22 | 29 |
| Lapins | | 38 | 8 | 12 | 16 | 21 | 61 |
| Faisans | | 13 | 8 | 21 | 34 | 19 | 25 |
| Pigeons | | 2 | 1 | 7 | 11 | 24 | 12 |
| Grives | | 28 | 35 | 26 | 21 | 49 | 51 |
| Canards | | 1 | 5 | | 1 | 1 | |
| Chevreuils (C) | | | | | | 1 | 1 |
| **TOTAL** | **17** | **118** | **125** | **130** | **127** | **170 + 1C** | **239 + 1C** |

...→

*On observe après cette phase d'aménagement, de gestion, et de lâcher de faisans et de lapins, que le tableau de chasse s'est bien diversifié : faisans, lapins, grives, chevreuils. C'est le fruit en premier lieu des aménagements mis en place. Les prélèvements toutes espèces confondues restent significatifs d'une année sur l'autre car les conditions météorologiques sont rarement mauvaises pour toutes les espèces en même temps.*

*En dix ans, le paysage sur l'exploitation a bien changé. Il est ainsi très aisé pour moi de parler agriculture, faune sauvage, chasse et d'expliquer ma façon de voir le métier d'agriculteur.*

*Quels enseignements tirer de cette expérience ?*

*Je constate des résultats globalement très positifs, mais je suis un peu amer, car mon expérience, et celles d'autres aussi, ne font pas tâche d'huile. Mes voisins ne font que peu d'aménagements et ont refusé le projet de groupement d'intérêt cynégétique (GIC) faisan que je leur ai proposé pour conforter les résultats positifs que j'avais obtenus. Mon territoire reste une oasis au milieu du désert, considéré comme un projet porté à bout de bras par un illuminé, sans aucune garantie de résultat.*

*Pour faire plus d'émules, c'est sur le terrain réglementaire que nous devrions peut-être mener notre réflexion. Les aménagements consomment un espace soustrait à la production. Personnellement, j'évalue à 4 000 euros par an le manque à gagner lié au fait que ces espaces ne sont pas comptés dans le calcul des primes PAC. On devrait prendre en compte ces divers aménagements dans le calcul des références. Les surfaces de haies pourraient être soustraites de l'obligation de «gel», ou considérées complètement dans les jachères ce qui est loin d'être le cas général. Nos décideurs sauront-ils mettre en place de telles mesures simples et de bon sens ; la chasse est partie intégrante de notre espace rural et faunistique ; ne perdons pas ces valeurs.*

## E• Pour une approche dynamique du territoire agricole et de la biodiversité

À la lumière de ce qui précède, nous voyons bien que le devenir de la biodiversité sur une exploitation agricole dépend de très nombreux éléments :
- de la situation biogéographique,
- de la diversité des modes d'occupation du sol,
- du maillage des milieux non perturbés par le labour,
- de la présence de zones humides,
- du nombre des espèces cultivées ou élevées,
- du maillage et de l'état d'entretien des éléments fixes du paysage,
- du degré de mécanisation et d'intensification des pratiques, etc.

Si l'on joint à ces éléments la tendance lourde liée aux aspirations des exploitants en termes de moindre pénibilité, de temps de travail, de rémunération… et aux exigences des structures d'aval, on comprend sans peine pourquoi des systèmes très spécialisés sur un petit nombre de cultures ou totalement herbagers ont tendance à se développer alors que les systèmes mixtes régressent.
À une époque où la conditionnalité du versement des aides financières à l'agriculture ouvre la porte à la biodiversité, il semble important de promouvoir cette notion incontournable qu'est la nécessité de gérer l'ensemble du territoire de l'exploitation et non pas le seul parcellaire. Cette approche véritablement

globale est un moyen privilégié – et peut être le seul moyen – qui peut rendre compatible dans les mêmes lieux la poursuite d'une agriculture productive et le maintien de la diversité végétale et animale.

Certains spécialistes ont mis en avant le fait qu'une désintensification en grandes cultures n'est plus un non-sens économique et qu'il y aurait un intérêt financier certain à innover pour infléchir les pratiques les plus intensives. Philippe Viaux[179] de son côté, prêche pour la mixité des systèmes de production, mixité qui peut d'ailleurs s'envisager au niveau d'une petite région avec l'intégration d'unités spécialisées diversifiées. Cette mixité permettrait une meilleure gestion environnementale des déjections animales, une valorisation accrue des sous-produits, et enfin assurerait les conditions d'un véritable entretien de l'espace rural et des paysages au profit de la collectivité. Un tel rééquilibrage ne peut être que favorable à la faune sauvage mais sous-entend le maintien dans les campagnes d'une main-d'œuvre suffisante pour entretenir et réaliser les aménagements, suivre la faune sauvage dans son ensemble et organiser en cas de besoin la régulation des prédateurs.

La balance entre paysage et biodiversité, activité agricole et faune sauvage, est l'affaire de tous les utilisateurs du milieu rural : qu'ils soient agriculteurs, chasseurs ou simples particuliers bénéficiaires de l'espace.

Bien des démarches sont ainsi entreprises à titre individuel, dictées par la passion de la chasse, la curiosité naturaliste ou la simple préoccupation citoyenne de ceux qui vivent près des milieux naturels et qui se soucient de leur qualité. Ces démarches sont parfois couronnées de succès mais force est de constater que les résultats les plus spectaculaires et les plus durables sont souvent le fait d'une action groupée. Ces initiatives marquées par le rassemblement de volontés positives sont les plus à même de mobiliser des fonds publics ou les moyens financiers d'entreprises mécènes.

Dans les situations les plus complexes ou les projets d'envergure, la voie réglementaire est parfois la solution pour encadrer une nécessaire évolution.

Dans tous les cas, chaque projet passe obligatoirement par un état des lieux, phase d'examen incontournable qui conduit à une évaluation des efforts humains et financiers qu'il faudra mobiliser pour mener à son terme l'opération envisagée.

## E1• Le diagnostic d'exploitation : un préalable incontournable

Avant d'aborder les unes après les autres quelques méthodes de diagnostic et d'évaluation, rappelons que les milieux agricoles ont développé de nombreux programmes destinés à juger de la prise en compte de l'environnement dans la gestion de l'exploitation, point qui relève aujourd'hui de la démarche du développement durable. Ce sont par exemple les démarches de FARRE, de Quali'Terre, de Dialecte… Pour ces organisations, il s'agit de rentrer dans une dynamique de progrès, impliquant les agriculteurs (d'où l'importance accordée aux auto-diagnostics) pour les amener à modifier d'eux-mêmes leurs pratiques, étape par étape. Des démarches plus formelles d'évaluation ont été faites en Autriche (méthode des « écopoints » mesurant la performance écologique). Quelques indications seront données sur la méthode utilisée en Suisse.

179 VIAUX P., 1995. Opus cité (cf. réf. 126).

L'évaluation peut être rattachée à un processus de certification, ou de labellisation. Dans ce cas l'exploitation peut être retenue ou non. La norme ISO 14001 relève de cette catégorie, de même que la certification officielle « AB » ou « Agriculture raisonnée ». Ce processus fait appel à des référentiels officiels.

Parmi les méthodes d'évaluation les plus complètes et les mieux acceptées par les agriculteurs, on citera la méthode IDEA (voir E1.2.) qui permet d'évaluer la durabilité de l'exploitation. Mais comme beaucoup d'autres méthodes, elle n'accorde encore qu'un poids très faible à la dimension biodiversité et paysage. Parce que l'on ne sait pas encore très bien faire.

Au sein du Farming and wildlife advisory group (FWAG), les Anglais ont mis au point avec « Landwise » une méthode d'expertise sur la biodiversité, dont on s'est un peu inspiré en France.

Dans notre pays, les travaux sur la biodiversité ont été menés à différentes échelles. Tout d'abord celle de la région, avec une méthode mise au point par l'INRA de Colmar pour tenter de définir la valeur cynégétique d'un territoire de chasse communal qui couvre plusieurs exploitations agricoles. La question intéressante posée par la FDC du Bas-Rhin était : peut-on évaluer la valeur d'une chasse au petit gibier dans une région régie par le système de l'adjudication ?

Dominique GEST (www.dgestim.com)

*Le bruant jaune* (Emberiza citrirella) *cherche sa nourriture au sol et niche dans les petits buissons. Fréquent en milieu rural, il est sensible à la conduite des cultures et à l'organisation du parcellaire.*

Que ce soit en Picardie ou dans la région Centre, les Chambres d'agriculture, avec ou sans le concours de l'ONCFS ont cherché à bâtir une méthode de diagnostic de territoire ; dans le but d'aider les agriculteurs à élaborer un projet susceptible d'être retenu au titre des CTE d'abord puis des CAD.

Finalement, on constate qu'il n'y a en place que peu de systèmes simples d'évaluation de la valeur de la biodiversité pour une exploitation donnée.

## Les oiseaux indicateurs de biodiversité : un exemple concret dans le Midi

*Tout gestionnaire ne vise pas la même biodiversité sur son territoire. L'objectif biodiversité choisi doit résulter d'une démarche partagée avec les partenaires qu'il faut associer. Tout n'est pas possible partout, et reste dépendant des situations physiques et historiques, des possibilités d'intervention (ex. : existence de pentes impossibles à entretenir mécaniquement), des équipements disponibles (ex. : absence de tracteurs puissants capable d'actionner un broyeur de pierres), de la présence ou non d'élevage (ex. : pas de moutons dans la commune), du budget et du temps disponible...*

...→

*Comme ce qui manque souvent, ce sont aussi des données sur la valeur indicatrice des espèces sauvages, il est intéressant d'étudier ce point. Dans une approche concrète pour évaluer l'impact sur la biodiversité des modes de gestion de l'espace en zone méditerranéenne, Françoise Ponce-Boutin (ONCFS) et son équipe ont adopté le raisonnement suivant : considérer la valeur patrimoniale des passereaux à la fois au niveau de l'Europe et au niveau de la région méditerranéenne.*

*D'après ces critères, quatre classes ont été établies. Pour chaque espèce, a été retenue la valeur patrimoniale la plus élevée dans la hiérarchie.*

**Liste des espèces nicheuses contactées**

*Classe 1*
*Pie-grièche méridionale* (Lanius meridionalis)
*Monticole bleu* (Monticola solitarius)
*Traquet oreillard* (Oenanthe hispanica)

*Classe 2*
*Pipit rousseline* (Anthus campestris)
*Bruant ortolan* (Emberiza hortulana)
*Cochevis huppé* (Galerida cristata)
*Pie-grièche écorcheur* (Lanius collurio)
*Pie-grièche à tête rousse* (Lanius senator)
*Moineau soulcie* (Petronia petronia)
*Fauvette orphée* (Sylvia hortensis)

*Classe 3*
*Alouette des champs* (Alauda arvensis)
*Tarier pâtre* (Saxicola torquata)

*Classe 4*
*Bruant fou* (Emberiza cia)
*Bruant jaune* (Emberiza citrinella)
*Alouette lulu* (Lullula arborea)
*Monticole de roche* (Monticola saxatilis)
*Moineau friquet* (Passer montanus)
*Fauvette pitchou* (Sylvia undata)

*Classe 1 : espèces appartenant à la liste rouge dans Rocamora et Yeatman-Berthelot*[180] *;*

*Classe 2 : espèces appartenant à la liste rouge des oiseaux de Provence (CEEP, 1992)*[181] *ou du Languedoc-Roussillon (Prodon et Rufray)*[182] *;*

*Classe 3 : espèces inscrites sur la liste orange de Rocamora et Yeatman-Berthelot ;*

*Classe 4 : espèces à surveiller selon Rocamora et Yeatman-Berthelot.*

*À ces espèces a été ajoutée la perdrix rouge* (Alectoris rufa)*, ceci pour plusieurs raisons. Tout d'abord, elle était le but premier de l'engagement de l'ONCFS dans ce programme ainsi que de nombre de ses partenaires, d'une part en tant qu'espèce de petit gibier, d'autre part en tant que proie potentielle de l'aigle de Bonelli entre autres. Ensuite, elle fait partie des espèces en diminution dans nos régions et jugées vulnérables. Enfin, méthodologiquement, c'est une espèce qui répond à des aménagements de la taille de ceux pratiqués et elle est détectable également au printemps par son chant*[183]*.*

*La réglementation environnementale pèse sur les choix. La protection des nappes phréatiques va pousser à privilégier des plantes fourragères au détriment du maïs. Les objectifs en termes de biodiversité dans les périmètres Natura 2000 auront besoin pour être atteints de pratiques de gestion adaptées.*

180 ROCAMORA G. et YEATMAN-BERTHELOT D. 1999. Oiseaux menacés et à surveiller en France. Sociétés d'études ornithologiques de France/Ligue pour la protection des oiseaux, Paris, 560 p.

181 Conservatoire études des écosystemes de Provence, 1992. Liste rouge des oiseaux nicheurs dans la région Provence-Alpes-Côtes d'Azur. *Faune de Provence* (CEEP), 13, 5-13.

182 PRODON R. et RUFRAY X., 2001. À propos de la liste rouge des oiseaux nicheurs du Languedoc-Roussillon. *Meridionalis*, 2, 7-18.

183 PONCE F., LE BRUN T., MATHON J.-F., MOUTARDE C., CORDA E. et KMIEC L., 2003. Opus cité (cf. réf. 130).

## E1.1. *La norme ISO 14 001*

La norme ISO 14 001 est la plus utilisée parmi la série des normes ISO 14 000 qui concernent le management environnemental. Elles ont été créées par l'Organisation internationale de normalisation, désignée sous son sigle d'origine ISO (International organization for standardization), sigle qui est systématiquement repris dans la dénomination des normes.

Une organisation peut faire certifier son système de management environnemental suivant cette norme par des organismes tiers accrédités comme, par exemple, l'Association française pour l'assurance de la qualité (AFAQ).

En termes de normalisation, il y a deux types d'approche :

• l'approche « produit » que l'on abordera par la création d'un label par exemple,

• l'approche « processus » comme pour les normes ISO 14 000 qui représentent une famille de « normes génériques de système de management ». De telles normes ont vocation à pouvoir être appliquées à toute organisation, quelle que soit sa taille, son produit, dans tout secteur d'activité et que l'organisme soit une entreprise commerciale, une administration publique ou un département gouvernemental.

Un nombre croissant d'exploitations agricoles s'intéressent actuellement à la norme ISO 14 001 et entrent de plus en plus souvent dans un tel processus.

## E1.2. *La méthode IDEA*

Diffusée depuis 2000, cette méthode[184] a été conçue par un panel d'experts sous l'impulsion de la Direction générale de l'enseignement et de la recherche du ministère de l'Agriculture et de la Pêche (DGER) et de la Bergerie nationale de Rambouillet. Elle a pour objet de mesurer la durabilité du système d'une exploitation agricole.

Les différentes composantes évaluées sont regroupées dans trois échelles de durabilité d'un poids équivalent : échelle agro-écologique, socio-territoriale et économique. Quarante-et-un indicateurs ont été définis pour chiffrer, dans chacune des échelles, les forces et les faiblesses du système de production et identifier des voies d'amélioration vers plus de durabilité. Les itinéraires techniques (assolement, rotation, fertilisation…) et les pratiques sociales, territoriales et économiques de la production sont ainsi évalués par des points ou unités de durabilité. Un seul indicateur ne permet pas de juger de la durabilité. C'est la totalité qui est intéressante.

Onze critères sont retenus pour la composante de l'échelle agro-écologique : diversité animale (2 items), diversité des cultures annuelles et temporaires (3 items), diversité des cultures pérennes (4 items), valorisation des races régionales ou menacées (2 items). Pour la composante organisation de l'espace de l'échelle de durabilité agro-écologique, plusieurs critères se croisent entre objectifs de protection de l'eau, de la biodiversité, des sols, etc. On retrouve par exemple des indicateurs sur la variété dans l'assolement, la dimension des parcelles, la régulation écologique, estimée au travers de la surface consacrée à cette régulation en pourcentage de la SAU (zones de compensation écologique, bandes enherbées) et à des fonctions spécifiques (JEFS…), la présence de points d'eau et de zones humides, la volonté de protéger le patrimoine naturel, et donc d'entrer dans la dynamique des mesures en faveur de la biodiversité (MAE, CTE, CAD…). Les valeurs accordées sur chacun des critères sont pondérées. Ce qui est intéressant pour

184 VILAIN L., 2003. La méthode IDEA. Guide d'utilisation. Educagri Éditions, 152 p.

un agriculteur, c'est de suivre l'évolution interannuelle des résultats. Le calcul permet aussi des comparaisons entre exploitations de même group, et de mettre le doigt sur les faiblesses du système d'une exploitation qui appellent à progresser.
La méthode n'a pas été mise en place pour mesurer l'état de la relation entre d'une part, système et pratiques de l'exploitation, et biodiversité, d'autre part. Mais la biodiversité n'est pas ignorée, même si, de l'avis même des concepteurs de la méthode, elle n'est pas aussi bien travaillée que d'autres aspects. Dans les objectifs sous-jacents qui concernent le propos de l'ouvrage, on note la volonté de « protéger et gérer la biodiversité » et d'avoir « une gestion économe des ressources naturelles renouvelables ».

### E1.3. *Quali'Terre*

Les chambres d'agriculture et leurs partenaires, conseils généraux, coopératives, syndicats ont lancé un ambitieux programme de qualification des exploitations agricoles selon le concept national Quali'Terre repris par six départements de la région Centre.

Il s'agit de permettre à un maximum d'exploitations de garantir la qualité de leurs entreprises et de leurs pratiques selon une méthode simple et crédible, inspirée des normes ISO 9 000 et 14 001 mais adaptée à l'agriculture.

Quali'Terre est un référentiel de type transversal qui concerne l'ensemble de l'exploitation agricole et non pas la qualité intrinsèque du produit. Il se veut complémentaire des démarches produits (AOC, label...) et des démarches qualités mises en place dans les filières.

### E1.4. *FARRE*

Le Forum de l'agriculture raisonnée respectueuse de l'environnement (FARRE) a été créé en 1993 pour faire connaître et promouvoir l'agriculture raisonnée. Cette structure ouverte aux organisations, entreprises et personnes physiques est un forum interprofessionnel au sein duquel chacun peut poser ses questions, proposer des réponses et partager des expériences. L'association compte aujourd'hui plus de 1 000 membres, issus d'horizons divers : organismes du monde agro-alimentaire, environnemental, de la santé humaine et animale, entreprises de l'amont et de l'aval de l'agriculture et bien sûr des agriculteurs. Dans les départements et régions de France, des comités ou des associations FARRE se constituent et mettent en place des réseaux de fermes de rencontre.

Pour contribuer à la protection de l'environnement et au développement durable en agriculture, FARRE a mis au point une démarche qui repose sur un dispositif de qualification des exploitations. Cette qualification est basée sur le respect d'un référentiel de l'agriculture raisonnée, qui comporte actuellement 98 points d'engagement couvrant 14 thèmes :

- Connaissance de l'exploitation et de son environnement,
- Traçabilité des pratiques,
- Santé et sécurité au travail,
- Gestion des sols,
- Fertilisation minérale et organique,
- Protection des cultures,
- Irrigation,
- Identification des animaux,
- Santé des animaux,
- Alimentation des animaux,
- Bien-être des animaux,
- Hygiène,
- Gestion des déchets,
- Paysage et biodiversité.

Reposant sur la démarche volontaire des agriculteurs, le processus de qualification des exploitations fait intervenir un organisme certificateur indépendant. Une fois obtenue sur la base du respect du référentiel, la qualification est attribuée pour une durée de cinq ans et crédibilisée par des contrôles inopinés. Elle concerne aujourd'hui plus de 2 000 exploitations métropolitaines.

### E1.5. *Indicateurs agro-écologiques utilisés en Suisse*

Les aides publiques sont très élevées en Suisse[185], puisque c'est le pays dans lequel, selon l'OCDE, la part des aides dans le revenu des agriculteurs est la plus forte du monde. Elles sont justifiées politiquement comme une rémunération de «prestations écologiques » effectuées par l'exploitant. Sont exigés : un bilan équilibré des fertilisants, 7 % de «surfaces de compensation écologique », un assolement diversifié (quatre cultures différentes au moins), des mesures de protection du sol, le raisonnement des produits phytopharmaceutiques (sélectivité et ciblage recherchés), le respect de règles de bien-être animal. Les contrôles sont effectués par des tiers qui se basent sur des indicateurs de résultats (actions concrètes réellement mises en œuvre). Hors une aide de base, les primes sont accordées au prorata des réalisations.

## E2• Importance de l'approche territoriale

L'approche territoriale a une importance majeure, car d'une part, comme nous le verrons ci-après, les espèces animales et végétales ne se développent que dans des aires minimales dont les limites échappent aux limites d'exploitation et d'autre part, les éléments fixes non perturbés de l'exploitation n'ont de chance de bien fonctionner que s'ils sont connectés à ceux des voisins. La biodiversité se gère à des niveaux supérieurs à la taille des exploitations et par une réflexion sur l'intervention de l'homme dans l'espace territorial.

### E2.1. *Les problèmes d'échelle*

C'est au niveau de l'**exploitation** que doivent se gérer les enjeux technico-économiques. L'agronomie des dernières décennies a mis la priorité sur ce qui se passe au niveau de la parcelle ou de l'animal, alors même que l'exploitant a pour rôle de gérer un parcellaire parfois complexe, voire un ou plusieurs troupeaux, dans un **ensemble.** Quels que soient les cadres incitatifs, c'est toujours au chef d'exploitation qu'il incombe de prendre la décision et choisir les bonnes pratiques dans des limites fixées par la réglementation. C'est à cette échelle que s'organise l'activité de la ferme, que le conseil soit donné par les organisations professionnelles ou par des prescripteurs privés.

Au plan économique, une exploitation est de plus en plus liée à l'aval, pour la valorisation de la production, ou à l'amont pour garantir ses approvisionnements. C'est l'**échelle de la filière**. L'ordre de grandeur est la centaine de milliers d'hectares.

Les choix faits sur cette exploitation vont avoir une incidence sur les diverses facettes de l'environnement. L'efficacité des mesures adoptées va cependant dépendre du taux d'adhésion des exploitations du territoire concerné :

• pour l'eau, l'échelle pertinente est le bassin versant primaire (eaux superficielles) ou l'impluvium • (eaux souterraines). L'ordre de grandeur est de plusieurs milliers d'hectares (**échelle du bassin versant**) ;

• pour le paysage, l'échelle de perception paysagère est dépendante du relief. Sauf en territoire de plaine, l'ordre de grandeur est de l'ordre de la dizaine, voire même de la centaine de milliers d'hectares (**échelle du paysage**).

185 D'après Informations SOLAGRO.

En matière de biodiversité, l'échelle de la population est la bonne base de réflexion. Dans une population animale, les individus ont des capacités de déplacement propres à chaque espèce : sédentaires et migrateurs ne réagissent pas de pareille façon. Une population, c'est un ensemble d'individus des deux sexes et de toutes les classes d'âge, en nombre suffisant pour garantir un bon fonctionnement social et démographique. Au-dessous d'un certain seuil d'effectif, la population disparaît (notion de taille minimale viable). Elle comprend un ensemble d'individus qui se reproduisent entre eux et ont plus d'échanges entre eux qu'avec les individus d'autres populations. Ces échanges entre populations sont essentiels au brassage génétique au sein de l'espèce. On parle ici d'**échelle de gestion de la faune sauvage**.

C'est surtout pour les espèces de vertébrés supérieurs que l'on dispose de données sur le domaine vital annuel, grâce au radio-tracking d'individus marqués : soit de quelques dizaines d'hectares à plusieurs milliers d'hectares pour un individu, selon l'espèce. Pour mémoire, rappelons la taille de quelques domaines vitaux individuels :

- perdrix grise : 2 à 100 ha,
- perdrix rouge : autour de 30 ha en moyenne,
- faisan : de quelques dizaines à 100/150 ha,
- alouette des champs : de 1 à 3 ha,
- lapin : de 500 m² à < 5 ha,
- lièvre : de 50 à 400 has.

Jacques MERCIER

*Dans un espace ouvert, la création de haies composites influence de façon déterminante la vie animale.*

Il faut multiplier la taille du domaine vital individuel par un facteur 50 (pour les espèces en forte densité) à 100 (pour les espèces à faible densité) pour obtenir une approximation de l'échelle minimale d'intervention. Notons qu'une population se disperse moins à forte densité qu'à faible densité[186].

La taille minimale viable d'une population est un concept utile, mais difficile à renseigner ; pour la perdrix par exemple, le chiffre d'une centaine de couples est avancé.

## E2.2. *Zones exploitées, zones réservées*

Il est souvent difficile d'intervenir sur les parcelles cultivées, en raison du poids de l'économie dans la prise de décision. Dans les années quatre-vingt-dix, faute d'avoir eu la capacité d'influer sur la tendance à la simplification des systèmes de production, les promoteurs de la faune sauvage ont cherché avant tout à essayer de gérer au profit de la faune une petite part de la surface de l'exploitation.

En 1995, une opération a été mise en place en Eure-et-Loir, au cœur de la Beauce, paysage par excellence de grandes cultures intensives, parsemées de bosquets, considérés comme des « remises ». L'objectif principal était d'agir sur les espèces de plaine en milieu ouvert : perdrix grise, alouette des champs et de restaurer de la biodiversité dans un ensemble bien banalisé. Sur le plan de la faune sauvage, il fallait en particulier retrouver des équilibres entre espèces (busards et perdrix notamment). Pour reconstituer un maillage de milieux « non perturbés par les labours annuels », les agriculteurs ont

186 REITZ F., ONCFS. Communication personnelle.

mis en place des haies basse tige entretenues à une hauteur de 2 à 3 mètres et des intercalaires sous la forme de cultures gérées selon les cahiers des charges des JEFS. Les arbustes plantés étaient des espèces locales, églantiers, framboisiers, cornouillers sanguins, fusains d'Europe… Ils étaient espacés de 1,2 mètre, plantés sur trois rangs. Il n'y avait pas d'arbres de haut jet pour respecter le champ de vision de la plaine, ne pas bouleverser le paysage local, évitant ainsi aux corvidés et aux rapaces de s'en servir comme perchoir.

L'ONCFS a analysé les résultats de cette politique de reconstitution et les résultats scientifiques (impact sur les espèces gibier, sur les passereaux) sont en cours de dépouillement. On a ainsi vu réapparaître la bergeronnette grise, la fauvette des jardins, le pic épeiche, le rossignol, le verdier, le chardonneret… La densité de perdrix reproductrices a été augmentée, là où s'effectuent simultanément un agrainage régulier et un piégeage ciblé sur renard et mustélidés•. À l'occasion de ces aménagements, il a été révélé un problème, rencontré dans d'autres expériences, notamment dans le Loiret[187], lié au fait que, si les perdrix utilisent fréquemment le pied des haies pour tenter de se protéger des attaques de rapaces, les rapaces s'adaptent à ce nouveau paysage, sachant que c'est le long des linéaires qu'ils vont trouver leur pitance. L'effet positif de protection n'est que relatif.

Les busards Saint-Martin, protégés comme tous les rapaces, semblent en progression partout. Selon une étude réalisée par l'ONCFS[188], sur un territoire de Beauce situé en Loir-et-Cher (commune de Champagny-et-Fossé), le busard est responsable de la mortalité d'un tiers des perdrix baguées, devenant dans cette région le principal prédateur de la perdrix. L'étude perdrix ONCFS-FNC-FDC conduite sur un grand nombre de territoires confirme le rôle important du busard, même si celui-ci n'est pas partout le premier prédateur.

C'est sur les territoires aménagés, agrainés, piégés, gérés par une limitation rigoureuse du tableau de chasse (du type plan de chasse), que l'on observe aujourd'hui la remontée des effectifs de perdrix grise.

## E3• L'expérience du terrain

### E3.1. *Des initiatives individuelles exemplaires*

Si les initiatives groupées sont souvent données comme efficaces et pérennes, les travaux conduits par des exploitants à titre individuel revêtent un caractère exemplaire qu'il est important de rappeler.

#### Aménagement du parcellaire, perdrix grise et biodiversité en Picardie

**Jacques Hicter**, agriculteur et chasseur passionné, exploite 300 ha de grandes cultures sur deux domaines à proximité de Savy dans l'Aisne. Situées sur des plateaux calcaires avec des affleurements de craie, ses terres sont dévolues aux cultures traditionnelles de betterave, céréales à paille, féverole, colza avec des niveaux élevés de rendement. Son ambition était depuis longtemps de retrouver la richesse des écosystèmes anciens, tout en conservant une activité productive de haut niveau, compatible avec des cours mondiaux déprimés et les exigences qualitatives des filières.

187 REITZ F., BRO E., MAYOT P. et MIGOT P., 1999. Influence de l'habitat et de la prédation sur la démographie des populations de perdrix grises. *Bulletin mensuel de l'ONC*, 240, 10-21.

188 REITZ F., MAYOT P., LEONARD Y. et METTAYE G., 1993. Importance de la prédation dans les causes de mortalité printanière et estivale de la perdrix grise *(Perdix perdix)* en petite Beauce du Loir-et-Cher. Actes du colloque "Prédation et gestion des prédateurs" des 1er et 2 décembre 1992 à Dourdan (78). Publication ONC et Union nationale des fédérations départementales des chasseurs de France, 63-70.

Dans ces plaines profondément remembrées au cours des années soixante, les haies, les talus ont presque complètement disparu. Les parcelles anciennes de 3 à 5 ha ont été rectifiées au profit d'unités plus grandes atteignant souvent 30 à 40 ha. Dans le même temps, l'assolement s'est complètement simplifié. Pour les observateurs, le constat d'une régression rapide de la faune sauvage dans la région est quasi unanime.

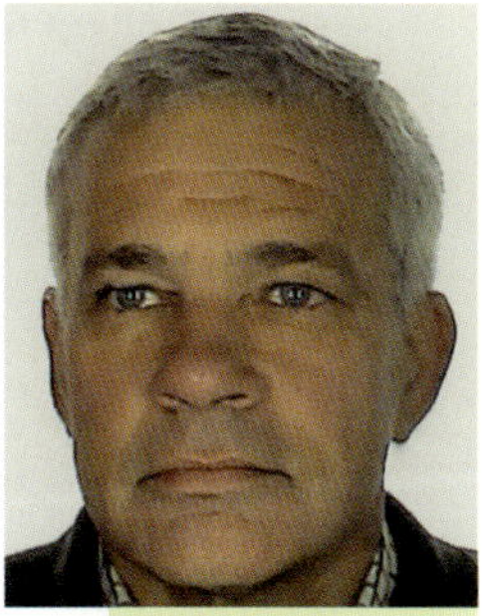

*Jacques Hicter*

L'objectif de retrouver une faune abondante et diverse a été recherché au travers d'une politique énergique mise en œuvre à partir de 1985, en commençant par le domaine du Bois-de-Cabaret (170 ha). Parmi les espèces sauvages recherchées, la perdrix grise a fait l'objet d'une attention particulière. Ses populations étaient tombées à une dizaine de couples pour 100 ha, ce qui rendait tout prélèvement cynégétique décevant, voire dangereux pour le maintien de l'espèce.

Les premiers aménagements visaient à recréer des effets de lisières en implantant sur l'exploitation des îlots buissonnants d'une vingtaine de mètres de longueur, constitués à partir d'essences locales prélevées dans les vieilles haies (prunellier, églantier, épine blanche…). Le parcellaire a été redécoupé en privilégiant des bandes de terrain longues et étroites, de l'ordre de 150 m de large, favorables au machinisme mais de nature à accroître les effets de lisière. Outre les haies, la séparation s'est effectuée au moyen de bandes herbeuses à base de fétuque ou de dactyle, au sein desquelles des buissons étaient disposés, taillés à faible hauteur pour ne pas entraver le matériel. Ces bandes sont pérennisées pour produire les insectes indispensables à la nourriture des poussins.

Jacques HICTER (ANPC)

*Dans les espaces ouverts, des champs étroits et longs qui augmentent les effets de lisière sont préférables pour la faune sauvage.*

Le contrôle de la prédation a débuté vers 1990 avec le gardiennage du territoire. L'agrainage est réalisé à partir du blé produit sur l'exploitation et les distributeurs maintenus en place du 1er octobre à la moisson suivante. En 1994, l'arrivée des jachères obligatoires a permis de nouvelles avancées. Systématiquement disposées en bandes étroites le long des cultures ou des chemins, elles font appel aux couverts de type SGEFS. D'un point de vue agronomique, les cultures sont normalement fertilisées et protégées, en prenant garde à protéger les bordures des écarts d'épandage ou de pulvérisation. Le travail du sol s'est orienté vers la simplification, jusqu'à l'abandon du labour en 2000. Un plan de chasse très strict est bien sûr appliqué.

Les résultats sont spectaculaires. Les populations de perdrix grises sauvages oscillent depuis dix ans entre 80 et 100 couples pour 100 ha, soit une augmentation de 400 à 500 %. Le territoire aménagé se différencie très facilement de l'environnement agricole voisin où les populations sont restées basses. La présence du faisan, du pigeon ramier, du chevreuil, du lièvre et du lapin de garenne est très régulière… de même que celle de nombreux passereaux, du vanneau huppé… Dans les zones non labourées, les populations de lombrics sont passées de 150 kg par ha environ à près de 700 kg par ha, avec des conséquences positives pour les productions agricoles et un arrêt des phénomènes érosifs.

## Aménagements et pratiques agricoles dans le Centre

*Jacques Mercier*

**Jacques Mercier** exploite, dans la Beauce du Loiret, 270 hectares de cultures (blé tendre améliorant, orge brassicole, maïs pop-corn, betteraves) réparties sur 3 sites : ferme d'Annemont à Erceville (170 ha), site d'Enzanville à Sermaises (74 ha) et Courdimanche (26 ha).

Depuis 1997, il a installé 5,5 km de linéaires sur Erceville et Sermaises associant :

- des haies haute et basse tige implantées sur 3 rangs, composées de 15 essences et juxtaposées de bandes enherbées ;
- des haies basse tige sur 4 rangs, composées de 10 essences et juxtaposées avec des bandes enherbées ;
- des cultures faunistiques : 2 bandes de culture (200 m x 12 m et 100 m x 24 m) implantées en luzerne en partie centrale (favorable à la nidification et aux insectes) ; les extrémités sont plantées avec du maïs disposé en croix qui apporte à la faune sauvage nourriture et couvert protecteur tout en évitant la formation de couloirs de prédation.

De tels aménagements permettent une découpe pertinente du parcellaire et fournissent des corridors biologiques pour la faune sans entraver les travaux agricoles. Par contre, ils n'ont pas bénéficié des aides « PAC » et même fait perdre à l'exploitant 4 ha de DPU. Le seul soutien financier obtenu vient directement de la Fédération départementale des chasseurs du Loiret.

Sur le site de Courdimanche, les parcelles de terres superficielles, sont mises en jachère fixe sur de nombreuses années et implantées en mélange de graminées. Le secteur étant boisé, cette jachère qui fournit nourriture (herbes, graines, insectes) et protection à la petite et à la grande faune est devenue un lieu privilégié pour la mise bas des chevrettes.

Par ailleurs, Jacques Mercier implante plus de 40 hectares de moutarde comme CIPAN pour gérer l'azote afin de préserver la nappe de Beauce et de réduire les terres en sol nu pendant l'hiver. Les travaux de broyage de ce couvert sont effectués du centre vers les bords de parcelles et utilisent une barre d'effarouchement fabriquée à la ferme. Jugée très efficace, elle est installée à l'avant du tracteur, permettant aux animaux de s'échapper avant le passage du broyeur.

Virginie RAMEIL

*Un assolement diversifié et des éléments fixes de qualité sont un des points fondamentaux pour la diversité de la vie animale.*

Les effets de ces aménagements et l'adoption de pratiques agricoles plus respectueuses de la faune sont visibles sur l'exploitation. Les effectifs de chevreuils et de lièvres ont largement augmenté. On constate le retour de la perdrix, de la tourterelle des bois et surtout du faisan naturel, ce qui démontre la valeur des améliorations apportées.

Sur ses parcelles, Jacques Mercier observe également une abondance accrue du pluvier doré, du vanneau et surtout de l'œdicnème criard, une espèce patrimoniale de la Beauce qui avait disparu. Ses deux mares accueillent en bon nombre colverts, sarcelle d'été et sarcelle d'hiver. Dans le bois et le boqueteau, bécasse et pigeon ramier sont revenus.

Virginie RAMEIL

*Montage du système d'effarouchement mis au point par Jacques Mercier. Le bruit des chaînes éloigne les animaux et réduit les mortalités.*

## Aménagement en zone viticole méridionale et outarde canepetière

*Dominique Guillermin*

**Dominique Guillermin**, est le régisseur d'un domaine proche de Bellegarde (Gard) qui regroupe 60 hectares de vigne et 7 hectares d'oliviers. Les productions sont conduites selon les cahiers des charges des AOC « Costières de Nîmes » pour le vignoble et « Huile de Nîmes » pour l'oliveraie. L'exploitation est qualifiée « Agriculture Raisonnée » depuis 2005 et membre du réseau des fermes Agéris depuis 2002. De nombreuses améliorations ont été apportées sur plusieurs années pour améliorer à la fois les pratiques culturales et la qualité des productions, l'esthétique du site et son hospitalité pour des espèces animales comme la perdrix rouge ou le lièvre.

Installées sur le plateau caillouteux de la Costière de Nîmes, les vignes du domaine sont majoritairement enherbées, de même qu'une partie des plantations d'oliviers. L'espace agricole comporte quelques zones non cultivées colonisées par la végétation naturelle : coins de parcelles, zone d'épandage des effluents de cave, friche destinée à de futures plantations, fossé végétalisé avec quelques ronciers, une haie de chênes verts dont la strate arbustive est encore pauvre, de petits bois de chênes et un grand parc autour des bâtiments.

La diversité botanique y est bien appréhendée grâce à la réalisation d'un audit qui a montré l'existence d'une intéressante flore méditerranéenne : 114 espèces herbacées différentes, dicotylédones pour la plupart, ont été dénombrées à l'intérieur des seules parcelles cultivées. Y sont présentes en permanence de 65 à 70 espèces herbacées dont la croissance et la floraison s'échelonnent au fil des saisons. L'inventaire faunistique réalisé en 2005 par la Fédération des chasseurs du Gard a relevé deux espèces d'oiseaux remarquables parmi les 25 plus communes sur le périmètre : l'alouette lulu et l'outarde canepetière. Manifestement, cette dernière tire un excellent parti de la richesse en insectes des petites friches intercalées parmi les vignes et de l'enherbement volontaire des plantations d'oliviers. Dans le vignoble, un relevé entomologique des arthropodes• auxiliaires montre des populations riches qui témoignent du bon état écologique du milieu.

SYNGENTA

*Le sol plus riche en bas de parcelle, ensemencé en luzerne, procure de nombreux insectes indispensables à l'outarde canepetière.*

SYNGENTA

*Les sols plus maigres portent une végétation naturelle diversifiée et des ressources complémentaires.*

Dans le souci d'accentuer les progrès, le vigneron envisage de réaliser à court terme :

- un point d'eau permanent pour la faune sauvage,
- la plantation de quelques arbres perchoirs isolés (amandier, murier ou micocoulier),
- l'ensemencement du tour des parcelles de vigne avec des plantes peu montantes pour remplacer dans ces zones le travail du sol et éviter la nécessité de tondre la végétation entre avril et juillet,
- l'entretien au minimum du fossé (corridor biologique) et un aménagement global de ses bordures avec plantation d'arbustes à baies,
- le maintien d'une banquette herbeuse (pas de tonte sur 1 à 2 m de large) au pied des chênes et la replantation d'une strate arbustive au pied des chênes verts de la haie...

## E3.2. Actions groupées

Au delà de la démarche individuelle, les démarches collective locales ou les actions groupées reposant sur des formes d'incitations publiques sont souvent seules capables de donner une consistance aux orientations des politiques nationales ou européennes.

Il est nécessaire d'encourager tous ceux qui individuellement s'investissent pour une meilleure prise en compte de la biodiversité. On les trouve souvent dans les rangs des agriculteurs. Soulignons que nombre d'entre eux ont été sensibilisés par des chasseurs, des ornithologues ou divers spécialistes des milieux naturels.

L'« action groupée » consiste à rassembler autour de chefs d'exploitation innovants, tous ceux qui peuvent aider à l'émergence de projets d'exploitation insérés dans un projet plus global de territoire. Le regroupement des forces permet d'envisager la valorisation du volontariat par une contractualisation efficiente avec les partenaires prêts à s'engager. L'action groupée dépasse le réglementaire, même si elle doit profiter des opportunités.

### Les actions collectives

La lutte contre les animaux nuisibles et la gestion des dégâts de gibiers ont été les premières actions collectives dans le domaine agriculture et faune sauvage. Elles sont aujourd'hui complétées par d'autres actions tout aussi ambitieuses.

Pour le contrôle des populations d'animaux nuisibles, deux exemples illustrent la régulation des populations de campagnols terrestres et la recherche de l'équilibre agro-cynégétique.

### La régulation des populations de campagnols terrestres

La lutte contre les campagnols terrestres fait l'objet d'un cadre réglementaire nouveau avec l'arrêté du 4 janvier 2005[189]. Elle met en place une véritable stratégie de lutte raisonnée. Sous cette condition elle autorise encore l'utilisation de la bromadiolone parce qu'il n'y a pas d'autre alternative. Le texte insiste sur la prévention et détermine les exigences :

• surveillance et intervention collectives,

• emploi limité de la bromadiolone, associant toutes les méthodes utilisables pour diminuer les risques d'empoisonnement de la faune non cible,

• maintien d'un seuil d'intervention possible au-dessous de 50 % des surfaces occupées par le campagnol à l'échelle parcellaire et au-dessous de 30 % à l'échelle de groupes de parcelles,

• obligation de traçabilité de la bromadiolone,

• préparation des appâts dans un lieu unique à l'échelle du département, de façon à limiter les manipulations des concentrats,

• suppression des dérogations permettant de traiter au delà du seuil autorisé.

Le règlement des problèmes de campagnols ne passe pas que par la lutte chimique, mais aussi par une réflexion sur l'aménagement (recréation d'éléments fixes pour accroître la prédation à bas bruit par les mustélidés•) et sur le système d'exploitation (retournements de prairies pour créations de cultures) qui bouleversent les terriers et les galeries.

### Recherche de l'équilibre agro-cynégétique

Pour être efficace, la gestion des dégâts de gibier ne peut se faire que collectivement. C'est pour cela que les mesures de prévention, de dissuasion et d'indemnisation des dégâts de gibier sont gérées par les fédérations de chasseurs. Elles mettent en œuvre et financent, outre l'indemnisation, des programmes de prévention et de dissuasion (clôtures électriques, gestion de parcelles à risques majeurs).

La première mesure consiste à réguler les effectifs des espèces surabondantes. Ensuite, on prévient les dégâts par des mesures de dissuasion, en offrant aux animaux des ressources alternatives aux productions, et l'on protège les cultures sensibles.

Pour le sanglier, le tir sélectif reste une méthode de régulation très efficace. Jacques Vassant, spécialiste du sanglier à l'ONCFS, explique que si l'on recherche une baisse des effectifs, le tir d'animaux de plus de 50 kg qui

B. RIO (SHCF)

*La chasse à l'arc peut être l'un des moyens de régulation des populations invasives de ragondins.*

189 Arrêté du 4 janvier 2005 relatif à la lutte contre le campagnol terrestre, en particulier aux conditions d'emploi de la bromadiolone, publié au *Journal officiel de la République française* du 19 janvier 2005, 922-925.

élimine les principaux reproducteurs permet une décroissance importante de la population. C'est un excellent moyen de contenir leur explosion démographique.

Les **mesures de prévention/dissuasion** des dégâts de gibier reposent sur des actions telles que :
- conserver un milieu non cultivé hospitalier (peuplements producteurs de fruits forestiers tels que glands, faînes... qui assurent l'essentiel de l'alimentation du sanglier) pour éviter une recherche alimentaire trop orientée vers les cultures de rente ;
- éviter les « incitations » (ex. pas de maïs en lisière de bois) ;
- semer des cultures de dissuasion sur les surfaces en jachères par exemple, ou aux emplacements stratégiques (ex. sorties habituelles du grand gibier) ; on a remarqué que ce sont régulièrement les mêmes parcelles qui sont abrouties ;
- agrainage en ligne dans les forêts (ex. traînée de maïs sur sentier, à quelques dizaines de mètres en parallèle de la bordure) pour conserver le gibier dans les bois et l'éloigner des cultures aux périodes critiques (ex. semis de maïs). Cet agrainage à la charge des sociétés de chasse locales doit rester dissuasif et ne peut être que temporaire pour éviter de concentrer les animaux (sanglier en particulier).

Dans un contexte de **gestion forestière**, on conseille de conserver des boisements mélangeant des feuillus et des résineux d'âges et de structures variés selon les parcelles avec, le plus souvent possible, la présence d'arbustes de sous-bois, notamment les espèces à baies ou à fruits, ainsi que la ronce et le lierre qui sont des ressources importantes pour les cervidés. Le sous-bois doit être localement très broussailleux pour offrir des zones de bauges aux sangliers et comporter des mares et des dépressions servant de points d'eau et de souilles pour les grands animaux.

Les plantations récentes sont mieux protégées de la dent des cervidés si on laisse s'y développer une végétation arbustive d'accompagnement, dite de bourrage. Clairières, allées larges, recépage régulier des taillis ont beaucoup d'importance. En laissant arriver la lumière au sol, ils permettent le maintien de gagnages* herbacés à l'intérieur des lisières. Ces espaces ouverts peuvent être aussi partiellement plantés de cultures à gibier, comme le maïs, pour éloigner les animaux des cultures.

Dans les **grandes plaines agricoles**, on doit s'efforcer de répartir les jachères sur le territoire de l'exploitation pour servir de zone de gagnage* alternatif. Il est aussi possible de passer des contrats avec la Fédération départementale des chasseurs (FDC) pour installer des bandes de maïs, des engrais verts, des colzas, qui procurent durant la mauvaise saison des ressources différentes des cultures en place et peuvent épargner ces dernières. Il existe par exemple des variétés de colza d'hiver plus précoces que celles employées couramment et qui seront attaquées par les cerfs avant les autres. Bien placées, en quantité suffisante, elles peuvent limiter l'ampleur des dégâts de cerfs sur le colza à récolter.

Dans les **zones agricoles plus bocagères et de polyculture-élevage**, on essaye de prévenir les dégâts de lapins, en implantant entre les terriers et la culture sensible (en bande parallèle à la haie par exemple, ou le long d'un bois) une culture appétente de dissuasion ou une bande d'herbe comprenant légumineuse et graminée. Mais ce dispositif n'est pas parfaitement efficace car les lapins franchissent assez souvent cette culture de bordure pour commettre des dégâts sur les cultures de rente.

Pour les parcelles situées en **bordure d'étang ou de plan d'eau**, on implantera une prairie avec des espèces tardives destinées à être si possible pâturées, par des équins ou des bovins. Les équins tondent l'herbe au ras du sol, ce qui offre une nourriture appréciée d'espèces comme le canard siffleur. Les bovins, par contre, tondent moins ras, et cette herbe est consommée par les oies. La culture de l'avoine sur des parcelles dévolues au gibier est intéressante.

**Protéger les cultures ou les troupeaux sensibles** à la prédation relève de la responsabilité de l'agriculteur qui attend pour cela une aide des pouvoirs publics. L'évolution des espèces est en effet commandée par la réglementation qui ne fait que suivre l'évolution des mentalités de la société. «Utilisateurs » du grand gibier, les chasseurs contribuent financièrement à la protection des activités sensibles. Dans les secteurs où se développent des populations de grands prédateurs, la protection des troupeaux sensibles passe par le regroupement des animaux pour la nuit, l'emploi de chiens de protection, l'équipement des animaux domestiques avec des colliers anti-prédation.

Pour les cultures, cette protection prend les visages suivants :

- la pose de clôtures électriques ou de filets électrifiés reste une des meilleures méthodes pour parer aux attaques de grand gibier ; utilisée de façon temporaire autour des parcelles vulnérables ou en limite de forêts, cette technique est de plus en plus employée sur le territoire national ;
- la protection olfactive et gustative fait appel à des répulsifs homologués par le ministère de l'Agriculture et de la Pêche ; on les applique parfois en badigeonnage sur les essences forestières feuillues et résineuses contre le frottis des chevreuils, les dégâts de lapins et de lièvres. Mais peu de substances répulsives sont réellement efficaces bien qu'un grand nombre de solutions aient été testées. C'est pourquoi l'on s'oriente surtout vers de la protection physique. Le sanglier, comme le lapin, n'est pas réellement arrêtés par les répulsifs ;
- l'effarouchement acoustique a été testé pour des oiseaux grégaires comme les corvidés, les étourneaux ; les résultats ne sont pas très probants, en raison de l'accoutumance ;
- des méthodes physiques comme la pose de manchons sur les jeunes plants sont un exercice habituel dans les vignes et les vergers.

L'**indemnisation des dégâts** occasionnés aux récoltes agricoles est assurée par les fédérations de chasseurs (FDC). Elle n'est possible que pour les dégâts occasionnés par les sangliers et les autres espèces de grand gibier soumises à un plan de chasse. Elle ne concerne que les cultures et les récoltes agricoles, ce qui exclut toute indemnisation des dégâts forestiers et des pertes indirectes. Seuls les exploitants agricoles peuvent en bénéficier. Nul ne peut prétendre à une indemnisation si les animaux qui ont commis les dégâts viennent de son propre fonds.

En cas de dégâts, le président de la FDC mandate un estimateur départemental parmi ceux désignés par la Commission départementale compétente en matière de chasse et de faune sauvage. À l'occasion d'une expertise contradictoire, il est chargé d'apprécier, entre autres, la surface endommagée et la quantité de récolte détruite. Sur cette base, la FDC propose à l'agriculteur concerné une indemnité financière déterminée en fonction de barèmes départementaux de denrées fixés par la Commission départementale sur la base de prix pratiqués localement et dans le strict respect d'une fourchette de prix, arrêtée par la Commission nationale d'indemnisation. En deçà d'un certain seuil (actuellement fixé à 76 euros avant abattement), aucune indemnité n'est due. Ce seuil minimum s'applique pour chaque dossier et non par exploitation et par campagne. L'indemnité fait l'objet d'un abattement légal, d'un taux minimum de 5 %, systématique car le gibier est juridiquement *res nullius*, et le chasseur ne peut être tenu responsable à 100 % des dommages commis. Lorsque c'est justifié et notamment lorsque le réclamant a, par un procédé quelconque, favorisé l'arrivée du gibier sur sa propriété ou lorsque la victime des dégâts a refusé les modes de prévention qui lui ont été proposés par la Fédération, ce taux peut être majoré par la Fédération des chasseurs, jusqu'à 80 %.

La Commission départementale compétente en matière de chasse et de faune sauvage, placée sous l'égide du Préfet, est chargée d'examiner les recours présentés par le réclamant ou la FDC en cas de désaccord dans la procédure à l'amiable. La Commission nationale d'indemnisation, placée sous l'autorité du Ministre chargé de la chasse, rassemble à parité des représentants des intérêts cynégétiques, agricoles et forestiers. L'ONCFS assure le secrétariat de la commission nationale. Elle tranche les conflits non résolus au plan départemental et fixe le barème national.
Pour quelques espèces à haute valeur patrimoniale, posant d'importants problèmes d'acceptation sociale, l'indemnisation est prise en charge par l'État. C'est le cas de l'ours, du loup, ou du lynx. Pour la plupart des espèces non chassables, il n'y a pas d'indemnisation mais des autorisations de régulation des populations (ex. le grand cormoran).

## Les actions territoriales

Une action territoriale collective, c'est :

1. **un diagnostic de territoire** qui situe les grands enjeux écologiques, économiques et sociaux,
2. **des objectifs prioritaires** identifiés et validés par la Commission départementale d'orientation agricole (CDOA),
3. **des diagnostics d'exploitation** qui permettent aux projets d'exploitation de s'insérer dans une dynamique de groupe,
4. **des actions concrètes évaluées jusqu'aux résultats**.

Les services des Chambres d'agriculture, des FDC, de l'ONCFS, des associations diverses peuvent fournir des formulaires.

### OGARE, Hommes et Territoires

L'ONCFS a proposé à ses partenaires le concept d'OGARE (opération groupée d'agriculture plus respectueuse de l'environnement). Il s'agit de rassembler, sur un territoire à forts enjeux environnementaux, des agriculteurs en situation de voisinage pour augmenter les chances d'avoir des résultats visibles (cohérence territoriale). Les propositions techniques visent à améliorer simultanément les diverses composantes de l'environnement afin de maintenir les potentialités de l'outil de production et de permettre aux exploitants de bien vivre de leur activité (cohérence technico-économique).

Trois OGARE ont été lancées en Eure-et-Loir. L'association « Hommes et Territoires » a assuré l'animation de ce programme, succédant en cela à « Agri-Environnement 2000 ». Les milieux naturels retenus sont : la grande plaine en Beauce, un contexte vallonné bocager dans le Perche, des coteaux calcaires à classer en site Natura 2000 dans la vallée de l'Eure. À cheval sur les départements de l'Orne et de l'Eure-et-Loir, le Perche est en rapide évolution avec une tendance au remplacement du système agriculture-élevage par le système céréalier. La destruction des haies, l'agrandissement des parcelles, la mise en culture des prairies conduisent à banaliser le paysage, à augmenter les risques d'érosion, de pollution des eaux superficielles, et enfin à réduire la biodiversité.

Dès la mise en place des CTE en 2000, le département d'Eure-et-Loir a opté pour des CTE collectifs, et a tenu à identifier un programme CTE collectif OGARE adapté à chaque contexte. Au total, en trois ans, il a été possible de contractualiser avec quinze agriculteurs du Perche, sur un périmètre de 16000 ha s'étendant sur seize communes. Dans le périmètre identifié comme étant susceptible d'accueillir des contrats OGARE Perche, 53,6 % des agriculteurs ont opté pour ce contrat, 46,4 % pour un autre contrat. C'est l'harmonie entre les partenaires (Parc régional, Syndicat intercommunal, Pays, structures associatives et professionnelles...) qui a permis de convaincre un minimum d'agriculteurs de démarrer.

M. MASSOT (ONCFS)

*Dans ce territoire de polyculture-élevage du Perche, l'association « Hommes et territoires » a œuvré pour élaborer des projets de territoires favorables à l'environnement.*

Le diagnostic de territoire a identifié quatre enjeux environnementaux prioritaires : amélioration de la qualité de l'eau, maintien du paysage bocager, maintien de la biodiversité et lutte contre l'érosion.

Un premier volet concerne l'entretien des haies existantes et la replantation. Un cahier des charges définit des règles de gestion pour valoriser les trois aspects, paysager, écologique et économique. Une aide OGARE est accordée pour cet entretien. Pour la plantation, la Fédération des chasseurs prend en charge 60 % de la facture des travaux, le Syndicat intercommunal 50 % des approvisionnements. La replantation en rupture de pente sur les zones sensibles au ruissellement est fortement encouragée. Les bandes enherbées ont pour objet de contribuer à la filtration des eaux de ruissellement, à limiter les risques d'érosion, à accroître les lisières entre blocs de culture et amplifier l'intérêt des haies, bordures de bois, chemins de terre (aide de 625 euros par ha pour l'implantation et 518 euros pour l'entretien en 2002). Le programme propose une gestion optimale des jachères obligatoires pour favoriser la biodiversité. La combinaison des primes PAC, contrat OGARE et aide fédérale aboutit à des montants importants de 621 euros par ha, voire plus.

La menace qui pèse sur les vergers traditionnels du Perche a incité à lancer des programmes de conservation et de restauration. C'est essentiel pour certaines espèces comme la chouette chevêche.

Sur les prairies permanentes, le programme OGARE prône une extensification pour diversifier la flore et ensuite la faune ; une aide de 84 euros par ha est accordée pour cet objet. Il prévoit des remises en état, voire des créations ou des aides à l'entretien (152 euros par ha) pour les mares et points d'eau. Des actions sont intégrées pour réduire les risques de pollutions, en soutenant l'emploi de cuves de rinçage, en encourageant les mesures de reliquats dans le sol.
En complément de ce programme, le Syndicat intercommunal développe une stratégie touristique qui encourage l'insertion paysagère des bâtiments d'exploitation agricole. Une majoration des aides est prévue en fonction du degré d'engagement des agriculteurs.

Le rapprochement interinstitutions du projet est la première des réussites du programme. Pour s'étendre, en augmentant le nombre d'agriculteurs adhérents, un tel programme a besoin du maintien des aides publiques qui sont aussi nécessaires pour conduire une évaluation sérieuse.

### Programme « Gestions de Territoire » en Picardie[190]

Un travail collectif remarquable a été réalisé sous la coordination de la Chambre régionale d'agriculture de Picardie. Il a pour objet de proposer aux agriculteurs des contrats au profit de la biodiversité. En 2006, après quatre années d'existence, ce sont 415 exploitations agricoles qui ont bénéficié du diagnostic personnalisé et 240 contrats sur 5 ans ont pu être signés. Grâce à ces contrats, 155 km de haies ont été plantés et 161 km font l'objet d'un entretien-restauration. Pour augmenter les linéaires, 300 km de bandes enherbées ou de coupures de parcelles ont été implantés, plus de 300 bosquets plantés et 45 mares creusées. Chaque année en moyenne, 1 125 ha de jachères environnement et faune sauvage ont été semés. L'ensemble de ces aménagements représente 2 488 908 euros, financés à parts égales par le Conseil régional de Picardie et le FEOGA (Union européenne).

Les partenaires mènent des expériences sur la jachère fleurie, destinée à favoriser les insectes pollinisateurs. Sont essayés des mélanges de fleurs autochtones pour éviter l'apparition de plantes exotiques envahissantes. Les services associés mobilisent leurs moyens pour conseiller les agriculteurs, tant sur les techniques d'implantation que d'entretien. Cet entretien conditionne l'efficacité environnementale, et garantit un retour sur investissement pour certaines catégories d'aménagement comme les arbres (valorisation bois, et valorisation énergie). Le territoire est aujourd'hui intégré dans le programme « Bienvenue à la ferme » des Chambres d'agriculture, avec le souci d'essayer d'augmenter l'accueil des nouveaux chasseurs sans territoire tout autant que les citadins en demande de nature.

### Le PACTE en Loir-et-Cher

Le Plan d'action pour la conservation des territoires et de l'environnement en Loir-et-Cher est venu conforter l'approche collective du Groupement d'intérêt agro-cynégétique de Gratteloup (GIASC). Par nombre de ses aspects, cette action est comparable aux OGARE. À l'origine du GIASC, la volonté d'implanter une population naturelle de faisans sur un territoire de 6 500 ha, dont 1 000 de bois.

S'il existe en France près d'un millier de groupements d'intérêt cynégétique (GIC), les GIASC y sont très rares. L'association de propriétaires, agriculteurs, sylviculteurs, chasseurs, et autres, devient aujourd'hui incontournable pour solliciter des aides auprès des collectivités. C'est ce qui a été fait ici, avec au bout la signature d'un contrat partenarial.

La réalisation de terrain se traduit concrètement par 3 km de haies, plantées en 12 tronçons, sur trois rangs, à base de fusains, cornouillers, noisetiers, érables, charmes, merisiers, chênes, frênes… 110 ha de JEFS (soit 2 % de la surface agricole) semées en maïs-sorgho, moha-sorgho, luzerne-dactyle, avoine-sarrazin. C'est surtout par la jachère fleurie que ce territoire a affirmé son dynamisme : vingt parcelles expérimentales ont été semées le plus souvent en bordure des chemins et des routes, aux entrées de villages, satisfaisant tout de suite les populations locales et les visiteurs. Le mélange proposé par la FDC permet le développement d'une flore adventice complémentaire contenant des espèces patrimoniales sans favoriser les espèces à problèmes pour les agriculteurs. On est frappé quand on y pénètre de la grande richesse en insectes. Malgré son intérêt esthétique évident, le mélange d'espèces fleuries a été très critiqué par certains représentants de la protection de la nature, car, contenant des espèces exotiques, il pourrait favoriser l'apparition de plantes envahissantes. Vu l'importance de ce problème actuellement, on ne peut que recommander d'essayer des mélanges de plantes autochtones peu proliférantes.

190 WARTELLE R. Programme Gestion des territoires. Chambre régionale d'agriculture de Picardie. Document de promotion du programme.

En matière d'effets sur la faune sauvage, on retient que, sur ce territoire, les jachères et autres aménagements ont eu un effet favorable sur :

- les oiseaux communs nicheurs : chardonneret et mésange à longue queue, par exemple ;
- le gibier : caille, perdrix grise et perdrix rouge, lièvre, chevreuil ;
- les chauves-souris : pipistrelles commune ou de Kuhn, sérotine commune ;
- des espèces menacées ou rares : œdicnème criard, circaète Jean-le-Blanc.

Après trois années de lâchers et d'interdictions de chasse, ces aménagements ont permis à l'espèce objectif, le faisan, d'atteindre en 2004 le chiffre de 2 500 individus, autorisant un prélèvement contrôlé de 400 oiseaux.

## Expériences collectives de préservation d'espèces et/ou de milieux remarquables

### Prairies humides et râle des genêts

Nous avons vu (Partie I, A2) que le râle des genêts est particulièrement menacé par la fenaison qui détruit les espèces d'oiseaux nichant au sol. Des travaux scientifiques de grande envergure ont été menés dans la vallée de la Saône (Joël Broyer, ONCFS et Université de Dijon[191]), dans les basses vallées angevines (LPO) et dans l'Oise. Dans ces prairies alluviales, si le râle est l'espèce phare, beaucoup d'autres espèces nicheuses au sol sont concernées par les travaux de fenaison : caille des blés, perdrix, courlis cendré, bruant proyer… Même si ces espèces sont capables de faire une seconde ponte après la destruction du premier nid, leur productivité est insuffisante pour garantir le maintien de populations au bord de l'extinction. Plusieurs des espaces sur lesquels se sont déroulés ces programmes agri-environnementaux conséquents sont classés en zone Natura 2000.

Maurice BENMERGUI

*Le râle des genêts est l'espèce emblématique des prairies alluviales autour de laquelle se sont organisés de multiples programmes agri-environnementaux.*

Pour permettre aux oiseaux de terminer leur reproduction, il avait été souhaité de retarder la date de fauche après le 15 juillet au plus tôt. Mais, parce que le fourrage récolté après le 15 juillet est considéré comme de piètre qualité, la date de fauche réglementaire fut fixée au 25 juin. Outre le retard de fauche suivant les calendriers négociés, les agriculteurs concernés ont adopté d'autres mesures au profit de ces espèces :

- réduction progressive de la fertilisation,
- récolte en commençant par le centre,
- conservation sur chaque parcelle d'une bande refuge de 10 mètres de large jusqu'au 15 août, autorisant une seconde ponte,
- pas de désherbage chimique en plein ressemis de pâture.

Afin de chiffrer les efforts réalisés, on prendra quelques exemples.

191 BROYER J., 2002. Évaluation de l'incidence des mesures agri-environnementales sur l'avifaune prairiale dans le val de Saône (Ain). 1993-2002. Rapport non publié pour la DIREN, 27p. + annexes.

En moyenne vallée de l'Oise, sur les 1 050 hectares de prairies conduites en extensif sous contrat (avec diminution, voire suppression de la fertilisation) :

• 500 hectares sont fauchés après le 25 juin pour préserver le râle des genêts,
• 400 hectares sont récoltés du centre vers la périphérie,
• sur 170 hectares, les agriculteurs doivent préserver une bande refuge d'au moins 10 mètres de large jusqu'au 15 août.

Dans les basses vallées angevines[192], la LPO a mis en place des formations destinées aux agriculteurs pour les sensibiliser à la mise en place de mesures agri-environnementales. Les actions mises en place sont les suivantes :

• la fauche a pu être retardée selon le type de contrat au 20 juin, au 10, voire au 20 juillet,
• vitesse d'avancement limitée, utilisation obligatoire de la « fauche sympa » centrifuge, et adoption d'une vitesse réduite, avec un maximum recommandé de 12 km/h pour la fauche et 6 km/h pour le premier tour, absence de traitement phytopharmaceutique et de fertilisation.

Le concours de la Chambre d'agriculture du Maine-et-Loire a été requis pour valoriser la viande bovine du secteur sous l'appellation « l'éleveur et l'oiseau » ; un projet de charte « Bonnes pratiques de fauches » est en cours de négociation ; de nouvelles actions pourront être mises en place en fonction de l'évolution de la réglementation.

Compte tenu de l'importance de ces contrats, une évaluation de leur efficacité a été nécessaire. Joël Broyer observe que toutes les espèces indicatrices nidifiant au sol évoluent de la même façon. Les résultats de ces tentatives d'enrayer le déclin des espèces inféodées aux prairies humides sont mauvais et remettent en cause la pertinence des stratégies agri-environnementales en vigueur. Dans la vallée de la Saône, l'analyse des résultats montre une amélioration de la situation à la mise en place des programmes de 1993 à 1998 mais une rechute de 1998 à 2002. Pourquoi ? La surface des prairies sous contrat est passée de 27 à 20 % après 1998 et depuis 1999, l'exploitation de la prairie est sensiblement plus précoce. « *La détérioration des conditions de reproduction pour l'avifaune prairiale s'est produite simultanément dans les sources et dans les puits démographiques* ».

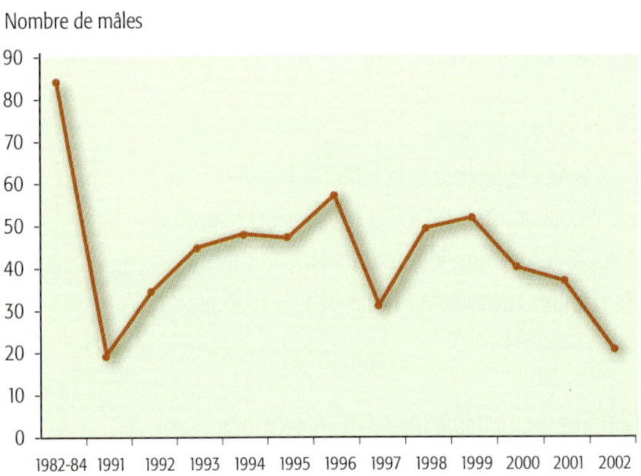


**Figure 18 :**
**Évolution du nombre de mâles chanteurs de râles des genêts sur 1300 hectares de prairies. Canton de Pont-de-Vaux (Ain) (Broyer, ONCFS, 2002)**

Il a été cependant prouvé que le maintien de bandes non fauchées réduisait d'un tiers la mortalité des râles non volants et la moitié des jeunes cailles. Préserver des refuges de faible surface sous forme de bandes non fauchées dispersées au sein d'une entité prairiale, constitue la réponse la mieux adaptée au problème rencontré par l'avifaune lorsque les couverts disponibles se sont raréfiés après la fin de la fenaison. Il conviendra de veiller à ce que le taux d'adhésion à un programme comme celui-là soit élevé et les règles bien respectées. Il faut qu'il y ait au moins 30 % de la prairie qui bénéficient

192 NOËL F. et SECHET E., 2006. Compte rendu du suivi des opérations de fauche en Basses Vallées Angevines. Bilan de l'année 2005 et synthèse depuis 1994. LPO Anjou, 13 p.

d'un retard de fauche après le 15 juillet et que les pratiques de récolte sur la partie fauchée soient modérées. La stratégie qui consiste à concentrer sur une partie l'essentiel de la capacité de reproduction d'une population trouve toutefois ses limites en raison du phénomène de densité-dépendance qui réduit l'efficacité de la reproduction.

François LÉGER (ONCFS)

*Familière des cavités dans les arbres des haies voisines, la chouette chevêche profite des insectes et des petits rongeurs du pré-verger.*

### Prés vergers et chouette chevêche

Haute de 22 cm à peine, la chouette chevêche est le plus petit des rapaces nocturnes. Elle aime séjourner à proximité des humains et jette son dévolu sur les anciennes granges mais surtout les cavités des arbres dans lesquelles elle niche. Ces cavités sont plus fréquentes sur les vieux arbres, souvent en têtard, que l'on trouve dans les haies qui bordent le verger. La chouette se nourrit des rongeurs de la prairie et consomme aussi de gros insectes, comme les sauterelles, fréquentes dans le pré et les coléoptères, plus nombreux sur les vieux arbres. Le remplacement des vergers traditionnels par des plantations plus «modernes» tend ainsi à la faire disparaître. Pour maintenir l'espèce dans ce milieu, on recommande donc de conserver dans la mesure du possible des prés-vergers, de pratiquer une fauche tardive, de maintenir de vieux arbres dans les haies, de poser dans le verger des nichoirs.

Dans le Domfrontais, le Groupe ornithologique normand (GONm) et le Parc naturel régional Normandie-Maine ont récemment signé une convention pour la réalisation d'un suivi annuel de l'avifaune des prés-vergers. Un suivi ornithologique et entomologique a déjà été réalisé sur quatre sites comparant des vergers haute et basse tige[193]. Les résultats ne sont pas encore disponibles.

### Outarde canepetière et polyculture

Pour enrayer le déclin de l'outarde canepetière dont l'effectif est passé de 7 200 mâles chanteurs en 1980 à 1 300 en 2000 (dont moins de 600 dans les plaines céréalières)[194], des mesures sont mises en œuvre par certains agriculteurs et la LPO en Poitou-Charentes, et d'autres opérateurs ailleurs, notamment en Crau, afin de sauver l'espèce dans son aire de répartition.

Les hectares de SGEFS affectés au projet reçoivent une aide supplémentaire de 46 et 107 euros par ha (variable selon le département), versée sur les fonds du programme alimenté notamment par le programme LIFE (Union européenne), aide qui s'ajoute à la prime PAC prévue pour ce type de jachère. Ce supplément compense des contraintes simples :

• ensemencement à base de graminées et de légumineuses : les graminées offrent un milieu propice à la nidification et les légumineuses (luzerne, sainfoin, trèfle…) favorisent la présence de nombreux insectes (criquets) indispensables à l'alimentation des poussins ;

193 COLLETTE J. et LETESSIER S., 2002. L'avifaune des vergers du domfrontais. GON - PNR Normandie-Maine.
194 HERMIEU Y., JOLIVET C. et LOUINEAU J.-F., 2001. L'agriculture et l'avenir de l'outarde canepetière - Bilan et perspectives du programme LIFE 1997-2001. Life-LPO.

• entretien simplifié : pas de broyage entre début mai et le 31 août, broyage du couvert de la parcelle du centre vers la périphérie ; le laps de temps sans broyage laisse le temps à la femelle de pondre (fin mai à mi-juillet), de couver (22 jours) puis aux poussins de se développer et de voler vers deux à trois semaines. Le broyage du centre vers la périphérie facilite la fuite des jeunes vers les bordures.

Outre les contrats pour les jachères, d'autres types de contrats sont proposés aux agriculteurs comme la reconversion de terres cultivées en herbages.

Les résultats du programme LIFE sont partagés. Les mesures techniques relatives à la création de bons couverts d'accueil se révèlent favorables puisque la moitié des nids repérés l'ont été dans les parcelles sous contrat. Mais la régression des effectifs de mâles est loin d'être stoppée, même si elle semble ralentie dans les sites expérimentaux en comparaison des sites témoins.

## E3.3. *Le bilan de l'adhésion des agriculteurs aux dispositifs des pouvoirs publics en faveur de l'agri-environnement*

C'est le CNASEA qui a mission de verser aux agriculteurs les primes agri-environnementales ; c'est donc auprès de cet organisme que l'on trouve les bilans correspondant à la mise en œuvre de la politique agri-environnementale en France.

**Tableau 12 :**
**« Top 20 » des MAE (données CNASEA au 24 janvier 2002, sur la base de 15 000 dossiers payés)**

| Rang | Nom de la MAE | % au plan national |
|---|---|---|
| 1 | **Gestion extensive de la prairie par la fauche 1** (plus éventuellement le pâturage) sans contraintes en termes de fertilisation | 40,20 |
| 2 | Réhabilitation des haies | 27,37 |
| 3 | Lutte raisonnée | 25,68 |
| 4 | Adapter la fertilisation en fonction des résultats d'analyse (sols…) | 21,92 |
| 5 | Implantation de cultures intermédiaires en période de risque | 17,75 |
| 6 | Réduction de 20 % des apports azotés par rapport à des références par culture | 11,04 |
| 7 | Réhabilitation des fossés | 10,31 |
| 8 | **Gestion extensive de la prairie par la fauche 2** (plus éventuellement le pâturage) : niveau fertilisants plus contraignant que A | 9,17 |
| 9 | **Implanter des dispositifs enherbés en remplacement d'une culture arable** | 8,06 |
| 10 | Gestion extensive de la prairie par le pâturage obligatoire | 7,30 |
| 11 | **Gestion extensive de la prairie par la fauche 3** (plus éventuellement le pâturage) : suppression de la fertilisation minérale | 6,06 |
| 12 | Maintien de l'ouverture des espaces à gestion extensive | 5,50 |
| 13 | Conversion à l'agriculture biologique : autres cultures annuelles | 5,48 |
| 14 | Reconversion des terres arables en prairies temporaires | 5,40 |
| 15 | Travail du sol simplifié (0 labour) | 5,40 |
| 16 | Mise en place ou élargissement d'un couvert herbacé sous cultures ligneuses pérennes | 5,34 |
| 17 | Récolte ou fauche de la parcelle du centre vers la périphérie | 4,95 |
| 18 | Analyse d'effluents + pesée des épandeurs en vue d'une gestion raisonnée de l'épandage | 4,92 |
| 19 | Compostage des effluents d'élevage | 4,69 |
| 20 | Remise en état des berges | 4,43 |

Les résultats mentionnés dans le tableau 12 permettent de constater qu'un certain nombre de mesures ont été mises réellement en place au profit de biodiversité (mesures figurant en gras).

## E4• Le réseau Agrifaune

Cet ouvrage se doit de donner quelques informations sur une démarche partenariale de l'Assemblée permanente des chambres d'agriculture (APCA), de la Fédération nationale des syndicats d'exploitants agricoles (FNSEA), de l'ONCFS et de la FNC tendant à mettre en place et faire vivre un réseau portant le nom d'Agrifaune.

De nombreuses initiatives ont été conduites par divers promoteurs de projets locaux visant à une meilleure prise en compte de la biodiversité dans l'agrosystème. Des agriculteurs, des fédérations de chasseurs, l'ONCFS, les Chambres d'agriculture et des firmes privées d'agrofourniture ont notamment montré la voie. Elles ont, par des actions de terrain innovantes, conduit à la définition de principes qui méritent aujourd'hui **une reconnaissance et un développement national.**

Le 30 mai 2006, chasseurs et agriculteurs (APCA/FNSEA/FNC/ONCFS) signaient une convention posant les bases de ces principes de partenariat. Depuis, de nombreuses initiatives régionales se font jour et viennent consolider les projets déjà en place. Ces démarches coordonnées sont opérationnelles dans pratiquement toutes les zones de grandes cultures, démarrent dans les zones bocagères et sont à l'étude sur d'autres types de territoires aussi représentatifs que les zones d'herbage, les zones humides, les vignobles et les vergers, les grandes cultures en openfield, les territoires en déprise.

S'agissant d'actions de développement, conduites dans un domaine « biologique » et donc marqué au sceau des aléas, de surcroît dans un secteur en pleine révision d'objectifs, adossé aux mutations des politiques agricoles de l'Union européenne et de l'OMC, chacun doit bien comprendre que le chemin est long.

L'objectif général d'Agrifaune est la construction effective d'un large partenariat au profit de la biodiversité et notamment de la faune sauvage avec son cortège d'espèces chassables et d'espèces menacées. Tous les espaces occupés par l'agriculture sont pris en compte. Il est fondé sur la volonté d'identifier, de mesurer et de développer ce que l'on appelle communément des itinéraires techniques favorables à la faune et compatibles avec les réalités de l'économie agricole.

Cet objectif s'appuie sur trois idées force :

• le conseil faunistique ou cynégétique aux agriculteurs ne peut être accepté et compris que dans la mesure où il est socialement et économiquement accepté par l'agriculteur : c'est le principe de durabilité ;

• personne parmi les acteurs du progrès ne peut seul conduire toutes les améliorations nécessaires ; il faut connaître la faune et ses habitats, identifier les causes des difficultés liées aux pratiques et expérimenter les solutions, faire du conseil agricole, organiser la rémunération des services rendus par l'agriculteur sur ces territoires et enfin, porter au plus haut niveau des améliorations du cadre législatif et réglementaire : c'est la nécessité du partenariat ;

• la crédibilité de toute recommandation s'appuie sur l'expérimentation à la bonne échelle de nouvelles pratiques de terrain : il faut donc travailler sur le terrain, au niveau de l'exploitation, lieu de décision économique, multiplier l'expérience sur des exploitations voisines à une échelle suffisante de surface et de temps. Doivent donc s'élaborer des « projets de territoire », chacun des acteurs impliqués souhaitant entrer dans une dynamique d'échange et donc de « réseau ». On part du terrain vers le national et non pas l'inverse. C'est le principe de réalité et de crédibilité.

Il faut trouver dans une pratique conduite à la bonne échelle, le meilleur « dénominateur commun », celui qui permette aux partenaires agricoles et cynégétiques de collaborer sur des exploitations agricoles : une ou deux exploitations, plusieurs exploitations dans un groupement d'intérêt cynégétique, une petite région agricole. Il est bien évident que la contribution effective de ces territoires à la biodiversité sera d'autant plus efficace que les agriculteurs-promoteurs feront école, qu'ils appliqueront eux-mêmes et leurs voisins les mêmes mesures, sur des zones du territoire naturellement connectées, assurant ainsi la **continuité territoriale du programme.**

Au fur et à mesure de son développement, Agrifaune permettra, sur le terrain, de conseiller des démarches porteuses, et au plan national et communautaire, de proposer en commun avec agriculteurs et chasseurs des aménagements réglementaires au profit de la faune sauvage et de la chasse, emprunts de réalisme et compatibles avec la performance agricole.

Jean-Louis BERNARD (SYNGENTA)

Partie III

# Productions végétales et faune sauvage : recommandations pour les pratiques agricoles

# Partie III

## Productions végétales et faune sauvage : recommandations pour les pratiques agricoles

SYNGENTA

Pour juger de l'impact des modalités de gestion de l'espace agricole sur la biodiversité, il faut garder à l'esprit l'extrême variabilité des milieux, tant agricoles que naturels. Des comparaisons hâtives sont donc assurément à l'origine de mauvaises interprétations. En fait, c'est au sein d'un même agro-écosystème qu'il est intéressant de juger la relation faune et pratique agricole. Connaître la biodiversité absolue d'un territoire n'est pas sans intérêt, mais reste un exercice très difficile à réaliser et extrêmement coûteux. On ne jugera donc qu'en suivant l'évolution dans le temps de certaines composantes de la biodiversité en fonction des changements de pratiques.

Dans les productions végétales, la notion classique de « pratique agricole » désigne l'un ou l'autre des différents travaux effectués au profit d'une culture. On a tendance à regrouper sous ce terme l'ensemble des actions mises en œuvre au fil de la saison par un agriculteur pour installer une production végétale, la conduire et la mener à bon terme jusqu'à sa récolte, tout en veillant à conserver la parcelle en bon état en prévision des cultures suivantes.

Nous avons vu que, pour bien des composantes de la faune sauvage, le territoire de l'exploitation et l'espace cultivé lui-même peuvent constituer un habitat convenable à condition que les animaux puissent y trouver :
- les ressources alimentaires (végétales ou animales) indispensables ;
- des abris vis-à-vis du climat adaptés à leur biologie, des refuges contre les prédateurs ;
- des sites de reproduction pour la nidification, la mise bas…

L'expérience montre que le cultivateur méconnaît généralement l'importance de la plupart de ces besoins essentiels. Pourtant, lorsqu'il dispose d'une information suffisante, il est le mieux placé pour orienter le choix des travaux et des aménagements en incluant le souci de la faune sauvage.

Dans une compréhension moderne du système d'exploitation, qui repose sur une approche globale du territoire, la notion de « pratiques agricoles » dépasse le seul cadre des cultures qu'elle englobe. On peut alors les définir comme l'ensemble des actions conduites dans le cadre de l'exploitation agricole afin d'assurer l'efficacité économique mais aussi de préserver les sols et les composantes environnementales dont dépend la durabilité du système productif.
Dans l'examen des pratiques suivant, nous avons essayé de mettre en avant un ensemble de recommandations connues comme présentant un bénéfice pour la diversité animale sur le territoire d'une exploitation. Une fois connues et comprises, la plupart de ces recommandations peuvent être mises en œuvre par un agriculteur individuel ou recommandées par lui-même à ses employés ou ses sous-traitants.

## A• Drainage et assainissement

L'incidence des opérations d'assèchement des zones humides (Partie I, A) ne sera pas évoquée dans ce chapitre. De telles opérations à grande échelle sont le plus souvent du ressort de collectivités, alors que le drainage et l'assainissement relèvent généralement d'initiatives individuelles.

# A1• Évolutions et perspectives

Assainissement et drainage font partie des améliorations foncières conseillées et pratiquées depuis des siècles. Les superficies soumises à ces travaux se sont donc accrues avec le temps.

Les sources statistiques dans ce domaine sont rares et incomplètes. Elles sont d'autant plus relatives que la valeur d'un réseau de drainage souterrain tend à décroître au fil des années en raison de l'obturation naturelle d'une fraction croissante du système précédemment établi. Une parcelle drainée voici un siècle n'est donc plus forcément à considérer comme telle aujourd'hui en raison de la perte d'efficacité du dispositif. Restaurer son efficacité passe par l'installation d'un nouveau réseau de drains.

Au cours des trente dernières années (fig. 19), on constate que la réalisation d'opérations de drainage a connu un très fort développement entre 1980 et 1990. Sur la période allant de 1975 à 2003, de tels travaux auraient porté sur près de 2 000 000 ha. Ce chiffre est vraisemblablement un minimum en raison de difficultés dans la collecte des données.

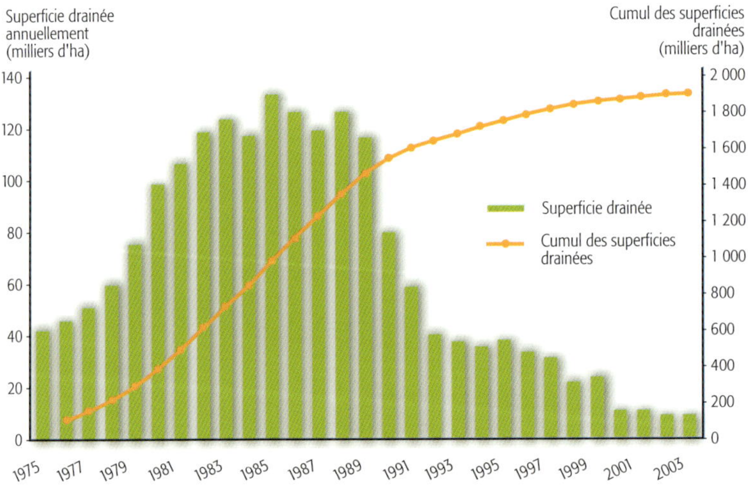


**Figure 19 :**
**Évolution des surfaces drainées au cours des trente dernières années (Vincent *et al.*, 2005)**[195]

D. GAUTHIER (CEMAGREF)

*La pose de drains pour assainir une parcelle de culture exige de bien penser l'installation au regard des éléments fixes paysagers.*

Depuis 1988, la tendance est à la diminution du nombre d'hectares drainés. Les surfaces concernées se stabilisent depuis 2000 autour de 10 000 ha par an selon les auteurs de l'étude récente du ministère de l'Agriculture et du CEMAGREF[195]. Toutes ces données confirment la tendance à la baisse de ce genre d'opération par rapport aux décennies antérieures. Les orientations de l'agriculture à court et moyen terme ne laissent pas entrevoir une reprise des opérations de drainage comparable à celle de la décennie 1980.

195 VINCENT B., KAO C. et NEDELEC Y., 2005. Statistiques sur le drainage agricole. Données disponibles, tendances, prospective - Note ministère de l'Agriculture et de la Pêche - CEMAGREF - septembre 2005.

Si la plupart des espèces de faune sauvage se contentent de l'eau contenue dans les aliments ou de la rosée pour satisfaire leurs besoins, quelques unes (grand gibier) ont besoin de boire ou de se souiller• dans des mares ou autres points d'eau. Seules les espèces aquatiques ont besoin d'eau libre toute l'année.

## A2• Incidences connues sur la faune sauvage

Les opérations de drainage et d'assainissement conduites à l'échelle de la parcelle ou du petit bassin versant ont une incidence contrastée sur la faune sauvage. Le désengorgement de terres antérieurement cultivées est favorable aux oiseaux qui piètent•, aux nicheurs au sol et aux espèces creusant des galeries, des terriers ou des rabouillères•. Par contre, celui de prairies humides modifie la flore, permet des coupes plus précoces… Lorsque le drainage s'accompagne d'un retournement de l'ancienne prairie, l'opération fait disparaître des milieux favorables à la nidification et au nourrissage d'un très grand nombre d'espèces, et notamment des oiseaux d'eau. La transformation d'une vieille prairie humide en culture fourragère, à base de graminées, installée après labour est de nature à influencer très profondément la biodiversité de la parcelle. La vie du sol et la microfaune sont concernées, de même que des indicateurs très visibles comme les lépidoptères ou les hyménoptères pollinisateurs.

Il convient de considérer chaque opération envisagée en fonction de ses caractéristiques particulières, notamment :

- la nature de la zone concernée,
- l'étendue territoriale du milieu qui sera ainsi modifié,
- l'importance que représente ce milieu pour la faune sauvage présente.

Certains groupes, comme les batraciens, sont systématiquement défavorisés par la suppression des mares, des fossés d'écoulement anciens et plus globalement, des zones humides.

## A3• Solutions expérimentées

Si de nombreux travaux permettent d'appréhender l'impact sur la faune sauvage d'une opération d'assèchement de zones humides, les informations sont moins nombreuses en ce qui concerne l'assainissement et le drainage de parcelles cultivées, pratiques qui affectent des territoires plus restreints.

Parmi les alternatives agricoles anciennes au drainage (toujours coûteux), on peut citer :

- les cultures en planches : autrefois très fréquentes en production céréalière, elles avaient pour objectif de permettre l'écoulement des eaux hivernales en excédent, eaux dont le séjour prolongé favorise l'asphyxie racinaire et la pourriture des semis. Ce procédé était traditionnellement associé à des pratiques spéciales (labours en planches). On imagine mal un retour rapide à de telles pratiques en raison du temps de travail nécessaire ;

Hervé GUYOT (OPIE)

*Dans les zones humides, les plantes hygrophiles des fossés ou des mares (ex. iris) constituent un élément fort de la biodiversité et offrent des micro-milieux intéressants.*

Jacky AUBINEAU (ONCFS)

*Libellule déprimée mâle. La présence d'eau sur une exploitation est source de richesse biologique.*

• l'entretien rigoureux du réseau de fossés en périphérie des parcelles et le raccordement des flaques hivernales par des façons manuelles ; l'activité des syndicats de drainage peut facilement reprendre là où elle a faibli ;

• l'apport de matière organique et d'amendements destinés à améliorer la structure du sol, favorisant la porosité et l'infiltration des eaux de pluie…

Ce n'est que très récemment que se sont développées en France les techniques simplifiées de travail du sol (TCS), qui améliorent la porosité. Plus ou moins poussées et parfois assimilables à un semis direct, ces méthodes ont en commun de peu perturber le sol, de permettre l'augmentation progressive du taux de matière organique dans les horizons superficiels, élément favorable aux lombriciens qui facilitent grandement la percolation des eaux pluviales vers la profondeur.

## Conseils pratiques

**Il est possible d'envisager les éléments de progrès suivants :**

1• **Connaître la position, l'étendue et la valeur faunistique des zones humides** existant au niveau du territoire d'une exploitation agricole : les mares, les fossés et cours d'eau, les résurgences, les prairies humides caractérisées par leur végétation (joncs, carex…), les marais, tourbières (fréquentes dans les régions herbagères du Haut-Jura, du Massif Central) et étangs éventuels.

2• **Mener une réflexion** sur l'impact que toute opération d'assainissement ou de drainage nouvelle pourrait avoir sur ces biotopes ; restreindre autant que possible le drainage aux seules cultures.

3• **Préserver les zones remarquables existantes** ; lors de l'aménagement de dispositifs enherbés ou de replantation de haies, faire en sorte de les inclure dans les périmètres non cultivés dans le cadre de contrats agri-environnementaux.

4• Autant que possible, maintenir des **pratiques extensives** pour favoriser la richesse écologique des milieux cultivés, en conservant la rentabilité par le recours aux aides publiques ; c'est particulièrement le cas des prairies d'élevage où la simplification de la flore et des charges animales par hectare trop élevées restreignent les possibilités pour la faune sauvage.

5• Rechercher le conseil des **pôles-relais du plan national pour les zones humides** pour évaluer les possibilités de faire évoluer les pratiques de gestion dans un contexte économique donné.

6• Nouer des partenariats avec des structures de protection de la nature capables d'aider à l'entretien des milieux humides remarquables (associations, conservatoires, fédérations de chasseurs).

## A4• Pistes de recherche et d'expérimentation

• Améliorer les éléments statistiques permettant de connaître l'importance pratique du drainage et des réalisations planifiées en vue de l'assèchement.
• Connaître avec précision l'évolution de la composition des peuplements d'animaux supérieurs en lien avec les caractéristiques d'humidité du sol et de saturation saisonnière en eau.
• Favoriser au niveau de chaque exploitation la possession d'une cartographie permettant d'identifier les zones biologiques caractéristiques, dont les zones humides.
• Tester des évolutions de pratiques d'élevage sur zones humides (alternatives au drainage) et vulgariser les modèles de production agricole les mieux adaptés aux besoins des agriculteurs.
• Améliorer les races rustiques d'animaux domestiques adaptées à l'exploitation de tels espaces afin d'en garantir la pérennité.

# B• Préparation du sol

## B1• Évolutions et perspectives

Dans le cas des grandes cultures entrant dans les rotations, la préparation des terres avant semis a longtemps fait appel au labour d'automne ou de printemps avec retournement du sol. Ce travail était complété par des passages de herse ou autres outils destinés à façonner le lit de semences. Pour les cultures pérennes (vigne, vergers...), le labour interligne sans retournement a longtemps été pratiqué, accompagné en viticulture d'opérations de buttage automnal et de débuttage printanier. Le travail du sol visait d'abord à limiter l'importance de la végétation adventice naturelle, qui entre en compétition avec la culture pour l'eau et les matières fertilisantes. Cette concurrence est d'autant plus grande que la culture est peu ou pas irriguée (vigne), conduisant à une intensification des interventions.

Labour et façons mécaniques concernent une fraction majeure des surfaces cultivées. La SAU totale soumise à préparation du sol en grandes cultures était de l'ordre de 12,6 millions d'hectares en 2005. S'y ajoutent les surfaces de jachères (1,3 million d'hectares en 2005) dont 400 000 ha environ de jachères industrielles annuellement cultivées.

Depuis plus de quinze ans, la préparation des terres a toutefois connu de grands changements avec l'apparition et l'extension de méthodes nouvelles comme le travail du sol sans labour ou le semis direct. On peut définir le travail du sol sans labour comme un ensemble de techniques diverses ne faisant plus intervenir la charrue dans l'itinéraire cultural, supprimant de fait le retournement du sol, ce qui laisse en surface les résidus de récolte accessibles à la faune. De son côté, le semis direct consiste à implanter la culture grâce au seul et unique passage d'un semoir approprié, sans aucun travail du sol préalable. L'extension aujourd'hui mondiale de ces techniques suppose l'existence de moyens efficaces pour contrôler l'herbe avant le semis. Le plus répandu de ces moyens est l'emploi d'herbicides foliaires à large spectre sans effet résiduel sur la germination des graines enfouies dans le sol.

L'enquête Agreste 2001 sur les pratiques culturales[196] montrait que le non-labour concernait plus d'un million d'hectares, extension rapide confirmée par des données plus récentes[197] (tab.13).

196 Agreste, 2004. Enquête Pratiques Culturales 2001 - Données nationales - Répartition des surfaces selon le type de travail du sol.

197 TROCHERIE F. et RABAUD V., 2004. Le développement des techniques culturales sans labour. Enquêtes « pratiques culturales ». CORPEN Éd., *Les techniques culturales sans labour : impacts économiques et environnementaux*, Paris, 12-16.

**Tableau 13 :**
**L'extension du non-labour en France (Trocherie et Rabaud, 2004)**

| Culture | Part de la surface en non-labour en **1994** (en %) | Part de la surface en non-labour en **2001** (en %) | Surface en non-labour en 2001 (en ha) |
|---|---|---|---|
| Blé dur | 37,4 | 44,0 | 100 200 |
| Blé tendre | 11,5 | 17,1 | 734 000 |
| Colza | 17,9 | 21,9 | 195 300 |
| Maïs fourrage | 1,7 | 4,4 | 60 300 |
| Maïs grain | 2,4 | 6,9 | 115 600 |
| Orge-escourgeon | 4,9 | 11,0 | 151 000 |
| Pois | 1,7 | 6,0 | 15 000 |
| Tournesol | 5,6 | 8,4 | 42 800 |

J. CLAYDON

*Le travail du sol simplifié fait de plus en plus d'adeptes en France, surtout dans les sols légers. Il présente de gros avantages vis-à-vis de la faune sauvage.*

Si l'extension de la préparation du sol sans labour est un phénomène national, la proportion de SAU concernée varie considérablement d'une région à l'autre. Ainsi, cette méthode est plus ordinaire dans les sols légers ou superficiels du Centre que dans les sols profonds du Nord ou de l'Ouest de la France, encore largement voués au labour traditionnel. En 2001, plus de la moitié des blés du Sud-Ouest ont été implantés sans labour.

Pour des raisons à la fois économiques (gain de temps, d'énergie, moindre usure des machines…), agronomiques (semis plus rapides, mieux optimisés par rapport au climat…) et environnementales (moindre érosion, meilleure gestion de la matière organique…), la simplification du travail du sol et un moindre recours au retournement apparaissent comme une tendance lourde.

Dans les **cultures pérennes** (viticulture, vergers), les différents systèmes d'entretien du sol qui ont cohabité au cours des vingt dernières années font appel à des façons mécaniques plus ou moins superficielles, à l'emploi des herbicides chimiques ou à l'enherbement. La plupart du temps, ces techniques sont combinées (ex. désherbage sur le rang et entretien mécanique entre les rangs) avec de forts particularismes régionaux ou culturaux. Ainsi, des vignobles tels que l'Anjou, l'Entre-Deux-Mers ou le Beaujolais ont vu se répandre l'enherbement inter-rangs alors que ce n'est pas le cas dans le midi. Autres exemples : la culture du pommier fait largement appel à l'enherbement interlignes alors que ce n'est pas partout le cas pour des arbres fruitiers à noyau comme le prunier d'Ente dans le Sud-Ouest ou l'abricotier en Roussillon.

## B2• Incidences connues sur la faune sauvage

Compte tenu du grand nombre des espèces vivantes concernées par la préparation des sols et de la complexité de leurs interrelations, on ne peut ici que résumer la problématique.

Soulignons tout d'abord que les véritables plantes messicoles*, liées aux céréales au point de n'avoir aucun autre refuge, sont en voie de disparition sur notre territoire, et ce pour des raisons variées : tri régulier des semences, généralisation du désherbage sélectif… La manière dont le sol est cultivé joue un rôle prépondérant dans leur maintien avec des aspects contradictoires qu'il faut connaître. Un désherbage répété, sous toutes ses formes (labour, binage, herbicides…), détruit régulièrement des plantes en place, amenuise petit à petit leur stock semencier et les conduit localement à l'extinction. En revanche, ces mêmes espèces (bleuets, coquelicots, nigelles, adonis…) ne peuvent survivre que s'il y a un labour annuel (pas plus de 15-20 cm). Le travail du sol est pour elles une condition de survie !

Pour les animaux, exception faite des petits rongeurs ou des taupes, les effets directs létaux sont la plupart du temps limités pour la macrofaune. Il n'en est pas de même pour les lombriciens, les arthropodes•, les mollusques… Dans tous les cas, les effets indirects sont très puissants.

**Tout travail du sol est par nature perturbateur des espèces vivantes.** Le fait de travailler le sol et de le retourner en vue d'un usage agricole a une incidence très forte sur la microfaune qui y réalise tout ou partie de son cycle biologique. Cette incidence, généralement négative, se traduit par une modification du cantonnement de la macrofaune qui en tire subsistance.

**Tableau 14 :**
**Influence du travail du sol sur la faune tellurique (nombre moyen d'individus par m²) sous une rotation sorgho-seigle** [198]

| | Travail conventionnel | Absence de travail |
|---|---|---|
| Araignées | 1 | 17 |
| Carabes | 7 | 33 |
| Lombrics | 149 | 967 |
| Collemboles• | 6 244 | 14 684 |
| Acariens | 41 081 | 78 256 |

Éric YTHIER

*Perturbées par le travail du sol, les araignées ont un rôle important pour limiter les ravageurs.*

**Cette perturbation est d'autant plus forte que le milieu « sol » est plus complexe.** Dans un sol soumis régulièrement et de longue date au travail mécanique, la diversité du vivant et l'activité biologique qui s'y rapportent sont plus faibles que dans un sol peu perturbé en milieu aérobie où de nombreuses espèces sont en relation. Par exemple, la remise en culture de pâtures anciennes faisant intervenir un labour et des façons superficielles exerce un effet dépressif très marqué sur la faune du sol : réduction de l'abondance des vers de terre, des arthropodes•, de certaines espèces de vertébrés (rongeurs, insectivores)… À outils comparables, cet effet du travail mécanique est moins net sur un milieu perturbé plus ancien tel qu'un champ qui serait labouré depuis des décennies. La perturbation occasionnée par la préparation du sol est à la fois directe (ex. destruction mécanique des larves d'insectes) et indirecte (ex. augmentation de leur prédation par les oiseaux).

Au delà de la faune du sol, un retournement de prairie équivaut à réduire les zones de nidification potentielle (bruant…), le potentiel alimentaire d'espèces consommant des vers de terre (bécasse, vanneau huppé, grives…).

**La répétition régulière du retournement du sol conduit à son appauvrissement biologique**. Les vers de terre ont été très souvent étudiés sur cet aspect. Les travaux pluriannuels conduits par l'ACTA et

198 HOUSE G.J. and PARMELEE R.W., 1985. Comparison of soil arthropods and earthworms from conventional and no-tillage agroecosystems. *Soil and Tillage Research*, 5 (4), 351-360.

l'ITCF (maintenant ARVALIS-Institut du végétal)[199] ont permis, par exemple, de comparer l'effet d'un labour annuel à celui d'un travail du sol superficiel sur les populations de lombriciens. Dans tous les cas, l'absence de perturbation du milieu par le labour se traduit par des peuplements de lombriciens plus importants (tab.15).

**Tableau 15.**
**Abondance des lombriciens dans différents essais comparant un labour à des techniques de travail du sol simplifiées (ACTA)[199]**

| Sites | Dates | Labour(*) | Travail du sol simplifié(*) | Nombre d'années d'expérimentation avant échantillonnage |
|---|---|---|---|---|
| Baziège (31) | Mars 1992 | 8,25 | 33,25 | 7 |
| | Mars 1993 | 4,25 | 9,19 | 8 |
| Courseulles (14) | Oct. 1994 | 15 | 75 | 2 |
| | | 14 | 108 | 2 |
| Nangeville (45) | Sept. 1994 | 2 | 9,5 | 2 |
| | | 2,5 | 6,5 | 2 |
| | | 1,5 | 63 | 2 |

(*) données exprimées en nombre de vers de terre/m² après extraction au formol.

De même, les sondages réalisés dans une expérimentation suisse après 10 ans de semis direct ou de labour montrent que, dans les parcelles en semis direct, la biomasse• lombricienne atteint 190 g/m² en moyenne sur sept ans, soit deux fois plus que celle observée dans le système avec labour (94 g/m²). Avec les années, l'abandon complet du labour permet d'atteindre des niveaux de population de lombrics comparables à ceux observés pour les prairies permanentes[200]. La ressource accrue en lombrics accroît donc la capacité d'accueil pour le gibier, notamment dans les exploitations d'élevage ou de polyculture-élevage.

Le travail du sol mécanique, profond et répété, réduit les populations de limaces par destruction mécanique des œufs et des adultes mais aussi par assèchement superficiel du sol et élimination des cavités qui leur servent de refuge[201]. Mais, de la même manière, il réduit les populations de carabes prédateurs des limaces. De nombreux travaux, comme ceux d'Elisabeth Fournier[202], montrent qu'au printemps et en été, la réduction du travail du sol bénéficie aux carabidés et à d'autres représentants de la faune du sol, contribuant ainsi à l'alimentation des poussins d'oiseaux (ex. alouette des champs, perdrix grise, faisans).

Des essais comparant labour et semis direct montrent que la préservation des carabes en l'absence de travail du sol apporte un bénéfice certain dans la régulation des populations de limaces[203]. Ainsi, Glen[204], qui a analysé la relation entre les populations de limaces et de carabes dans une parcelle de blé d'hiver, montre qu'il existe une corrélation entre ces deux populations : en juin, l'augmentation du nombre de

199 CHABERT A., 1996. Les lombriciens des sols cultivés : effets de quelques pratiques culturales sur les peuplements. ACTA Point n°4, ACTA Publications, 27 p.

200 MAURER-TROXLER C., CHERVET A., RAMSEIER L., STURNY W.G. et OBERHOLZER H.R., 2006. Biologie du sol après 10 ans de semis direct ou de labour. *Revue suisse agricole*, 38 (2), 89-94.

201 CHABERT A., 2006. Les limaces des cultures : éléments de gestion des risques. ACTA éditions, 64 p.

202 FOURNIER E., 1998. Impact de nouvelles pratiques agricoles sur la diversité des carabidés (*Coleoptera, carabidae*) dans un agroécosystème intensif. Thèse de doctorat, INA PG, 215 p. - FOURNIER E., 2000. Des insectes indicateurs de la restauration de la biodiversité en milieu agricole intensif. Le cas des carabidés en Beauce. *Insectes*, 118 (3), 5-8.

203 ARCHAMBAUD M., 2004. Limaces : trouver l'équilibre. *Revue TCS*, 30, 28-29.

204 Dans l'article de TCS cité réf. 203, GLEN D.M. cité, publication source : BOHAN D.A., BOHAN A.C., GLEN D.M., SYMONDSON W.O.C., WILTSHIRE C.W. and HUGHES L., 2000. Spatial dynamics of predation by carabid beetles on slugs. *Journal of Animal Ecology*, 69 (3), 367-379.

limaces s'accompagne d'une augmentation de la population de carabidés. Un mois plus tard, les carabes ont réussi à contrôler les gastéropodes : plus le nombre de carabes est important, moins la limace est présente. La représentation spatiale des deux populations montre que les limaces sont surtout présentes là où les carabes sont absents, et inversement. À l'échelle de plusieurs années, le contrôle des populations de limaces par les carabes est plus évident. Après l'explosion des mollusques, ce sont rapidement les carabes qui prennent le dessus. Au bout de cinq ans, les deux populations (proies et prédateurs) ont trouvé un équilibre bas.

André CHABERT (ACTA)

*Les limaces, qui se multiplient sur les résidus de culture non enfouis, sont principalement régulées par les carabes.*

Si les effets directs et indirects du travail du sol sur la microfaune sont indiscutables, **leur impact direct sur la macrofaune varie grandement selon la nature des outils mécaniques et la manière dont ils sont utilisés.** Il faut garder à l'esprit que toute technique présente souvent des aspects à la fois positifs et négatifs, y compris au sein de la même espèce. Par exemple, si le labour est parfois susceptible de faire des dégâts sur les levrauts, les irrégularités qu'il crée à la surface du sol augmentent pour plusieurs semaines la fréquence des gîtes protecteurs pour les adultes et les jeunes.

Parmi les outils traditionnels, la classique charrue à versoir détruit les rabouillères des lapins mais présente peu de risque pour les animaux (faible largeur travaillée, vitesse d'avancement réduite). Il en est de même pour des outils plus larges comme les déchaumeuses, les rouleaux… à condition qu'ils soient employés à faible vitesse, soit 4 à 6 km/h environ.

Les matériels utilisés pour les techniques sans labour ne sont pas exempts de critiques. Ils sont en effet employés à des vitesses dépassant 8 km/h et allant jusqu'à 25 km/h pour les plus rapides. De cette grande vitesse dépend souvent leur efficacité car ils ne font pas appel à la prise de force – donc à l'évolution de pièces rotatives dans le sol – et l'émiettement du sol est obtenu par l'effet de choc de la pièce travaillante sur la terre. Cette rapidité ne permet pas à l'animal de fuir.

Philippe GRANVAL (ONCFS)

*Roulage après labour d'une parcelle de grandes cultures.*

À noter que la nature des rouleaux (rouleau lisse, crosskill, cambridge…) utilisés pour la préparation de sol après labour ou après semis pour rappuyer le lit de semence semble avoir peu d'influence. Le facteur de risque majeur n'est pas alors en relation avec la vitesse d'avancement qui est faible (environ 6 km/h) mais avec la grande largeur de travail des outils (de 6 à 16 m)[205].

205 MALLET C. et SALENAVE J.-F., 1983. Impact du machinisme agricole sur le gibier. *Bulletin Technique d'Information*, 377-378, 133-142.

## B3• Solutions expérimentées

L'impact direct des outils traditionnels de préparation du sol sur la faune sauvage a plus souvent été évalué par des constats ponctuels que dans le cadre d'expérimentations construites.

En revanche, de nombreuses études de rotations diversifiées conduites sous des climats variés montrent que la préparation des terres cultivées sans retournement du sol apporte des avantages substantiels pour la faune et la flore. C'est le cas par exemple de travaux canadiens comparant zones sauvages et zones agricoles selon trois systèmes de culture : conventionnel, travail simplifié et biologique. Elles confirment que l'agriculture a toujours un impact sur les oiseaux, que les sites sauvages présentent à la fois une meilleure densité et une meilleure diversité. Ces deux critères permettent de considérer favorablement les techniques culturales sans labour[206] sans doute en raison du fait que les oiseaux trouvent alors plus facilement en surface du sol les ressources alimentaires qui leur sont nécessaires (graines d'adventices, résidus de récolte, invertébrés...). Les populations d'oiseaux, de vers de terre et les larves de coléoptères étudiées dans des parcelles de céréales d'hiver montrent des effectifs plus élevés dans les parcelles sans labour que dans celles soumises au travail conventionnel[207]. Les invertébrés, les oiseaux et les petits mammifères ont aussi été reconnus comme plus nombreux dans les parcelles sans travail du sol. Outre une nourriture plus abondante et accessible, les résidus de culture procurent à la faune un meilleur abri, notamment en hiver. Si on observe les catégories trophiques des invertébrés, il y a plus de prédateurs et moins d'herbivores dans les parcelles sans travail du sol[208]. Lokemoen et Beiser[209] estiment que les champs conduits en techniques simplifiées et en production biologique présentent une meilleure densité et une meilleure diversité des espèces et que ceci est particulièrement vrai pour les jachères. Pour ces mêmes auteurs, le succès des couvaisons devrait encore augmenter en travail simplifié si on limitait les interventions de printemps mais en revanche, le recours au travail du sol pour lutter contre les mauvaises herbes en système biologique a des conséquences néfastes sur les nichées.

Nicole CORNEC

*Les chaumes constituent des couverts hospitaliers pour nombre d'espèces et recèlent beaucoup de nourriture pour les espèces granivores.*

Il existe un débat sur la relation entre méthodes de culture et incidence de certaines maladies des plantes, pour les céréales en particulier. Dans les parcelles labourées, le travail du sol incorpore les résidus de récolte et les disperse dans la couche superficielle où ils subissent une dégradation rapide. Par contre, un labour mal réalisé peut laisser ces résidus au niveau de la semelle de labour où la dégradation est souvent plus aléatoire ; ramenés en surface par le labour suivant, ils peuvent même y apporter un inoculum infectieux qui aurait échappé à la dégradation. Dans les parcelles en semis direct, l'incorporation est surtout le fait de vers de terre

206 SHUTLER D., MULLIE A. and CLARK R.G., 2000. Birds communities of prairie uplands and wetlands in relation to farming practices in Saskatchewan. *Conservation Biology*, 14, 1441-1451.

207 CUNNINGHAM H.M., CHANEY K., WILCOX A. and BRADBURY R., 2002. The effect of non-inversion tillage on earthworm and arthropod populations as potential food sources for farmland birds. *Aspects of Applied Biology, Birds and Agriculture*, 67, 101-106.

208 WARBURTON D.B. and KLIMSTRA W.D., 1984. Wildlife use of no-till and conventionnaly tilled corn fields. *Journal of Soil and Water Conservation*, 39, 327-330.

209 LOKEMOEN J.T. and BEISER J.A., 1997. Bird use and nesting in conventional, minimum-tillage, and organic cropland. *Journal of Wildlife Management*, 61, 644-655.

plus nombreux qui, avec l'aide des micro-organismes, dégradent entièrement ces résidus dans l'année. Certains auteurs ont même montré que l'impact du piétin-verse et du piétin-échaudage peut être réduit par le recours systématique au semis direct[210]. Une dégradation rapide pourrait aussi permettre de diminuer l'impact de phytopathogènes comme les fusarioses[211]. En fait, c'est davantage la fréquence du retour d'une céréale sensible dans la rotation que la méthode de travail du sol qui augmente le risque de développement des maladies du pied[212].

## Conseils pratiques

Compte tenu des connaissances existant sur l'impact des différentes pratiques en préparation des terres, tant pour la faune du sol que pour la macrofaune terrestre, un certain nombre d'options de l'agriculture actuelle sont en conflit avec des pistes d'amélioration théorique qui sont :

- la réduction des vitesses d'avancement,
- la réduction de la largeur et de l'importance des trains d'outils.

Par ailleurs, labour ou non-labour relèvent de choix qui dépassent le seul objectif de favoriser la faune sauvage. Si l'adoption des techniques culturales sans labour ou du semis direct peut jouer un rôle très positif, elle doit aussi être considérée en fonction d'autres critères (nature des sols, maîtrise de l'érosion et de la fertilité, économie du système productif...).

**Afin de limiter les impacts directs sur la macrofaune, il est possible :**

1. De **créer des zones refuges dans les bordures** : un bord de champ enherbé non broyé ou une jachère en bande le long du parcellaire constituent des abris qui, à l'époque de la préparation des terres, hébergent la faune sauvage à l'écart des zones travaillées ;

2. D'**adapter la taille et la forme des parcelles** : des parcelles longues et étroites offrent au gibier de nombreuses possibilités de quitter la zone travaillée pour se réfugier en lisière ; il n'en est pas de même pour les grandes parcelles de forme sensiblement carrée ou rectangulaire ;

3. D'évaluer l'opportunité de **remplacer certaines pratiques mécaniques par des façons chimiques** ; par exemple, nettoyer les chaumes ou les labours reverdis à l'aide d'un herbicide foliaire non persistant plutôt qu'avec le passage d'un train d'outils ;

4. De **démarrer le travail de la parcelle par le centre** pour favoriser la dispersion des animaux vers l'extérieur de la partie travaillée ;

5. De **moduler la vitesse de travail des outils mécaniques** si une population de jeunes animaux (levrauts...) a été repérée en début de chantier ;

6. De mettre en œuvre un **dispositif d'effarouchement** si existant et/ou disponible.

Pour réduire l'impact direct sur la faune du sol et favoriser de ce fait la macrofaune qui s'en nourrit, toute évolution tendant à favoriser la diversité et le dynamisme de la vie des sols est à encourager.

210 ANKEN T., WEISSKOPF P., ZIHLMANN U., FORRER H., JANSA J. and PERGACOVA K., 2004. Long-term tillage system effects under moist cool conditions in Switzerland. *Soil and Tillage Research*, 78, 171-183. In MAURER-TROXLER C., CHERVET A., RAMSEIER L., STURNY W.G. and OBERHOLZER H.R., 2006. Opus cité (cf. réf. 200).

211 MAURER-TROXLER C., CHERVET A., RAMSEIER L., STURNY W.G. and OBERHOLZER H.R., 2006. Opus cité (cf. réf. 200).

212 JULLIEN J. et BODILIS A.-M., 1999. Techniques culturales simplifiées en grandes cultures. Incidences à prendre en compte pour la protection phytosanitaire. *Phytoma-La défense des végétaux*, 520, 22-27.

## B4• Pistes de recherche et d'expérimentation

• Recherches sur l'éthologie des animaux pour comprendre quels signaux pourraient les faire fuir ; test de méthodes d'effarouchement…

• Mise au point de mesures d'accompagnement du non-labour visant à réduire la pullulation des limaces et des adventices ; recherche d'alternatives à l'emploi des molluscicides.

• Étude et mise au point de matériels et équipements limitant la mortalité du gibier.

Dominique GEST (www.dgestim.com)

*Des bordures de parcelles aménagées constituent une zone refuge utile à l'époque des moissons.*

# C• Irrigation

## C1• Évolutions et perspectives

Autrefois limitée à des cultures méridionales ou à des productions particulières (horticulture, maïs…), l'irrigation s'est beaucoup étendue depuis les années 1980 vers les grandes cultures. Entre 1970 et 2005, nous avons assité à un triplement des surfaces irriguées.

**Tableau 16 :**
**Extension des superficies irriguées de 1970 à 2000 (SCEES)**[213]

| Année | 1970 | 1979 | 1988 | 2000 |
|---|---|---|---|---|
| Superficie irriguée (ha) | 588 700 | 800 500 | 1 147 000 | 1 575 600 |

Les méthodes ont aussi considérablement évolué. L'irrigation à la raie est aujourd'hui totalement marginale et les systèmes au goutte-à-goutte sont limités à l'horticulture. L'expansion s'est faite au moyen de dispositifs à grand rayon d'action tels que canons, rampes frontales ou pivots. Le déclenchement des irrigations, à l'origine teinté d'empirisme, se fait de plus en plus précis dans le cadre de systèmes raisonnés où les outils d'aide à la décision et les logiciels spécifiques tiennent un rôle grandissant.

SYNGENTA

*Les systèmes d'irrigation qui conduisent à des apports du type orage sont dommageables ; il faut préférer des systèmes plus légers et éviter d'irriguer les bordures.*

La couverture des besoins en eau des cultures a longtemps été assurée par le prélèvement au fil des rivières, les retenues ou les forages individuels. C'est tout le problème de l'approvisionnement global qui se trouve aujourd'hui posé, l'agriculteur étant en compétition avec l'industriel et les besoins domestiques des particuliers.
Après l'expansion des trente dernières années, il semble que l'extension des réseaux d'irrigation se

213 SCEES, recensements agricoles de 1970, 1979, 1988, 2000.

ralentisse fortement depuis 2003. Dans les secteurs où le manque d'eau est très pénalisant, comme certaines zones du Centre-Ouest, des cultures à cycle court (maïs précoces) ou peu exigeantes (colza et surtout tournesol) pourraient supplanter des productions traditionnelles plus consommatrices. Dans une économie agricole qui privilégie désormais l'optimisation des marges, on est conduit à s'interroger sur l'intérêt de cet investissement pour des cultures peu exigeantes en eau.

**Tableau 17 :**
**Évolution des superficies irriguées des exploitations professionnelles**[214]

| | En milliers d'hectares | | En pourcentage | |
|---|---|---|---|---|
| **Année** | **2000** | **2003** | **2000** | **2003** |
| Maïs | 734 | 701 | 49 | 38 |
| Céréales (sauf maïs) | 91 | 336 | 6 | 18 |
| Fourrages | 134 | 175 | 9 | 10 |
| Autres cultures | 135 | 170 | 9 | 9 |
| Cultures permanentes | 138 | 148 | 9 | 8 |
| Légumes frais | 126 | 142 | 8 | 8 |
| Oléagineux – protéagineux | 107 | 127 | 7 | 7 |
| Superficie toujours en herbe | 30 | 28 | 2 | 2 |
| Total cultures irriguées | 1 495 | 1 827 | 100 | 100 |

## C2• Incidences connues sur la faune sauvage

D'une manière générale, l'irrigation favorise la création d'un milieu humide peu propice à l'installation des nids, sauf en cas de forte sécheresse.

Les pratiques d'irrigation des céréales à paille, milieu de nidification par excellence, sont souvent données comme négatives pour la faune sauvage. On accuse l'aspersion de noyer les nids et de provoquer la mort des poussins[215]. En fait, c'est aussi l'équilibre thermique du jeune oiseau qui est affecté. Trempé dans un milieu où l'arrosage réduit la biomasse* d'insectes, le poussin peut mourir d'insuffisance alimentaire et de froid. Sur les sols limono-argileux, des boules de terre fine agglomérée se forment sur ses pattes et il arrive que les poussins se noient dans les flaques créées par un arrosage intense et bref, notamment dans les fondrières de passage de tracteur. Cette vision doit être nuancée en fonction de la période, de la météorologie, des dispositifs d'irrigation, de la quantité et du rythme des apports d'eau.

Cependant, pour une culture comme le maïs jugée favorable à l'abri de nombreux oiseaux de plaine mais peu propice à leur reproduction, il est vraisemblable que les irrigations, compte tenu de leur époque (juillet-août), aient une influence plutôt positive. Par contre, l'irrigation des cultures fourragères qui accélère la vitesse de croissance de la végétation, diminue notablement leur capacité d'accueil et peut faire abandonner leur nid aux poules couveuses[216].
Il ne faut pas oublier enfin que l'irrigation crée parfois des sites d'abreuvement dans les creux du sol. Il n'est pas rare de voir au gros de l'été des cervidés, des oiseaux, des insectes (hyménoptères, lépidoptères)... fréquenter assidûment les alentours des pivots ou des vannes d'irrigation en quête du précieux liquide qui fait défaut dans le milieu naturel !

214 Agreste, 2006. Opus cité (cf. réf. 16).
215 BIRKAN M., SERRE D., PELARD S. and SKIBNIEWSKI S., 1990. Opus cité (cf. réf. 59).
216 MALLET C. et SALENAVE J.F., 1983. Opus cité (cf. réf. 205).

## C3• Solutions expérimentées

Dominique GEST (www.dgestim.com)

*N'oublions pas que les espèces nicheuses (ici, une perdrix) installent souvent leur nid dans les premiers mètres de la zone cultivée.*

Très peu de références existent à ce sujet.

Il est à noter que sur la base des constats antérieurs, le référentiel national de l'agriculture raisonnée et certains cahiers des charges préconisent déjà de ne pas irriguer la bordure des parcelles de grandes cultures.

### Conseils pratiques

**MALGRÉ DES CONNAISSANCES RÉDUITES, IL EST POSSIBLE DE CONCEVOIR ET DE RAISONNER L'APPORT D'EAU AUX CULTURES EN TENANT COMPTE DES INTÉRÊTS DE LA DIVERSITÉ ANIMALE. ON PEUT PROPOSER LES PISTES DE PROGRÈS SUIVANTES :**

1. Dans le **choix des espèces et des variétés entrant dans l'assolement**, préférer des plantes à faibles besoins en eau.
2. Retenir comme un principe le fait **qu'une irrigation aura d'autant plus d'impact qu'elle intervient sur de grandes parcelles en zone de monoculture** plutôt que sur de petits champs en zones de cultures diversifiées ou alternées.
3. **Ne pas irriguer les bordures de champ**, les oiseaux préférant nicher dans ces bordures.
4. **Conserver des zones dégagées autour des champs cultivés** afin de faciliter le séchage des animaux sur place et d'éviter leur évasion vers les routes ou les voies fréquentées par des engins motorisés.
5. Raisonner au plus juste l'irrigation en diminuant l'ampleur des apports ponctuels est aussi un élément favorable à la faune sauvage ; éviter l'effet « orage ».
6. La période de mai-juin étant celle du risque le plus grand, introduire le risque d'impact sur les espèces nicheuses observées localement dans la décision de déclencher le ou les premiers tours d'irrigation.
7. Lors de l'implantation d'une bande enherbée ou d'une jachère en bordure de parcelles irriguées, **préférer des couverts plus attirants pour la faune que les cultures irriguées elles-mêmes** (ex. jachère avoine-chou-sarrasin, luzerne…).

## C4• Pistes de recherche et d'expérimentation

- Étude de stratégies économes en eau : variétés à cycle plus court ou à semis plus précoce minimisant les besoins ; substitution dans certaines régions de cultures exigeantes (ex. maïs) par des cultures moins consommatrices (ex. sorgho, tournesol).
- Sélection et mise en avant au sein de la même espèce cultivée des variétés les plus résistantes à la sécheresse.
- Accroître les connaissances sur les sites de nidification pour mieux gérer les risques éventuels.
- Tester le coût et l'efficacité de la non-irrigation des bordures…

# D• Fertilisation

Nous avons déjà signalé que tous les systèmes de production végétale font appel à des matières fertilisantes pour assurer une productivité régulière et économiquement satisfaisante.

## D1• Évolutions et perspectives

Au cours des quinze dernières campagnes, les quantités d'azote minéral épandues ont diminué de 12 % et retrouvent le niveau atteint en 1980. Celles de phosphore et de potassium ont connu une baisse forte et ininterrompue de près de 60 % durant cette période. Pour la période 1982-1992, la quantité moyenne des apports fertilisants[217], toutes cultures confondues, se situait à 90 unités d'azote par ha de SAU, 40 unités de $P_2O_5$ et 55 unités de $K_2O$.

Sur la campagne 2005-2006, les statistiques de livraison des fertilisants minéraux en France métropolitaine[218] correspondent par hectare de surface agricole fertilisable aux apports suivants :

- 2 206 milliers de tonnes d'azote, soit un apport d'environ 86 kg d'azote par ha,
- 597 milliers de tonnes de phosphore, soit un apport avoisinant 23 kg de $P_2O_5$ par ha,
- 735 milliers de tonnes de $K_2O$, soit un apport d'environ 28 kg de $K_2O$ par ha.

Ces chiffres recouvrent bien sûr une grande diversité de situations, en fonction des systèmes de production et des conditions pédoclimatiques.

Les apports d'azote sont réalisés à 85 % sous forme d'engrais azotés simples. Les ammonitrates représentent environ 50 % de l'azote simple devant les solutions azotées (31 %) et l'urée (15 %). Il existe aujourd'hui une forte tendance au fractionnement des apports. En 2005, 56 % des agriculteurs utilisaient la méthode des bilans pour ajuster au mieux leur fertilisation alors qu'ils n'étaient que 21 % en 1999. Cela montre bien que l'agriculture peut s'adapter aux demandes environnementales (préservation de la qualité de l'eau en l'occurrence). Le bilan publié par *Agreste primeur* du 9 avril 2003 chiffre à 715 000 tonnes, le solde du bilan de l'azote, qui représenterait 19 % du total des apports, d'origine organique et minérale.

L'emploi de produits organiques, engrais de ferme (fumier, lisier) ou produits résiduaires d'origine urbaine ou industrielle, ou d'amendements basiques (calco-magnésiens) est plus variable. Il dépend des systèmes d'exploitation (présence d'élevage ou non), des choix de conduite de l'agriculteur (acceptation ou refus des boues des stations d'épuration, exclusion des engrais de synthèse imposée par le cahier des charges de l'agriculture biologique…) et des besoins des sols en fonction de leur potentialité.

Les effluents d'élevage constituent de loin le principal gisement de produits organiques épandus à l'échelle nationale (280 millions de tonnes de déjections animales brutes) [219]. L'emploi de certains produits organiques, comme les déchets de l'industrie agroalimentaire, notamment sucrière, est plus fréquent dans des régions bien déterminées. L'épandage des boues de stations d'épuration concerne 1 à 2 % de la SAU française.

217 THEVENET G., 2000. L'utilisation et la maîtrise des intrants en céréaliculture. *Compte rendu des séances de l'Académie d'Agriculture de France*, 86 (3), 139-159.

218 UNIFA, 2007. Les statistiques de livraisons sont consultables sur www.unifa.fr.

219 DAVID F., 2004. Valorisation agricole des matières organiques en agriculture conventionnelle et raisonnée : pratiques et situation en France des essais agronomiques. Rapport des Journées techniques « *Retour au sol des matières organiques : acquisition de références agronomiques et environnementales : bilan et perspectives* », 27 et 28 avril 2004, Paris, 7-16.

SYNGENTA

*L'amendement le plus commun en agriculture est représenté par les apports de chaux pulvérulente dans les sols acides.*

Concernant les apports organiques, il est difficile de prévoir l'évolution des pratiques. La quantité des déchets organiques recyclés d'origine urbaine et industrielle devrait augmenter (amélioration des procédés de traitements...) mais les problèmes liés au transport et à l'acceptabilité de leur épandage ne permettent pas de conclure à une augmentation vraisemblable des quantités utilisées. Pour les effluents d'élevage, si les quantités produites diminuent avec la régression régulière des effectifs de ruminants (bovins, ovins), une meilleure répartition sur les parcelles pourrait être envisagée.

Selon les évolutions du coût de l'énergie et la politique que choisira l'Union européenne, le développement de la production des biocarburants ou de la biomasse• pourrait entraîner la remise en culture d'une partie des 1,3 million d'hectares actuellement en jachère. La tendance sur le long terme à un gain d'efficacité de l'azote minéral apporté ne devrait cependant pas être remise en cause à condition de respecter un équilibre entre toutes les composantes de la fertilisation (amendements et engrais de fond P, K, Mg...).

## D2• Incidences connues sur la faune sauvage

### Incidences directes

Pour la faune sauvage, les risques directs liés à l'emploi des éléments fertilisants classiques apparaissent faibles.

Cependant, les matières fertilisantes (organiques et minérales) peuvent contenir des éléments traces métalliques ou des composés traces organiques[220] dont les effets sur la faune sauvage sont mal connus. Les apports de déchets organiques (boues de stations d'épuration, déchets agroalimentaires...) sont encadrés par une réglementation qui en limite les quantités épandues.

La diminution de près de 60 % de la fertilisation phosphatée minérale depuis 15 ans a entraîné une forte limitation de l'apport de cadmium (Cd) dans les sols. Cet apport de 1 à 2 grammes de Cd par hectare et par an, lié à sa présence dans le minerai de phosphate naturel n'a pas conduit à constater une augmentation des teneurs dans les productions végétales. Elles restent bien inférieures aux seuils de précaution fixés par la réglementation européenne[221].

La plupart des études portant sur l'incidence éventuelle des métaux lourds sur la faune sauvage reposent sur la mesure de leur concentration dans les organes d'animaux considérés par les scientifiques comme de bons indicateurs de la contamination de l'environnement[222]. Il n'y a par contre que peu de travaux sur l'impact des

220 ACTA, ARVALIS, CETIOM, ENSAT, IDF, ITP, 2004. Étude des risques de transfert d'éléments traces métalliques du sol dans les plantes cultivées sur des sols enrichis en ces éléments. Rapport final Enveloppe recherche, 43 p.

221 BAIZE D., MENCH M., SAPPIN-DIDIER V., MOCQUOT B., GOMEZ A., PROIX N. et STERCKEMAN T., 2003. Phytodisponibilité des éléments traces métalliques dans les grains de blé. *Dossiers de l'environnement de l'INRA*, 25, 45-62.

222 ELLENBERG H., DIETRICH J., STOEPPLER M. and NÜRNBERG H.W., 1986. Environmental monitoring of heavy metals with birds as pollution integrating. Monitors-practical examples for the Goshawk, *Accipiter gentiles*. *Birds Prey Bull.*, 3, 207-211.

métaux lourds sur la survie des espèces, ou sur les effets secondaires précis des contaminations[223]. La substance la mieux étudiée est le plomb en raison des cas de saturnisme rencontrés chez des oiseaux d'eau ayant ingéré des plombs de chasse. Parmi les mesures prises dans le monde pour réduire ce risque, la principale consiste à utiliser pour la chasse des substituts au plomb, notamment le fer doux.

KVERNELAND

*L'apport du fumier issu des élevages n'est régulier que là où productions animales et végétales cohabitent.*

## Incidences indirectes

Les effets indirects liés à la fertilisation se situent à plusieurs niveaux, de l'échelle territoriale à celle de la parcelle.

L'utilisation d'engrais et d'amendements, notamment minéraux, a bouleversé le paysage agricole français à partir de la seconde moitié du XIXe siècle. Leur emploi a permis d'améliorer la fertilité des sols puis d'augmenter considérablement la productivité des surfaces consacrées à l'agriculture[224], libérant dans le même temps de nombreuses terres marginales qui avaient été antérieurement défrichées pour être cultivées. De ce fait, la forêt a progressé de 9 millions d'hectares depuis le début du XIXe siècle pour retrouver la même superficie qu'à la fin du Moyen Âge. Entre 1950 et 2000, les espaces boisés sont passés de 11,2 millions à 15 millions d'hectares. Ces espaces forestiers ou boisés constituent des habitats privilégiés, voire relativement protégés, pour nombre d'espèces de type forestier, notamment le grand gibier.

Dans le même temps, les fertilisants ont également contribué à valoriser les meilleurs bassins de production, participant dans ces zones au fil du temps à l'émergence de systèmes productifs spécialisés dont la pression sur la diversité du milieu est réelle.

Dans les parcelles, la fertilisation tend à modifier la végétation antérieurement présente. À l'intérieur des champs cultivés, la flore adventice est souvent dominée par des espèces nitrophiles (ex. chénopode dans le maïs) et devient progressivement différente de la flore indigène qui se réfugie en lisière. C'est le cas avec l'ortie, plante nitrophile porteuse de nombreux insectes, dont le tapis dense constitue une bonne zone pour la nidification des faisans. D'une façon générale, la fumure profite aux adventices en même temps qu'aux cultures. Il existe donc un lien entre fertilisation, nécessité et intensité des travaux de désherbage.

Dans les pâtures à flore naturelle composite, les engrais azotés favorisent la croissance des plantes qui en profitent le mieux, notamment certaines graminées, ce qui tend à diminuer la diversité botanique, simplifie les chaînes alimentaires qui en dépendent, sans d'ailleurs limiter pour autant la présence d'adventices puissantes comme les rumex. À l'inverse, la fumure de fond (P, K, Mg…) et les amendements basiques sont susceptibles de favoriser d'autres végétaux, en particulier des légumineuses prairiales comme les trèfles ou la luzerne qui induisent une plus grande diversité faunistique. En règle générale, la fertilisation des prairies augmente les rendements fourragers, ce qui autorise, à surface égale à accroître la charge en bétail ou à

223 SCHEUHAMMER A.M., 1987. The chronic toxicity of aluminium, cadmium, mercury and lead in birds; a review. *Environmental Pollution*, 46 (4), 263-295.
224 BOULAINE J., 1996. Opus cité (cf. réf. 51).

procéder à des coupes plus fréquentes. Cette tendance est très négative pour la flore et la faune, en particulier dans les régions semi-montagneuses.

Dans les sols, l'apport d'éléments nutritifs stimule l'activité biologique, en particulier lorsque ces apports sont réalisés sous forme organique[225]. Les organismes du sol stimulés par certaines fumures peuvent constituer une source alimentaire pour le gibier. Par contre, dans le milieu aquatique, l'augmentation de la concentration en substances dissoutes propices à la vie végétale peut déclencher des phénomènes d'eutrophisation des points d'eau qui modifient la composition antérieure des biotopes aquatiques... Au regard de ces déséquilibres nouveaux, le monde agricole met en œuvre des solutions palliatives telles que les bandes enherbées ou les CIPAN qui présentent des avantages pour la faune sauvage. Les cultures intermédiaires pièges à nitrates n'occupent cependant que 300 000 ha en 2003 sur le potentiel de 15 millions d'hectares qu'on leur prête.

Pour terminer, rappelons que l'apport de matières fertilisantes est associé à des interventions mécaniques dont les perturbations sont variables. Le fractionnement des apports d'azote, s'il limite les pertes d'azote, multiplie les passages d'engins dans les parcelles au printemps. L'épandage de matières fertilisantes organiques nécessite souvent l'enfouissement, la plupart du temps par un labour, afin de limiter les nuisances olfactives et les pertes d'azote par volatilisation.

## D3• Solutions expérimentées

Il y a peu d'études disponibles sur l'impact de la fertilisation sur la faune sauvage en grandes cultures ou cultures spécialisées. Les principaux travaux sur un possible effet direct des fertilisants concernent les métaux lourds. En revanche, la gestion de l'interculture et le piégeage des nitrates ont été à l'origine de nombreux essais de CIPAN.

La gestion moderne des prairies permanentes réduit la diversité floristique et la capacité d'accueil des oiseaux nichant au sol[226]. Or, les recherches menées par l'ONCFS et l'Université de Dijon en Val-de-Saône montrent que cette diversité floristique est importante pour donner une chance à des oiseaux comme la caille des blés d'effectuer leur cycle complet. Cette même diversité floristique est de nature à permettre des fauches plus tardives sans perte majeure en qualité de récolte. Ces données sont à rapprocher d'observations faites aux États-Unis[227], qui montrent que la diversité floristique des prairies et l'architecture des couverts sont deux des facteurs majeurs expliquant la variation des communautés d'oiseaux prairiaux en Amérique du Nord.

En Suisse romande, on a noté qu'une réduction de fertilisation des prairies pouvait avoir un effet bénéfique sur des papillons tels que le myrtil (*Maniola jurtina*), le demi-deuil (*Melanargia galathea*) ou le tristan (*Aphantopus hyperantus*)[228].

225 ACTA, 2005. Modalités agronomiques et effets environnementaux d'épandages de produits organiques en Plaine de Caen. Rapport final, 129 p.

226 BROYER J., 1998. Avifaune nicheuse et diversité floristique dans les prairies de fauche. *Gibier Faune Sauvage - Game Wildlife*, 15 (Hors série tome 3), 973-986.

227 ROTENBERRY J.T., 1985. The role of habitat in avian community composition: physiognomy or floristics ? *Œcologia*, 67, 213-217.

228 SRVA, 2005. Nature et agriculture. Classeur thématique mis à jour annuellement.

## Conseils pratiques

La réglementation qui encadre la protection des eaux souterraines et des eaux de surface a favorisé depuis une vingtaine d'années la mise aux normes des installations d'élevage, la vulgarisation des analyses de terre, du conseil de fumure et la réalisation de plans de fumure azotée en zones vulnérables. Parallèlement, l'utilisation de logiciels pour le calcul du plan de fumure, l'évaluation des reliquats azotés du sol en sortie d'hiver, les nouveaux outils de pilotage pour ajuster la périodicité des apports et les doses d'engrais aux besoins exprimés par les cultures... se sont largement développés. Mieux qu'auparavant, l'agriculteur est donc à même de raisonner la fertilisation sur son exploitation.

En matière de conseils pratiques, nous nous limiterons donc à rappeler un certain nombre des moyens – souvent abordés par ailleurs – susceptibles d'apporter des bénéfices à la faune sauvage.

**Pour limiter les effets directs :**

1. Vérifier l'**innocuité des fertilisants organiques** par rapport au cadre réglementaire, et notamment l'absence d'éléments traces métalliques ou organiques nocifs, en exigeant les résultats de l'analyse des produits à épandre.

2. Équiper de **dispositifs de bordure les épandeurs centrifuges d'engrais granulés** (norme NF EN 13739-1 de 2003) pour éviter de fertiliser en dehors du champ cultivé.

3. Créer des **espaces refuges en bordures de parcelles** : en effet, les bénéfices liés au fractionnement des apports d'engrais azotés, à l'enfouissement des apports organiques, ... justifient de promouvoir ces pratiques qui peuvent néanmoins avoir des conséquences négatives sur la faune sauvage. Il convient en conséquence de réserver des espaces protégés pour les animaux.

**Pour limiter les effets indirects :**

1. Maintenir la présence, encourager l'extension, voire le retour des **cultures à base de légumineuses dans l'assolement** ; élément clé pour la diversification des rotations, elles ne nécessitent pas de fumure azotée mais une simple fertilisation de fond (P, K, Mg...) pour exprimer leur potentiel ; très précieuses pour la macrofaune, elles constituent une opportunité pour le renouveau de l'entomofaune dans son ensemble ; excellent précédent pour le maïs et surtout les céréales à paille, elles permettent de limiter l'emploi de fertilisants azotés sur ces mêmes cultures.

2. Dans les **prairies permanentes**, favoriser les légumineuses par des apports azotés modérés et une fumure de fond adaptée à ces espèces ; des amendements et un mode d'exploitation convenables permettent à l'agriculteur d'améliorer la diversité des mélanges prairiaux et d'éviter une inversion de flore massive en faveur des espèces nitrophiles.

3. En cas d'apport de fumier, **préférer aux fumiers frais des lots bien compostés moins riches en graines d'adventices** ; la grande quantité de graines étrangères apportée avec ces amendements concourt à renforcer la mise en pratique d'un désherbage énergique pouvant pénaliser la flore naturelle.

4. La **création des bandes enherbées** destinées à limiter les transferts de produits phytopharmaceutiques et l'entraînement de nitrate, voire de phosphore, en dehors des parcelles est aussi une opportunité pour l'ensemble de la faune.

5. **Développer l'usage des CIPAN** pour piéger les reliquats azotés et favoriser la levée des repousses de colza et de céréales après la moisson ; beaucoup de ces couverts ont des vertus pour la macrofaune, d'autres sont très utiles aux pollinisateurs en période d'approvisionnement difficile (voir H – Gestion de l'interculture).

## D4• Pistes de recherche et d'expérimentation

• Lors des essais de fertilisation ou de sélection visant à tester l'aptitude des plantes cultivées dans des contextes pédoclimatiques variés, vérifier leur capacité à héberger une entomofaune caractéristique, leur propension à servir d'abri à la macrofaune…

• Évaluer plus précisément les perturbations engendrées sur la faune par les applications massives de fertilisants (lisier, azote liquide, chaulage…) en comparaison avec des méthodes tenues comme moins défavorables (ammonitrate en applications fractionnées, lisier injecté sous la surface du sol….) afin de mieux guider les pratiques.

• Élaborer un test de validité des CIPAN pour la biodiversité

# E• Protection des cultures

Le terme de « protection des cultures » recouvre un ensemble de pratiques que l'agriculteur met en œuvre pour prémunir ses productions végétales contre l'influence négative des agents biologiques qui entrent en compétition avec elles pour le rendement et la qualité.

Selon les cultures, la période d'intervention et l'ennemi visé, l'agriculteur dispose de diverses méthodes qu'il peut choisir ou non de mettre en œuvre :

• adaptation de la rotation pour éviter le retour trop fréquent de certaines cultures favorables à des ravageurs ou des parasites très pénalisants (ex. nématodes, sclérotinioses du soja, du tournesol et du colza, piétin-échaudage des céréales…) ;

• emploi de variétés résistantes pour limiter l'incidence des maladies cryptogamiques ;

• moyens physiques traditionnels (ex. épouvantail), appareils d'effarouchement pour éloigner les oiseaux des semis, brûlage des pailles et des résidus de culture (récemment interdit), arrachage de végétaux envahissants (ex. chardon) ou porteurs de maladies (ex. épine-vinette)… ;

• travaux mécaniques (labour, hersage, sarclage, déchaumage, broyage…) pour limiter l'envahissement des mauvaises herbes ;

• application de produits phytopharmaceutiques en pulvérisation (herbicides, insecticides, acaricides, fongicides), en poudrage (ex. soufre) ou en enrobage de semences, sous forme d'appâts, de diffuseurs de phéromones…, contre les adventices, les ravageurs où les maladies cryptogamiques, bactériennes ou virales.

Les choix doivent être raisonnés pour l'ensemble des productions végétales, y compris celles destinées à l'alimentation animale (ex. cultures fourragères). Les méthodes de protection des cultures concernent aussi les denrées récoltées qui peuvent être la cible de moisissures, plus fréquemment d'insectes ou de rongeurs que l'on s'efforce d'éloigner ou de détruire pour éviter la déprédation des denrées stockées.

SYNGENTA

*Préjudiciables à de nombreuses cultures, les fortes infestations de chardons sont combattues au moyen d'extirpateurs mécaniques, de broyeurs ou d'herbicides chimiques.*

# E1• Évolutions et perspectives

Au cours de la décennie 1995-2005, les méthodes de protection des cultures ont connu des évolutions sensibles qui peuvent être résumées comme suit :

• **développement de la protection raisonnée ou intégrée** faisant appel à une palette de moyens variés : génétiques, physiques, prophylactiques, chimiques, biologiques… à des systèmes d'alerte (ex. avertissements agricoles) et à divers autres outils d'aide à la décision ;

• **diminution sensible des quantités de produits chimiques** (fongicides, herbicides et surtout insecticides) appliqués sur les grandes cultures, ce phénomène étant moins marqué sur les cultures pérennes[229]. Le tonnage global des substances actives utilisées en agriculture fréquemment supérieur à 90 000 voire 100 000 tonnes annuelles avant 2000, a régressé de 40 % entre 1999 et 2006 ;

• **transformation assez nette de la pharmacopée chimique** soumise à de nouvelles règles de mises en marché[230], tant au niveau de l'Europe (ex. application de la directive 91/414/CE) que du territoire national (ex. réglementation sur les mélanges).

En ce qui concerne les appareils de désherbage mécanique ou les pulvérisateurs utilisés pour l'application des traitements, les statistiques sont faibles et les évolutions moins bien connues. Ce matériel tend cependant à s'adapter régulièrement à l'évolution des exploitations qui, en grandes cultures, voient une augmentation de la surface des unités de production.

*Le raisonnement des traitements insecticides repose sur le suivi des infestations avec des pièges adaptés.*

La plupart des informations disponibles tendent à montrer que cette transformation assez profonde va se poursuivre : diversification des méthodes et des moyens de protection, baisse de la quantité de produits chimiques utilisés, renouvellement de la pharmacopée en faveur de produits à l'écotoxicité mieux connue et mieux maîtrisée, encadrement de plus en plus marqué de leur utilisation, de la qualification des applicateurs et de la qualité du matériel d'application… Le rythme de ce changement reste extrêmement dépendant des orientations économiques de l'agriculture, des percées technologiques qui pourraient être faites dans certains domaines, d'orientations nouvelles dans le choix des cultures, de l'évolution qualitative du parasitisme…

La mise en œuvre récente de mesures obligatoires pour préserver la qualité des eaux de surface grâce à l'installation de bandes enherbées le long des cours d'eau, la création de zones non traitées (ZNT) destinées à limiter les effets résultant d'une dérive lors des applications, le contrôle obligatoire des pulvérisateurs (applicable en 2009)… sont des orientations dont on peut attendre des bénéfices pour la faune.

229 BERNARD J.-L. et RAMEIL V., 2005. Innovation en protection des plantes et consommation des produits phytosanitaires. *Phytoma-La défense des végétaux*, 584, 17-32.

230 MONNET Y. et MATHURIN J., 2006. La réglementation des produits antiparasitaires : évolutions récentes et perspectives. *Compte rendu des séances de l'Académie d'Agriculture de France*, 92 (2), séance du 25 janvier 2006.

## E2• Incidences connues sur la faune sauvage

Pour évaluer quelle peut être l'incidence des pratiques de protection des cultures sur la faune sauvage, il convient d'abord de différencier les notions d'effet direct et indirect.

On considère comme **effet direct**: les intoxications survenant avec des produits phytopharmaceutiques, l'écrasement d'animaux par des machines au travail, les blessures ou mortalités consécutives à des opérations de déchaumage ou de broyage des adventices, les dégâts résultant d'un brûlage des pailles...

On considère comme **effet indirect**: la privation d'abri consécutive à un déchaumage, la suppression d'insectes ravageurs (ex. pucerons, criquets) à une époque où certains oiseaux les recherchent pour leur alimentation, les choix variétaux qui uniformisent l'espace sur de larges superficies...

Certains de ces aspects (ex. dégâts de machines) étant pris en compte dans d'autres chapitres, nous aborderons prioritairement ici l'utilisation des produits de protection des plantes.

### Qu'est ce que le Réseau SAGIR ?

*Créé en 1986 par l'ONCFS, SAGIR est un système de surveillance sanitaire de la faune sauvage nationale. Il permet de diagnostiquer les causes du décès des animaux trouvés morts ou mourants, d'analyser les pathologies associées et de connaître le statut des espèces sauvages vis-à-vis de certains germes pathogènes, pour mieux connaître leur rôle de réservoir potentiel ou de vecteur pour les maladies transmissibles à l'homme ou aux espèces domestiques.*

*Il repose actuellement sur un partenariat entre plusieurs organisations :*

- *l'ONCFS, ses représentants régionaux et départementaux et plus particulièrement, au niveau national, l'Unité sanitaire de la faune (USF) qui supervise et coordonne ce réseau ;*
- *l'Agence française de sécurité sanitaire des aliments (AFSSA) de Nancy qui assure la saisie et la centralisation des données ;*
- *les laboratoires départementaux d'analyse et les laboratoires vétérinaires départementaux (LDA/LVD) qui réalisent l'autopsie, l'identification des parasites, des maladies bactériennes ou virales et, au besoin, la recherche de causes toxiques. Ces laboratoires sont appuyés par des entités plus spécialisées comme le laboratoire de toxicologie de l'École nationale vétérinaire de Lyon (ENVL), ceux de la Faculté de Reims (parasitologie notamment)... ;*
- *les Fédérations départementales des chasseurs (FDC) qui réalisent la plus large part des prélèvements sur le terrain et financent la majorité des analyses, appuyées dans certains départements par les Conseils généraux.*

*Grâce au travail de ce réseau, les épizooties• sont détectées très tôt et des mesures adaptées peuvent être prises rapidement. Les rapports annuels et leur examen pluriannuel cumulé identifient parmi les causes de mortalité des facteurs traumatiques ou toxiques dont certains peuvent être attribués à des activités agricoles.*

## Incidences directes

Il n'existe pas d'outils permettant de mesurer avec une précision totale l'impact direct de la protection des cultures sur la faune sauvage. Les systèmes européens les plus performants dans ce domaine sont le Wildlife Incident Investigation Scheme (WIIS) au Royaume-Uni et le réseau SAGIR en France.

ONCFS

*Le réseau SAGIR permet, en France, d'avoir un système de veille écotoxicologique performant pour identifier les intoxications parmi les autres causes de mortalité.*

Si ces enquêtes de terrain permettent de repérer les maladies émergentes, les mortalités suspectes..., la méthodologie présente des limites bien connues :

- tout ce qui concerne la prédation (première cause vraisemblable de mortalité) passe généralement inaperçu ;
- les maladies les plus courantes (ex. myxomatose), facilement diagnostiquées par les chasseurs et les techniciens, ne donnent de ce fait pas lieu à prélèvement ni à analyse, et n'apparaissent pas dans les statistiques annuelles ;
- les mortalités par traumatisme sont largement sous-évaluées pour les mêmes raisons (écrasement le long des routes, dégâts de faucheuses, suite de blessures consécutives à la chasse ou au braconnage).

*In fine*, malgré son caractère pluriannuel et l'effectif conséquent des animaux analysés, un tel dispositif ne permet pas de déterminer la part relative des principales causes de mortalité dans la faune sauvage. En revanche, il constitue un outil incontournable pour repérer l'apparition, préciser la réalité ou l'étendue d'incidents toxiques et envisager un examen approfondi de certaines populations en cas de suspicion.

Compte tenu de ces limites et suite à un premier bilan sur douze années d'études[231], la base de données SAGIR, actualisée avec les informations les plus récentes compilées par le réseau, permet de retenir les éléments suivants :

- la mortalité animale occasionnée par des affections bactériennes, virales ou parasitaires prouvées est majoritaire : elles représentent plus du tiers des cas examinés ;
- les traumatismes d'origines très diverses représentent moins du quart des cas examinés ;
- les causes toxiques sont de l'ordre de 9,1 % en moyenne et leur nombre varie assez nettement selon les années.

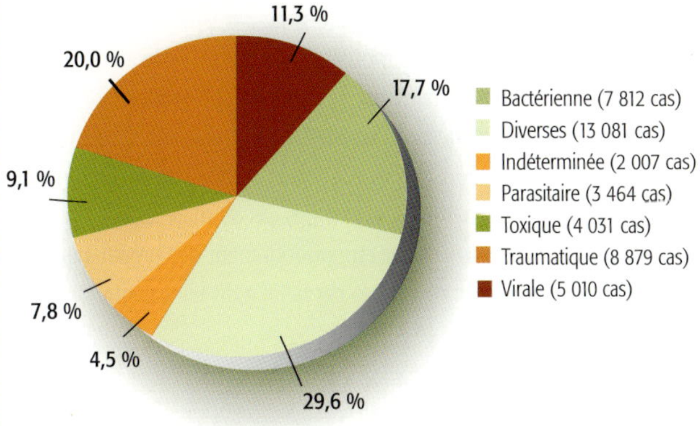


**Figure 20 :**
**Répartition des causes de mortalité recensées par le réseau SAGIR sur 44 284 cas examinés de 1986 à 2006 (données ONCFS-AFSSA)**

231 LAMARQUE F., ARTOIS M., BERNY P. et HATIER C., 1999. Réseau SAGIR : douze ans de toxico-vigilance. *Bulletin mensuel de l'ONC*, 246, 18-26.

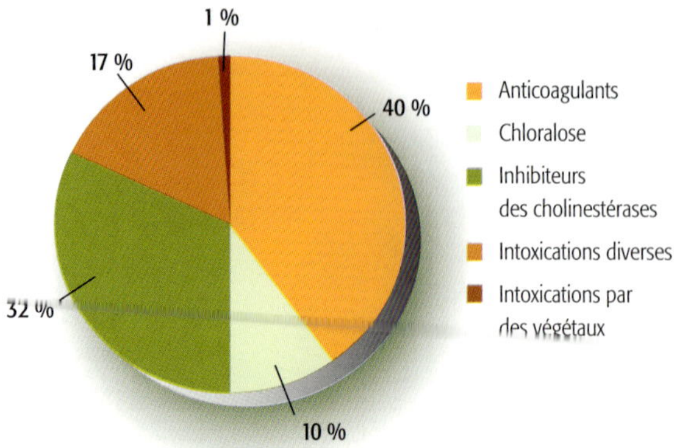


**Figure 21 :**
**Causes de mortalité par intoxication recensées par le réseau SAGIR de 1986 à 2007 - Examen des 3 850 cas recensés parmi les 51 360 animaux autopsiés par le réseau et dont les résultats sont disponibles informatiquement (données ONCFS-AFSSA).**

Parmi les causes traumatiques, il est très difficile de séparer le passage des engins agricoles utilisés pour la protection des cultures (outils à disque, bineuses, broyeurs, pulvérisateurs…) d'autres causes comme la circulation routière, le mouvement des diverses machines agricoles, les suites de blessures de chasse, les accidents de la vie naturelle…
En ce qui concerne les causes toxiques, l'examen des 3 850 cas recueillis depuis 30 années et disponibles dans la base informatique nationale permet de dresser la figure 21.

En ce qui concerne les produits phytopharmaceutiques, cette investigation ne met pas en évidence un risque qui puisse être automatiquement associé au danger potentiel (ex. DL 50) évalué pour chaque substance active préalablement à sa mise sur le marché. Par contre, certains groupes de substances sont particulièrement concernés comme les anticoagulants, le chloralose et certains inhibiteurs des cholinestérases qui représentent ensemble plus de 80 % des intoxications observées.

Les inhibiteurs des cholinestérases sont des insecticides variés correspondant à différents usages de la protection des cultures. Leur visibilité dans SAGIR concerne à la fois des mammifères et des oiseaux. Elle est principalement liée à deux éléments particuliers :
• le cas du furathiocarbe : ce carbamate autorisé pour l'enrobage des semences de pois a été jugé responsable de mortalités sur pigeon ramier et retiré du marché en 2002 ; peu avant cette date, il contribuait fortement aux données de son groupe ;
• les intoxications constatées avec diverses substances organophosphorées et carbamates : une très large proportion de ces mortalités trouve son origine, non pas dans l'usage agricole des spécialités qui les contiennent, mais dans des cas de malveillance ou d'emploi frauduleux de ces insecticides[232] alors destinés à réguler par empoisonnement des prédateurs comme le renard ; ces pratiques formellement interdites sont réprimées par la loi mais elles contribuent aussi aux statistiques du réseau d'observation.

La régulation des rongeurs, soit à l'intérieur des bâtiments (souris, rats…), soit lors de campagnes collectives en plein air visant le ragondin, le rat musqué ou les campagnols, fait appel à des substances rodenticides et plus particulièrement à des **anticoagulants.** Des cas de mortalités sont souvent notés sur des mammifères (lièvre, lapin, sanglier) ou les oiseaux (rapaces en particulier). Ils peuvent être consécutifs à la consommation par des carnivores de nombreux rongeurs eux-mêmes intoxiqués par l'ingestion d'appâts (intoxications en chaîne). Certains dégâts sur herbivores sont aussi occasionnés par un mauvais usage des appâts (ex. grains traités abandonnés en tas le long des parcelles, grains non enfouis restant en surface en queue de ligne quand on lève le semoir, appâts-carottes sur berges).

232 BERNY P., LAMARQUE F., BURONFOSSE F. and LORGUE G., 1998. Pesticide poisoning in raptors in France: results from the SAGIR network. *Gibier Faune Sauvage - Game Wildlife*, 15 (Hors série tome 2), 343-350.

Jusqu'à la fin des années soixante, en l'absence d'organisation de lutte collective, la lutte contre les petits rongeurs faisait appel au piégeage ou à des poisons violents tels que la noix vomique (strychnine) ou le phosphure de zinc qui étaient utilisés occasionnellement par les agriculteurs, parfois assistés de « taupiers ». Au début des années soixante-dix, l'aggravation des cycles de pullulation en termes de surfaces attaquées, d'intensité et de durée, a rendu nécessaire la mise au point de méthodes de contrôle appliquées à grande échelle dans un cadre collectif. Ce fut le cas, par exemple, pour le campagnol terrestre en zones de moyenne altitude. La lutte chimique a été privilégiée au moyen d'une substance anticoagulante, la **bromadiolone**, retenue avec une première homologation en 1978. Puis l'organisation des luttes a été confiée à des groupements de défense contre les organismes nuisibles (articles L 252.1 à L 252.5 du code rural). Les premiers appâts utilisés ont été les carottes sur lesquelles la bromadiolone était appliquée. Elle fut ensuite employée sur un appât sec, le blé, permettant, en raison de sa facilité d'emploi, une augmentation importante des surfaces de prairies traitées : 60 000 ha en 1998 en Franche-Comté et plus de 130 000 ha pour 1999-2000 en Auvergne[233].

Cette évolution a eu des conséquences très néfastes pour la faune sauvage (carnivores, rapaces et gibier, notamment sanglier) : les campagnols morts intoxiqués restent en effet accessibles aux prédateurs et aux charognards en surface du sol, posant de façon aigue le problème du maintien d'une stratégie de lutte curative au moyen d'anticoagulants. Les mesures récentes édictées par le ministère de l'Agriculture reposent sur une stratégie qui privilégie les mesures préventives et intègre à la fois connaissances nouvelles, information des utilisateurs et formation des applicateurs. Le problème du maintien à terme de la bromadiolone est d'ores et déjà posé par les autorités.

Des moyens alternatifs à la lutte chimique ont été expérimentés sur des surfaces restreintes (quelques centaines d'hectares) comme le piégeage et la lutte contre les taupes dont les galeries favorisent la colonisation par les campagnols. Des actions pilotes associent simultanément des luttes contre le campagnol à basse densité, contre les taupes, des modifications d'itinéraires techniques, des aménagements paysagers, des mesures qui favorisent la prédation et la protection des prédateurs. En dépit de ces efforts, le recours à des produits de lutte reste nécessaire et la lutte contre le campagnol devra encore faire à l'avenir l'objet de travaux importants.

**L'alphachloralose** est utilisée comme taupicide, mais aussi contre les souris dans les bâtiments. De longue date, elle est également employée pour limiter les pullulations de corvidés classés nuisibles. L'arrêté du 25 avril 2002 (dit « arrêté Cochet »)[234] interdit théoriquement son usage. Mais, à ce jour, les textes du code rural régissant l'utilisation de ce toxique n'ont pas été abrogés en parallèle par les autorités et leur antériorité de parution prévaut ! C'est l'emploi incontrôlé et dissocié de son objectif qui se traduit par des mortalités sur des espèces non cibles, notamment des oiseaux d'eau.

Dans le cadre des données pluriannuelles du réseau SAGIR, il apparaît donc que les dégâts directs des produits phytopharmaceutiques sur la grande faune sauvage se rapportent en fait à une minorité de familles chimiques ou de substances actives individualisées. La plupart des produits de protection des cultures ne sont pas identifiés comme étant à l'origine de dégâts directs.

233 TRUCHETET D., RUANT J., BEDEKOVIC P., PERREAL D., DEFAUT R. et DELATTRE P., 2005. Opus cité (cf. réf. 83).

234 Arrêté du 25 avril 2002 modifiant l'arrêté du 1er août 1986 relatif à divers procédés de chasse, de destruction des animaux nuisibles et à la reprise du gibier vivant dans un but de repeuplement, publié au *Journal officiel de la République française* du 4 mai 2002, 8530.

Les enquêtes menées au Royaume-Uni conduisent à des observations du même type, tant en ce qui concerne la nature que la famille chimique des substances incriminées. Dans ce pays, des études spécifiques sont régulièrement conduites pour enquêter plus en profondeur sur les cas d'intoxication avérée attribués à des produits phytopharmaceutiques[235]. En sus des espèces sauvages terrestres, les investigations portent sur le bétail et sur des animaux de compagnie (chiens, chats…) victimes d'empoisonnement. L'examen des cas enquêtés de 1996 à 2004 est très instructif. Il montre (fig. 22) :

- la prédominance numérique des situations où des pesticides ont été utilisés illégalement en vue d'empoisonner des animaux de façon délibérée ;
- la fréquence assez élevée des cas qui relèvent de l'ignorance ou du manque de professionnalisme des utilisateurs (produits renversés et abandonnés en plein air, emballages mal stockés, utilisation mal maîtrisée…) ;
- le faible nombre d'accidents reliés à des utilisations réalisées en conformité avec les conditions d'emploi fixées lors de la mise en marché.

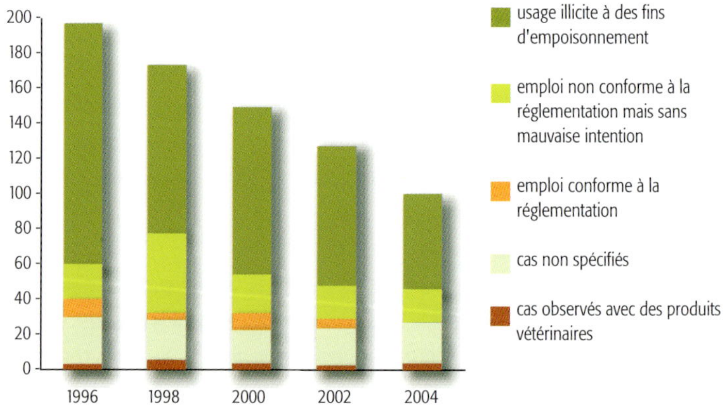


**Figure 22 :**
**Nombre de cas et analyse des causes d'empoisonnement par substance phytopharmaceutique enregistrés au Royaume-Uni sur des vertébrés en 1996 et 2004 (Barnett *et al.*, 2005)[235]**

Cet ensemble de résultats montre l'importance de la formation des utilisateurs afin de minimiser l'incidence directe des produits phytopharmaceutiques sur la faune sauvage.

## Incidences indirectes

S'il est aujourd'hui possible d'évaluer l'importance des effets négatifs directs des produits de protection des cultures sur la macrofaune sauvage, les effets indirects qui résultent de leur usage restent plus difficiles à cerner. Dans les conditions de pratiques ordinaires, la majorité des substances actives ne montre pas d'effet létal, pas plus qu'elle n'influence directement la reproduction de la macrofaune. Cependant, leur usage s'inscrit dans un contexte plus vaste qui est celui des systèmes de production où, tout en assurant leur service protecteur vis-à-vis des cultures, certains produits contribuent à réduire l'offre de

235 BARNETT E.A., FLETCHER M.R., HUNTER K. and SHARP E.A., 2005. Pesticide poisoning of animals in 2004 - Investigations of suspected incidents in the United Kingdom - A Report Environmental Panel of the Advisory Committee on Pesticides 2005, Department for the Environment, Food and Rural Affairs.

nourriture (insectes, graines d'adventices...) indispensable aux espèces sauvages vivant dans l'espace cultivé.
En fait, qu'ils soient génétiques, physiques, biologiques ou chimiques, le plus grand nombre des moyens de protection des plantes a pour objectif de préserver la culture en limitant la concurrence forte et régulière qu'exercent sur elle d'autres végétaux, des parasites ou des ravageurs, ce qui équivaut à appauvrir l'environnement au profit de la plante cultivée, et donc à diminuer la biodiversité.

Jean-Paul DAOUZE

*Dans les zones de plaine sans éléments fixes, le désherbage des cultures contribue à l'appauvrissement floristique du milieu.*

Prenons deux exemples :
- pour parer à l'envahissement d'une maladie cryptogamique précise ou aux attaques d'un ravageur donné, l'emploi d'une variété résistante, si elle est cultivée de manière dominante sur des champs très étendus, tend à créer un milieu uniforme qui est généralement défavorable pour la majorité des animaux qui partagent l'espace avec la culture en question. De même, l'emploi de fongicides dans l'objectif de s'affranchir des exigences de rotation facilite alors une monoculture artificielle conduisant à une chute de biodiversité ;
- sur un territoire agricole donné, une lutte très poussée contre les adventices mettant en œuvre ou combinant labour, binage mécanique et désherbage chimique conduit à un affaissement progressif de la diversité végétale. D'une part, cela diminue les ressources en graines ou matières vertes pour la vie animale et d'autre part, cela affecte l'entomofaune qui ne trouve plus de support à son cycle vital, ce qui réduit les sources de protéines pour la macrofaune.

Toute approche visant à minimiser l'incidence indirecte de la protection des cultures sur la faune sauvage ramène à un corpus de pratiques agricoles recommandables mais implique surtout une réflexion véritable sur un milieu dont l'organisation détermine la capacité de la faune à en tirer parti.

Par ailleurs, des familles de produits chimiques persistants, comme celle des organochlorés, ont eu, par ingestion de doses non létales, des impacts sur la reproduction, notamment ceux qui se concentraient dans les graisses et le vitellus, affectant alors la survie des poussins. Ces produits sont aujourd'hui retirés du marché mais les écotoxicologues continuent à travailler systématiquement ces aspects pour évaluer le risque pouvant être associé à des doses non létales.

## E3• Solutions expérimentées

Depuis plus d'un siècle, il existe de volumineux travaux sur les différentes manières de protéger une culture pour limiter l'impact parfois considérable des adventices, des maladies ou des ravageurs. Ces études portent sur des moyens de protection directs ou indirects, des mesures chimiques, physiques, prophylactiques, biologiques..., la sélection et la mise en culture de variétés résistantes, seules ou en mélange, les rotations destinées à minimiser les risques... Si les références scientifiques sont ici surabondantes, il existe beaucoup moins d'outils pour guider de façon rationnelle et économique un exploitant agricole qui souhaite tout à la fois préserver le potentiel des cultures et favoriser la faune sauvage présente sur son territoire.

La difficulté qu'éprouve l'agriculteur à contrôler les ennemis des cultures par des mécanismes naturels vient très souvent de leur faible capacité à limiter en temps opportun les pullulations de ravageurs ou de parasites, elles-mêmes parfois involontairement favorisées par l'homme. C'est le cas en particulier pour les cultures de plein champ (ex. pullulations de rongeurs, de pucerons, de chenilles, de larves de taupins, maladies cryptogamiques…).

Compte tenu de la nécessité de conserver une palette étendue de moyens de protection des cultures destinée à parer aux multiples évolutions constatées, un certain nombre d'actions sont déjà entreprises afin de limiter les effets directs sur la faune sauvage :

• évaluation *a priori* du risque représenté par les produits phytopharmaceutiques : la procédure d'AMM exige des études importantes avant toute autorisation de mise en marché ; une substance chimique présentant un niveau de risque estimé inacceptable n'est pas commercialisée ; tout produit mis en marché est assorti de recommandations d'emploi d'autant plus strictes qu'il présente des inconvénients potentiels ;

• étude des impacts *a posteriori* : c'est l'un des objets du réseau SAGIR en ce qui concerne la macrofaune ; à ce jour, la nature des principaux cas rencontrés avec des produits chimiques justifie et renforce l'intérêt de la procédure d'AMM.

Ce pilotage, bien qu'efficace, reste encore très perfectible. Il apparaît utile dans notre pays de développer le conseil en ce qui concerne la protection des cultures et le respect de la faune sauvage, incluant par exemple :

• un corps de recommandations de base plus précis, mieux connu et plus largement relayé par les acteurs du conseil à l'agriculture ;

• l'introduction de mesures simples dans les cahiers des charges généralistes et les grandes chartes de production (ex. qualification Agriculture raisonnée…) ;

• des mesures agri-environnementales relatives à l'emploi des produits phytopharmaceutiques qui intègrent plus systématiquement les besoins de la faune sauvage dans leur mise en œuvre…

Michel LEBORGNE (SYNGENTA)

*Pour éviter la dérive des embruns de pulvérisation vers les bordures et les haies, il est important d'améliorer le réglage, voire l'architecture du matériel employé.*

Conseils pratiques

**DANS L'ÉTAT ACTUEL DES DIFFÉRENTES PRATIQUES AGRICOLES ET QUELLE QUE SOIT LA CULTURE, LES ÉLÉMENTS SUIVANTS PEUVENT ÊTRE RECOMMANDÉS[236] :**

D'une **manière générale :**

1. Utiliser de façon raisonnée l'ensemble de la palette des moyens de protection disponibles : génétique, prophylaxie, méthodes physiques, biologiques, chimiques…
2. Minimiser l'incidence des bioagresseurs en mettant prioritairement en œuvre des mesures de lutte indirecte : choix variétal, utilisation d'auxiliaires locaux, fumures équilibrées…
3. Lorsque l'intervention directe est nécessaire, s'appuyer sur l'observation, les seuils d'intervention disponibles et les outils d'aide à la décision.
4. Combattre les phénomènes de dérive en optimisant le réglage des pulvérisateurs et en adoptant des buses à limitation de dérive.

Pour **éviter les effets directs** des produits phytopharmaceutiques :

1. Ne jamais utiliser ces substances pour le contrôle des animaux sauvages prédateurs des animaux domestiques ou du petit gibier ;
2. Respecter strictement les AMM, les conseils et précautions d'emploi figurant sur les étiquettes, notamment les préconisations d'un éventuel enfouissement de rodenticides ; choisir, lorsque c'est possible, les molécules présentant le moins de risques pour la faune sauvage.
3. Conserver ces produits dans des locaux fermés inaccessibles à la faune sauvage, au bétail et aux animaux de compagnie ;
4. Ne pas abandonner sur le terrain les emballages et les récipients souillés ;
5. Ne pas laisser s'écouler au sol la bouillie subsistant dans les fonds de cuve ; ces reliquats ainsi que les eaux de nettoyage des appareils doivent être gérés conformément à la réglementation en vigueur ;
6. Éviter de laisser des semences traitées en surface du champ ; si un sac de semences se crève, ramasser les graines pour réutilisation ou destruction et ne jamais laisser de tas en surface du sol ;
7. Ne pas traiter les bordures des champs : éviter en particulier d'y pulvériser des insecticides au printemps ;
8. Apporter un soin particulier lors de l'emploi des groupes de substances ayant montré dans certaines conditions des effets néfastes : rodenticides, alphachloralose, molluscicides principalement ;

Pour éviter les dégâts induits par des moyens de **désherbage mécanique** : ne pas utiliser le broyage mécanique des mauvaises herbes sans discernement ; entre mai et fin juillet, éviter le broyage mécanique destiné à désherber les bordures afin d'épargner la faune sauvage vivant au sol ;

Pour **limiter les effets indirects** de la protection des cultures :

1. Éviter de constituer de très grands blocs uniformes d'une seule espèce végétale ; préférer l'alternance systématique des cultures d'hiver et de printemps, si possible en bandes longues.
2. S'efforcer de diversifier la flore naturelle sur les zones non cultivées des exploitations en jouant sur les jachères, les bandes enherbées, les lisières et fossés…
3. Ne pas simplifier radicalement les bordures de parcelles (couvert simple broyé ras, sol nu persistant) pour conserver les chaines alimentaires qui en dépendent.
4. Diversifier autant que possible l'assolement et la composition variétale.

236 Sources multiples. Exemples : HAVET P., 2000. Gestion de l'espace, pratiques phytosanitaires et faune sauvage. *Phytoma-La défense des végétaux*, 531, 18-22 - Game Conservancy Trust's Farmland Ecology Unit, 1998. Guidelines for the management of field margins - Fact 2 Sheet - CAMUS A., BERNARD J.L., GRANVAL P. et CARIOLLE M., 2003. Gestion des bords de champs cultivés. ONCFS - Syngenta - ITB, 20 p.

## Informations nouvelles sur la lutte contre les vertébrés nuisibles (juillet 2007) Source : Législation en vigueur et fiches techniques des FDGDON[237]

*Avant toute chose, il est important de rappeler que depuis la parution de l'arrêté du 25 avril 2002[238] modifiant l'arrêté du 1er août 1986[239] relatif à divers procédés de chasse, de destruction des animaux nuisibles et à la reprise du gibier vivant dans un but de repeuplement, les produits chimiques sont interdits pour lutter contre des espèces gibier (oiseaux ou mammifères).*

*Une seule exception subsiste encore pour peu de temps : la lutte contre les rongeurs aquatiques nuisibles, c'est-à-dire le ragondin et le rat musqué, toutes deux espèces-gibier. Selon l'arrêté du 6 avril 2007[240] relatif au contrôle des populations de ragondins et de rats musqués, la lutte chimique à l'aide d'anticoagulants sous forme d'appâts (bromadiolone contre le ragondin et chlorophacinone contre le rat musqué) est tolérée à titre exceptionnel pour la régulation de ces espèces jusqu'au 31 mai 2009. Cette lutte ne peut être entreprise que dans le cadre d'une action pilotée par la FDGDON.*

*Le particulier ne doit pas recourir à des produits phytopharmaceutiques, quels qu'ils soient, pour agir sur les populations d'espèces-gibier nuisibles aux productions végétales et/ou aux habitats colonisés. Il peut par contre utiliser d'autres moyens de lutte autorisés (piégeage, tir au fusil, tir à l'arc, déterrage...).*

*Dorénavant, en milieu rural, les seules luttes menées contre des espèces vertébrés déprédateurs des cultures, et ayant recours à des produits chimiques concernent la taupe commune (alphachloralose et phosphure d'hydrogène), les diverses espèces de campagnols et le mulot sylvestre (anticoagulants). Ces espèces ne sont pas protégées et sont inscrites sur la liste des organismes nuisibles aux végétaux par arrêté du ministère de l'Agriculture du 31 juillet 2000 (annexe B)[241]. L'alphachloralose peut être aussi utilisée contre les corvidés.*

*Le bon usage de ces produits homologués s'articule autour des principes de base suivants :*

1. *respecter les doses homologuées ;*
2. *respecter le contenu des arrêtés ministériels encadrant les luttes collectives ;*
3. *en lutte collective ou en lutte individuelle, intervenir en tout début de colonisation de la culture, afin de diminuer les quantités d'appâts et les risques d'incident inhérents à une mauvaise application ;*
4. *respecter les quantités d'appâts conseillées à l'hectare et préférer deux applications à 15 jours d'intervalle plutôt que l'augmentation de la quantité déposée en une seule fois ;*
5. *pour les applications mécaniques, dans la lutte contre le campagnol des champs (et le mulot sylvestre), appliquer les appâts avec une hauteur minimale de végétation de 10 à 15 cm. Pour la lutte contre les campagnols souterrains (campagnols terrestre et provençal), veiller à utiliser le matériel préconisé (charrue sous-soleuse) et surveiller la formation éventuelle de tas lors du démarrage du creusement des galeries artificielles ou lors de la levée de la charrue en bout de champ ;*
6. *pour les applications manuelles d'appâts toxiques dans les terriers, préférer une petite quantité par orifice en augmentant le nombre d'orifices, et ne jamais faire déborder l'appât hors de l'orifice ;*
7. *toute méthode d'application non validée est à proscrire, en particulier la confection de tas d'appâts à l'air libre ou sous simple abri (tuile, tuyau...) ;*
8. *pour la lutte contre les taupes avec l'alphachloralose, utiliser de préférence les vers de terre qui sont si appréciés de ces animaux et respecter la méthode d'application : mettre l'appât dans un orifice creusé au niveau d'une galerie principale et refermer soigneusement et systématiquement ;*
9. *pour la lutte contre les taupes avec le phosphure d'hydrogène, seules des personnes certifiées, c'est-à-dire ayant réalisé un stage de 3,5 jours et munies du matériel adéquat, des assurances nécessaire et dont la structure employeuse possède l'agrément annuel, peuvent utiliser ce produit.*

237 Fédérations départementales de groupements de défense contre les organismes nuisibles.

238 Arrêté du 25 avril 2002. Opus cité (cf. réf. 234).

239 Arrêté du 1er août 1986 relatif à divers procédés de chasse, de destruction des animaux nuisibles et à la reprise du gibier vivant dans un but de repeuplement, publié au *Journal officiel de la République française* du 5 septembre 1986, 10769-10770.

240 Arrêté du 6 avril 2007 relatif au contrôle des populations de ragondins et de rats musqués. Opus cité (cf. réf. 67).

241 Arrêté du 31 juillet 2000 établissant la liste des organismes nuisibles aux végétaux, produits végétaux et autres objets soumis à des mesures de lutte obligatoire, publié au *Journal officiel de la République française* du 31 août 2000, 13502-13506.

À ces recommandations importantes, et afin d'éviter les pullulations spectaculaires du campagnol terrestre sur les prairies tout en limitant le recours à la lutte directe, on peut conseiller de :

- favoriser une diversité dans l'assolement en remettant en culture une partie de l'exploitation : le labour détruit les galeries et les risques de pullulation sont amoindris ;
- maintenir ou replanter des linéaires fixes dans le paysage ; ils sont bien utilisés par les prédateurs du campagnol qui ne s'enfoncent pas profondément dans les parcelles. La prédation régulière a pour effet de restreindre ou d'espacer les pullulations[242].

FDGDON Loire-Atlantique

*Lutte collective avec appâts contre le ragondin. C'est à l'échelon d'une entité territoriale et d'une population qu'il faut maîtriser le traitement ou envisager la régulation par d'autres méthodes.*

## E4• Pistes de recherche et d'expérimentation

- Poursuivre le développement de substances phytopharmaceutiques à faible risque pour la faune sauvage.
- Progresser dans la conception et la mise en œuvre de moyens de régulation qui minimisent la tentation à un recours aux substances illégales pour capturer ou tuer les renards, les corvidés… et autres prédateurs.
- Au delà des travaux de SAGIR, mettre en place une biovigilance élargie qui prenne en compte des bio-indicateurs reconnus de la microfaune.
- Préciser la valeur des aménagements parcellaires ou paysagers capables de contribuer à la protection des cultures (ex. végétaux source d'auxiliaires).
- Travailler sur les méthodes alternatives à la lutte chimique pour contrôler les petits rongeurs.
- Poursuivre l'évaluation de cultures basées sur des stratégies de diversification variétale au sein de la même parcelle afin de réduire l'impact économique des maladies en jouant sur les résistances différentielles.

La volonté de réduire la contamination de l'eau par des substances chimiques (fertilisants ou produits phytopharmaceutiques) peut conduire à encourager des systèmes ou des pratiques agricoles alternatifs dont les effets sur la faune sauvage ne sont pas tous positifs. C'est le cas de la substitution du maïs par des prairies temporaires soumises à la fauche. Il importe de poursuivre l'évaluation des risques consécutifs à de tels changements de mode de gestion des habitats en comparant les grands types d'agriculture.

# F• Opérations de récolte

Si les opérations de récolte en cultures pérennes ne posent que peu ou pas de problèmes à la faune sauvage, celles conduites pour certaines cultures annuelles sont tenues comme très pénalisantes.

242 DELATTRE P., QUÉRÉ J.P., GIRAUDOUX P., GROLLEAU G., HABERT M. et TRUCHETET D., 1999. Lutte chimique et campagnol terrestre - Mise au point du réseau scientifique *Populations et paysages. Courrier de l'Environnement de l'INRA*, 36, 111-113.

Il faut cependant distinguer :

• des cultures peu problématiques comme la betterave et la pomme de terre dont le mode et l'époque tardive de récolte ne perturbent que temporairement la faune ; il en est généralement de même avec le maïs grain. Quelques jeunes mammifères tapis dans les cultures ou des rongeurs peuvent cependant se laisser surprendre lors de travaux de décolletage ou de broyage des fanes qui seraient rapidement exécutés ;

• des chantiers plus sensibles comme les récoltes de céréales à paille, de pois, de luzerne ou la fauche des cultures fourragères et des prairies naturelles focaliseront davantage notre propos. Car toute action correctrice est ici de nature à montrer des effets positifs pour la faune sauvage.

## F1• Évolutions et perspectives

L'évolution des machines de récolte a depuis bien longtemps relégué à des images du passé le travail manuel (faux) ou les anciens outils mécaniques caractérisés par une faible vitesse d'avancement et une barre de coupe étroite (ex. moissonneuse-lieuse). Il est difficile cependant d'avoir des statistiques très fiables sur l'état du parc actuel.

Pour les céréales à paille comme pour les fourrages, l'évolution du matériel de récolte s'est faite dans le sens d'une plus grande efficience avec une augmentation du nombre des machines automotrices dotées d'une vitesse d'avancement accrue. Dans le même temps, la barre de coupe des moissonneuses-batteuses ou des faucheuses est passée d'une largeur de 3-5 mètres à 4-9 mètres[243].

Dans les cultures fourragères, les faucheuses rotatives « simples » et les petites presses rectangulaires disparaissent, supplantées par les faucheuses-conditionneuses. Les presses de taille très importante ou les presses à balles rondes ont vu leur nombre passer de 70 950 en 1988 à 127 297 en 2000[244]. Ces machines travaillent à 8-12 km/h, remplaçant les anciennes presses qui avaient des vitesses d'avancement de 2-3 km/h.

Dominique GEST (www.dgestim.com)

*Quand on moissonne à plusieurs machines, il est préférable de ne pas travailler de front.*

Les moissonneuses-batteuses actuellement commercialisées sont, pour la plupart, équipées d'un broyeur à pailles, mais son emploi effectif lors de la récolte varie selon les régions agricoles. En zone d'élevage, les pailles récupérées pour le bétail ne sont pas broyées à la moisson. Dans les secteurs de grandes cultures, la paille est souvent commercialisée et n'est donc pas broyée lors de la récolte. Cette pratique varie cependant selon les années, les régions et la fluctuation de la demande en paille. Cela étant, un nombre croissant d'agriculteurs utilise effectivement le broyeur qui disperse la paille derrière la machine (> 30 % selon le BCMA) : ce qui correspond souvent au souci de conserver au sol un taux de matière organique élevé, et/ou de favoriser le semis suivant (colza en

243 ESTANOVE P., BCMA. Communication personnelle.
244 Agreste, 1989 et 2001. Recensements agricoles 1988 et 2000. Opus cité (cf. réf. 120).

particulier), et/ou d'amorcer une décomposition rapide des pailles pour éviter un sol creux lors du labour, et/ou d'améliorer la situation sanitaire de la culture suivante…
La recherche d'un matériel de récolte plus efficient est une préoccupation constante pour l'industrie du machinisme et un souhait ordinaire de ses clients, les agriculteurs. Cette évolution ne peut donc que se poursuivre.

En revanche, une reconnaissance objective des risques pour la faune fait que cette évolution devrait à l'avenir s'accompagner :
• de la mise en œuvre de pratiques d'usage capables de minimiser les dégâts directs sur les animaux sauvages : c'est la responsabilité première des commanditaires, des chefs de chantier et des conducteurs d'engins ;
• d'une recherche plus vigoureuse permettant de mettre au point et d'intégrer sur les moissonneuses, les faucheuses et les presses de l'avenir un ensemble de dispositifs nouveaux destinés à minimiser les risques d'accidents pour les principales espèces sauvages reconnues comme fréquemment victimes des machines actuelles.

## F2• Incidences connues sur la faune sauvage

On peut enregistrer un effet négatif des travaux de récolte sur la faune lorsque ceux-ci rassemblent une ou plusieurs caractéristiques défavorables, en particulier :
• leur concomitance avec une phase sensible du cycle biologique d'une espèce sauvage considérée,
• des pratiques mécaniques présentant un danger,
• l'organisation et la taille des parcelles avec présence d'abri ou non à proximité des zones travaillées.

La période de risque maximum en fonction de la biologie des animaux est assurément celle de la nidification chez les oiseaux et de la mise bas chez les mammifères. Sous nos climats, la plupart des espèces voient apparaître les jeunes entre la fin du printemps et le début de l'été, ce qui signifie que les chantiers de récolte réalisés d'avril à début juillet présentent plus de risques que ceux intervenant d'août à octobre.

En ce qui concerne l'emploi des machines, les principaux points à considérer sont les suivants :
• la vitesse d'avancement : c'est assurément l'un des facteurs les plus importants dans la constitution des dégâts. C'est particulièrement vrai lors de la coupe des fourrages et de leur mise en balles où beaucoup de presses modernes travaillent à plus de 10 km/h ;
• la largeur du front d'attaque de la machine : indépendamment de la largeur des barres de coupe, faire travailler plusieurs machines de front est une cause de mortalité très importante de la faune de plaine ;
• le mode d'utilisation : plusieurs moissonneuses ou faucheuses travaillant en même temps dans une parcelle augmentent les risques de blessures ; perturbés par le bruit venant de directions différentes, les animaux encerclés dans la végétation lors des chantiers ont parfois du mal à fuir et peuvent être tués lors des derniers passages ;
• le réglage des machines : une barre de coupe qui passe à 15 ou 20 cm au-dessus du sol épargne de nombreux animaux : c'est généralement le cas de la récolte du colza ; il n'en est pas de même lors de la récolte d'un pois, de la fauche d'une prairie artificielle ou de la coupe rase d'une luzerne : ces cultures exigeant une récolte près du sol, les pièces travaillantes viennent alors au contact de nombreux petits animaux ;
• l'heure de la journée : les chantiers nocturnes sont en général plus meurtriers car les jeunes oiseaux et mammifères manquent de repères pour la fuite ;

• les travaux complémentaires à la récolte : ceux qui consistent par exemple à reprendre des andains de paille ou de fourrage pour confectionner au moyen de ramasseuses-presses des balles rondes ou parallélépipédiques happent des animaux gîtés sous l'andain dont les cadavres se retrouvent dans les balles pressées.

## Incidences directes

Les dégâts directs résultent de l'écrasement d'animaux mais surtout de blessures et de traumatismes mortels survenant lors du passage des machines. Toutes les espèces de plaine nichant au sol ou y déposant leurs jeunes sont susceptibles d'être touchées, y compris des animaux de grande taille tels que chevreuil[245], lièvre, faisan ou perdrix.

Lors des moissons, les couveuses sur les nids au sol, les oisillons, les poussins ou les jeunes mammifères sont les plus pénalisés, de même que des prédateurs nichant dans les céréales comme le busard cendré. Sur des oiseaux comme la perdrix, l'importance des dégâts peut être accrue lors d'un printemps pluvieux ayant entraîné un échec des premières couvées ; les couvées tardives issues d'un recoquetage devenant sensibles aux travaux agricoles au delà des périodes habituelles indiquées pour l'espèce.

Sébastien COLLIGNON

*La reprise des pailles occasionne quelques surprises car les animaux, ici un blaireau, le plus souvent des lièvres ou des lapins, utilisent les andains pour s'y mettre à l'abri.*

Les mammifères, et tout particulièrement le lièvre, qui gîtent volontiers dans les andains de paille sont susceptibles d'être détruits lors des travaux de collecte ou de broyage.

Les zones de prairies destinées à l'ensilage et établies en bordure de cours d'eau ou de plan d'eau offrent aux canards un habitat propice à la nidification. Des travaux conduits par l'ONCFS dans les Dombes[246] ont montré qu'un nid au minimum était détruit pour 4 ha de fauche, soit de 13 à 19 % des nids de colverts et 10 % des nids de chipeaux, avec quelques pourcents de femelles tuées. Les dégâts sont vraisemblablement plus conséquents pour des oiseaux de petite taille nichant au sol.

Par ailleurs, on estime que les fauches précoces dans les prairies sont à l'origine d'un déclin prononcé de l'avifaune[247]. Il faudrait reculer ce travail au 1er juillet pour sauver 50 % des juvéniles de bruant proyer et autres passereaux et au 15 juillet pour sauver une majorité de nichées de râles des genêts[248].

La récolte de la luzerne d'industrie est aussi à l'origine de problèmes graves sur la faune. Elle fait appel à des faucheuses rotatives très rapides (18 à 25 km/h) avec de larges barres de coupe à disques de 6,5 m

245 DELORME D. et FRENE G., 1991. Impact du machinisme agricole sur la mortalité des faons de chevreuil. *Bulletin mensuel de l'ONC*, 155, 19-22.

246 BROYER J., 1998. Opus cité (cf. réf. 226).

247 BROYER J., 2002. Opus cité (cf. réf. 191).

248 ONCFS, 2007. Préserver les oiseaux des prairies inondables du val de Saône. Restitution d'une étude menée en Saône-et-Loire en 2003. Plaquette 6 p.

de large fauchant à 5-10 cm du sol. Des recommandations spécifiques ont été mises au point par la Fédération régionale des chasseurs de Champagne-Ardenne et la Fédération régionale des déshydrateurs. Elles sont largement diffusées depuis plusieurs années vers les responsables des chantiers de récolte[249]. Les œufs découverts par le départ d'une femelle ou sa mort sont ramassés et mis à incuber dans un local approprié de l'usine. Les jeunes seront relâchés sur le terrain.

### Incidences indirectes

Dans les plaines où les unités de culture monospécifiques sont souvent de grande taille, la disparition rapide de couverts protecteurs sur des surfaces étendues (ex. moisson des céréales à paille) accroît le risque de prédation par les corvidés et les rapaces. C'est particulièrement vrai là où les cultures d'hiver sont dominantes : l'abri des escourgeons, des colzas et des blés disparaît en 4 à 6 semaines, ce qui entraîne au minimum le décantonnement de nombreuses espèces animales vers d'autres refuges, s'ils existent.

Autre incidence méconnue des matériels modernes comparés aux anciennes méthodes de récolte : la réduction des pertes de grain au sol. Ce paramètre est un élément important pour la fréquentation des zones cultivées par certains oiseaux. Ces reliquats sont intéressants durant l'automne comme ressource pour des migrateurs en passage et en hivernage (passereaux granivores, grues cendrées, pigeons ramiers…) autant que pour des sédentaires. Ce progrès concerne l'ensemble des machines de récolte, y compris celles utilisées pour le maïs, réduisant du même effet cette ressource précieuse pour le sanglier et le pigeon.

Par ailleurs, l'enfouissement par le labour ou des façons culturales profondes rend indisponibles ces graines pour la faune sauvage. Cela pourrait en partie expliquer les dégâts occasionnés par les pigeons sur colza lors de vagues de froid. D'une manière plus générale, la plus forte fréquentation par l'avifaune granivore des parcelles cultivées sans labour s'explique par une meilleure accessibilité aux résidus des cultures précédentes laissés en surface lors de la récolte.

## F3• Solutions expérimentées

Bien que d'assez nombreux travaux aient été entrepris afin de réduire l'impact du machinisme sur la faune, ils demeurent très incomplets et peu satisfaisants à ce jour.

Quelques exemples :
Pour **repérer les animaux** susceptibles d'être accidentés dans l'aire de travail, l'étude des dispositifs de détection thermique par infrarouge lorsque les risques sont les plus grands, c'est-à-dire lors des fauches et des moissons, a été décevante. À ces périodes où la température de l'air est élevée, les capteurs détectent difficilement des animaux de taille réduite dont la température corporelle n'est pas assez différente de celle de l'air ambiant. De plus, les erreurs sont nombreuses car le dispositif réagit souvent en présence de pierres qui rayonnent, déclenchant le système d'alerte sans raison valable[250].

249 Anonyme, 2003. Les faucheuses rotatives de luzerne et la faune sauvage. Note réalisée par la Fédération régionale des chasseurs de Champagne-Ardenne et la Fédération régionale des déshydrateurs Champagne-Ardennes.
250 ZWAENEPOEL P., 1998, La détection de la faune sauvage par capteur infrarouge - Étude du système JF-Agroguard. *Bulletin mensuel de l'ONC*, 232, 34-37.

Pour **provoquer la fuite** des animaux, différents systèmes d'effarouchement ont aussi été testés. Les dispositifs basés sur la diffusion de sons se heurtent à notre méconnaissance des signaux qui déclenchent la fuite d'un animal, tout en sachant que les espèces ont des comportements différents et qu'un signal sonore adapté à l'une d'elles peut n'être d'aucun effet sur une autre.

Les barres d'effarouchement garnies de chaînes (ou de clochettes) que l'on utilise ont une efficacité certaine mais relative. Elles fonctionnent assez bien pour les oiseaux qui s'envolent (ex. perdrix), mais montrent leurs limites avec, par exemple, les lièvres ou les faons qui ont souvent une propension à se tapir plutôt qu'à fuir. Ce système ralentissant le travail avec le matériel classique et pouvant bourrer en cas de montage mal adapté, il est donc peu utilisé par les agriculteurs faute de motivation. Par contre, ceux qui les utilisent devant leur tracteur en sont satisfaits. Enfin, les barres d'envol ne sont pas suffisamment efficaces sur les faucheuses préfaneuses en raison de la grande vitesse d'avancement de ces machines.

Les recherches menées par l'ONCFS et le CEMAGREF révèlent que les dispositifs d'effarouchement ont plus de chances d'être rapidement opérationnels que les formules de détection connectées avec l'avancement des machines.

François GOSSMANN (ONCFS)

*Les barres d'envol déjetées sur le côté ont une efficacité certaine, mais elles constituent une gêne. Le chauffeur doit veiller à limiter la vitesse.*

Déjà vérifiée pour les mammifères et les oiseaux, l'**adaptation des pratiques de fauche** apparaît de nature à maintenir dans le temps les ressources alimentaires nécessaires à la survie des populations d'abeilles et de bourdons. Différents travaux montrent qu'une restriction de fauche est bénéfique pour le maintien des pollinisateurs[251, 252]. Aux États-Unis et dans d'autres pays, des plans de conservation prévoient des restrictions de fauche[253] ou des fauches tardives de fin d'été ou d'automne encouragées dans le cadre d'actions à vocation conservatrice[254]. Le même principe est appliqué en France avec les mesures de fauche tardive prises pour les prairies vosgiennes couvertes par les programmes Natura 2000.

251 FUSSEL M. and CORBET S.A., 1992. Flower usage by bumble-bees: a basis for forage plan management. *J. Appl. Ecol.*, 29, 451-465.

252 CORBET S.A., WILLIAMS I.H. and OSBORNE J.L., 1991. Bees and the pollination of crops and wild flowers in the European community. *Bee world*, 71, 47-59.

253 http://www.conservation.state.mo.us/nathis/insects/butterf

254 http://www.geneve.ch/nature/organisation/sfpnp/nature/milieux-agri/prairie.html
http://enmp.free.fr/gere/viguerie.htm

Conseils pratiques

**DE NOMBREUX DOCUMENTS**[255] **ONT ÉTÉ RÉALISÉS POUR PRÉVENIR LES DÉGÂTS LIÉS AU TRAVAIL DES MACHINES DE RÉCOLTE. LES PRINCIPAUX ÉLÉMENTS DESTINÉS AUX PRATICIENS SONT LES SUIVANTS :**

**Pour réduire l'incidence directe :**

Avant le chantier

1. **Sensibiliser les conducteurs des moissonneuses et des faucheuses**, en leur demandant de respecter des règles simples pour préserver la faune.
2. **Limiter le plus possible les récoltes de nuit**; pour les chantiers incontournables, s'efforcer de faire fuir la faune sauvage des parcelles.
3. Au delà de la zone au contact immédiat des céréales, **ne pas broyer le couvert herbacé des bordures avant moisson**; l'herbe haute proche des cultures est assimilée par les oiseaux (ex. caille, perdrix...), les lièvres ou les lapins à un refuge qui sera rapidement colonisé lors des travaux et fera office de couvert de remplacement dans les jours suivant la moisson.
4. **Éviter l'intervention de plusieurs machines dans la même parcelle** et ne pas récolter à plusieurs machines de front; conserver au contraire un grand espace entre engins si deux faucheuses ou moissonneuses travaillent un champ dans le même sens.
5. Dans les zones de fortes populations animales, procéder au plus près des travaux à un **effarouchement** (cris, canon à carbure, chiens...).

Lors du chantier

1. **Régler le plus haut possible les barres de coupe.**
2. **Ne jamais emprisonner la faune au centre des parcelles** moissonnées ou fauchées :
• procéder dans tous les cas à un détourage à vitesse lente en réglant haut les barres de coupe (15 cm au moins);
• commencer la coupe par le centre pour chasser les animaux vers les bordures;
• faire en sorte que les animaux présents dans la culture aient au plus près du champ un refuge visible :
  - lisière effective d'un bois ou d'un bosquet en bord de parcelle,
  - bordure du champ portant un couvert herbacé haut,
  - ligne de jachère en bande ou de « culture à gibier »...
3. Pour la fauche des fourrages, utiliser une **barre d'envol** de la largeur de la barre de coupe, disposée sur le côté de la machine afin de balayer la bande de culture qui sera récoltée au prochain tour, ou devant le tracteur pour un engin tracté.
4. Dans des systèmes de pâture en grandes parcelles, la fauche centrifuge ou à défaut, la fauche par bandes est recommandée (fig. 23 p.192); cette dernière méthode a pour avantage de laisser des bandes de cultures non récoltées où la faune peut se réfugier; les machines équipées de GPS sont capables de faire un travail bloc à bloc précis limitant la perte de temps liée à une récolte de ce type.

Après la moisson

1. Préférer un **broyage des pailles réalisé en même temps que la moisson** afin de supprimer les accidents liés à la reprise pour pressage des andains de paille.
2. Si le broyage direct n'est pas envisageable, **réaliser les opérations de pressage ou de broyage des pailles au plus près de la moisson**; au delà de 48 heures, les risques de mortalité pour le lièvre sont nettement accrus; il en est de même pour la collecte des foins avec une presse à balles rondes. Utiliser dans la mesure du possible un dispositif d'effarouchement simple destiné à faire fuir les animaux gîtés sous les andins.

255 Par exemple : BIRKAN M., DENIS M. et MALLET C., 1983. Les aménagements cynégétiques. *Bulletin Technique d'Information*, 377-378, 157-183 - CEDRA C., 1993. Les moissonneuses-batteuses et les équipements pour la récolte des graines, 1ère édition, CEMAGREF, 269 p. - CEDRA C. et GAILLARD F., 1995. Les matériels de récolte des fourrages, ensilage et distribution, 1ère édition, CEMAGREF - Institut de l'Élevage - TEC et DOC, 395 p. - PASQUET G., 1995. La Chasse verte : aménagements et gestion des plaines, des bois et zones humides pour le retour du petit gibier, Hatier, (p. 33) 224 p. - WARTELLE R., 2004. Gestion de territoire. Le Cahier Conseil - http://champagne-ardenne.lpo.fr/protection/protection_des_busards.htm

*Conseils pratiques*

Par exemple, une masselotte, bûche fixée au maillon terminal d'une chaîne suspendue devant le tracteur dans l'axe de l'andain ou des chaînes disposées sur une perche fixée sous le tracteur[256]. Éviter de réaliser ces travaux de nuit.

Autres mesures de type particulier

**1.** Beaucoup d'oiseaux formant leur nid à peu de distance du bord des parcelles, le repérage et le marquage préalable des nids pour éviter leur destruction par la fauche est une mesure intéressante ; mais outre le temps nécessaire pour cette opération et les dégâts que ce passage occasionne, ce repérage, même réalisé par des gens motivés aidés de chiens, reste aléatoire et largement incomplet[257]. Les traces du passage dans la végétation peuvent en outre faciliter la prédation.

**2.** Dans le cas des fourrages, des coupes estivales tardives sont moins pénalisantes que les fauches précoces ; le conseil parfois donné d'un décalage des dates de coupe est très difficile à faire accepter aux éleveurs car la qualité des graminées et leur appétence pour le bétail diminuent très vite avec la lignification. Cette mesure est plus facile à envisager avec le semis de variétés tardives associant graminées et dicotylédones.

**3.** Disposer des agrainoirs en bordure des parcelles de luzerne de déshydratation, puis éloigner progressivement ces dispositifs de la parcelle de luzerne pour inciter les perdrix à nicher dans des céréales, ce qui réduit le risque lors du passage des faucheuses. En Champagne, le Groupement d'intérêt cynégétique des Ardennes utilise ainsi un système d'agrainage mobile pour délocaliser les couples de perdrix.

**4.** Certaines modalités de récolte peuvent être revues pour profiter d'effets positifs ; ainsi, pour réduire les dégâts occasionnés par les pigeons, le semis direct de colza dans des chaumes coupés haut a été expérimenté avec succès.

**5.** Des accords locaux ont été passés entre sociétés de chasse et coopératives pour que les conducteurs des machines de récolte s'arrêtent dès l'envol d'une perdrix couveuse, afin de récupérer les œufs. Ces derniers sont conservés dans une caisse au milieu de ouate, fermée par un couvercle pour limiter la déperdition de chaleur. En fin de journée, les œufs sont remis aux gestionnaires d'un centre de sauvetage qui procède à l'élevage des jeunes qui sont relâchés sur le territoire à la fin de l'été. Les conducteurs reçoivent de la société de chasse une gratification pour chaque œuf ramené.

Figure 23 :
**Méthodes de récolte évitant l'encerclement de la faune et la repoussant vers l'extérieur de la zone de moisson ou de fauche.**

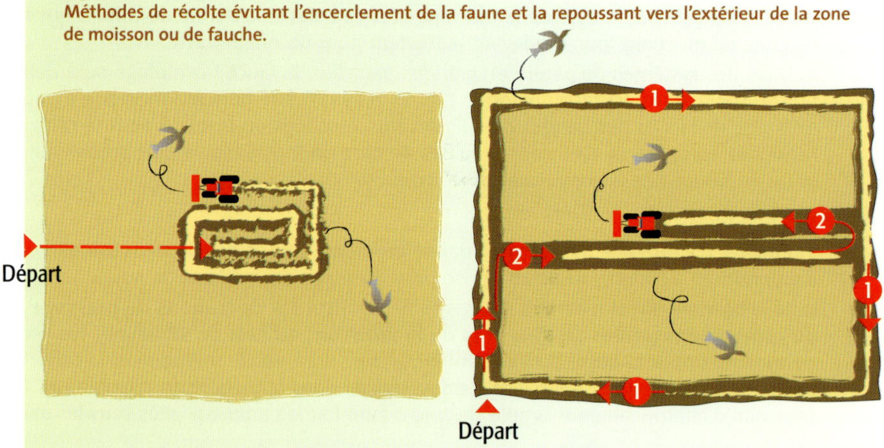


*Commencer la récolte par le centre en élargissant progressivement vers l'extérieur la zone de coupe.*

*Après détourage à faible vitesse avec une barre de coupe haute, attaquer la parcelle par le centre.*

256 BIRKAN M., DENIS M. et MALLET C., 1983. Opus cité (cf. réf. 255) - CEDRA C., 1993. Opus cité (cf. réf. 255).
257 PASQUET G., 1995. Opus cité (cf. réf. 255).

**Conseils pratiques**

**Pour réduire l'incidence indirecte :**
Afin d'éviter une prédation accentuée après disparition du couvert :
- l'alternance spatiale de cultures d'automne et de printemps permet de fournir des abris alternatifs lors des récoltes pour les animaux vivant au sol ;
- les intercultures peuvent offrir des refuges temporaires, si elles ne sont pas trop denses, et suffisamment hautes. Les couverts trop humides et peu circulants au sol sont peu utilisés ;
- s'efforcer de disposer en bandes les parcelles cultivées en les intercalant de bandes étroites de jachères (ou de beetle-banks*, etc.) ;
- éviter de broyer les bords de parcelle avant moisson pour en faire un abri provisoire ou alternatif pour les animaux qui y trouveraient refuge ;
- dans les secteurs à très grandes parcelles, pour des cultures hautes récoltées tôt comme le colza ou le blé d'hiver, laisser des placettes de 40 $m^2$ minimum non récoltées qui demeureront entre la récolte et la reprise des terres ; pour un faible coût par hectare, ces placettes jouent un rôle de buisson dans lequel cailles et perdrix grises trouvent un abri efficace[258].

## F4• Pistes de recherche et d'expérimentation

Limiter les dégâts imputables aux machines de récolte demeure un vaste chantier dans lequel plusieurs pistes d'action sont identifiables :
- rechercher une estimation plus précise des pertes dues aux travaux agricoles mécanisés et dresser un inventaire des matériels susceptibles de causer des dégâts, compte tenu de l'époque de leur utilisation ;
- améliorer les connaissances sur l'éthologie des animaux afin de mieux connaître leur comportement face aux machines et d'identifier les signaux capables de provoquer effectivement leur fuite ;
- mettre au point des techniques nouvelles d'effarouchement, de dissuasion ou de détection ;
- s'attacher tout particulièrement aux grosses machines automotrices rapides dont la multiplication paraît accroître objectivement les risques.

# G• Opérations de post-récolte

## G1• Évolutions et perspectives

Nous entendons par opérations de post-récolte, les travaux qui suivent un éventuel enlèvement des résidus de récolte (pailles, fanes, tiges…) et qui précèdent ceux qui visent directement à installer la culture suivante. La nature des opérations de post-récolte varie selon les rotations et les systèmes de culture. Celles que nous aborderons dans cette partie sont pour l'essentiel :
- le brûlage des pailles,
- les travaux de déchaumage,
- la destruction des adventices vivaces.

Le **brûlage des pailles** a longtemps été pratiqué pour des raisons sanitaires et pratiques. La motivation d'ordre sanitaire était autrefois reliée à l'élimination des insectes pouvant coloniser les chaumes (cèphe, thrips) mais surtout, à la volonté de réduire l'incidence de maladies fongiques comme le piétin. Les raisons d'ordre pratique tenaient à l'élimination des pailles dont la décomposition est lente en sol

258 Fédération départementale des chasseurs de Seine-et-Marne, 2007. Fiche technique n°8 - « Buisson-blé » et « Buisson-colza ».

SYNGENTA

*Le brûlage des pailles est réglementairement interdit car il transformait la plaine en désert et faisait courir des risques d'incendie.*

calcaire, donnant naissance à des sols soufflés défavorables à la germination du colza. Cette pratique est à présent interdite dans le cadre de la conditionnalité des aides. Avant son interdiction, la pratique du brûlage tendait fortement à se marginaliser pour des raisons techniques (existence de fongicides) et agronomiques (prise en considération du rôle des pailles dans la conservation de l'humus, développement du travail simplifié et du semis direct).

Le **déchaumage** reste un travail d'actualité. Il consiste en un travail du sol rapide et superficiel dans les jours suivant la récolte, travail généralement réalisé avec un outil à disque, voire un outil à dents combiné avec un rouleau... Son objectif est d'une part, d'incorporer superficiellement les reliquats de récolte (pailles, chaumes...) afin de permettre leur dégradation, d'autre part, d'enfouir superficiellement les graines d'adventices annuelles ou de plantes cultivées restées en surface du sol (orge, colza...) afin de favoriser leur germination et de faciliter la destruction ultérieure des levées, et enfin, d'entraver la croissance d'adventices vivaces (chardon...) pour limiter leur montée à graines. Le déchaumage est la seule façon pratiquée avant reprise des sols en vue d'un semis ultérieur dans le cas des rotations très courtes (ex. semis de colza suivant la récolte de blé). Dans le cas d'une culture à récolte tardive comme le maïs grain, des façons spécifiques sont parfois effectuées pour combattre la pyrale (extirpation des pivots ou broyage des cannes). Ces travaux restent ordinaires et sont même de plus en plus d'actualité : limitation par voie mécanique des adventices résistantes aux herbicides sélectifs, dégradation accélérée des pailles et des tiges pour entraver l'expression de cryptogames• générateurs de mycotoxines, ensemencement de couverts intermédiaires...

D'autres façons spécifiques sont parfois réalisées durant l'été pour détruire des adventices, les chiendents en particulier. Elles consistent en un ou plusieurs passages d'un outil à dents (ex. herse, canadien, extirpateur...) afin de séparer du sol les rhizomes de la plante vivace pour les laisser ensuite sécher en surface du champ. Mal réalisée, cette méthode mécanique traditionnelle disperse les rhizomes de chiendent autant qu'elle en élimine. Elle est aujourd'hui concurrencée par l'application en post-récolte d'un herbicide foliaire systémique à spectre large (glyphosate), de plus en plus utilisé durant l'été pour combattre les graminées et les dicotylédones vivaces.

## G2• Incidences connues sur la faune sauvage

### Incidences directes

Par le passé, le brûlage des pailles avait été donné comme pouvant conduire à la mortalité d'animaux cernés par le feu. Tradition d'autant plus nuisible qu'elle s'accompagnait souvent d'un écobuage plus ou moins volontaire des bordures ou des fossés.

La nature et surtout la vitesse de travail des outils mécaniques utilisés pour le déchaumage restent un facteur de risque objectif pour les lagomorphes•. Claude Mallet et Jean-François Sallenave[259] signalent par

259 MALLET C. et SALENAVE J.-F., 1983. Opus cité (cf. réf. 205).

exemple, dès 1983, que les cover-crop constitués de trains de 12 à 72 disques placés les uns derrière les autres et travaillant à des vitesses de 8 voire 10 km/h engendrent des dégâts majeurs sur les rabouillères de lapins et enterrent fréquemment des levrauts. La plupart des techniciens de terrain s'accordent sur le fait que le risque n'est pas corrélé avec la profondeur de travail des outils mais à leur large emprise au sol combinée à une vitesse d'avancement qui dépasse ordinairement 10 km/h, pouvant même atteindre ou dépasser les 20 km/h ! Moins rapides et travaillant sur moins de largeur, les herses animées ou dotées de lames rotatives ont parfois été données comme responsables de dégâts directs sur le gibier[260].

Johann BARTHELEMI (ONCFS)

*Le travail superficiel du sol contribue à faire lever des adventices indésirables. Il peut parfois détruire des levrauts ou des jeunes perdreaux.*

### Incidences indirectes

Alors que les chaumes non broyés sont très favorables à de nombreuses espèces d'oiseaux granivores, le **brûlage** laisse des parcelles nues, sans intérêt, voire hostiles à la faune, détruisant pour plusieurs semaines les abris et les ressources alimentaires (graines, plantules, insectes). Sa répétition fréquente conduit de plus à une chute des populations de vers de terre, supprimant la fréquentation du champ par des espèces comme le vanneau huppé.

À un moindre niveau, cela est aussi vrai lorsqu'un **déchaumage** rapide suivant des récoltes de colza, de pois ou de céréales enfouit les reliquats de récolte et les graines issues de la végétation spontanée en un temps record[261]. Ce désavantage pour la faune n'est pas compensé par l'accession très temporaire aux lombriciens ou aux larves d'insectes cachés dans le sol et mis au jour pour une très courte durée par le passage des machines. La même opération conduite par exemple après la récolte tardive d'un maïs grain aurait sans doute moins d'incidence.

L'application d'un herbicide systémique au stade optimum de **destruction des vivaces** intervient rarement avant mi-août. La perturbation engendrée par ce traitement est donnée comme peu importante, surtout si l'appareil d'application est de grande largeur.

## G3• Solutions expérimentées

Le seul poste largement documenté est le contrôle estival des adventices vivaces qui fait appel à un nombre limité d'herbicides actifs par voie foliaire.

260 MALLET C. et SALENAVE J.-F., 1983. Opus cité (cf. réf. 205).
261 MALLET C. et SALENAVE J.-F., 1983. Opus cité (cf. réf. 205).

Conseils pratiques

**Pour réduire l'incidence directe :**

Brûlage des pailles

**1.** Ne pas brûler les pailles. L'emploi de broyeurs et d'éparpilleurs de paille sur les moissonneuses limite généralement cette contrainte ancienne.

**2.** Si on ne peut éviter le brûlage, respecter les réglementations locales en vigueur et s'efforcer de limiter les risques[262] :

• parcourir la parcelle avec un chien ou un véhicule pour faire fuir les animaux avant de mettre le feu,

• ne pas brûler la nuit,

• opérer le plus tôt possible après moisson avant que les animaux ne se réinstallent,

• ne pas mettre le feu autour du champ afin d'éviter de piéger les animaux au centre de la parcelle,

• surveiller le vent et allumer à contrevent pour ralentir la progression des flammes…

Déchaumage

Le déchaumage est une pratique très dépendante du système de culture choisi par l'exploitant. Pour tous les systèmes avec déchaumage :

• réaliser ce passage au plus près de la récolte pour éviter la colonisation des éteules• par les animaux qui pourraient pâtir du passage d'outils ; mais cela présente l'inconvénient d'enfouir très vite les graines tombées au sol qui ne profitent plus à la faune granivore ;

• démarrer le passage d'outil au centre de la parcelle pour repousser au maximum la faune vers l'extérieur ;

• conserver le plus tard possible des zones d'herbe haute à proximité des champs pour leur faire jouer un rôle de refuge en cas de fuite provoquée par les travaux de post-récolte ;

• s'efforcer de prendre en compte la vitesse des machines et la largeur travaillée, caractéristiques qui sont des éléments majeurs constitutifs de risques.

Les systèmes de culture sans déchaumage précoce limitent les risques précédemment signalés. Citons par exemple certaines méthodes de semis sous couvert ou de semis direct qui en réduisent la nécessité.

S'il y a déchaumage précoce après une céréale, s'efforcer de compenser la disparition de graines par l'implantation de jachères faune sauvage estivales avec un mélange de plantes à graines.

Désherbage anti-vivaces en post-récolte

L'emploi d'appareils à dents est soumis aux mêmes réserves que les outils employés pour le déchaumage, ce qui n'est pas le cas des pulvérisations raisonnées de glyphosate.

## G4• Pistes de recherche et d'expérimentation

• Évaluer la capacité de certains semis sous couverts ou cultures intermédiaires à freiner les adventices combattues après moisson.

• Expérimenter de nouvelles solutions pour implanter des cultures à petites graines sur des sols pailleux.

• Reprendre les expérimentations sur les semis d'espèces végétales sous couvert de cultures ; cette méthode limite le développement des adventices, joue le rôle de CIPAN, offre couvert et nourriture aux animaux sauvages…

262 BIRKAN M., DENIS M. et MALLET C., 1983. Opus cité (cf. réf. 255).

# H• Gestion de l'interculture

La période d'interculture est celle qui sépare la récolte d'une culture du semis de la suivante. Cette durée est éminemment variable selon les rotations: de quelques semaines à deux mois entre un tournesol suivi d'un blé d'hiver, ou entre un blé d'hiver suivi d'un colza, et jusqu'à 10 mois lorsque l'orge est suivie d'un maïs.

**Tableau 18 :**
**Durée indicative de la période d'interculture entre deux cultures (en mois)**

| Culture suivante \ Culture précédente | Betterave | Colza d'hiver | Tournesol | Maïs grain | Maïs fourrage | Pois de printemps | Blé d'hiver | Orge d'hiver | Orge de printemps | Lin de printemps |
|---|---|---|---|---|---|---|---|---|---|---|
| Betterave | | | | | | | 7-8 | 7-8 | 8-9 | |
| Colza d'hiver | | | | | | | 1-2 | 1-2 | 2-3 | |
| Tournesol | | | | 4-6 | 6-7 | 7-8 | 7-8 | 7-8 | 8-9 | |
| Maïs grain | 5-6 | | 6-8 | 5-7 | 7-8 | 5-6 | 8-9 | 8-10 | 9-10 | |
| Maïs fourrage | 5-5 | | 6-8 | 6-7 | | 5-6 | 8-9 | 8-10 | 9-10 | |
| Pois de printemps | 3-5 | | 5-6 | 3-4 | 5-7 | | 7-8 | 7-8 | 8-9 | |
| Blé d'hiver | 0-1 | 2-3 | 1-3 | 0-3 | 1-3 | 2-4 | 2-4 | | | 1-2 |
| Orge d'hiver | | 2-3 | 0-1 | 0-1 | 1-2 | 2-3 | 2-3 | 2-4 | | 0-1 |
| Orge de printemps | 3-5 | | 4-5 | 3-4 | 6-7 | 6-7 | 6-7 | 7-8 | | 4-5 |
| Lin de printemps | | | | | | | 8-9 | 9-10 | 9-10 | |

*jamais pratiqué*
*rarement pratiqué*
*successions les plus courantes*

Des raisons agronomiques et environnementales militent depuis longtemps pour une couverture des sols durant l'interculture. Cela est particulièrement pertinent pour les récoltes réalisées de juin à août (orge, blé, colza, pois...) qui seront suivies de cultures ensemencées au printemps suivant (betterave, orge de printemps, pois de printemps, maïs...). Ces raisons sont principalement:
- la lutte contre l'érosion pluviale ou éolienne,
- la conservation de la matière organique des sols et la réduction de la battance,
- la captation de l'azote minéral présent dans le sol dont la fuite est préjudiciable à la qualité des eaux...

Suivant les situations et les objectifs de l'agriculteur, l'ensemencement volontaire du champ entre deux cultures de rapport sera qualifié de:
- **couvert végétal**: terme très général faisant référence à la protection du sol contre l'érosion par implantation d'une couverture végétale;
- **culture intermédiaire**: met en avant le positionnement dans le temps d'une culture entre deux cultures principales;
- **culture intermédiaire piège à nitrates**: en plus de qualifier le positionnement de la culture, on insiste sur son rôle premier: la lutte contre le lessivage des nitrates. Ce type de couvert est souvent qualifié de CIPAN dans le langage courant ;

Éric MIDOUX (ONCFS)

*Le non broyage des cannes de maïs est une opportunité pour pigeons, faisans et perdrix, et même sangliers et cerfs, qui y trouvent une nourriture en abondance. Il n'est pas acceptable en cas de fortes infestations parasitaires.*

- **culture dérobée** : culture de courte durée, intercalée entre deux cultures principales, destinée à être récoltée, ou pâturée, ou simplement retournée pour jouer le rôle d'engrais vert ;
- **engrais vert** : il s'agit d'un couvert végétal semé destiné à être incorporé au sol afin d'améliorer sa fertilité ou ses propriétés biologiques. Le choix d'ensemencer une jachère en certaines espèces (ex. légumineuses) peut leur faire jouer ce rôle.

## H1• Évolutions et perspectives

Bien que l'installation d'une couverture végétale destinée à la protection des sols fragiles soit une technique ancienne, cette pratique a sensiblement régressé en France au cours du siècle dernier. Encore fréquents vers 1960, les semis de trèfle ou de luzerne sous couvert de la culture précédente, assimilables à des cultures intermédiaires, ont quasiment disparu en 1990.

Actuellement, les couverts d'interculture volontairement ensemencés restent marginaux et ne représentent guère que 3 % des surfaces de cultures annuelles. Ce sont pour l'essentiel des semis de radis ou de moutarde blanche implantés avant betterave ou pomme de terre. Utilisant des variétés spécifiques, ils ont pour vertu d'abaisser les populations de nématodes à kystes ou à galles nuisibles à ces cultures grâce à leurs exsudats racinaires. Ce sont aussi des CIPAN qui occupaient 300 000 hectares en 2003, alors que leur potentiel avoisine 15 millions d'hectares ! Par contre, pour des raisons économiques et pratiques, beaucoup d'agriculteurs choisissent de laisser repousser la culture précédente à partir des grains tombés à la récolte et des adventices. Cette pratique couvre environ 2 millions d'hectares, soit 18 % des cultures annuelles[263].

Il est vraisemblable que nous allons vers une extension progressive des couverts intermédiaires. Pour les raisons évoquées précédemment, mais aussi grâce aux incitations financières européennes ou nationales qui se mettent progressivement en place pour la conservation à long terme des sols, la lutte contre les inondations et les pollutions et pour la préservation de la biodiversité.

## H2• Incidences connues sur la faune sauvage

### Incidences directes

Durant la période d'interculture, un certain nombre de travaux impliquant des passages de machines peuvent être réalisés. L'effet direct négatif – souvent très réduit – de ces activités en période hivernale dépend du type du matériel utilisé et n'est pas spécifique à l'interculture.

L'installation d'un couvert végétal entre deux cultures limite le nombre des passages, réduisant de ce fait leurs inconvénients éventuels. Par contre, il convient de veiller aux modalités choisies pour la destruction du couvert avant remise en culture. Réalisée sans discernement, cette opération peut générer des dégâts importants sur la macrofaune qui tire parti du couvert intermédiaire.

263 Agreste, 2001. Opus cité (cf. réf. 120).

### Incidences indirectes

Pour des intercultures d'une durée appréciable – 3 mois et au delà – l'entretien d'un sol nu travaillé est sans doute la situation qui cumule le plus d'inconvénients pour la faune sauvage : absence d'abri et absence de nourriture accessible en particulier, notamment durant l'hiver[264].

L'existence d'un couvert entre deux cultures offre généralement à la faune d'importantes opportunités. Ces influences globalement positives varient selon la nature des espèces végétales choisies, leur époque de floraison et de grenaison, la hauteur et la densité de la végétation... mais aussi les animaux indicateurs considérés. Pour des insectes pollinisateurs par exemple, un semis de phacélie réussi, installé comme CIPAN après une culture de printemps récoltée tôt, procure d'abondantes ressources en pollen et en nectar à l'entrée de l'automne, période où les ressources provenant de l'agriculture ou de la flore spontanée sont très pauvres ; ce type d'apport est de nature à faciliter grandement l'hivernage des colonies d'abeilles[265]. Dans un autre registre, les anciennes techniques de semis de trèfle sous couvert de céréales destinées à créer une pâture à croissance rapide sitôt la moisson terminée sont également de nature à favoriser les pollinisateurs durant l'été mais aussi tout un cortège d'arthropodes• variés, les espèces supérieures insectivores qui s'en nourrissent et enfin des oiseaux et mammifères qui apprécient cette ressource riche en protéines.

Portée à son terme, la pratique des couverts végétaux dans l'interculture rejoint le concept de « couvert végétal permanent » qui vise à entretenir une végétation en continu sur des parcelles agricoles où alternent cultures et couverts volontairement implantés. En théorie, la présence d'un couvert permanent est de nature à multiplier les chaînes alimentaires, le continuum végétal répondant aux exigences d'une faune extrêmement diversifiée.

Pour l'agriculteur, un des principaux freins à l'extension des couverts intermédiaires est la crainte des limaces. S'il a souvent été constaté en pratique qu'un couvert donné ait pu favoriser ces ravageurs, il a été aussi démontré qu'une gestion avisée des couverts permettait de favoriser les carabidés, prédateurs naturels très actifs des limaces (ex. travaux du CRITT-Innophyt)[266]. Un des avantages du concept de couvert végétal permanent est de retrouver, au terme de plusieurs années, un équilibre proie/prédateur permettant une régulation naturelle de ces ravageurs. Certains auteurs signalent même qu'une pratique annuelle régulière des couverts végétaux conduit les limaces à en consommer préférentiellement les débris dégradés dont elles tireraient mieux parti que de la culture récemment semée[267]. Des essais conduits en 2004 par Arvalis-Institut du végétal ont confirmé que la présence d'un couvert végétal n'est pas seule responsable des attaques de limaces, mais que d'autres facteurs doivent être pris en compte, comme l'absence de travail du sol avant le semis de la culture et la présence de nombreux résidus laissés en surface qui favorisent l'activité des mollusques[268].

264 WARBURTON D.B. and KLIMSTRA W.D., 1984. Wildlife use of no-till and conventionnaly tilled corn fields. *Journal of Soil and Water Conservation*, 39, 327-330.

265 BERNARD J.-L., GRATADOU P., PINDON G., RODRIGUEZ A., TISSEUR M. et DECOURTYE A., 2006. Opus cité (cf. réf. 169).

266 Centre régional d'innovation et de transfert de technologie. Le CRITT Innophyt est basé en région Centre, à l'université de Tours et sa thématique est la suivante : réaliser la promotion et le développement de la protection biologique et intégrée des cultures, des biopesticides et de la biodiversité fonctionnelle. Le CRITT est à l'interface entre la production et la recherche.

267 WALIGORA C., 2005. Carabes - Explosion des populations en non-labour et couvert permanent. *Techniques Culturales Simplifiées*, 34, 7-9.

268 LABREUCHE J. et MAILLET-MEZERAY J., 2005. Cultures intermédiaires : de nombreuses espèces à semer. *Perspectives Agricoles*, 314, 24-30.

SYNGENTA

La phacélie est une hydrophyllacée à levée rapide dont les avantages faunistiques sont très nombreux.

À noter enfin qu'il est parfois reproché aux couverts intermédiaires d'héberger des parasites ou des maladies nuisibles à une culture précise. Ainsi, les producteurs de colza se méfient de la moutarde qui est réputée attractive pour les méligèthes, voire les altises, mais aussi de la phacélie qui favoriserait le maintien dans le sol des cryptogames• de type *Sclerotinia sp*.

Pour évaluer l'intérêt des couverts d'inter-culture, il faut rappeler qu'ils permettent d'assurer une réelle continuité entre bandes enherbées, bosquets, haies, talus, fossés... très favorable à l'équilibre écologique de l'agrosystème considéré.

### H3• Solutions expérimentées

Partout dans le monde, de nombreux travaux ont été réalisés sur les couverts d'interculture. Il est clair toutefois que la transposition aveugle de solutions éprouvées ailleurs est rarement efficace sans adaptation. Chaque région agricole homogène constitue un cas particulier quant au climat, aux rotations qui y sont pratiquées, aux espèces botaniques pouvant servir de couvert, aux motivations qui, au delà de la faune, peuvent amener l'agriculteur à opter pour tel ou tel type de couvert intermédiaire...

Dans nos régions, l'interculture est le plus souvent occupée par les repousses des cultures précédentes. Lorsqu'ils existent, les semis sont le plus souvent à base de graminées (ray-grass) ou de plantes à cycle court comme la moutarde ou la phacélie. On doit cependant constater que, même là où des couverts de crucifères nématicides sont implantés avant betterave, les autres avantages de tels couverts ne sont que secondaires dans la motivation de ceux qui les implantent.

Les ressemis de certaines plantes utilisées comme CIPAN ou couverts d'interculture peuvent aussi présenter un potentiel adventice : c'est le cas de la phacélie dans les rotations comprenant du colza ou du sarrasin, plante de la famille des renouées capable de lever vigoureusement l'année suivant une grenaison.

Les essais donnent comme un résultat assez constant le fait que les mammifères et les oiseaux « piéteurs » apprécient les couverts hauts et « circulants » à la base. Un couvert très épais, avec des plantes basses de type légumineuses, perd une grande partie de sa fonction d'abri dès qu'il fait humide. Les semis de moutarde ou de radis à faible densité sont des couverts appréciés, sauf en cas de pluie. Les choux, consommés en hiver par temps de neige et autorisant une bonne circulation des animaux sous le couvert, sont encore plus appréciés.

Il est vraisemblable que les solutions de l'avenir seront dégagées au niveau des grandes régions agricoles en faisant la part des avantages ou des inconvénients de chacune des solutions envisagées.

**Conseils pratiques**

Une large partie de la connaissance agronomique sur les plantes d'interculture a été renouvelée depuis 1990 lors de la mise en place du gel des terres. Les travaux alors réalisés pour optimiser l'usage des couverts de jachères ne se sont malheureusement traduits que par de faibles évolutions en ce qui concerne l'interculture. Cela tient apparemment à un ensemble de raisons mêlant à la fois le poids de l'habitude chez les exploitants, la faiblesse des arguments agronomiques peu vulgarisés et mal relayés par la prescription traditionnelle et enfin, à des considérations économiques se traduisant par un frein aux investissements jugés non essentiels en période de crise. Pour cela, il est vraisemblable que le développement des couverts d'interculture à horizon de 5 à 10 ans passera principalement par des incitations d'ordres réglementaire et financier, ce qui est déjà le cas pour les CIPAN dans certaines zones sensibles…

Le développement effectif des couverts d'interculture peut cependant être accéléré par la mise en lumière d'avantages agronomiques capables à court terme soit d'améliorer le bilan économique de l'exploitation, soit de résoudre des problèmes techniques reconnus par l'agriculteur lui-même (ex. concurrence pour des adventices en extension, décomposition facilitée des pailles dans des rotations céréalières…). La compatibilité/complémentarité des couverts d'interculture avec les systèmes de culture sans labour est un domaine où des avancées sont susceptibles d'être plus facilement valorisées.

Dans tous les cas, il conviendrait de renforcer les efforts dans deux secteurs où l'on peut espérer des évolutions significatives :

• d'une part, les intercultures longues où les céréales d'hiver sont suivies d'une culture de printemps (betterave, pois, lin, tournesol, maïs) ;

• d'autre part, les rotations dans lesquelles le maïs se succède à lui-même ; l'intervalle de 5 à 7 mois ordinaire dans ces situations et l'intérêt de briser une rotation monospécifique sont autant de raisons pour progresser.

En raison des similitudes existant entre les couverts d'interculture et ceux utilisables sur jachères, les recommandations pratiques sont rassemblées plus loin à la rubrique jachères.

Rappelons cependant qu'en ce qui concerne la macrofaune de plaine (passereaux, petit gibier en particulier), les caractéristiques du couvert intermédiaire idéal peuvent se résumer comme suit :

• être de croissance rapide,

• entretenir peu d'humidité,

• permettre la circulation des animaux tout en possédant un « effet canopy » (ex. chou) pour limiter la prédation aérienne,

• ne pas nécessiter une destruction à la période optimum de nidification,

• ne pas faire appel systématiquement à des moyens mécaniques énergiques (ex. broyage) lors de sa destruction avant la mise en place de la culture suivante.

## H4• Pistes de recherche et d'expérimentation

Aucun couvert intermédiaire ne répondant parfaitement à l'ensemble des qualités énoncées, les pistes de travail sont particulièrement nombreuses dans ce domaine. Citons parmi les plus évidentes :

• clarifier les possibilités, les avantages et les inconvénients agronomiques et sanitaires des différents couverts dans le cadre des principales rotations ;

• caractériser le profil des différentes espèces végétales de couverture en fonction des espèces emblématiques de la faune sauvage (petit gibier, oiseaux et mammifères protégés, abeilles, bourdons, lépidoptères…) ;

• préciser les risques de voir apparaître ces couverts comme de nouvelles adventices en regard des principales cultures de l'assolement ;

• développer l'approche économique de l'interculture afin de faciliter le travail de la vulgarisation ;

• favoriser les initiatives régionales capables de constituer un corpus de conseil crédible ;
• en regard de l'extension du travail du sol simplifié, accentuer les efforts pour mieux connaître les intérêts et les limites du couvert végétal permanent ;
• étudier les méthodes de destruction des couverts pour les rendre compatibles avec les intérêts de la faune sauvage ;
• résoudre les freins signalés par l'agriculteur : problème des limaces, relais du parasitisme...

# I• Conception et entretien des jachères

La « jachère » a été durant des millénaires une des composantes obligatoires de l'espace agricole. On qualifiait par ce terme les champs cultivés laissés pour un temps exempts de cultures afin de leur assurer durant une ou deux campagnes un « repos » considéré comme restaurateur de fertilité. Dans cet intervalle, il était ordinaire de faire paître le bétail sur la jachère mais aussi recommandé d'y passer plusieurs fois la charrue avant remise en culture afin de limiter l'invasion des plantes adventices.

## I1• Évolutions et perspectives

Depuis 1988 (gel ARTA), le terme de « jachères » est utilisé pour qualifier les terres « gelées », c'est-à-dire la fraction des surfaces cultivées en céréales et plantes oléoprotéagineuses (SCOP) obligatoirement retirée de la production en relation avec les engagements de la politique agricole commune. Cette fraction varie mais se situe ces dernières années aux alentours de 10 % de la SCOP. En France, les terres gelées ont représenté en moyenne 1,28 million d'hectares entre 2000 et 2005. Cette surface constitue en théorie une occasion pour diversifier la flore, l'assolement, le paysage et d'offrir des opportunités pour la vie animale.

Sur la période 2003-2006, l'occupation des terres gelées est la suivante :
• la fraction majoritaire, soit plus de 700 000 ha, est laissée à la colonisation temporaire de la flore locale dont la densité de levée en première année est souvent faible ;
• un maximum de 200 000 ha est ensemencé avec des espèces figurant sur la liste des couverts autorisés (tab. 19) ; les semis font surtout appel au ray-grass ou à d'autres graminées fourragères, plus rarement à des mélanges de graminées et de trèfle ; l'ensemencement avec des dicotylédones seules (trèfle, moutarde, phacélie, mélanges...) reste marginal ;
• une surface voisine de 350 000 à 400 000 ha est dévolue à des cultures énergétiques (colza diester, blé et betterave éthanol) ;
• une faible minorité de l'ordre de 30 000 à 35 000 ha est conduite selon les règles des surfaces gelées environnement et faune sauvage (SGEFS).

Hormis ces deux dernières fractions, l'essentiel des surfaces, soit près de 900 000 ha, est soumis à une obligation de limitation de la montée à graine entre le 1er mai et le 15 juillet. Parmi les raisons qui justifient cette obligation se trouve le souci de préserver les terres d'un envahissement excessif de plantes adventices banales capables de compromettre les cultures suivantes, de compliquer et de renchérir pour plusieurs saisons la lutte contre les mauvaises herbes[269]. C'est particulièrement le cas de végétaux très gênants comme les chardons, les rumex, la lampourde, le sicyos anguleux..., voire de plantes toxiques comme le datura stramoine ou posant des problèmes de santé publique comme l'ambroisie.

269 RODRIGUEZ A. et MAMAROT J., 1994. Salissement des terres par la jachère. Une étude en Midi-Pyrénées. *Phytoma-La défense des végétaux*, 459, 24-28.

**Tableau 19 :**
**Annexe I de l'arrêté du 12 janvier 2005 pris pour l'application des articles R. 615-10 et R. 615-12 du code rural et relatif aux règles de couvert environnemental et d'assolement[270]**

| | En bord de cours d'eau | | En dehors des cours d'eau | | |
|---|---|---|---|---|---|
| | **Hors zone vulnérable** | **En zone vulnérable** | **Objectif : favoriser les auxiliaires de la culture et la biodiversité** | **Objectif : érosion** | **Objectif : phytosanitaires et nitrates** |
| **Liste principale** | Il est recommandé de mélanger les espèces figurant ci-dessous | | | | |
| | Une ou plusieurs espèces listées prédominantes | Une ou plusieurs espèces listées prédominantes | Plusieurs espèces listées prédominantes dont une graminée prairiale et une légumineuse | Une ou plusieurs espèces listées prédominantes | Plusieurs espèces listées prédominantes dont deux graminées fourragères |
| | Luzerne | Luzerne | Luzerne | Luzerne | Luzerne |
| | Dactyle | Dactyle | Dactyle | Dactyle | Dactyle |
| | Fétuque des prés | Fétuque des prés | Fétuque des prés | Fétuque des prés | Fétuque des prés |
| | Fétuque élevée | Fétuque élevée | Fétuque élevée | Fétuque élevée | Fétuque élevée |
| | | | Fétuque rouge | | |
| | Fléole des prés | Fléole des prés | Fléole des prés | Fléole des prés | Fléole des prés |
| | Lotier corniculé | | Lotier corniculé | Lotier corniculé | |
| | Minette | | | | |
| | Ray-grass anglais | Ray-grass anglais | Ray-grass anglais | Ray-grass anglais | Ray-grass anglais |
| | Ray-grass hybride | Ray-grass hybride | Ray-grass hybride | Ray-grass hybride | Ray-grass hybride |
| | Sainfoin | Sainfoin | Sainfoin | | |
| | Trèfle blanc | | Trèfle blanc | Trèfle blanc | Trèfle blanc |
| | | | Trèfle de Perse | | |
| | | | Trèfle d'Alexandrie | | |
| | | | Vesce commune | | |
| | | | Vesce velue | | |
| | | | Vesce de Cerdagne | | |
| | Brome cathartique | Brome cathartique | Brome cathartique | Brome cathartique | Brome cathartique |
| | Brome sitchensis | Brome sitchensis | Brome sitchensis | Brome sitchensis | Brome sitchensis |
| | | | Serradelle | | |
| | | | Mélilot | | Pâturin |
| | | | Couverts des MAE (0402, 1401, 1403) biodiversité, cynégétiques ou fleuries | | |
| | | | Couverts de gel environnement faune sauvage | | |
| | Couvert implanté de manière pérenne ou, à défaut, couvert présent la plus grande partie de l'année : période d'implantation et de travail du sol limitée au 15 février – 1er mai, du 1er septembre au 15 octobre pour les espèces biodiversité | | | | |
| **À titre exceptionnel** | Fétuque ovine<br>Trèfle de Perse<br>Trèfle violet<br>Gesse commune<br>Trèfle incarnat<br>Trèfle d'Alexandrie<br>Pâturin | Fétuque ovine<br>Pâturin | | | |

270 Arrêté du 12 janvier 2005 pris pour l'application des articles R. 615-10 et R. 615-12 du code rural et relatif aux règles de couvert environnemental et d'assolement, paru au *Journal officiel de la République Française* du 19 janvier 2005, 924-928.

Éric MIDOUX (ONCFS)

*Parcelles de jachères entre des champs cultivés. La grenaison issue d'une abondante flore spontanée accentue la pression des adventices lors de la remise en culture.*

La limitation de montée à graine est généralement réalisée à l'aide de broyeurs mécaniques, plus rarement avec des faucheuses. Du fait des dates qui l'encadrent, cette opération intervient le plus souvent avant ou pendant la floraison de la plupart des composantes botaniques du couvert, dans une période où la nidification et la mise bas peuvent se dérouler sur la jachère. Un nombre limité de substances herbicides a été étudié et spécifiquement autorisé pour l'usage « jachère spontanée ou semée – limitation de la pousse et de la fructification » (tab. 20). Leur dose d'emploi est généralement très inférieure aux doses autorisées pour les façons de désherbage classique. Cependant, la volonté publique de réduire l'emploi des herbicides conduit d'une manière très générale à encourager les opérations mécaniques.

**Tableau 20 :**
**Herbicides spécifiquement autorisés pouvant être utilisés sur les parcelles en jachère (Avertissements agricoles Bretagne, 2005)** [271]

| | |
|---|---|
| **Pour l'implantation et l'entretien des jachères :** Seuls sont autorisés les herbicides sélectifs des espèces implantées : par exemple, pour une jachère semée avec du ray-grass, les produits doivent bénéficier d'une autorisation pour l'usage « ray-grass - désherbage ». | Pour des graminées fourragères : 2,4-D, 2,4-MCPA, amidosulfuron, asulame, bentazone, bifénox, bromoxynil, clopyralid, dicamba, diflufénicanil, éthofumesate, flamprop isopropyl-R, fluroxypyr, ioxynil, mécoprop, métosulam, sulcotrione, thifensulfuron-méthyle.<br>Pour des légumineuses fourragères : 2,4-MCPB, amidosulfuron, asulame, bentazone, carbétamide, cycloxydime, diquat, fluazifop-p-butyl, pyridate, triallate.<br>Pour le radis fourrager : chlorthal, quizalofop-éthyl. |
| **Pour la limitation de la pousse et de la fructification :** Seuls peuvent être utilisés les produits autorisés pour les usages « jachère spontanée ou semée - limitation de la pousse et de la fructification ». | dicamba, glyphosate, metsulfuron méthyle, sulfosate, tribénuron-méthyle. |
| **Pour la destruction du couvert végétal :** Seuls peuvent être utilisés les produits autorisés pour les usages « traitements généraux - désherbage en zones cultivées, après récolte ou désherbage en zones cultivées avant mise en culture ». | aminotriazole, dicamba, diquat, glufosinate d'ammonium, glyphosate, haloxyfop-R, n-phosphonométhylglycine, quizalofop-éthyl, sulfosate, thiocyanate d'ammonium, triclopyr. |

L'interdiction législative de broyage des jachères pendant la période sensible a été très critiquée dans les milieux agricoles. Depuis l'arrêté interministériel du 26 mars 2004[272], les autorités préfectorales ont la possibilité de fixer pour chaque département après consultation des organismes concernés, une période de

271 SRPV Bretagne, 2005. *Bulletin Technique des Stations d'Avertissements Agricoles*, 17, 30 juin 2005.

272 Arrêté du 26 mars 2004 relatif au report de la date de broyage et de fauchage de la jachère de tous terrains à usage agricole, publié au *Journal officiel de la République française* du 1er avril 2004, 6408.

40 jours consécutifs au sein de la période réglementaire de contrôle des grenaisons durant laquelle le broyage est interdit. Au delà du 15 juillet, il est possible de broyer ou de faucher, voire de réaliser certains travaux superficiels. La destruction totale est autorisée à partir du 31 juillet pour laisser place à une interculture de durée variable, voire le plus souvent à des semis de colza ou de prairie temporaire réalisés avant la fin de l'été.

Les interdictions temporaires de broyage et de fauchage ne s'appliquent pas aux exploitations en agriculture biologique, aux zones de production de semences, aux zones d'isolement des parcelles de production de semences, aux bandes enherbées sur une largeur maximale de 20 mètres le long des cours d'eau, des canaux, des lacs, des périmètres de protection des captages d'eau potable et des zones d'habitation... Il est ainsi évident que la dangerosité des moyens mécaniques d'entretien est très sous-estimée.

Pour 2005, la réglementation faisait obligation aux exploitations soumises au gel des terres de mettre en place une surface en couvert environnemental égale à 3 % de la surface en céréales, oléoprotéagineux, lin, chanvre et gel de l'exploitation, sous forme de bandes d'une largeur minimum de 5 mètres le long des cours d'eau. Il était recommandé que les surfaces soient localisées de façon pertinente : rupture de pente, périmètres de protection des captages d'eau, le long des éléments fixes du paysage (haies, mares, bosquet, murets, fossés...). Les couverts environnementaux autorisés étaient définis au niveau départemental en référence aux couverts autorisés pour le gel. Pour leur entretien, herbicides et apports fertilisants étaient interdits, et le broyage seul conseillé...

Dès l'origine des dispositifs de gel, le monde de la chasse a souhaité disposer d'un cadre réglementaire pour des jachères favorables à la faune. En 1992, une circulaire ministérielle a institué une **Jachère environnement et faune sauvage** (JEFS devenue SGEFS). Elle est déclinée au niveau départemental par une convention entre le préfet (DDAF), la Chambre d'agriculture et la Fédération des chasseurs (FDC) qui instaure un cahier des charges fixant les itinéraires techniques, le montant des compensations financières à la charge des chasseurs et les engagements de chacun des partenaires. Un contrat annuel SGEFS est signé entre l'agriculteur, le détenteur du droit de chasse et la FDC. Ce contrat permet de jouer sur la localisation, la nature du couvert et l'absence de broyage printanier tout en conservant pour l'agriculteur la prime du gel PAC. Deux contrats types sont possibles : le contrat-type classique qui utilise les plantes de la liste autorisée et s'arrête au 1er septembre. Le contrat-type adapté permet d'utiliser des céréales, oléagineux ou protéagineux en mélange et de maintenir le couvert jusqu'au 15 janvier de l'année suivante. Le montant global des aides à l'agriculture pour le programme JEFS, financé par les chasseurs, s'élève à 2 millions d'euros par an. Certaines collectivités régionales ou départementales complètent cette aide.

**Tableau 21 :**
**Importance et nature des couverts sur les surfaces gelées environnement et faune sauvage (SGEFS) (d'après Granval *et al.*, 2004[273]).**

| Type de couvert pratiqué | Importance (ha) |
|---|---|
| Associations à base de maïs, millet, sorgho | 11 312 à 12 657 |
| Associations à base de trèfle + graminée (s) fourragère (s) | 3 983 à 5 831 |
| Choux et sarrasin associés ou non avec une graminée | 2 364 à 2 810 |
| Luzerne associée ou non avec une graminée | 1 023 à 1 530 |
| Graminées fourragères | 129 à 660 |
| Association maïs-chou | 239 (en 2004) |

273 GRANVAL P., ARNAUDUC J.-P., GAVENS D. et HAVET P., 2004. Jachères Environnement et Faune Sauvage : où en est-on ? *Faune Sauvage*, 262, 25-33.

Outre ces modalités de gestion favorables au gibier, les SGEFS satisfont à beaucoup d'intérêts agronomiques : réduction du lessivage des nitrates, de l'érosion… Malgré ces atouts évidents, ce dispositif n'occupait que 34 116 ha en 2002-2003[274].

Des initiatives locales, souvent qualifiées du vocable de « **jachères fleuries** », ont été mises en place grâce à des opérateurs variés : chasseurs, acteurs de la filière apicole ou architectes du paysage. Ces opérations consistent à valoriser par des mesures très spécifiques un espace pris sur la jachère conventionnelle. L'ensemencement est réalisé avec des mélanges floraux pouvant associer des espèces de la liste des couverts autorisés avec des plantes de qualité esthétique ou intéressantes pour l'entomofaune (cosmos, zinias, centaurées, lamiers, bourrache officinale…). Très attractifs pour les arthropodes• et les insectes pollinisateurs (bourdons, abeilles, papillons, syrphes, diptères…), ces couverts attirent aussi leurs prédateurs tels que des oiseaux sauvages qui colonisent naturellement ces surfaces pour se nourrir. Conduites en 2005 sur plus de 35 départements, de telles expériences font l'objet d'une couverture médiatique importante. Ces initiatives sont parfois critiqués en raison du caractère artificiel des flores semées et du risque éventuel de voir certains de leurs constituants allochtones• devenir des adventices envahissantes. Il sera sans doute préférable à l'avenir de privilégier les semis à base d'espèces botaniques régionales et de ménager le plus souvent possible la flore locale qui possède déjà son propre cortège d'espèces animales.

La superficie des terres gelées est variable. Quasi inexistantes avant 1988, elles représentent pour la politique agricole commune et le commerce international un moyen d'ajustement des productions alimentaires. Qu'en sera-t-il demain ?

Devant la hausse du coût de l'énergie et la nécessité de pourvoir au remplacement des ressources fossiles, certains grands pays agricoles, à l'instar du Brésil, encouragent le développement de **biocarburants** à partir de cultures qui pourraient en Europe être implantées sur les terres gelées. Dans le Nord et le Centre de la France, une telle orientation risque de transformer rapidement les jachères en de vastes espaces de colza, de betterave, de blé ou de maïs que bien peu de choses distingueront des cultures ordinaires. De plus, cette évolution, en attendant la deuxième génération de cultures pour la biomasse•, risque de se faire au détriment des SGEFS, principal outil actuel pour favoriser la biodiversité dans les plaines céréalières. D'où un risque accru d'uniformisation des assolements dans ces régions mais une opportunité de diversification du milieu si de telles productions venaient à s'implanter dans les secteurs dédiés aux herbages ou à la polyculture-élevage.

Demain les jachères pourraient n'être que volontaires.

H. ESCLAFFER (ONCFS)

*Le programme des SGEFS a fait progresser la prise en compte de la diversité biologique dans l'espace agricole.*

274 GRANVAL P., ARNAUDUC J.-P.,GAVENS D. et HAVET P., 2004. Opus cité (cf. réf. 273).

Pour espérer un renouveau de la flore et de la faune sauvage sur l'espace gelé, il est donc important de s'attacher à valoriser les éléments du dispositif qui représentent des opportunités durables :

1. **Les bandes enherbées** : qu'elles soient installées de façon réglementaire en bordure des cours d'eau ou des points d'eau, utilisées pour lutter contre l'érosion ou la dérive, favoriser des arthropodes• auxiliaires des cultures... sont appelées à se pérenniser, voire à s'étendre, jouant un rôle indispensable de corridors biologiques. Elles gagneraient à être ensemencées en espèces botaniques diversifiées où le contrôle des adventices à problème (chardon...) et des montées à graine serait aménagé pour éviter le recours systématique à un broyage précoce du couvert.
2. En dépit de leur faible étendue actuelle, les **SGEFS** possèdent une très grande valeur au plan local ; toute mesure visant à les préserver ou à les étendre est favorable à la diversification du paysage (zones de grandes cultures ou milieux herbagers) et partant, au maintien d'une faune plus riche.
3. La **création de nouveaux dispositifs** réclamés par des acteurs locaux tels que les « jachères entomofaune pollinisatrice » ou les couverts floraux va dans le même sens. Dans cette optique, le fait de supprimer l'obligation réglementaire de la montée à graine et de reporter le broyage au delà de mi-juillet en fin de floraison serait une mesure favorable à la fois aux insectes et à la macrofaune. Il faut redonner à l'exploitant la liberté de gérer au mieux de ses intérêts et limiter les prohibitions aux seules pratiques de nature à nuire aux exploitations voisines.
4. Il faut suivre avec intérêt les essais de culture de **biomasse**• qui apparaît aussi comme une alternative plausible pour les mêmes terres. Plusieurs des espèces proposées comme le miscanthus ou la canne de Provence se prêtent aux cultures en bandes. Capables d'occuper certains sols agricoles marginaux, de telles productions seraient à la fois un bon atout contre la déprise agricole et un élément possible pour la diversification des paysages. Les interrogations qui entourent ces projets sont de nature à fournir des thèmes d'études nouveaux en relation avec la vie sauvage.

# 12• Incidences connues sur la faune sauvage

### Incidences directes

Si la jachère par elle-même semble propice à la faune sauvage, la manière dont elle est conduite est parfois génératrice d'inconvénients directs bien établis.

Le vrai problème du retrait des terres arables est la réversibilité ou l'irréversibilité du choix. Dans cette perspective, le problème du « salissement » des terres est considéré comme important.

Il ne faut jamais oublier que, pour l'agriculteur, une jachère spontanée intercalée dans la rotation peut augmenter fortement le potentiel d'adventices de la parcelle. Les graines nombreuses abandonnées par ces « mauvaises herbes » présentent un risque de concurrence accrue pour les cultures suivantes, avec une incidence sur le rendement et les coûts de désherbage ultérieurs. Ce risque est réel. Même si on ne dispose pas de données économiques très pointues, on sait que l'augmentation même modeste de la densité de certaines adventices peut affecter le rendement. Cette concurrence issue de la jachère peut se manifester durant plusieurs années en raison de la longévité de certaines semences d'espèces dites annuelles : de l'ordre de 10 ans pour le gaillet, 15 pour la folle avoine ou le vulpin, 20 pour renouée persicaire, 40 et plus pour le coquelicot, la stellaire, la renouée des oiseaux ou le chénopode. La compétition est exacerbée par les plantes vivaces (ex. chiendents, liseron...) qui s'étendent au cours de la période de jachère spontanée si l'agriculteur n'intervient pas.

**Tableau 22 :**
**Risque potentiel des adventices pour le rendement final d'une céréale**[275]

| | Mauvaises herbes | Nombre de pieds suffisants au m² pour faire chuter le rendement de 5 % | Nombre de graines par pied (estimation moyenne) |
|---|---|---|---|
| 1re classe de nuisibilité | Gaillet | 1,8 | 1 100 |
| | Folle avoine | 5,3 | 500 |
| 2e classe de nuisibilité | Coquelicot | 22 | 50 000 |
| | Matricaire | 22 | 45 000 |
| | Ray-grass | 25 | 1 500 |
| | Vulpin | 26 | 3 000 |
| | Stellaire | 26 | 2 500 |
| | Veronique de Perse | 26 | 150 |
| 3e classe de nuisibilité | Véronique à feuille de lierre | 44 | 100 |
| | Lamier | 44 | 500 |
| | Myosotis | 66 | 2 000 |
| | Pensée | 133 | 2 500 |
| | Alchémille | 133 | 5 000 |
| | | Nuisibilité directe | Nuisibilité indirecte |

Sur des jachères spontanées rotationnelles, ceci explique le besoin de recourir à des interventions mécaniques ou chimiques pour éviter la pénalisation des cultures à venir.

Bien qu'inopérant sur des plantes à cycle très court (ex. séneçon, stellaire) ou au port rampant (ex. liseron, renouée des oiseaux), le broyage mécanique est largement pratiqué pour contenir l'envahissement. Entre mai et juin, il est malheureusement reconnu que ce mode d'entretien occasionne la destruction massive des œufs, des nichées et de nombreuses couveuses nidifiant au sol (alouette des champs, outarde canepetière, perdrix grise…). Il en est de même pour de jeunes mammifères (levrauts, faons…) et parfois des adultes (lièvres).

**Tableau 23 :**
**Périodes de reproduction de la faune sauvage et risques liés à la fauchaison et au broyage : (adapté de : APCA, UNFDC, ONCFS, 1996)**[276]

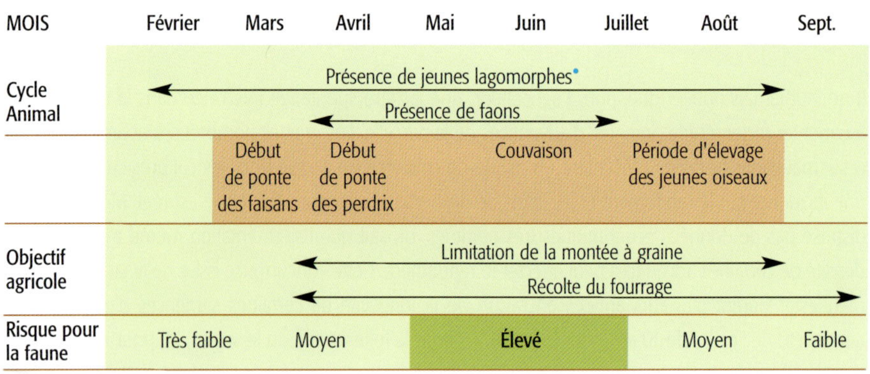


275 RAMEAU C. et CITRON G. 1997. Entretien des jachères. Communication personnelle.
276 APCA, UNFDC, ONC, 1996. Note commune « Entretien de vos jachères - Des techniques préférables au broyage de printemps pour respecter la faune sauvage ».

Par ailleurs, ce même mode de régulation est susceptible de transformer en piège à insectes tout couvert temporairement attractif qui serait détruit sans observation préalable[277]. Les travaux réalisés en Suisse[278] pour mesurer l'impact du broyage d'un couvert fleuri fréquenté par l'abeille domestique donnent des résultats impressionnants (tab. 24).

**Tableau 24 :**
**Incidence du broyage mécanique des couverts sur les butineuses (FRICK et FLURI, 2001)** [278]

| Type de couvert végétal broyé pendant la floraison | Phacélie (Essai 1996) | Trèfle blanc (Essai 1998) | Trèfle blanc (Essai 1999) |
|---|---|---|---|
| **Avant broyage mécanique** Nombre d'abeilles présentes dans le couvert (par ha) | 260 000 | 17 000 | 39 000 |
| **Après broyage mécanique** Nombre d'abeilles mortes ou blessées retrouvées dans le couvert (par ha) | 90 000 | 9 000 | 24 000 |
| **Taux de destruction** des abeilles butineuses | 35 % | 53 % | 62 % |

Il existe déjà en Europe une tendance à retarder les interventions par broyage mécanique des jachères (report au 1er juillet en Angleterre, Allemagne et Danemark). En Angleterre ou en Suède, des restrictions sont aussi apportées à la destruction trop précoce des couverts afin d'épargner les pollinisateurs et les fleurs qui leur servent de ressource[279].

Éric MIDOUX (ONCFS)

*Le broyage de jachères fleuries visitées par des pollinisateurs a une incidence directe sur leurs populations.*

## Incidences indirectes

La **jachère spontanée** est source de bénéfices potentiels pour la faune :

• de par la diversité des familles et des espèces botaniques issues du stock semencier[280] dans le sol, qui donnent naissance à une végétation variée ; outre le fait d'offrir de nombreuses graines et plantules appréciées et une pâture alternative aux herbivores, ce couvert naturel composite, inséré au sein de paysages souvent uniformes, héberge une grande variété d'insectes dont beaucoup servent de proie à la macrofaune ;

• par le rôle d'abri que peuvent jouer certaines espèces herbacées au port érigé (amarantes, chénopodes, laiterons, vergerette, tussilage…) qui procurent un parapluie efficace et souvent « circulant » contre les prédateurs aériens ;

277 BERNARD J.-L., GRATADOU P., PINDON G., RODRIGUEZ A., TISSEUR M. et DECOURTYE A., 2006. Opus cité (cf. réf. 169).

278 FRICK R. and FLURI P., 2001. Bienenverluste beim Mähem mit Rotationsmähwerken. *Agrarforschung*, 8, 196-201.

279 FREEMARK K. and BOUTIN C., 1995. Impacts of agricultural herbicide use on terrestrial wildlife in temperate landscapes: A review with special reference to North America. *Agriculture, Environment and Ecosystems*, 52, 67-91.

280 RODRIGUEZ A. et MAMAROT J. 1994. La jachère dans les rotations. ACTA Point n°2, ACTA Publications, 40 p.

• par la relative quiétude dont jouissent les animaux dans cet espace, peu soumis comme le sont les champs cultivés aux nombreux passages d'engins nécessaires à la conduite des cultures.
Cet espace exerce une attractivité particulière pour les oiseaux en raison de la nourriture plus abondante et des abris qu'ils y trouvent, ainsi que d'une hétérogénéité de structure de végétation, ce qui explique assez facilement que la densité des nids y soit plus forte[281].

Toutefois, la densité des levées en première année est parfois médiocre et peu diversifiée sur ce type de jachère car elle intervient après une succession de cultures réalisées sur des labours répétés et régulièrement désherbées. La réalisation de **couverts semés** est donc une meilleure garantie pour assurer un couvert végétal plus conséquent. Par ailleurs, le choix de l'espèce semée permet de favoriser l'une ou l'autre des composantes de la faune sauvage et se trouve plus facile à réguler. En raison des exigences biologiques de la plupart des espèces de petit gibier, il faut veiller à ne pas réaliser de semis trop denses qui donnent naissance à des couverts épais et humides peu propices aux oiseaux nichant au sol. Les doses de semis « agricoles » sont ordinairement diminuées de 30 à plus de 50 % pour obtenir une végétation moins dense qui se ressuie rapidement et où les animaux circulent avec facilité. En règle générale, les couverts constitués par un mélange d'espèces sont de nature à satisfaire différents objectifs.

La pérennité des couverts joue aussi un grand rôle. Ainsi, les jachères pérennes de graminées favorisent le retour rapide des vers de terre[282], influençant de façon positive les nombreux prédateurs des lombriciens (vanneau, hérisson, taupe...).

Quelques exemples :
• Les travaux réalisés par la Chambre d'agriculture de Picardie ont largement démontré[283] que la **richesse faunistique des couverts dépend de leur nature** mais aussi de leur **complexité botanique**.

L'étude des couverts de JEFS montre une plus grande abondance et une meilleure diversité des arthropodes (fig. 24), en particulier la luzerne et les mélanges complexes de type avoine-chou-sarrasin. En comparaison, les associations ray-grass-trèfle blanc ou le mélange maïs-sorgho sont moins riches, bien que plus intéressants que les cultures voisines prises comme témoin. L'intérêt que représente la luzerne a justifié des interventions multiples auprès de l'administration pour obtenir le droit de l'implanter dans les JEFS.

Les oiseaux, en particulier des espèces protégées, les fréquentent volontiers. Des insectivores comme les chauves-souris ou les musaraignes y sont observés de façon régulière. Et si les campagnols sont aussi plus nombreux, leur pullulation semble prévenue par les rapaces et les mustélidés, avec un report de prédation bénéfique au gibier naturel.

Si l'effet favorisant des JEFS sur les arthropodes peut être pris en compte pour la mise au point de systèmes intégrés, la jachère fleurie serait encore plus intéressante au plan de l'entomofaune[284].

281 LOKEMOEN J.T. and BEISER J.A., 1997. Bird use and nesting in conventional, minimum-tillage, and organic cropland. *Journal of Wildlife Management*, 61, 644-655.

282 GRANVAL P. et MUYS B., 1999. Vers de terre et biodiversité. *Bulletin mensuel de l'ONC*, 248, 18-21.

283 WARTELLE R., 2002. Impact de la Jachère Environnement Faune Sauvage sur la biodiversité : le volet arthropodes. Faune Sauvage, numéro spécial, 256:74-77 – Picardie Environnement, Chasseur de France, Conseil régional de Picardie, Chambre d'Agriculture de Picardie, 2001. Une jachère favorable à l'environnement. La jachère environnement *Faune Sauvage*, document 4 p.

284 ROULLOIS V., 2006. Evaluation de l'impact de mesures environnementales sur un territoire ordinaire : méthodologie et premiers résultats.. Mémoire. Master 2. Génie écologique. Aménagement et gestion des ressources naturelles. Université de Poitiers.63 pages.

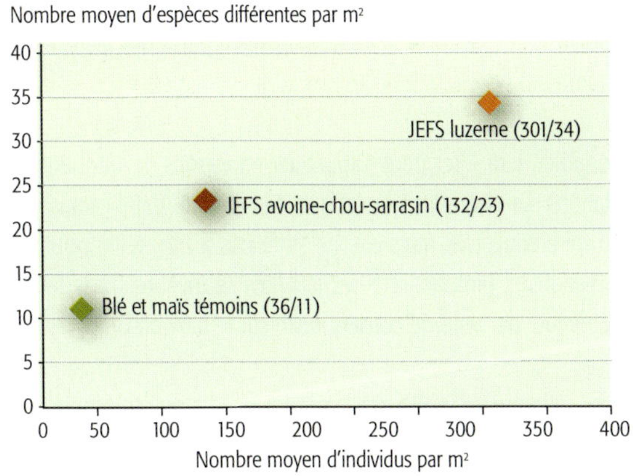


**Figure 24 :**
**Richesse comparée en arthropodes des JEFS et des cultures**

• Le **mélange de graines** composé de 65 % de **luzerne** (10 kg/ha) et de 35 % de **dactyle** (5 kg/ha) est recommandé pour des SGEFS fixes[285]. Semées au printemps en association, ces deux espèces ne sont pas des adventices des cultures et le couvert peut rester en place durant plusieurs années. Si nécessaire, dès la deuxième année, il est possible de réguler la masse végétative du couvert avec une dose faible de glyphosate + metsulfuron méthyle. Sa pérennité est assurée au moyen d'un broyage de « régénération » à 15-20 cm de hauteur courant septembre. Ce couvert haut est utile aux pollinisateurs. Protecteur en raison de son port, il est très « circulant » et propice à de nombreux éléments constitutifs de la faune sauvage.

• Des **suivis de populations d'oiseaux chanteurs** effectués en Écosse[286] montrent que l'on a 100 fois plus de chance de les rencontrer dans les cultures à base de moutarde et d'avoine installées pour le gibier que dans les zones cultivées voisines et 340 fois plus que dans les zones pâturées ou ensilées voisines. Dans cette expérience, 19 espèces d'oiseaux ont été observées : toutes utilisent les couverts semés et 6 seulement l'espace cultivé.

En raison de leur similitude avec les cultures de rapport, les jachères énergétiques ne présentent pas d'avantage particulier. Par contre, leur insertion dans des zones d'élevage ou de polyculture-élevage crée une diversité dans l'assolement qui est souvent favorable au petit gibier.

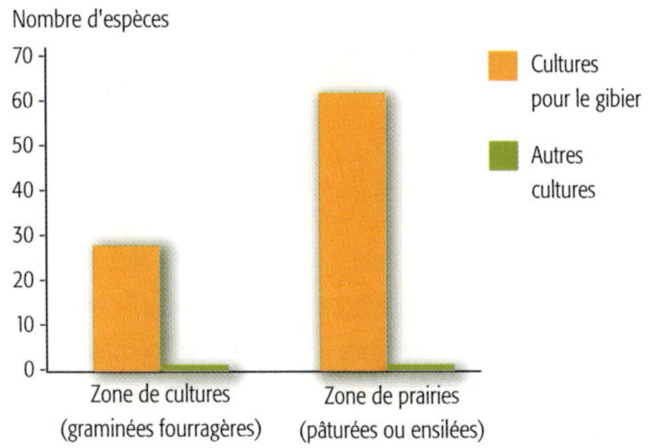


**Figure 25 :**
**Densité hivernale des oiseaux chanteurs utilisant les parcelles de cultures à gibier en zone de cultures fourragères et de pâtures par comparaison aux autres cultures (Parish, 2003)**[286]

285 Collectif, 2004. Proposition GRANVAL P. - Fiche technique n° 6 - Jachère environnement et faune sauvage 2004 - Contrat-type « adapté » - Mélange A6 : luzerne-dactyle. Éditée par les Chambres d'agriculture et les Fédérations des chasseurs de Picardie.

286 PARISH D., 2003. Songbirds in Scotland prefer game cover crops - Game Conservancy Trust - Review of 2003, p. 22-23.

# 13• Solutions expérimentées

Parmi les solutions étudiées pour favoriser la faune sauvage à partir des jachères, les **SGEFS** sont certainement les plus pertinentes.

Sur les populations de gibier, leur effet peut s'apprécier en termes de fréquentation des parcelles et la dynamique des populations. La fréquentation est très dépendante des besoins de la faune et donc des caractéristiques du territoire concerné, mais elle ne suffit pas à elle seule pour pouvoir juger de l'effet bénéfique sur les populations[287]. L'impact réel des jachères se mesure sur le taux de reproduction et le taux de survie, et se répercute par voie de conséquence sur le tableau de chasse.

Un exemple de l'effet bénéfique des SGEFS sur la perdrix grise a pu être donné en comparant des territoires agricoles voisins en Seine-et-Marne. À Jutigny, les partenaires ont mis en place à parts égales des jachères agronomiques à partir de 1990, sans broyage de printemps sur 4 % de la SAU et des SGEFS sur 4 % également. À Vulaines-les-Provins, seules des jachères industrielles (blé et colza) ont été installées. La comparaison des résultats entre ces deux territoires montre :

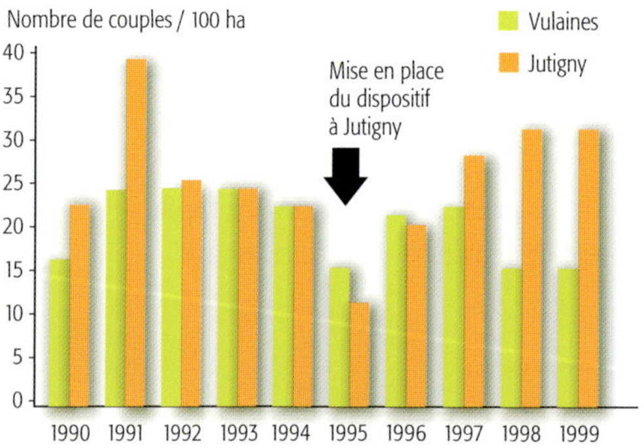


**Figure 26:**
**Perdrix grise : expériences sur la conduite des jachères en Seine-et-Marne (FDC 77, ONCFS)**[288]

- un indice de reproduction à Jutigny supérieur à celui de Vulaines (écart moyen de 2,25 jeunes par poule d'été (moyenne 1994 à 1998)). Puis, à partir de 1999, les indices de reproduction du territoire de Vulaines sont devenus supérieurs à ceux de Jutigny en raison de la transformation d'une partie de la jachère industrielle en SGEFS ;
- une meilleure survie des adultes est constatée sur le territoire de Jutigny. Avant l'apparition des SGEFS en 1994, la survie des adultes était meilleure à Vulaines qu'à Jutigny ;
- à Jutigny, le meilleur succès reproducteur et une amélioration de la survie des adultes permet de maintenir la densité de perdrix grises à 25 couples aux 100 ha, alors que sur Vulaines, elles ont chuté à 15 couples aux 100 ha. De plus, le prélèvement moyen à la chasse est en moyenne de 27 perdrix aux 100 ha sur cinq ans à Jutigny pour seulement 7 perdrix aux 100 ha à Vulaines pendant la même période.

En 2004, un bilan encourageant[289] de l'intérêt des SGEFS a pu être dressé en regard de cinq espèces emblématiques de la faune aviaire (tab. 25).

Les SGEFS peuvent également servir de dissuasion lorsque les cultures sont confrontées à des attaques d'animaux sauvages. Elles ont été utilisées avec succès pour réduire de 20 % les dégâts occasionnés par le grand gibier[290]. Disposés en bordure de plans d'eau où hivernent de fortes populations d'oies cen-

287 BIADI F., 1996. Peut-on mesurer l'impact de la jachère faune sauvage ? *Bulletin mensuel de l'ONC*, 214, 20-23.
288 MOLLOT B. (FDC Seine-et-Marne) et GRANVAL P. (ONCFS). Communication personnelle.
289 MAYOT P., BARON Y., MALECOT M., MEUNIER C., NIOT D., NOUAILLES F., PELTIER D., PINDON G., BRO E. et REITZ F., 2004. Impact des couverts faunistiques sur la perdrix grise en plaine de grandes cultures. Résultats d'expérimentations menées en région Centre. *Faune sauvage*, 262, 33-41.
290 LAVOISIER E., LEON F., HAVET P. et GRANVAL P., 1996. Intérêt de la jachère pour réduire les dégâts de grand gibier dans les récoltes. *Bulletin mensuel de l'ONC*, 214, 50-55.

**Tableau 25 :**
**Impact des jachères environnement faune sauvage (JEFS) sur quelques espèces typiques de milieux ouverts**

| Espèce | Impact des JEFS | Source |
|---|---|---|
| Perdrix grise | Sur certains territoires aménagés, le succès de la reproduction a en moyenne augmenté après que des JEFS aient été implantées. | Mollot et Granval in : ONC 1996[291] |
| Caille des blés | Les JEFS s'avèrent attractives pour les mâles en tant que places de chant. | Guyomarc'h in : ONC 1996 |
| Alouette des champs | La densité est plus importante dans les couverts de jachères ; la productivité des couples nicheurs y est également meilleure. | Eraud et Boutin, 2002[292] |
| Vanneau huppé | Les JEFS en bordure d'étang (Dombes) permettent d'améliorer la productivité des couples nicheurs. | Broyer *et al.* in : ONC 1996 |
| Outarde canepetière | Les mâles sélectionnent les JEFS comme places de chant. | Boutin in : ONC 1996 |

drées, les couverts se sont montrés capables de fixer plusieurs semaines les oiseaux et de différer largement le début des atteintes aux cultures voisines[293]. Des végétaux originaux sont autorisés pour ensemencer ce type de couvert : c'est le cas du sarrasin qui, semé tôt, peut fleurir et apporter une source de nectar aux abeilles, voire monter à graine et fournir de l'aliment aux perdrix[294].

Les études sur l'alimentation pollinique de l'abeille domestique entre juin et septembre conduites sur un secteur de 5 500 ha en Montagne de Reims[295] donnent elles aussi des résultats significatifs. Sur cette vaste zone sans tournesol et hors période de floraison du colza, les quelques 20 ha de jachères à base de trèfles, de phacélie, de moutarde, de lotier ou de mélilot mis en place par les agriculteurs ont fourni à eux seuls 66 % de la collecte totale de pollen des ruchers, contre moins de 6 % pour les autres espèces cultivées. Ce qui montre là encore qu'un aménagement très modeste de l'espace végétal (ici 0,36 % des surfaces cultivées) est de nature à influer grandement sur le cycle vital d'une espèce animale.

*Conseils pratiques*

**En règle générale et pour tirer le meilleur parti des terres gelées en faveur de la faune :**

1. Lorsqu'une parcelle est gelée, un **couvert semé est à privilégier** dans tous les cas (tab.26) ; l'implantation d'espèces porteuses de nombreux insectes (légumineuses…) est à encourager mais, pour éviter un salissement trop rapide des parcelles, le semis peut être associé avec des graminées adaptées au type de sol ; si possible, préférer les fétuques et le dactyle aux variétés gazonnantes de ray-grass anglais.
2. Dans la mesure du possible, **préférer un gel pluriannuel** à une jachère annuelle (ou jachère tournante) ; dans ce type de situation, l'implantation d'un **couvert composite concurrentiel des adventices** s'impose ; semer, si possible à l'automne, en utilisant une association de graminées (fétuques, dactyle, fléole, voire ray-grass) et de légumineuses (trèfles…) pour améliorer la pérennité du couvert et favoriser les pollinisateurs ; le choix d'un couvert adapté au milieu et de levée rapide est important car un semis réalisé très dense afin d'étouffer les adventices, donne un milieu humide peu accueillant pour la macrofaune.

291 ONC, 1996. Numéro spécial jachères et faune sauvage. *Bulletin mensuel de l'ONC*, 214.

292 ERAUD C. and BOUTIN J.-M., 2002. Density and productivity of breeding skylarks *Alauda arvensis* in relation to crop type on agricultural lands in western France. *Bird Study*, 49, 287-296.

293 MOURONVAL J.B., 1996. Une jachère faune sauvage pour réduire les dégâts de l'oie cendrée *(Anser anser)*. *Bulletin mensuel de l'ONC*, 214, 56-58.

294 LABREUCHE J. et MAILLET-MEZERAY J., 2005. Opus cité (cf. réf. 268).

295 POISSONNET T., BOYER P., ODOUX J.-F., FOUGEROUX A. et LECOMPTE P., 2007. Jachères entomofaune pollinisatrice en Montagne de Reims. *Bulletin Technique Apicole*, 34 (1), 17-32.

Conseils pratiques

**3.** Chaque fois que possible, l'agriculteur doit **avoir recours au dispositif des SGEFS** qui propose des couverts adaptés à de nombreuses composantes de la vie sauvage ; une optimisation des bénéfices peut être recherchée en orientant le choix des couverts en fonction des espèces faunistiques que l'on veut favoriser et des objectifs recherchés (zone de nidification, abri, ressource alimentaire) eu égard aux caractéristiques du milieu (tab.26). Leur installation le long des haies, autour des mares ou des bosquets, augmente fortement l'effet positif sur la biodiversité, notamment pour des groupes d'espèces comme les araignées, les batraciens, les reptiles[296].

**4.** Pour éviter que certaines implantations ne concentrent aussi les prédateurs, s'appuyer pour leur réalisation sur le **conseil des techniciens cynégétiques** des Fédérations départementales des chasseurs.

**5.** Dans les zones agricoles très sensibles aux dégâts de grand gibier ou d'oiseaux migrateurs, répartir une fraction des terres gelées comme **zone de dissuasion** dans les points stratégiques.

**6.** D'une manière générale et au delà des obligations réglementaires, la dispersion de surfaces gelées sous forme de bandes étroites réparties sur la ferme joue un rôle important de **corridor biologique**, voire de réserve si on laisse coloniser cet espace par la flore naturelle.

**7.** Si la surface gelée est consacrée à des cultures énergétiques ou industrielles, veiller à morceler les surfaces emblavées pour augmenter les effets de lisière et éviter l'uniformisation du milieu.

Pour limiter les effets négatifs directs résultant de la conduite d'un gel classique :

**1. Réaliser**, lorsque cela est possible, **la limitation de montée à graine au moyen de l'un des herbicides autorisés** ; le résultat est plus facile à obtenir avec des couverts semés en raison de la présence majoritaire de l'espèce semée qui permet de choisir le produit le mieux adapté à sa dose d'emploi optimum ; sur les couverts spontanés, la dose efficace pour réguler le développement des adventices vivaces est parfois destructrice pour la majorité de la végétation.

**2. Limiter autant que possible la réalisation des broyages mécaniques entre le 1er mai et le 15 juillet** ; les interventions précoces épargnent de nombreux nids ; au delà de la mi-juillet, la plupart des oisillons et des jeunes mammifères sont mobiles :

- si un broyage précoce doit être réalisé, effectuer l'opération le plus tôt possible en saison ;
- en cas de broyage tardif, reculer l'opération le plus près possible des dates limites ;
- dans tous les cas, commencer le travail par le centre de la parcelle pour repousser les animaux vers l'extérieur ; utiliser des dispositifs d'effarouchement et pratiquer une coupe haute (au moins 15 cm) ;
- certaines espèces protégées peuvent avoir des exigences particulières : dans le cas de l'outarde, l'absence de broyage entre le 1er avril et le 31 août est souvent conseillée.

**3.** Si la régulation mécanique est la seule méthode possible, **privilégier la fauche plutôt que le broyage** ; une fauche haute est moins agressive pour la macrofaune car elle peut être effectuée à 25-30 cm de hauteur et non pas au ras du sol. La fauche limite la destruction de nombreux insectes tels que les criquets ou les araignées[297].

296 Travaux menés par la Fédération régionale des chasseurs des Pays-de-Loire. Communication personnelle.

297 MAILLET-MEZERAY J., LACAU C. et SALVAUDON M., 2006. Les jachères. Un vivier pour le petit gibier. *Perspectives agricoles*, 323, 20-26.

**Tableau 26 :**
**Choix du couvert en fonction des populations présentes (MAILLET-MEZERAY *et al.*, 2006)**[298]

| Type de couvert | Perdrix | | | Faisan | | | Lièvre, lapin | | | Cervidés | | | Sanglier | | | Arthropodes* |
|---|---|---|---|---|---|---|---|---|---|---|---|---|---|---|---|---|
| | N | A | R | N | A | R | N | A | R | N | A | R | N | A | R | |
| Ray-grass / Trèfle | | ••• | | | ••• | | | ••• | | | ••• | | | ••• | | ••• |
| Luzerne (seule ou avec dactyle) | ••• | •• | | ••• | •• | | | ••• | | | ••• | | | | | •• |
| Fétuque / Dactyle | •• | ••• | •• | •• | •• | | | | •• | | • | •• | | ••• | | •• |
| Maïs / Sorgho / Millet | | | ••• | | | ••• | | •• | ••• | | •• | ••• | | •• | ••• | •• |
| Moha / Sorgho grain | | •• | | | •• | | | | | | | | | | | • |
| Avoine / Chou / Sarrasin | | ••• | •• | | ••• | | | •• | •• | | ••• | | | ••• | | ••• |
| Navette ou radis fourrager | | | •• | | | •• | | •• | •• | | ••• | | | •• | | • |
| Colza fourrager / Chou fourrager | | | •• | | | •• | | •• | •• | | ••• | | | | •• | • |
| Avoine, orge, blé, seigle, triticale, colza fourrager, chou fourrager, vesce | • | • | • | • | • | • | | • | • | | •• | | | •• | | ••• |
| Mélilot | •• | •• | | | •• | | | | | | | | | | | •• |
| Minette (ou luzerne lupuline) (Lotier de même type) | | •• | | | •• | | | •• | | | •• | | | | | •• |

N : nidification, mise bas ; A : alimentation ; R : refuge.
• : moyennement favorable ; •• : favorable ; ••• : très favorable.

## 14• Pistes de recherche et d'expérimentation

• Résoudre le problème des adventices vivaces se développant sur les terres gelées (chardon en particulier) est prioritaire pour éviter le recours à la régulation mécanique…

• Mieux caractériser la valeur environnementale des différents types de couverts (profil adventice, source d'auxiliaires, valeur pour les pollinisateurs…) est nécessaire pour en favoriser l'adoption par les agriculteurs et les aménageurs.

• Rechercher de nouvelles associations végétales qui limitent le risque de voir apparaître des adventices nocives afin d'éviter le broyage.

• Tester l'efficacité d'une fauche haute (supprimer des inflorescences tout en évitant de détruire les nids et nicheurs au sol) et la faire admettre par les organismes de contrôle…

• Rationaliser l'emploi des quotas de terres gelées pour réduire les dégâts de gibier sur les cultures.

298 MAILLET-MEZERAY J., LACAU C. et SALVAUDON M., 2006. Opus cité (cf. réf. 297).

• Dans une optique de valorisation cynégétique des territoires agricoles, entreprendre des recherches sur le comportement des prédateurs pour définir des schémas d'aménagement favorisant la faune mais minimisant leur impact.
• Améliorer la conception de dispositifs jachères capables de minimiser la prédation des espèces d'intérêt cynégétique.
• Accroître les connaissances sur la nocivité réelle de chaque espèce adventice.
• Mettre au point des méthodes nouvelles pour éviter la montée à graines des couverts et des plantes adventices.

# J• Gestion des éléments fixes du paysage

Dans la première partie, nous avons signalé que les éléments fixes du paysage étaient en forte régression, et que cela avait une forte influence sur la biodiversité. Une typologie en a été faite au chapitre II. D et l'on a insisté sur les intérêts multiples de ces éléments. L'essentiel de notre propos sera ici de proposer des évolutions de pratiques susceptibles de favoriser la faune sauvage sans nuire à la production.

François OMNES (ONCFS)

*Les arbres isolés sont parmi les éléments fixes du paysage les plus menacés. Ici en Plaine d'Alsace.*

Chacun des éléments fixes du paysage possède une valeur en termes de biodiversité. Cette valeur est largement méconnue d'où la destruction fréquente et l'anéantissement de leur fonction écologique, lorsqu'ils constituaient une gêne importante pour la mécanisation des travaux. Pour rendre aujourd'hui compatible leur existence avec une exploitation performante, il convient de se pencher attentivement sur l'entretien des éléments existants et sur les techniques de restauration ou de recréation.

Pour chacun des nombreux aménagements ou éléments fixes évoqués précédemment, les questions de base à se poser peuvent être les suivantes :
1. Cet élément existe-t-il sur le territoire de l'exploitation ? Y était-il présent dans un passé récent ?
2. S'il existe, est-il possible de le pérenniser ? Comment le gérer ? Comment l'améliorer ? Pour quelles finalités (macrofaune, auxiliaires, paysage…) ?
3. S'il n'existe pas, ai-je intérêt à le créer ?
4. S'il n'existe plus ai-je intérêt à le recréer ? Quels en seraient les bénéfices ? Les contraintes ? Le coût ?…

Qui gère ces éléments fixes ? En 1995, Thomas Schmutz et ses collaborateurs[299] pointaient le fait que sur 100 km de haies présents sur un territoire, 85 en moyenne étaient gérés par des agriculteurs-éleveurs, 10 par des collectivités et des services publics (bords de route…), 3 par des associations locales (de randonneurs notamment) et 2 par des ruraux non agricoles.

299 SCHMUTZ. T, BAZIN P. et JEGAT J., 1995. L'entretien courant des haies. IDF, Paris (plaquette, 71 p.) ; 1995. Les talus du bocage. IDF, Paris (plaquette, 56 p.)

Chez l'agriculteur, l'entretien de l'alignement est dicté par des besoins variés :
• désherbage de l'intervalle avec le champ mitoyen pour préserver les cultures de l'envahissement par les adventices,
• ouverture ou maintien en état des passages pour le matériel,
• maîtrise de l'extension aérienne de la haie au-dessus des parcelles cultivées mitoyennes,
• coupe pour le rajeunissement des ligneux ou la récupération du bois,
• aspects esthétiques généraux.

À de tels besoins se confrontent le temps de travail disponible, la nature du matériel présent sur l'exploitation, le coût de l'entretien...

## J1• Évolutions et perspectives

Dans le passé, les éléments fixes du paysage français et le maillage de haies en particulier ont souffert à la fois d'une volonté locale de les supprimer pour faciliter la mise en culture des sols, et/ou d'un mauvais entretien (arbres morts abattus et non remplacés, tailles drastiques à l'épareuse diminuant la largeur, limitation de la strate herbacée au pied...). Les modes de calcul des surfaces éligibles aux systèmes d'aide du premier pilier de la PAC, basés sur une surface primable et non sur la surface totale de la parcelle, ont favorisé soit la réduction de leur emprise, soit la destruction des haies, nullement protégées malgré leur qualité de linéaire forestier.

En ce qui concerne les **haies**, un mouvement nouveau est amorcé. Ainsi, nombre de conseils régionaux et généraux, ainsi que d'autres collectivités, développent des programmes de restauration et de recréation de haies. Les mesures agri-environnementales, les CTE et les CAD ont aussi permis l'émergence de programmes territoriaux d'amélioration de la gestion des haies. Dans l'Ouest, les organismes de conseil technique (IDF, CIVAM, Association « Bocage Pays Branché », ONCFS...) ont mis au point avec l'administration un dispositif qui porte le nom de Plan de gestion des haies (PGH). Par ailleurs, un programme d'étude et de recherche européen (HEDGE) a permis aux différentes équipes impliquées dans la sauvegarde de la haie d'échanger leurs expériences : c'est ainsi qu'ont été diffusées des informations sur des techniques modernes de transplantation dont le grand avantage est de sauvegarder la diversité floristique. Cette pratique pourrait être proposée dans le cadre des aménagements succédant à des chantiers de création de nouvelles infrastructures.

Sur la décennie écoulée, un examen rapide des réalisations montre que la composition botanique des recréations n'est pas toujours idéale pour la faune sauvage, ni leur mode de plantation où le plastique est encore trop souvent utilisé. Néanmoins, l'existence d'initiatives variées et nombreuses, y compris dans les zones de grandes cultures, les encouragements concrets à motivation cynégétique... permettent d'espérer un nombre croissant de situations où ces éléments fixes vont rediversifier l'espace agricole.

En parallèle, la préservation des ressources en eau et la volonté de maîtriser les ruissellements superficiels ont conduit à la création de bassins versants pilotes, remettant en lumière l'importance du maillage des haies avec ou sans talus. En plaine plate, le talus n'est plus justifié pour des raisons hydrologiques, mais, s'il garde de l'intérêt pour la faune, il est rare d'en recréer, vu le coût de l'opération. L'attention portée à l'eau joue aussi en faveur des **bandes enherbées**. En raison du découpage extrême du parcellaire ancien, elles existaient autrefois en abondance sur l'exploitation. Mais des pratiques de labour jusqu'au pied de la haie, jusqu'au bord du chemin, de la route ou du fossé, en ont réduit à la fois les surfaces et le rôle écologique. Leur efficacité environnementale (source de diversité botanique et entomologique, filtre des contaminants de l'eau…) et cynégétique (lieu favorable à la nidification) a poussé l'administration à préconiser leur extension. D'autre part, les règles de conditionnalité des aides imposent l'obligation de mettre 3 % de la SAU en bandes enherbées, prioritairement en bordure de cours d'eau, puis de fossés, et réparties ensuite pour le reste sur l'exploitation. Le chevelu hydrographique que l'on cherche ainsi à protéger est en fait l'un des facteurs prépondérants de la biodiversité. Les fossés et les petits **cours d'eau** souvent colonisés par de la végétation ligneuse, voire aquatique sont également des refuges, des corridors biologiques pour les batraciens et les reptiles, des sites de nidification du faisan et autres espèces (poules d'eau, râles d'eau…). Dans les systèmes de fossés qui récupèrent les eaux de ruissellement et de drainage, les écoulements avaient souvent, dans le passé, la possibilité de stagner avant d'arriver au cours d'eau, dans des micro-zones humides remplies d'hydrophytes, qui filtraient l'eau et contribuaient à son épuration. Nombre de ces zones ont été rectifiées ou elles-mêmes drainées et ne jouent plus ce rôle épurateur. Il serait utile d'en recréer.

Luc BARBIER (ONCFS)

*Dans les plaines de grandes cultures (ici en Champagne), la replantation de haies est maintenant encouragée par les autorités.*

Le nombre de **mares** de l'espace agricole a considérablement diminué, en raison particulièrement de l'arrêt de l'élevage sur les exploitations. Il faut regretter une insuffisance générale d'entretien, qu'il s'agisse des mares ou des fossés et cours d'eau, qui ont tendance à s'obstruer, se boucher et ne jouent plus leur fonction d'assainissement. La conservation et l'entretien des mares sont des orientations fortes du ministère du Développement durable ; un pôle-relais « mares et mouillères » créé dans le cadre du Plan national en faveur des zones humides (PNZH) assure aujourd'hui avec efficacité la circulation d'information entre tous ceux qui s'y intéressent.

En pisciculture, les difficultés actuelles de commercialisation du poisson d'eau douce, la carpe en particulier, conduisent à réduire le nombre d'**étangs** de production. Alors que l'on n'avait autrefois que des étangs plats, on assiste à la création d'étangs piscicoles profonds, à bords abrupts, dont l'intérêt pour l'avifaune est réduit.

Les bosquets sont souvent conservés pour leur fonction paysagère et cynégétique, plus que pour leur fonction productive. Un bosquet isolé dans la plaine, sans connexion avec des fossés ou des bandes d'herbe ou des haies voit régulièrement sa faune sauvage s'appauvrir.

Les arbres isolés jouent un rôle important dans le paysage : de moins en moins présents à l'intérieur des parcelles en raison de la gêne occasionnée pour les machines, on les trouve encore aux croisements de chemins, en bordure des parcelles, le long des cheminements… Aujourd'hui, certaines exploitations s'orientent vers de l'agroforesterie, combinant ainsi les productions. Ce type de pratique procure une amélioration en termes de biodiversité par comparaison avec une parcelle en culture pure ou même un verger. Il n'y a pas eu en France d'évaluation portant sur le gibier mais en Espagne, les « dehesas » sont réputées pour être des zones favorables au petit gibier.

Enfin, les **empiètements de pylônes électriques** sur l'exploitation peuvent être plantés d'arbustes et servir de lieux d'agrainage régulier ; cela n'a que des avantages à condition d'y faucher tous les 2-3 ans la végétation pour éviter le salissement de la parcelle cultivée et le développement d'un matelas d'herbes sèches peu attractif.

## J2• Incidences connues sur la faune sauvage

L'intérêt de la présence pour la faune sauvage des éléments fixes et l'impact de leur suppression, ont été analysés au chapitre II.D.

D'une manière générale, il convient de prêter attention aux points généraux suivants.

Les éléments fixes structurent le paysage agricole. Leurs **caractéristiques physiques individuelles et leur agencement les uns par rapport aux autres** sont toujours importants à considérer. Ainsi, un mur de pierres sèches, un talus et un bosquet ont une valeur faunistique propre qui dépend de leur structure, de leur composition, de leur orientation… mais des synergies parfois étonnantes résultent aussi de leur complémentarité dans l'espace et des connexions qui existent avec d'autres éléments. De même si, en règle générale, la qualité d'une haie dépend souvent de la présence des trois strates (herbacée, arbustive et arborée), elle est d'autant plus propice à la diversité animale qu'elle est accompagnée d'ourlets herbeux conséquents, appuyée par une jachère ou connectée à une mare. Dans beaucoup de régions d'élevage, la haie traditionnelle gérée dans l'unique but de constituer des clôtures naturelles est étroite, basse et rognée, ce qui limite d'autant sa fonction écologique.

L'importance de maintenir la diversité végétale pour favoriser la faune sauvage doit aussi être un impératif. Chaque plante n'a pas les mêmes propensions à héberger une microfaune variée. Cette capacité est souvent reliée à la structure même du végétal considéré, mais aussi à sa famille botanique et à l'importance de son aire de distribution géographique. Sous nos climats, les différents chênes qui participent à la végétation dominante de vastes régions sont parmi les plus riches. Ainsi, le chêne blanc, essence dominante de la chênaie, ou le chêne vert en Provence, sont parmi les meilleurs réservoirs d'entomofaune et notamment d'entomophages[300]. En règle générale, les espèces végétales introduites, d'origine exotique, ont une faune spécifique plus pauvre que les végétaux indigènes, surtout s'ils appartiennent à un groupe botanique non représenté dans la région considérée.

Jean-Louis BERNARD (SYNGENTA)

*Beaucoup de vergers conduits selon les principes de la production intégrée s'entourent de haies composites destinées à favoriser des auxiliaires.*

Sur une exploitation, **le souci de préserver ou de favoriser la faune sauvage heurte parfois un certain nombre d'habitudes,** tout particulièrement :

• la notion de « *propreté* », de « *netteté* » de l'espace cultivé, si longtemps associées à l'image de bon agriculteur. Ainsi il convient de réhabiliter les petites friches et les ronciers, emblématiques des

300 BAUDRY O., BOURGERY C., GUYOT G. et RIEUX R., 2000. Opus cité (cf.réf.117).

Jean-Noël REBOULET (ACTA)

*Les punaises du genre* Anthocoris sp. *sont les principaux auxiliaires qui limitent la pullulation du psylle du poirier.*

terres négligées, ou les bois tombés, les arbres morts encore sur pied qu'il faut conserver, sauf s'ils constituent une menace pour la sécurité des agriculteurs, de leurs employés ou des promeneurs ;

• la notion de « *mauvaise herbe* » : depuis toujours, la présence d'adventices nombreuses est combattue par l'agriculteur à l'intérieur des champs cultivés ; par contre, il conviendrait de ne plus diaboliser la présence de plantes non cultivées montant à graine en dehors des parcelles, compte tenu des avantages multiples qu'elles représentent comme abri et support de chaînes alimentaires ;

• la période dévolue à certains travaux : si les pointes d'activités sont quasi fixes pour les cultures, il faudrait rapprocher les activités d'entretien de l'espace non cultivé des époques où elles présentent un inconvénient minimum pour la faune. Nous avons vu précédemment que ce ne sont pas tant les engins utilisés qui présentent un risque que l'époque à laquelle ils le sont.

## J3• Solutions expérimentées

La gestion des éléments fixes a fait, au cours des deux dernières décennies, l'objet d'un nombre croissant de travaux. Parmi les plus marquants, citons quelques expériences porteuses d'avenir proches des praticiens. Ainsi, dès 1994, Le Gac[301] a mis au point un **schéma d'aide à la décision** pour l'agriculture. À partir de l'analyse du plan parcellaire de l'exploitation, de l'assolement, et l'identification des secteurs soumis à érosion ou inondation, l'exploitant est en mesure, au mieux de ses intérêts financiers, et, compte tenu des systèmes d'aide en vigueur, de déterminer la nature et le positionnement de nouveaux éléments fixes pour à la fois :

• limiter les risques d'érosion et de pollution des eaux superficielles par entraînement d'éléments physiques et chimiques,

• restaurer le paysage et améliorer la biodiversité.

Le **Plan de gestion des haies**[302] est une opération mise au point par l'ONCFS et ses partenaires, pour soutenir les agriculteurs de l'Ouest (Deux-Sèvres, Vendée, Loire-Atlantique, Charente Maritime) dans leur volonté d'assurer une gestion optimale du réseau de haies. Ce PGH a pu être aidé par les CTE et CAD. Sur les haies, il existe de nombreux recueils et articles faisant état de travaux originaux ou de recommandations particulières. Outre ceux cités ici, rappelons l'intérêt des communications de la *Journée d'études européennes sur les bocages*[303], des travaux de l'Institut pour le développement forestier (IDF)[304], de ceux de Birkan *et al.*[305], de Liagre[306]…

301 LE GAC E., 1994. Intégration de l'environnement et du paysage dans la gestion d'agrosystèmes intensifs : application à trois exploitations du Département de la Marne. Mémoire de fin d'études. ENITA de Clermont-Ferrand et ONC, 200 p.

302 BESSIERE C., 2002. Opus cité (cf. réf. 164).

303 Journée d'études européennes sur les bocages, 2002 - Actes du Colloque de Cerisay, 16-17 oct. 2002, CD-Rom.

304 BAZIN P. et SCHMUTZ T., 1998. Gestion courante des haies : quelles sont les alternatives favorables à la faune, *Gibier Faune Sauvage - Game Wildlife*, 15 (Hors série, tome 1), 65-80.

305 BIRKAN M., DENIS M. et MALLET C., 1983. Opus cité (cf. réf. 255).

306 LIAGRE F., 2006. Les haies rurales - Rôles, création, entretien. Éditions France Agricole, 320 p.

La transplantation rapide des haies ou « **hedge-pussing** » a fait ses preuves en Grande Bretagne, comme en Allemagne où elle est communément employée[307]. Cette technique présente l'avantage considérable de conserver avec les ligneux transplantés une motte de terre conséquente qui porte la flore et certains éléments de la faune d'origine. Elle demande cependant une analyse préalable de faisabilité car les essences à pivot comme le chêne ne sont pas facilement transplantables, contrairement aux essences à système racinaire traçant (frêne, érable champêtre…). Après un diagnostic favorable, les buissons et la cépée arbustive à déplacer sont rabattus en novembre à 50 cm de hauteur environ. Cette opération, réalisée de façon manuelle ou au lamier à scie, facilite la préhension mécanique des mottes. Sur le site d'accueil, une tranchée large de 1,5 à 2 m et profonde de 1 m est réalisée avec une pelleteuse équipée d'un godet à dents. Le décollage des mottes de la haie de départ est réalisé avec le même engin qui les transfère dans la tranchée d'accueil. Après transfert des mottes, il convient de combler les espaces entre souches et bords de tranchée puis de procéder à un compactage avec les godets de l'engin de chantier. Il est conseillé d'apporter un excédent de terre végétale et de combler les trous au moyen de plantations d'arbres ou d'arbustes à fruits.

Parmi les multiples expériences conduites sur la **valeur des linéaires et des bandes herbeuses** pour la faune sauvage, signalons par exemple les observations réalisées en 1999 dans le Centre par le CRITT-Innophyt. Elles portaient sur les populations de carabes dans trois types de parcelles de grandes cultures : l'une en Champeigne tourangelle, ouverte et en production conventionnelle (orge), la deuxième en zone bocagère du Perche du Loir-et-Cher et en agriculture biologique avec labour à cheval (orge) et la troisième, en zone bocagère de Sologne du Loiret et en production intégrée sur blé et colza : non-labour, taille réduite des parcelles et présence de haies. La présence de haies, de talus, de bosquets voire même de simples bandes herbeuses en bordure de champ engendre une plus grande diversité des espèces de carabes. D'après ces observations, leur effet semble même plus important que celui des pratiques culturales dans les champs voisins (ex. travail du sol)[308].

Dans une vision élargie de la bordure des champs, le Game Conservancy Trust britannique a développé depuis 1980 un dispositif dénommé « **conservation headlands** »[309] dispositif aujourd'hui aidé. Le principe de cet aménagement est de faciliter la création d'un espace nourricier pour des oiseaux comme la perdrix grise en zone de grandes cultures. Pour cela, les 6 à 12 premiers mètres à l'intérieur du champ de céréales disposés au contact de la haie sont spécifiquement conduits avec un minimum d'intrants et en l'absence de toute application printanière d'herbicide ou d'insecticide, afin de maximiser la production d'insectes dans cette zone. Combinée à d'autres moyens (jachères en bande, labour tardif des chaumes…), cette gestion des bordures donne d'excellents résultats.

307 ONCFS, Délégation régionale Poitou-Charentes, 2003. Note technique sur la transplantation de haies.
308 WALIGORA C., 2005. Opus cité (cf. réf. 267).
309 The Game Conservancy Trust's Farmland Ecology Unit, 1998. Guidelines for the management of field margins. Fact 2 Sheet, The Game Conservancy Trust, 16 p. - The Game Conservancy Trust, 2001. Conserving the grey partridge, 8 p.

# J4• Conseils pratiques

## J4.1. *Les haies*

Dans les régions de bocage ou pour les linéaires qui subsistent dans les zones d'élevage traditionnelles, la conservation du potentiel biologique des **haies existantes**, voire son amélioration, est l'élément le plus important. Dans les pays d'openfield, on peut avoir intérêt à **créer des haies** basse tige[310] pour leur fonctionnalité environnementale, et en particulier pour leur rôle dans la diversification de l'espace vis-à-vis de la faune sauvage. Des motivations d'ordre cynégétique existent aussi, mais elles concernent une minorité d'exploitants agricoles. Les évaluations sur l'efficacité des haies basse tige montrent que pour la perdrix, l'impact est relativement modeste, les territoires aménagés ayant tendance à avoir une plus faible proportion de poules sans jeune. Les effets sur la survie ne sont pas très significatifs en raison probablement de la prédation[311]. Il y a par contre un effet bénéfique sur la diversité des oiseaux et sur des groupes comme les araignées et les insectes.

Pour l'agriculteur, des considérations liées à l'appareil productif sont généralement prioritaires pour décider *in fine* du maintien, de la rénovation ou de la création d'une haie. Pour assurer l'efficience de cet aménagement pour la faune sauvage, il convient donc d'associer au mieux attentes agricoles et environnementales, conciliation qui est le meilleur garant de la pérennité de l'élément fixe.

D'un strict point de vue agricole, les différentes fonctions traditionnelles de la haie sont alors à revisiter : relation avec l'élevage, effets physiques (ex. brise-vent), climatiques, relation avec l'eau, obstacle au regard... voire des aspects plus novateurs (ex. source d'auxiliaires, volonté de favoriser une espèce animale donnée...). Lorsque le bilan de cet examen est positif, s'enclenchent alors des décisions opérationnelles : choix d'emplacement, emprise, composition, connexions, mode d'entretien...

Pour assurer son rôle de barrière physique, la haie doit garder une certaine perméabilité au vent en période de production agricole et avoir une certaine hauteur. Sauf cas précis (ex. culture en très petit parcellaire, jardin), l'étanchéité que représente une haie dense de conifères n'est pas souhaitable. En général, l'agriculture recherche des brise-vent rustiques et semi-perméables, sachant qu'une haie de ce type protège une zone comprise entre 15 et 20 fois sa hauteur. Ces propriétés ne sont réunies qu'avec la plantation conjointe de différentes espèces dont les différentes strates permettent d'obtenir les effets désirés. L'épaisseur requise pour permettre à l'ensemble de bien fonctionner conduit à réaliser des plantations sur deux voire le plus souvent trois rangées. Si des arbres de haut jet sont implantés, ils le seront le plus souvent au centre avec une alternance d'arbustes de bourrage hauts et bas alternés sur les rangs extérieurs. Dans les zones ventées, on pourra mettre côté vent dominant les arbres de haut jet et côté sous le vent les rangs d'arbustes de bourrage haut et bas alternés. Cela conduit vers des emprises d'au moins 3 m de large potentiellement bien adaptées à la vie sauvage.

310 SERRE D., HAVET P. *et al.*, 2002. La faune sauvage dans l'évolution des systèmes et des pratiques : premiers essais. Les premiers effets pour la diversité biologique d'une évolution vers l'agriculture durable. Un exemple en Beauce et en Eure-et-Loir. *Faune sauvage*, 256, 58-61.

311 SERRE D., HAVET P., REITZ F. *et al.*, 2002. La faune sauvage dans l'évolution des systèmes et des pratiques : premiers essais.- La mesure de l'impact sur les oiseaux. *Faune sauvage*, 256, 62-65

*Conseils pratiques*

**Principes généraux**

1. **Raisonner à l'échelle de l'exploitation** et adopter si possible un **programme** à moyen et long terme ; en zone bocagère, s'informer sur les objectifs locaux de structuration (souvent de l'ordre de 75 mètres linéaires de haies à l'hectare, contre 130 à 150 en zone bocagère traditionnelle).
2. **Donner la priorité à la restauration de l'existant, puis à sa gestion**, avant de s'intéresser à une plantation.
3. Identifier les éléments à prendre en compte pour assurer le **double rôle** de barrière physique et de support de biodiversité. Procéder à un diagnostic de l'état présent. Des grilles d'évaluation, élaborées dans le cadre du programme PGH, dans l'Ouest de la France sont disponibles[312].
4. Pour la biodiversité, une haie isolée n'a pas autant d'intérêt que le **maillage** auquel elle participe. Une bonne connexion avec les boisements implique la présence d'espèces forestières dans la haie.
5. Veiller à maintenir un **équilibre entre les trois strates** de la haie.

**Création ou rénovation**

**Avant plantation**

1. Rechercher la création d'un dispositif contribuant à la **régulation des écoulements d'eau superficiels** et à la **lutte contre l'érosion**. Prévoir de planter perpendiculairement à la ligne de plus grande pente, parallèlement aux courbes de niveaux, en rupture de pente, en bas de pente, et éventuellement dans la pente… avec des connexions dans le sens de la pente. Sur terrain plat, l'emplacement est moins impératif ; les bordures de chemins ou de routes sont les moins gênants pour les travaux agricoles.
2. Si un **effet brise-vent** est recherché, l'orientation de la haie est déterminante. En zone très ventée, une plantation perpendiculaire au vent dominant permet de bien jouer ce rôle. En cas de plantation est-ouest, la croissance des cultures de la zone nord risque souvent d'être plus faible. Si la région est peu ventée, une disposition nord-sud permet de minimiser l'ombre portée sur les cultures.
3. Dans le **choix des essences** à planter, accorder la priorité aux espèces locales bien adaptées au milieu (type de sol, pH, climat…) en tenant compte des rôles qui leur sont affectés (ex. brise-vent…). Choisir en conséquence les espèces arbustives (ex. hauteur, perméabilité…). Dans un souci de biodiversité, **éviter les plantations monospécifiques**. En cas de problèmes sanitaires, de telles créations peuvent se dégrader très rapidement : attaques de scolytes ou de corynéum sur les haies de cyprès ; feu bactérien sur les haies de pomacées (aubépine, pyracantha, sorbier…). Ces risques sont d'autant plus importants que les plantes ne sont pas dans leur milieu pédoclimatique. Les espèces locales s'intègrent généralement bien dans le paysage, ce qui est loin d'être négligeable.
4. Pour des haies hautes, prévoir une **emprise** d'au moins 3 mètres de large ; pour des haies basses, rechercher une emprise de 2 mètres minimum. La création d'un **bourrelet** est souhaitable.

**Lors de la plantation**

1. Une **installation sous paillage** doit être préférée à la plantation sous plastique. Cette méthode augmente la résistance à la sécheresse et facilite une vie du sol bénéfique à la reprise. En outre, il est difficile de se débarrasser du plastique dont l'effet esthétique est mauvais.
2. Il faut prévoir dès le départ de créer de part et d'autre de la haie des banquettes herbeuses.
3. Si une transplantation (hedge pussing) est envisagée, ne pas oublier l'importance :
   - du diagnostic préalable de la haie existante à transplanter,

312 MOREAU J., CHUSSEAU F. et SCHMUTZ T., 2000. Plans de Gestion des Haies (PGH) en bocage. CIVAM du Haut Bocage, 34 p.

• de sa préparation préalable (coupe en fin d'automne),
• de la qualité de la transplantation elle-même (comblement des espaces par de la terre végétale, enrichissement par des plantations intercalaires de complément...).

À noter enfin que lors de tels travaux, la faune du talus est souvent mise à découvert, notamment les batraciens et les reptiles. Il faudra prendre toutes les précautions pour éviter de détruire ces animaux. En période hivernale, ces espèces sont pour la plupart en léthargie et donc facilement capturées pour être relâchées sur le site de transplantation de la haie. Il faut évidemment prendre les précautions d'usage avec les espèces à risques (vipère aspic,...). Pour des problèmes d'ordre réglementaire, la présence d'un agent commissionné au titre de la protection de la nature est souhaitable. Les agents de l'ONCFS répondent parfaitement à ces objectifs.

Cas particuliers :

**• Haie basse tige à vocation cynégétique**

En zone de grande culture, ce dispositif offre des couverts-abris favorables à la faune aviaire, notamment aux passereaux ou à des espèces-gibier comme les perdrix et les faisans. L'espace occupé par la haie n'étant plus perturbé par les façons culturales, il devient un lieu favorable au développement de la faune du sol. D'une largeur d'emprise de 2 à 4-8 m environ, elles sont composées d'un mélange d'espèces végétales taillées à 2 m de hauteur environ. Il est intéressant de réaliser leur mise en place sur des territoires où des haies plus hautes productrices de baies existent à proximité. Il est préférable de ne pas connecter entre elles les haies basse tige afin de compliquer la circulation des mammifères prédateurs. Par contre, les rapaces apprennent vite que ces linéaires sont de remarquables territoires de chasse... Les petites touffes d'arbustes bien disséminées peuvent avoir une efficacité supérieure. Les haies basses ne sont pas indispensables au redressement des populations de perdrix grise qui s'accommodent mieux d'un bon réseau de bandes enherbées non fauchées, de cultures intercalaires favorables et de SGEFS bien choisies.

**• Haie composite en arboriculture**

Le développement de la protection intégrée dans les vergers d'arbres fruitiers à pépins ou à noyau a conduit à la mise en place de haies favorables aux auxiliaires. Outre les travaux cités de Debras, Rieu, Simon, Soltner..., leur création et leur composition sont bien décrits dans la synthèse établie en 2000 par le CTIFL[313]. Le choix des végétaux sélectionnés vise à assurer :

• un abri pour les arthropodes utiles durant la phase hivernale : plantes à feuillage persistant (lierre, laurier-tin...) ou marcescent (charme...) ;
• une ressource alimentaire précoce (noisetier, saule, buis...) ;

L'objectif pour l'arboriculteur est d'accroître la présence de prédateurs ou de parasitoïdes auxiliaires tout au long de la saison, en particulier ceux qui sont attirés par les plantes hébergeant des pucerons (noisetier, cornouiller...).

C. SAVARY

*Pour l'entretien des haies, l'emploi de l'épareuse doit être conduit en dehors de l'époque de nidification et en évitant d'éclater les grosses branches.*

313 BAUDRY O., BOURGERY C., GUYOT G. et RIEUX R., 2000. Opus cité (cf. réf. 117).

## Entretien

La conservation du potentiel biologique, voire le maintien de la haie elle-même sont très influencés par les modalités d'entretien. Beaucoup de linéaires disparaissent subrepticement, amincis par les travaux agricoles, altérés par des actions traumatisantes dont la répétition aboutit à supprimer tout l'intérêt agronomique, cynégétique, esthétique ou écologique de la haie, conduisant à son élimination pure et simple.

Les travaux d'entretien de la haie sont cependant nécessaires pour limiter le développement des ligneux et des ronces, réduire au minimum l'ombre portée sur les cultures. Les outils de taille mécanique les plus communément utilisés sont des broyeurs déportables et orientables, dénommés **épareuses**. Agissant au moyen de masses en rotation rapide, portés par un bras et mus par la prise de force du tracteur, ces appareils ont une largeur de coupe pouvant dépasser 1,5 m. On les utilise aussi pour l'entretien des bordures de routes, le débroussaillage des bordures et des friches. Un autre outil, le **lamier**, est porté par le tracteur comme une épareuse. Il se compose de trois à quatre scies rotatives en ligne qui présentent l'avantage de laisser des traces de coupe nettes sur les bois de plus de 2,5 cm de diamètre sans déchiqueter les gros bois comme le fait l'épareuse.

*Conseils pratiques*

**RECOMMANDATIONS POUR L'ENTRETIEN DE LA HAIE ELLE-MÊME**

1. Veiller à conserver les **3 strates classiques** afin d'obtenir une grande diversité biologique et à conserver dans tous les cas une **largeur suffisante** (supérieure à 1,5 m).
2. **Replanter les trouées** en favorisant les levées issues de semis naturels ; lors de plantation de potées pour l'enrichissement botanique, éliminer temporairement les tapis de fougères et de ronces pour espérer une levée effective des jeunes plants.
3. Lors des **tailles d'entretien** destinées à limiter l'emprise de la haie sur les parcelles :
   - privilégier autant que possible des **outils éclatant peu le bois** ; des espèces arborées importantes comme le merisier ou l'aubépine sont particulièrement sensibles aux blessures issues de mutilations répétées et peuvent disparaître rapidement ;
   - si une coupe latérale sévère amputant des branches basses doit être réalisée (ex. cas fréquent lors d'une remise en culture de la prairie voisine), utiliser impérativement des outils permettant de réaliser des coupes propres comme des lamiers à scies ou des tronçonneuses, voire des sécateurs ;
   - minimiser l'emploi de l'épareuse lorsqu'il s'agit de couper de grosses branches ;
   - éviter les tailles trop fréquentes afin de laisser fructifier les arbres à baies (nombreuses rosacées).
4. **Éviter tout travail pendant la nidification** ; les fourchettes de sensibilité varient selon les espèces et les régions, le plus souvent entre le 1er avril et le 1er septembre ; préférer les entretiens automnaux, voire ceux réalisés en fin d'hiver avant la montée de sève.
5. S'efforcer de **conserver les arbres morts** ne présentant pas de risques pour la sécurité (chute sur un chemin par exemple) ; tolérer, voire **encourager le lierre** (bénéfique aux hyménoptères•, aux arachnides•, aux turdidés•, aux colombidés•...) ; recéper en cas de besoin les arbres têtards ;
6. **Limiter la pratique du sous-solage** du pied des haies, destiné à limiter l'emprise de leur système racinaire vers les cultures voisines ; la répétition fréquente de cette opération mutilante facilite l'extension de champignons lignivores (ex. armillaire) qui contaminent et tuent beaucoup d'arbres dans l'alignement.

**RECOMMANDATIONS POUR L'ENTRETIEN DU PIED DE LA HAIE**

1. **Conserver les banquettes herbeuses** (ourlet) les plus larges possibles et limiter leur entretien pour favoriser leur colonisation par des espèces animales vivant au sol (carabes, reptiles...) ; laisser se développer la végétation dans les coins, à l'intersection de deux haies, pour créer des abris significatifs.

2. **Ne pas laisser les animaux domestiques brouter le pied de la haie** et la banquette herbeuse ; ménager un intervalle entre l'aplomb des troncs extérieurs de l'alignement et les clôtures fixes ou électriques mobiles délimitant les pâtures.

3. **Ne pas brûler** les herbes sèches ou les rémanents dans cet espace ; ne pas laisser le feu gagner le pied des ligneux.

4. Limiter si possible l'entretien mécanique aux périodes automnales ou hivernales ; ne pas broyer ou faucher en période de nidification, soit du 1er mai au 15 juillet.

5. **Éviter la pulvérisation répétée d'herbicides** sur toute la surface de l'ourlet (appauvrissement et inversion de flore) ; par contre, l'emploi ponctuel d'herbicides non persistants facilite le contrôle d'adventices coriaces (ex. chardon, rumex...) ou de ligneux (ex. ronce, prunellier) et génère peu de perturbation.

*Nota* . L'activité des pollinisateurs est très influencée par la collecte du pollen et de nectar issus de la floraison des nombreuses plantes que comporte une haie. Pour les abeilles, cet apport peut être fondamental en sortie d'hiver grâce aux rosacées à floraison précoce. Par ailleurs, l'abri contre le vent que constitue le linéaire favorise le vol des butineuses et améliore leurs conditions générales d'activité. Planter des espèces attractives dans une haie est intéressant pour favoriser l'abeille mais il faut aussi considérer les risques de concurrence qu'elles peuvent représenter par rapport aux cultures à polliniser. Choisir les essences en fonction de la période de floraison des cultures voisines.

## J4.2. *Les boisements*

Les bosquets, les boqueteaux et les lisières de forêts jouxtant le parcellaire exploité jouent un rôle très important sur la biodiversité, avec de nombreuses interférences sur les cultures.

### Conseils pratiques

**Principales recommandations**

1. **Recenser tous les arbres de l'exploitation** (essence, hauteur, circonférence, état de santé...) ;

2. **Clarifier la ou les fonctions que l'on veut attribuer aux zones boisées** : abri pour le bétail, écran visuel cachant des bâtiments disgracieux, production de bois d'œuvre ou de chauffage, alignement de bords de chemins ou de routes, réserve de biodiversité...).

3. Définir dans le **plan de gestion** les orientations pour l'entretien de l'existant et les perspectives de plantation. Un contact préalable avec le Centre régional de la propriété forestière (CRPF) ou la Direction départementale de l'agriculture et de la forêt (DRAF) est utile pour préciser quelles sont les mesures d'aide financière susceptibles d'être obtenues.

4. Veiller à **mettre les bois et bosquets de l'exploitation au sein d'un réseau**, avec des connexions boisées ou en herbe afin d'accroître le nombre d'espèces animales qui le fréquentent. Border les lisières avec des jachères environnement et faune sauvage pour limiter, sans l'éviter totalement, les risques de dégâts du lapin de garenne sur les cultures. Dans tous les cas, conserver une bande herbacée entre l'espace cultivé et le boisement.

5. Conserver dans l'espace boisé des **végétaux d'âge varié** pour augmenter leur intérêt faunistique. Les plantations de bosquets par bouquets sont souvent plus favorables que les peuplements uniformes.

6. **Boiser de préférence les parties délaissées de l'exploitation**, les bordures de chemins, les nœuds du maillage de haies, les terrains en forte pente.

7. Lors des plantations, **privilégier les arbres et arbustes autochtones** (chêne, hêtre, bouleau, érable sycomore, frêne, peuplier, saule, aulne, merisier, aubépine, prunellier, églantier, conifères...). Des conseillers spécialisés en sylviculture, comme ceux de l'IDF ou des CRPF, sont à consulter. Ils aideront à définir les meilleures modalités de protection contre les dégâts de gibier (protections individuelles par manchons contre les attaques possibles de lapin, lièvre, cervidés...) et les règles d'entretien des plants (élagages).

8. **Éviter de boiser des zones humides** dont les surfaces ne cessent de régresser en France.

**9.** Durant les premières années de pousse des arbres, **entretenir les intervalles ou l'inter-rang** grâce à des cultures favorables à la faune (quinoa, sarrasin, voire maïs...).
**10. Multiplier l'information** pour éviter que ces espaces ne soient utilisés comme des dépotoirs et agir auprès des autorités communales pour les faire bénéficier d'une protection réglementaire.

## J4.3. *Les bords de champs et bandes enherbées*

Si la bordure des champs et les bandes enherbées ont été durant des siècles peu considérées et régulièrement réduites par la mise en culture, les mesures agri-environnementales récentes sont de nature à leur conférer un statut qui se rapproche de celui des éléments fixes du paysage.

La **bordure des champs** doit cependant être effectivement gérée :
• pour éviter les ligneux comme la ronce et empêcher que des vivaces comme le chardon ou des graines d'espèces botaniques indésirables ne contaminent les tènements* voisins ;
• pour faciliter l'implantation des arthropodes* qui, dans leur très grande majorité, ne représentent pas de risque pour les cultures voisines et comprennent de nombreux auxiliaires ;
• pour constituer une réserve de lombriciens ;
• pour favoriser la nidification des oiseaux nicheurs au sol...

Des **travaux d'entretien périodiques** sont donc nécessaires. Dans tous les cas, il convient d'adopter des techniques qui protègent les intérêts de l'agriculteur tout en ménageant la faune qui tire parti de cet espace pour réaliser son cycle biologique.

SYNGENTA

*Une bordure bien entretenue est favorable à la faune et préserve la qualité des cours d'eau.*

*Conseils pratiques*

**Principales recommandations**

**1.** Les bandes enherbées dont l'emplacement, la nature et la gestion sont imposés par un règlement administratif devront être gérées conformément au texte qui les encadre. Il appartient aux organismes intéressés de négocier des règles d'entretien respectueuses.
**2.** Au delà des strictes obligations réglementaires, **faire exister des bordures** de parcelles dans des secteurs de l'exploitation dont elles sont totalement absentes est une priorité si l'on veut en tirer quelque avantage pour la faune sauvage. En dehors des zones où il est impératif de conserver des largeurs de 5 m au minimum, ménager des bandes herbeuses d'au moins 2 m de large; une bordure bombée (passages inversés de charrue) est préférable pour la faune du sol.
**3.** En cas de création, **procéder à un ensemencement** en évitant les semis monospécifiques, en particulier le ray-grass anglais pur, qui est peu propice aux insectes. La composition idéale est un mélange de graminées et de légumineuses de bonne pérennité qui colonise fortement le terrain et s'oppose aux adventices indésirables: par exemple fétuque ou/et dactyle + trèfle blanc. Préférer les semis de fin d'été ou début automne. Il est possible de procéder à un faux semis si on craint une forte concurrence d'adventices comme le vulpin ou les bromes.

**4.** Si l'on souhaite éviter la colonisation des premiers mètres du champ cultivé par des espèces adventices vivaces à port rampant (liseron, chiendent, potentille...), maintenir propre un intervalle de 80 cm à 1 m entre la bordure enherbée et la première ligne de semis ; son entretien peut faire appel à un outil de travail du sol, un broyeur en dehors de la période de nidification, ou à une application en mars-avril d'un herbicide à large spectre non persistant.

**5.** Pour **ménager la diversité botanique**, il est nécessaire par la suite de tolérer une colonisation progressive de la bande semée par la flore spontanée (re-salissement).

**6.** Lors des interventions sur la parcelle cultivée mitoyenne, **éviter dans tous les cas de fertiliser la bordure et de la pulvériser lors des traitements phytosanitaires.**

**7.** Idéalement, la végétation sèche de la bordure herbeuse est conservée et coupée uniquement un an sur deux à l'automne, ce qui procure aux oiseaux des graines, des matériaux de construction pour leur nid, et profite aux insectes.

**8. Éviter** si possible **tout entretien pendant l'époque de nidification des oiseaux**, de mi-avril à fin juillet ; si une intervention apparaît nécessaire, faucher ou broyer la végétation avant cette période pour dissuader les oiseaux de s'installer ou attendre pour ce faire le milieu, voire la fin de l'été ; si un herbicide non sélectif est utilisé, éviter les fortes doses qui détruisent pour plusieurs semaines la totalité de la végétation. Noter qu'à l'entrée de l'automne, le broyage à des effets positifs pour les oiseaux car il augmente la fréquentation des bordures en facilitant l'accès aux insectes et aux graines de plantes spontanées se trouvant en surface du sol.

## J4.4. *L'abord des voies de circulation*

Sur le territoire de la ferme ou dans ses environs existent de nombreuses voies de circulation, parfois non bitumées. L'entretien des accotements est nécessaire pour la sécurité des utilisateurs, notamment aux intersections. Le long des routes, il est généralement assuré par les services de l'État sur les voies dont il a la gestion, mais pour la voirie communale, il est fréquent que cet entretien soit assuré sous contrat par un agriculteur de la commune ou d'une commune voisine.

Jacques HICTER (ANPG)

*Pour le lièvre et bien d'autres animaux, la manière de gérer le bord des routes accroît ou diminue les risques liés à la circulation automobile.*

Ce poste de travail fait largement appel aux broyeurs mécaniques, voire à des faucheuses, plus rarement aujourd'hui à des herbicides. Un emploi énergique des moyens de régulation de l'herbe ou des plantes buissonnantes, sans réflexion sur la période d'emploi et la hauteur de coupe est très préjudiciable à la faune réfugiée dans les bordures. Une destruction étendue de la végétation des accotements entre fin avril et fin août détruit directement nombre d'animaux et de plantes ressources pour les arthropodes•, facilitant aussi la prédation des nids par les « becs droits ».

L'entretien raisonné des accotements est aussi important pour préserver les lagomorphes•. La nuit, au printemps et en été, ces animaux sont souvent surpris par les phares. Une végétation haute de part et d'autre de la route leur apparaît comme un mur infranchissable, ce qui les rend souvent incapables de sortir de l'emprise de la route...

Conseils pratiques

**Principales recommandations**

Le long des routes et des voies fréquentées :

**1. Limiter le broyage ou la fauche de printemps et d'été aux zones vraiment indispensables** pour sécuriser la circulation des personnes et des véhicules (aux intersections par exemple).

**2. Ne faucher que la partie proche de l'axe bitumé**, en évitant d'étendre le travail vers les cultures qui longent la voie ; la conservation de la diversité botanique passe par une grenaison régulière des plantes spontanées qui y trouvent refuge.

3. Dans les zones où le travail est plus étendu et indispensable, **anticiper les entretiens** pour éviter que les accotements ne soient utilisés pour la nidification. Ces parties doivent être recoupées régulièrement pour éviter leur usage par la faune et de les transformer en pièges.

4. Le long des routes, **ménager à intervalle régulier des passages en entonnoir dans la végétation** afin de favoriser l'échappement latéral du gibier ébloui par les phares en cas d'arrivée de véhicules rapides.

Le long des grandes parcelles cultivées limitrophes :

1. Laisser une **bande de terre nue le long des routes** pour limiter le risque d'écrasement des lièvres qui les fréquentent pour se déplacer notamment lors des phases du rut.

2. Maintenir dès le printemps, à proximité des champs denses, des **placettes de sol nu** servant de zones de ressui où les animaux peuvent faire sécher la rosée qui les recouvre, afin de leur éviter de fréquenter des chaussées où les risques d'écrasement sont élevés.

On doit signaler l'importance de maintenir un enherbement, voire de le créer, sur les petits chemins non revêtus servant à la desserte sur les exploitations agricoles, tout particulièrement s'ils présentent une pente. Cette mesure souvent recommandée pour éviter le ruissellement et le ravinement a des effets positifs pour la faune sauvage.

C.-H. LAYAT

*L'élimination mécanique de la végétation au bord des routes est souvent indispensable pour assurer la sécurité du trafic.*

Remi COUTIN (OPIE)

*L'accotement recèle souvent des végétaux indispensables au développement des larves d'insectes remarquables comme le machaon.*

## J4.5. *Mares, étangs et réseau hydrographique*

Les mesures agri-environnementales destinées à préserver la qualité de l'eau ont conduit à la mise en place de dispositifs importants, visibles dans le paysage rural. Mais, au delà de cet objectif, on peut s'interroger sur les actions qu'il faudrait conduire pour maintenir en bon état au profit de la faune sauvage les mares, les étangs, les fossés, ainsi que le réseau hydrographique.

Dans ce domaine, beaucoup d'opérations judicieuses pour la faune concernent – davantage que l'agriculteur – le pisciculteur qui exploite des étangs ou le chasseur de gibier d'eau qui les aménage, la société de pêche qui veille à la conservation des berges… Plus que de compétences agricoles, certaines de ces actions réclament les conseils d'un véritable spécialiste.

Nous nous limiterons donc ici à rappeler quelques-unes des opérations de base qui entrent généralement dans le domaine d'action des exploitants. Outre le risque de suppression par comblement, assainissement ou drainage, la rectification par des travaux de génie civil, la principale menace qui pèse sur ces milieux est le risque de pollution. Sur une exploitation, améliorer la situation des milieux humides doit se comprendre au travers de la gestion des déchets (huiles, solvants…), des rejets d'élevage, de l'emploi raisonné des fertilisants et des produits phytopharmaceutiques, du plan de gestion des haies et des bandes herbeuses.

Rappelons enfin que malgré leur faible surface, les mares sont des milieux d'un grand intérêt faunistique à conserver en urgence, pour une faible incidence financière. Les étangs sont d'autant plus riches qu'ils sont ouverts, ce qui implique un minimum d'entretien. La présence de roselières est souvent déterminante pour conserver sur des territoires agricoles des espèces comme les butors ou les passereaux paludicoles.

*Conseils pratiques*

**Quelques recommandations de base**

1. Conserver à l'esprit que les **points d'eau présents** sur le territoire d'une exploitation sont toujours **très utiles, voire indispensables** pour le maintien de certaines espèces communes.

2. **Empêcher l'introduction de contaminants** dans ces milieux en maîtrisant les déchets, les rejets, l'emploi des fertilisants et des produits phytopharmaceutiques.

3. Pour les **étangs** et les **mares** :
   - la qualité des bordures est très importante pour la faune sauvage ; maintenir ou restaurer des pentes douces pour favoriser une ceinture de joncs, phragmites et autres plantes hélophytes• ; s'il existe une bande épaisse d'hélophytes, il est utile tant pour la nidification des anatidés• que pour les poissons carnassiers de type brochet de créer des canaux, si possible en forme de croissants ;
   - maîtriser la végétation ligneuse ou semi-ligneuse sur le pourtour des étangs et surtout des mares de petite taille ; l'idéal est que le soleil puisse parvenir jusqu'à l'eau tout en conservant à l'ombre une partie de la surface ; la coupe régulière des arbres de la rive sud-est généralement à recommander ;
   - il n'est pas souhaitable de faire des mares des lieux d'abreuvement car les animaux ont tendance à piétiner les berges et polluent l'eau de leurs déjections. Il faut créer d'autres points d'abreuvement ;
   - en présence d'une végétation envahissante, faucarder régulièrement ; veiller à ne pas introduire d'espèces étrangères susceptibles de devenir des plantes envahissantes (ex. jussie, myriophylle brésilien, élodée du Japon… déjà considérées comme problématiques) ;
   - éviter d'y introduire des poissons qui consomment les œufs, larves ou adultes d'espèces intéressantes ;
   - débarrasser les mares des branches qui y sont tombées ;
   - faire pâturer par des chevaux une portion de la bordure d'étang crée des milieux favorables pour l'alimentation des oiseaux mais aussi pour la nidification de la sarcelle d'été ;
   - l'agriculteur devra veiller tout particulièrement aux modes de récolte des productions fourragères dans les parcelles qui jouxtent les étangs. Ils sont très dommageables pour la reproduction de certaines espèces comme les colverts et les chipeaux. Il convient donc d'éloigner de l'étang les parcelles à ensiler ou à récolter en foin ;
   - équiper les étangs de dispositifs de vidange pour minéraliser les dépôts organiques et cultiver sur l'assec une année sur trois ou cinq. L'avoine est l'une des cultures les plus favorables. L'assec périodique limite l'envasement des plans d'eau de faible profondeur et élimine des espèces indésirables qui auraient été introduites (ex. poisson-chat).

4. Pour les **petits cours d'eau**, les **fossés** :
   - maintenir ou recréer des zones humides de filtration-épuration avant l'arrivée du flux dans le chevelu hydrographique ;

• entretenir la végétation des rives pour limiter l'envahissement des ligneux ; s'efforcer de conduire une taille hivernale périodique en alternant les chantiers d'une rive à l'autre afin d'éviter qu'une coupe drastique ne soit effectuée la même année sur l'ensemble du cours d'un ruisseau ;
• débarrasser les cours d'eau des « embacles• » ;
• éviter la rectification systématique et le curage drastique des fossés d'écoulement pour préserver la faune qui s'y réfugie ; préférer un nettoyage par tronçons plutôt qu'en une seule opération sur la longueur totale.

**5.** Tourbières à conserver[314] :
• garantir l'alimentation en eau non polluée ; éviter de déposer tout déchet au voisinage ; raisonner au mieux la fertilisation et la protection des cultures voisines ; prévoir des bandes de filtration ;
• limiter les interventions mécaniques ; éviter tout drainage, recalibrage, creusement...
• ne pas mettre le feu à la végétation sèche ;
• favoriser l'entretien par le pâturage.

## J5• Pistes de recherche et d'expérimentation

Les pistes de progrès sont ici excessivement nombreuses. Nous citerons pour mémoire :

*Les aménagements reconnus indispensables pour l'espace agricole doivent dorénavant comporter un volet faunistique.*

• Organiser le conseil sur le thème couplé : réaménagement de l'espace agricole et régulation des espèces prédatrices.
Des exemples concrets en démontrent l'importance. Ainsi, les chercheurs britanniques du Game Conservancy[315] ont, sur leur ferme expérimentale de Loddington, obtenu de bons résultats sur le faisan et le lièvre, suite à un réaménagement de l'exploitation basé surtout sur la recréation de haies et bandes herbeuses. La suspension de la régulation des prédateurs entre 2002 et 2004 s'est immédiatement traduite par une chute drastique des populations gibier. Beaucoup d'agriculteurs volontaristes ayant fait les mêmes constats, il importe donc de mettre en route des pools de conseils intégrant régulation des espèces prédatrices et réaménagement.
• Pousser plus avant les études sur la relation entre paysage, prédateurs et proies.
• Accroître les connaissances sur les coûts d'aménagement et d'entretien des différents éléments fixes. Ce travail doit être régulièrement actualisé pour permettre une rapide mise en œuvre de projets qui sont souvent ralentis par la disponibilité de telles données économiques.
• Améliorer le matériel d'entretien des haies.
• Développer les méthodes collectives d'entretien des paysages.
• Développer la contractualisation avec les services de l'Équipement, les sociétés d'autoroute, les services communaux d'entretien des linéaires routiers et autoroutiers.

314 Pôle-relais tourbières, 2005. Tourbières et chasseurs. Plaquette d'information, 6 p.
315 STOATE C., 2005. Loddington game and songbird counts. *Game Conservancy Trust, Annual Review*, 16-17. STOATE C. and SZCZUR J., 2005. Spotted flycatchers at Loddington. *Game Conservancy Trust, Annual Review*, 18-19.

# Conclusion

Écologie et économie sont désormais indissociables. Préserver et maintenir la biodiversité sur des exploitations compétitives avec des agrosystèmes performants sont les défis majeurs que les agriculteurs doivent relever. Ils ne doivent pas faire baisser les bras à tous ceux, en particulier les jeunes, qui entrent dans le métier et qui doivent faire valoir que ce sont l'agriculture, la forêt et la chasse qui « tiennent » les territoires ruraux.

Les agriculteurs ont su, depuis 200 ans, développer les productions alimentaires de façon considérable, écartant les spectres de la malnutrition et des famines. Aujourd'hui, la productivité moyenne du travail en agriculture s'accroît encore de 5,3 % par an, soit 2,5 fois plus vite que la productivité du sol. De 1980 à 1996, la production agricole a augmenté de 30 %, alors que le volume de l'emploi se réduisait dans le même temps de moitié. Cette évolution allège les tâches les plus lourdes mais elle diminue le potentiel humain qui peut contribuer d'une part, à l'entretien d'un espace de plus en plus convoité et d'autre part, garantir la multifonctionnalité de l'agriculture. Toutes ces transformations revêtent une grande importance pour la faune sauvage et la diversité du vivant dans l'espace rural.

Nicole CORNEC

*L'agriculture doit relever le défi de nourrir les populations tout en préservant la vie sauvage sur les surfaces qu'elle exploite.*

Les évolutions positives en termes de volumes produits et de productivité constatés en Europe de l'Ouest s'imposent ailleurs dans le monde avec la transformation en cours des systèmes de production agricole. Individuellement et collectivement, les gouvernements doivent répondre aux défis suivants :

- une population mondiale croissante : 1 milliard d'habitants en 1848, 2 milliards en 1928, 4 milliards en 1976, 6 milliards en 1999 et près de 9 milliards en 2026…
- des surfaces cultivables limitées et localement proches du maximum utilisable, sachant que l'on ne peut exploiter les zones désertiques, le permafrost boréal, la haute montagne, les forêts, les marécages équatoriaux…
- des ressources en eau limitées, souvent là même où l'irrigation serait la plus nécessaire…
- la nécessité d'augmenter la productivité des terres : 1 hectare de terre permettait de nourrir 3 personnes en 1950, 4 en 2000 et devra être capable d'en nourrir 5 en 2026…
- le réchauffement climatique qui va déplacer les zones de productions et accentuer l'impact des ravageurs sur les cultures.

Les enjeux sont donc considérables si nous voulons que l'agriculture réponde aux besoins des populations tout en préservant la faune sauvage et plus largement la biodiversité qui, elles aussi, ont besoin de beaucoup d'espace.

C'est toute la difficulté mais aussi la noblesse de la fonction des agriculteurs du XXIe siècle à qui on demande tout à la fois de cultiver et de concilier productions végétales et animales, biodiversité et territoires. D'où l'importance des agrosystèmes qu'il faut mieux connaître et mieux comprendre afin de mieux agir. La diversité végétale, comme nous avons essayé de le montrer dans cet ouvrage, est indispensable au maintien de la faune sauvage. Cette diversité, nous l'avons vu, est tout d'abord fonctionnelle car elle réunit l'ensemble des espèces, des végétaux supérieurs jusqu'aux micro-organismes du sol. Elle conditionne le bon fonctionnement du système tout entier qui repose sur un espace aménagé et diversifié comprenant haies, bandes enherbées, prairies, bosquets... Cette « biodiversité fonctionnelle » n'est pas encore bien cernée. Le rôle et le poids de certaines espèces, groupes d'animaux et de végétaux, restent à préciser dans le fonctionnement des systèmes vivants.

Il existe désormais une logique d'ensemble dans les stratégies et les pratiques agricoles, appuyée sur la conditionnalité des aides, le développement rural et la valorisation agronomique et faunistique d'un milieu vivant. Il est parfaitement possible de recréer des conditions favorables à la faune sauvage, au petit gibier en particulier, en adoptant quelques pratiques simples, comme certains exploitants ont su le démontrer. Parmi les éléments fondamentaux de la réussite, rappelons le découpage des champs immenses en grandes lanières de 15 à 20 hectares afin de multiplier les lisières, la régulation raisonnée des prédateurs, l'agrainage...

Dicté pour des raisons économiques, le retrait des terres arables a joué un rôle déterminant pour créer des « jachères environnement et faune sauvage ». Dans leur mise en œuvre obligatoire ou volontaire, ces espaces retirés restent éligibles au versement des aides publiques, des fédérations de chasseurs avec éventuellement l'appui des conseils régionaux qui ont accordé des primes incitatives compensant les coûts de gestion.

Le réaménagement raisonné du parcellaire et les bandes enherbées constituent cependant le fondement de la restauration de la vie animale et végétale du territoire. Et il n'y a pas que le gibier à en profiter, puisque des espèces parfois protégées et l'ensemble des groupes constitutifs de la biodiversité en bénéficient. Encore faut-il les connaître, les observer et les suivre !

Au delà de ces fondamentaux, les autres inflexions de pratiques étudiées dans cet ouvrage vont avoir des effets bénéfiques. Mais il est clair aujourd'hui qu'aménager pour la faune sauvage un territoire cultivé ou un bocage, est source d'améliorations garanties, alors que l'aménagement des territoires très herbagers est encore difficile, dès lors que le fourrage n'est pas pâturé mais récolté mécaniquement. Reconnaissons humblement aussi que les recommandations éprouvées pour les systèmes spécialisés (viticulture, arboriculture, maraîchage) sont beaucoup moins nombreuses.

Tout cela exige d'acquérir une connaissance plus approfondie des écosystèmes. Le diagnostic d'exploitation et de son milieu environnant en procédant régulièrement à des bilans environnementaux reste indispensable pour effectuer un meilleur choix de « bonnes pratiques agricoles ».

Depuis 1985, si l'Europe s'est engagée résolument à faire de la politique environnementale une priorité, les agriculteurs ne doivent pas subir comme une contrainte l'accumulation des directives communautaires. Bien au contraire, ils doivent apporter leur contribution à l'élaboration en cours du Droit de l'Environnement, un droit expérimental qui s'appuie sur une obligation de résultats. Ce droit, il faut le noter, est évolutif et adaptable car il suit l'évolution des connaissances et doit aussi tenir compte des réalités économiques et sociales indissociablement liées dans les objectifs du « développement durable ». C'est pourquoi il est important de participer à l'expérimentation sur le terrain et ne pas hésiter à faire valoir ses droits, par des actions judiciaires à l'encontre de tout ce qui pourrait être exagéré.

*Un réaménagement parcellaire bien raisonné est le fondement du renouveau de la vie animale sur un territoire.*

Les agriculteurs doivent continuer à s'inscrire dans la culture de la performance. Mais ce qui change pour eux, c'est le périmètre d'activités à prendre en considération. Désormais, ils doivent définir une stratégie à partir du triptyque : les biens alimentaires intégrant la santé, les biens non alimentaires marchands avec des conditions de rentabilité et de rémunération pour ces produits nouveaux comme les biocarburants et enfin les biens non marchands intégrant la biodiversité, la bien-traitance animale et la beauté des paysages. En rémunérant déjà le droit de chasse dans nombre de régions, en cofinancement des mesures agricoles comme la gestion des jachères au profit de l'environnement et de la faune sauvage, en indemnisant les dégâts de grand gibier aux récoltes agricoles, les chasseurs participent au financement de la multifonctionnalité. Ils sont appelés, pour restaurer le petit gibier qui fit les beaux jours de la chasse populaire, à accompagner la nécessaire évolution des pratiques qui a été décrite dans cet ouvrage.

Mais l'horizon économique de l'exploitation de grandes cultures, c'est aujourd'hui la production de biocarburants. Les principales productions énergétiques nous sont déjà bien connues : les céréales, le blé notamment, le colza, la betterave. Nous en avons souligné les attraits et les dangers. Ce qui peut inquiéter dans un immédiat très proche, c'est qu'il soit rapidement plus rentable pour un agriculteur d'ensemencer des cultures énergétiques que de faire de la jachère environnementale et faune sauvage. Combien de techniciens agricoles ou cynégétiques le disent déjà aujourd'hui, combien seront-ils à le dire demain ?

Les solutions sont multiples, nous l'avons vu. Et à l'inverse d'un passé récent, il n'y a plus de modèle standard. Chacun doit trouver son rôle et sa place dans la société. Les pratiques agricoles devront donc évoluer en permanence sans jamais oublier la dimension économique des entreprises. La culture de la performance peut et doit aller de pair avec des résultats significatifs en matière de protection de l'environnement et de préservation de la biodiversité. La valeur économique d'activités liées au tourisme, à la chasse et à d'autres loisirs à la campagne peut revitaliser nombre de territoires ruraux comme l'ont réalisé d'autres pays européens, en combinant des actions publiques et privées. Il faudra pour cela veiller à une approche globale de l'exploitation et de la microrégion en veillant à y associer tous les acteurs concernés sur le territoire, y compris les associations locales de chasse et de protection de la nature.

De plus en plus nombreux sont les agriculteurs qui prouvent que performance économique et résultats concrets en matière de faune et de biodiversité peuvent aller de pair. En témoigne aussi la mise en place du réseau Agrifaune. D'autres parlent de « production de nature » afin de ne plus vivre l'environnement qu'au travers de couches supplémentaires de contraintes et de règlements. Tous montrent qu'à performances économiques équivalentes ou améliorées, ils améliorent leur champ de vision et de rémunération.

En arrivant à concilier économie, temps de travail, environnement, biodiversité et qualité de vie, ils assurent la pérennité de leurs entreprises tout en fournissant des réponses aux attentes sociétales. C'est tout le sens et l'ambition de cet ouvrage… pour une agriculture performante et durable.

## *Liste d'ouvrages recommandés (non cités en référence)*

### Ouvrages

Association Nationale Petit Gibier, s/coordination PASQUET G., 2006. Le petit gibier - Conservation des espèces, aménagement des milieux. Éditions du Gerfaut, 324 p.

BARBAULT R., 2000. Écologie générale. Structure et fonctionnement de la biosphère. 5e édition. Dunod, France 326 p.

BARBAULT R., 2006. Un éléphant dans un jeu de quilles. L'homme dans la biodiversité. Le Seuil, 266 p.

DUBOIS P., LE MARÉCHAL P., OLIOSO G. et YESOU P., 2000. Inventaire des oiseaux de France. Avifaune de la France métropolitaine. Nathan, 400 p.

Fédération de la région Auvergne pour la nature et l'environnement (FRANE), 2006. Agriculture et biodiversité Enjeux et intérêts réciproques. Imp. Colorteam, Clermont-Ferrand, 56 p.

FWAG (Farming & Wildlife Advisory Group), 1997. Arable wildlife, protecting non target species. Royal society for the protection of birds. British Agrochemicals Association. *Game Conservancy Trust*, 90 p.

JAUZEIN P., 2006. Flore des champs cultivés. QUAE éditions, 898 p.

ONCFS, s/coordination BRO E., 2007. La faune sauvage en milieux cultivés : comment gérer le petit gibier et ses habitats. ONCFS, 80 p.

ROUPNEL G., 1932. Histoire de la campagne française. Éditions Bernard Grasset, 432 p.

SOLTNER D., 2005. Les bases de la production végétale. Tome 1 – Le sol et son amélioration. Éditions Sciences et Techniques agricoles, 472 p.

SOLTNER D., 2001. Bandes enherbées et autres dispositifs bocagers. Éditions Sciences et Techniques agricole, 24 p.

SOLTNER D., 1998. Haies, talus et bosquets : de la Sainte-Catherine au printemps. Guide pratique nature et faune sauvage. Chasseur de France, 32 p.

UIBG, 1998. Actes du XXIIIe colloque de l'Union internationale des biologistes du gibier (Lyon, 1997). Tome 1 : atelier spécial « bordure de parcelle ». *Gibier Faune Sauvage/Game and Wildlife*, 15, 173 p.

YEATMAN-BERTHELOT D. et JARRY G. (1994). Atlas des oiseaux nicheurs de France – 1985-1989. Société ornithologique de France, 771 p.

### Brochures

AGRIFAUNE - Une agriculture performante favorable à la faune, au petit gibier et à ses habitats (dépliant).

Choisissez et dosez - 9e édition - Janvier 2006. Disponible auprès de l'ONCFS.

### Film

Perdreaux et Quintaux, 2005. Court métrage de 32' réalisé par Pierre SERGUEEFF pour SYNGENTA Agro, disponible auprès de la société via son site internet (http://www.syngenta.com).

### Sites internet

**Agriculture de conservation** : http://www.agriculture-de-conservation.com

**Agriculture de précision** : http://www.inra.fr/actualites/dossiers/doc/agrip/agriprec.htm

**Agriculture raisonnée** :
http://www.agriculture.gouv.fr/spip/ressources.themes.environnement.agricultureraisonnee_r45.htm
http://www ; farre. orginra. fr/actualites/dossiers/doc/agrip/agriprec. htm

**Agriculture biologique** : http://www.agriculture.gouv.fr/spip/ressources.themes.alimentationconsommation.qualitedesproduits.ignedequaliteetdorigine.agriculturebiologique_r176.htm
http://www.farre.orginra.fr/actualites/dossiers/doc/agrip/agriprec. htm

**Gibier et chasse** : http://www.revuegibieretchasse.fr

**Guide « Choisissez et dosez »** : http://www.oncfs.gouv.fr

**Institut français de la biodiversité** : http://www.gis-ifb.org/

**ONCFS** (2004). – Connaissance de la faune sauvage et de ses habitats. Fiches « espèces » et « habitats » disponibles sur le site http://oncfs.esigetel.fr/oncfs

# Liste des sigles utilisés

| | |
|---|---|
| **ACE** | Actions communautaires pour l'environnement |
| **ACNAT** | Actions communautaires pour la nature |
| **ACTA** | Association de coordination technique agricole |
| **ADASEA** | Association départementale pour l'aménagement des structures des exploitations agricoles |
| **AFAQ** | Association française pour l'assurance de la qualité |
| **AFSSA** | Agence française de sécurité sanitaire des aliments |
| **AMM** | Autorisation de mise en marché |
| **APCA** | Assemblée permanente des chambres d'agriculture |
| **BCAE** | Bonnes conditions agricoles et environnementales |
| **BCMA** | Bureau de coordination du machinisme agricole |
| **CAD** | Contrat d'agriculture durable |
| **CDOA** | Commission départementale d'orientation agricole |
| **CEMAGREF** | Institut public de recherche pour l'ingénierie de l'agriculture et de l'environnement |
| **CIPAN** | Culture intermédiaire piège à nitrates |
| **CIVAM** | Centre d'initiatives pour valoriser l'agriculture et le milieu rural |
| **CNASEA** | Centre national pour l'aménagement des structures des exploitations agricoles |
| **CORPEN** | Comité d'orientation pour des pratiques agricoles respectueuses de l'environnement |
| **CRPF** | Centre régional de la propriété forestière |
| **CTE** | Contrat territorial d'exploitation |
| **CTIFL** | Centre technique interprofessionnel des fruits et légumes |
| **DDAF** | Direction départementale de l'agriculture et de la forêt |
| **DGAL** | Direction générale de l'alimentation |
| **DGER** | Direction générale de l'enseignement et de la recherche |
| **DOCOB** | Document d'objectifs |
| **DPU** | Droit à paiement unique |
| **DRAF** | Direction régionale de l'agriculture et de la forêt |
| **EARL** | Exploitation agricole à responsabilité limitée |
| **ENM** | Enherbement naturel maîtrisé |
| **ENVL** | École nationale vétérinaire de Lyon |
| **FARRE** | Forum de l'agriculture raisonnée respectueuse de l'environnement |
| **FDC** | Fédération départementale des chasseurs |
| **FDGDON** | Fédération départementale de groupements de défense contre les organismes nuisibles |
| **FEADER** | Fonds européen agricole de développement rural |
| **FEAGA** | Fonds européen agricole de garantie |
| **FEOGA** | Fonds européen d'orientation et de garantie agricole (cf. FEAGA) |
| **FGER** | Fonds de gestion de l'espace rural |
| **FNC** | Fédération nationale des chasseurs |
| **FNSEA** | Fédération nationale des syndicats d'exploitants agricoles |
| **FWAG** | Farming and wildlife advisory group |
| **GAEC** | Groupement agricole d'exploitation en commun |
| **GIASC** | Groupement d'intérêt agro-cynégétique |
| **GIC** | Groupement d'intérêt cynégétique |
| **GON** | Groupe ornithologique normand |
| **ICHN** | Indemnité compensatrice de handicap naturel |
| **IDF** | Institut pour le développement forestier |
| **IFB** | Institut français de la biodiversité |
| **IFEN** | Institut français de l'environnement |
| **IGN** | Institut géographique national |
| **INRA** | Institut national de la recherche agronomique |
| **INSEE** | Institut national de la statistique et des études économiques |

| | |
|---|---|
| **InVS** | Institut national de veille sanitaire |
| **ISO** | International organization for standardization |
| **ITAVI** | Institut technique de l'aviculture |
| **ITCF** | Institut technique des céréales et des fourrages (maintenant ARVALIS-Institut du végétal) |
| **JEFS** | Jachère environnement et faune sauvage |
| **LDA** | Laboratoire départemental d'analyse |
| **LPO** | Ligue de protection des oiseaux |
| **LVD** | Laboratoire vétérinaire départemental |
| **MAE** | Mesure agri-environnementale |
| **MAP** | Ministère de l'Agriculture et de la Pêche |
| **MEDD** | Ministère de l'Écologie et du Développement durable |
| **MNHN** | Muséum national d'histoire naturelle |
| **OCDE** | Organisation de coopération et de développement économiques |
| **OGARE** | Opération groupée pour une agriculture plus respectueuse de l'environnement |
| **OGM** | Organisme génétiquement modifié |
| **OLAE** | Opération locale agri-environnementale |
| **OMC** | Organisation mondiale du commerce |
| **OMS** | Organisation mondiale de la santé |
| **ONCFS** | Office national de la chasse et de la faune sauvage |
| **ONEPF** | Observatoire national de l'écosystème « prairie de fauche » |
| **ONIGC** | Office national interprofessionnel des grandes cultures |
| **OPIE** | Office pour les insectes et leur environnement |
| **OTEX** | Orientation technico-économique des exploitations |
| **PAC** | Politique agricole commune |
| **PACTE** | Plan d'action pour la conservation des territoires et de l'environnement |
| **PDD** | Plan de développement durable |
| **PGH** | Plan de gestion des haies |
| **PGHM** | Plan de gestion des haies et des mares |
| **PNZH** | Plan national en faveur des zones humides |
| **RDR** | Règlement de développement rural |
| **SAFER** | Société d'aménagement foncier et d'établissement rural |
| **SAGE** | Schéma d'aménagement et de gestion des eaux |
| **SAGIR** | Système de surveillance sanitaire de la faune sauvage nationale |
| **SAU** | Surface agricole utile |
| **SCOP** | Surface cultivée en céréales et plantes oléo-protéagineuses |
| **SCEES** | Service central d'enquêtes et d'études statistiques |
| **SGEFS** | Surface gelée environnement et faune sauvage |
| **SNPGC** | Syndicat national des producteurs de gibier de chasse |
| **SRVA** | Service romand de vulgarisation agricole |
| **SSCENR** | Schéma de services collectifs des espaces naturels et ruraux |
| **TCS** | Techniques culturales simplifiées |
| **UE** | Union européenne |
| **UGB** | Unité de gros bétail |
| **UICN** | Union mondiale pour la nature |
| **UIPP** | Union des industries de la protection des plantes |
| **USF** | Unité sanitaire de la faune |
| **UTH** | Unité de travailleur humain |
| **ZNT** | Zone non traitée |
| **ZPS** | Zone de protection spéciale |

# Adresses et services utiles

**ACTA**
Maison nationale des éleveurs
149, rue de Bercy
75595 PARIS cedex 12
Tél. 01 40 04 50 00
Télécopie 01 40 04 50 11
http://www.acta.asso.fr

**AFNOR**
11, rue Francis-de-Pressensé
93571 LA PLAINE-SAINT-DENIS
Tél. 01 42 62 80 00
Télécopie 01 49 17 92 80
http://www.afnor.org

**AFSSA**
27, avenue du Général-Leclerc
94700 MAISONS-ALFORT
Tél. 01 49 77 09 20
http://www.afssa.fr

**ARVALIS-Institut du végétal**
3, rue Joseph et Marie Hackin
75116 PARIS
Tél. 01 44 31 10 00
Télécopie 01 44 31 10 10
http://www.arvalisinstitutduvegetal.fr

**APCA**
9, avenue Georges V
75008 PARIS
Tél. 01 53 57 10 10
Télécopie 01 53 57 10 05
http://www.apca.chambagri.fr

**BCMA**
9, rue de la Baume
75008 PARIS
Tél. 01 53 83 48 64
http://www.trame.org

**CEMAGREF**
Parc de Tourvoie – BP44
92163 ANTONY cedex
Tél. 01 40 96 61 21
Télécopie 01 40 96 62 25
http://www.cemagref.fr

**CTIFL**
22, rue Bergère
75009 PARIS
Tél.01 47 70 16 93
Télécopie 01 42 46 21 13
http://www.ctifl.fr

**FARRE**
19, rue Jacques-Bingen
75017 PARIS
Tél. 01 46 22 09 20
Télécopie 01 46 22 02 20
http://www.farre.org

**Fédérations départementales des chasseurs**
Voir *Fédération nationale des chasseurs*

**Fédération nationale des chasseurs**
13, avenue du Général-Leclerc
92130 ISSY-LES-MOULINEAUX
Tél. 01 41 09 65 10
Télécopie 01 41 09 65 20
http://www.chasseurdefrance.com

**FNLON**
Maison nationale des éleveurs
149, rue de Bercy
75595 PARIS cedex 12
Tél. 01 44 04 50 41
Télécopie 01 40 04 50 11
http://www.fnlon.org

**IDF**
23, avenue Bosquet
75007 PARIS
Tél. 01 40 62 22 80
Télécopie 01 45 55 98 54
http://foretpriveefrancaise.com

**IFIP-Institut du porc**
149, rue de Bercy
75595 PARIS cedex 12
Tél. 01 40 04 53 55
Télécopie 01 40 04 53 77
http://www.itp.asso.fr

**Hommes et territoires**
Maison de l'agriculture
10, rue Dieudonné Costes
28024 CHARTRES
Tél. 02 37 24 46 06
Télécopie 02 37 24 45 90
http://www.hommes-et-territoires.asso.fr

**Institut de l'élevage**
149, rue de Bercy
75595 PARIS cedex 12
Tél. 01 40 04 51 50
Télécopie 01 40 04 52 75
http://www.inst-elevage.asso.fr

**ITAVI**
28, rue du Rocher
75008 PARIS
Tél. 01 45 22 62 40
Télécopie 01 43 87 46 13
http://www.itavi.asso.fr

**LPO**
La Corderie Royale
BP 90263
17305 Rochefort cedex
Tél. 05 46 82 12 34
Télécopie 05 46 83 95 86
http://www.lpo.fr

**Ministère de l'Agriculture et de la Pêche**
DGAL/SCEES/DGER
Tél. 01 49 55 49 55
http://www.agriculture.gouv.fr

**Ministère du Développement durable**
20, avenue de Ségur
75302 PARIS cedex 07 SP
Tél. 01 42 19 20 21
http://www.ecologie.gouv.fr

**ONCFS**
85 bis, avenue de Wagram – BP 236
75822 PARIS cedex 17
Tél. 01 44 15 17 17
Télécopie 01 47 63 79 13
http://www.oncfs.gouv.fr

**ONIGC**
12, rue Rol-Tanguy
93555 MONTREUIL-SOUS-BOIS
Tél. 01 73 30 20 00
Télécopie 01 45 51 90 99
http://www.onigc.fr

**OPIE**
Domaine de l'INRA
La Minière
78280 GUYANCOURT
Tél. 01 30 44 13 43
Télécopie 01 30 43 64 59
http://www.insectes.org

**Quali'Terre**
Chambre d'Agriculture d'Eure-et-Loir
10 rue Dieudonné Costes
28024 CHARTRES Cedex
Tél. 02 37 65 83 73
Télécopie 02 37 46 72 01
http://www.eure-et-loir.chambagri.fr

**SNPGC**
28, rue du Rocher
75008 PARIS
Tél. 01 45 22 62 40
Télécopie 01 43 87 46 13
http://www.revuegibieretchasse.fr

**SYNGENTA AGRO SAS**
20, rue Marat
78212 SAINT-CYR-L'ÉCOLE cedex
Tél. 01 39 42 23 07
Télécopie 01 39 42 23 82
http://www.syngenta.fr

**UIPP**
2, rue Denfert-Rochereau
92660 BOULOGNE cedex
Tél. 01 41 31 52 03
Télécopie 01 41 31 52 11
http://www.uipp.org

# Glossaire

**Allochtone**

Terme utilisé pour qualifier une espèce végétale ou animale introduite dans un milieu où elle ne préexistait pas. Il s'agit le plus souvent d'organismes introduits volontairement ou accidentellement par l'homme.

**Anatidés**

Famille d'oiseaux la plus importante de l'ordre des Ansériformes. Elle regroupe les canards, les cygnes, les oies et espèces apparentées (sarcelles, nettes, fuligules, macreuses, eiders…).

**Ansériformes**

Ordre d'oiseaux palmipèdes ayant les trois doigts antérieurs palmés et le pouce libre, et un bec garni de lamelles cornées qui retiennent les particules alimentaires lorsque ces oiseaux explorent l'eau vaseuse. Regroupe plusieurs familles dont les Anatidés (ex : canards) mais aussi des échassiers.

**Arachnides**

Classe d'arthropodes, dotés de quatre paires de pattes, qui regroupe notamment les araignées, les scorpions et les acariens. Souvent insectivores.

**Ardéidés**

Famille d'oiseaux échassiers comprenant les hérons, les aigrettes, les butors et apparentés. Une majorité fréquente les milieux humides.

**Arthropodes**

Cet embranchement d'animaux invertébrés constitue près de 80 % des espèces animales. Ils sont caractérisés par un squelette externe chitineux, un corps et des membres formés de segments mobiles grâce à la présence d'articulations. Il comprend les crustacés, les myriapodes, les insectes, les arachnides.

**Beetle-bank**

Terme anglais, qui qualifie un espace aménagé au sein d'une parcelle labourée pour servir à la multiplication des arthropodes prédateurs qui s'attaquent aux ravageurs des cultures (ex : carabes). Certains de ces arthropodes sont eux-mêmes consommés par des espèces-gibier. Le plus souvent, le beetle-bank est une longue butte de faible largeur élevée à la charrue au milieu d'un champ, parallèlement à sa longueur et enherbée tout au long de l'année.

**Biomasse**

Masse totale des êtres vivants présents à un moment donné dans un territoire délimité, mesurée par unité de surface en milieu terrestre et par unité de volume en milieu aquatique.

**Champignon entomopathogène**

Champignon qui s'attaque naturellement aux insectes, les parasite et entraîne fréquemment leur mort.

**Charadriiformes**

Ordre d'oiseaux regroupant des espèces aussi différentes que les goélands, les pingouins, les bécasses, l'avocette… Il comprend la famille des Charadriidés qui renferme des oiseaux échassiers tels que pluvier, vanneaux…

**Chat haret**

Chat domestique retourné à l'état sauvage et qui vit de la chasse de petits animaux.

**Collemboles**

Ordre d'insectes de très petite taille, dépourvus d'ailes et sans métamorphoses. La plupart des collemboles contribuent à la transformation et à la dégradation de la matière organique végétale dans le sol.

**Cryptogame**

Se dit d'un végétal dont les organes de reproduction sont peu visibles, point commun aux algues, champignons, lichens, mousses, fougères... par opposition aux végétaux dits phanérogames qui portent des fleurs. Les maladies végétales résultant de l'attaque d'un champignon sont fréquemment appelées maladies cryptogamiques (ex : mildiou, piétin...).

**Embâcle**

Engorgement voire obstruction d'un cours d'eau par amoncellement de blocs de glace, voire de troncs d'arbres, de souches et de débris végétaux formant un barrage temporaire.

**Éteules**

Partie intérieure desséchée de la tige des céréales restant enracinée dans le sol après la moisson. Synonyme : chaumes.

**Galliformes**

Ordre d'oiseaux contenant entre autres dindes, poules, pintades, cailles, perdrix, faisans, tétras... Synonyme : gallinacés.

**Gagnage**

Terme qui qualifie un lieu situé en clairière ou en lisière de bois où le gibier se rend la nuit pour se nourrir. Se dit aussi pour un plan d'eau fréquenté par des oiseaux (ex : canard) dans le même objectif.

**Hélophytes**

Plantes dont les organes de renouvellement (ex : rhizomes, bourgeons...) sont abrités sous une couche d'eau ou enfouis dans la vase. Elles sont fréquentes dans les marécages ou les tourbières.

**Hémicryptophytes**

Plantes herbacées vivaces dont les bourgeons de renouvellement sont situés au niveau du collet ou dans les premiers centimètres du sol.

**Impluvium**

Aire drainée par une partie ou la totalité d'un cours d'eau et de ses affluents.
Synonyme : bassin versant.

**Lagomorphes**

Ordre de mammifères, qui se caractérise par deux paires d'incisives à croissance continue à la mâchoire supérieure (une seule paire chez les rongeurs). Il comprend sous nos climats les lapins et les lièvres.

**Laridés**

Famille d'oiseaux palmipèdes à longues ailes, dont font partie de nombreuses espèces marines comme les mouettes, les goélands, les sternes...

**Limicoles**

Terme qui désigne diverses espèces de petits échassiers, qui habitent les marécages, les zones humides à l'intérieur des terres ou les rivages marins. Beaucoup sont des Charadriiformes comme les huitriers, les avocettes, les pluviers, les bécasses, les barges, courlis et autres chevaliers… Ils consomment les petits invertébrés vivant dans la vase grâce à leur long bec.

**Marcescent**

Se dit des feuilles de végétaux ligneux qui se dessèchent à l'automne, mais restent attachées aux rameaux jusqu'au printemps (ex : charme).

**Messicoles**

Espèces botaniques annuelles qui n'existent pas dans le milieu naturel d'Europe de l'Ouest en dehors des cultures auxquelles elles sont inféodées. Le terme est parfois utilisé pour désigner les végétaux qui poussent préférentiellement dans les champs de céréales.

**Muridés**

Famille de rongeurs à longue queue, qui regroupe de nombreuses espèces de rats, souris, mulots, campagnols, gerbilles, hamsters…

**Mustélidés**

Famille de mammifères carnivores comprenant belettes, hermines, martres, blaireau, loutres, fouines, furets, putois, visons…

**Mycorhize**

Association symbiotique entre un champignon inférieur et les racines d'une plante (ex : chêne, orchidée…). Elle permet une meilleure absorption de l'eau et des éléments nutritifs du sol et favorise la croissance de la plante.

**Passériformes**

Ordre d'oiseaux qui regroupe le plus grand nombre d'espèces.
Synonyme : Passereaux.

**Odonates**

Ordre d'insectes carnassiers comprenant les sous-ordres des Anisoptères (libellules) et des Zygoptères (demoiselles).

**Ongulés**

Terme utilisé pour regrouper des espèces de mammifères dont les ongles très développés enveloppent le bout des doigts, formant sabot (ex : chevreuil, sanglier, cheval…).

**Phytophage**

Se dit d'un animal qui se nourrit de matières végétales. Les espèces d'arthropodes phytophages qui vivent aux dépends des plantes cultivées sont considérées comme des ravageurs lorsqu'elles sont sujettes à des pullulations fréquentes.

**Populiculture**

Type de sylviculture consacrée exclusivement au peuplier.

**Rabouillère**

Terrier peu profond à un seul orifice utilisé par le lapin de garenne pour sa reproduction.

**Ralidés**

Famille d'oiseaux échassiers où l'on trouve la foulque macroule, la poule d'eau et le râle d'eau.

**Souiller**

La souille est un lieu bourbeux où se vautre volontiers le sanglier. Le verbe souiller est fréquemment utilisé en vénerie pour décrire cette pratique chez diverses espèces animales.

**Stades phénologiques**

Étapes caractéristiques servant à décrire chronologiquement les phénomènes biologiques saisonniers des végétaux (feuillaison, floraison…) ou des animaux (migration, hibernation…) en relation avec le climat.

**Staphylins**

Insectes coléoptères carnivores de petite taille, à élytres courts et abdomen mobile, généralement considérés comme auxiliaires des cultures.

**Suidés**

Famille de mammifères ongulés non ruminants comprenant le porc, le sanglier, le pécari...

**Tènement**

Réunion de propriétés contiguës.

**Turdidés**

Cette sous-famille des Passériformes comprend les grives et les merles, mais encore le rouge-gorge ou les traquets.

**Xérophyte**

Espèce végétale adaptée aux milieux secs et capable de supporter un déficit hydrique prolongé.

**Xylébores**

Insectes coléoptères qui forent des galeries dans le bois. Plus fréquents sur les arbres très affaiblis et les grumes.

# Index

achevé d'imprimer
en novembre 2007
par la société Sign'up